Ullstein Sachbuch

D1694592

ZU DIESEM BUCH:

Wie kann ein »gutes Leben« gelingen? Diese Frage, die seit Aristoteles alle großen Denker und Humanisten beschäftigt hat, wurde von den modernen Humanwissenschaften erst seit etwa 1956 systematisch aufgegriffen. Ihre Bemühungen kristallisierten sich seither um die Stichworte »Glück«, »Lebenszufriedenheit«, »Sinnerfüllung«, »Wohlbefinden« und »Lebensqualität«. Was zunächst nur Psychotherapeuten interessierte, wurde in den letzten Jahren auch zum Inhalt der sozialwissenschaftlichen Lebensqualitätsforschung. Schon spricht man in den USA ironisch von einer »Happyology«.

Im vorliegenden Sachbuch versuchen drei Autoren, die Ergebnisse der Forschung zusammenzufassen und das vielschichtige Thema aus dem Blickwinkel verschiedener Fachbereiche zu betrachten. In einem ersten, erfahrungswissenschaftlichen Teil wird berichtet, was die Sozial- und die Persönlichkeitspsychologie zu den sozialen Bedingungen und den persönlichen Voraussetzungen von Wohlbefinden ermittelt haben. In einem zweiten Teil werden Gesichtspunkte der politischen Theorie, der Philosophie und einer theologisch reflektierten Religiosität erörtert. Die Frage, ob es bei aller Abhängigkeit von vorgegebenen Verhältnissen ein persönliches »Talent zum Glück« (Novalis) gibt und worin es besteht, wird auch lebenspraktisch gesehen und mit entsprechenden Anregungen beantwortet.

DIE AUTOREN:

Dr. jur. Norbert Brieskorn, Jahrgang 1944, ist Professor für Sozial- und Rechtsphilosophie an der Hochschule für Philosophie, München. Veröffentlichung: *Verzicht und Unverzichtbarkeit im Recht,* Paderborn 1987.

Dr. theol. Bernhard Grom, geboren 1936, lehrt an derselben Hochschule als Professor für Religionspsychologie. Veröffentlichung: *Auf der Suche nach dem Sinn des Lebens* (zusammen mit J. Schmidt), Freiburg 1982.

Dr. phil. Gerd Haeffner, Jahrgang 1941, ist – ebenfalls an der Hochschule für Philosophie – Professor für Philosophische Anthropologie und Geschichtsphilosophie. Veröffentlichung: *Philosophische Anthropologie,* Stuttgart 1982.

Bernhard Grom
Norbert Brieskorn
Gerd Haeffner

Glück – auf der Suche
nach dem »guten Leben«

Ullstein Sachbuch

Ullstein Sachbuch
Ullstein Buch Nr. 34370
im Verlag Ullstein GmbH,
Frankfurt/M – Berlin

Originalausgabe

Umschlagentwurf:
Theodor Bayer-Eynck
Unter Verwendung eines Fotos von
Westermann/Buresch:
Gypsie Rose Lee,
Ölgemälde von Max Ernst (1943)
aus dem Bildarchiv
Preußischer Kulturbesitz, Berlin
Alle Rechte vorbehalten
© 1987 by Verlag Ullstein GmbH,
Frankfurt/M – Berlin
Printed in Germany 1987
Gesamtherstellung:
Ebner Ulm
ISBN 3 548 34370 8

Februar 1987

CIP-Kurztitelaufnahme
der Deutschen Bibliothek

Grom, Bernhard:
Glück – auf der Suche nach dem »guten
Leben« / Bernhard Grom; Norbert
Brieskorn; Gerd Haeffner. –
Frankfurt/M; Berlin: Ullstein, 1987.
  (Ullstein-Buch; Nr. 34370:
  Ullstein-Sachbuch)
  ISBN 3-548-34370-8
NE: Brieskorn, Norbert:; Haeffner,
Gerd:; GT

INHALT

DIE FRAGE NACH EINEM »GUTEN LEBEN«:
Anliegen und Anlage dieses Buches 11

Teil I
GLÜCK, LEBENSZUFRIEDENHEIT UND SINN –
ERFAHRUNGSWISSENSCHAFTLICH
BETRACHTET
Was wissen die Sozial- und die Persönlichkeitspsychologie
über die Verbreitung und die Bedingungen
eines »guten Lebens«? 13

Bernhard Grom
Kapitel 1
POSITIVERFAHRUNGEN –
EIN FORSCHUNGSGEGENSTAND DER SOZIAL-
UND DER PERSÖNLICHKEITSPSYCHOLOGIE
Wie wohl tut Wohlstand, und wie gut fühlt man sich mit
guten Nerven? 14

  I. BEGRIFFSBESTIMMUNG
    Sind »Glück«, »Lebenszufriedenheit« und »Sinn«
    dasselbe? 16
    Was sind Emotionen? 16
    Positiverfahrungen – Negativerfahrungen 18
    Glücklichsein – Unglücklichsein 19
    Zufriedenheit – Unzufriedenheit 21
    Lebensqualität und Wohlbefinden 22
    Sinnerfüllung – Sinnlosigkeitsgefühl 22
    Der Sinnbegriff der soziologischen Handlungs- und Systemtheorie . . 25

 II. FORSCHUNGSGESCHICHTE
    Wie man erkannte, daß zum Wohlbefinden mehr gehört
    als Wohlstand und Angstfreiheit 26
    Die ersten Anfänge 27
    Die neue Positivforschung 30

III. BEOBACHTUNGSVERFAHREN

Was können Interviews und Fragebogen von unserem
Glück erhaschen? 35

1. Zum Leitbegriff »Glück« – die affektive Selbsteinschätzung des
   eigenen Wohlbefindens 36
2. Zum Leitbegriff »Zufriedenheit/Lebenszufriedenheit« – das
   kognitiv bestimmte Urteil über das Erreichte im Vergleich
   zum Erstrebten 43
3. Zum Leitbegriff »Sinnerfüllung« – das Urteil über das Vorhandensein von zustimmungswürdigen Zielen und Werten 48

IV. ERKLÄRUNGSVERSUCHE

Was will der Mensch überhaupt, und wann ist er zufrieden? . . 58

1. Will der Mensch nur sein Spannungsgleichgewicht
   wiederherstellen?
   Das Homöostase-Modell 59

   Hauptvariante I: Zufriedenheit als physiologisch-triebhaftes
   Spannungsgleichgewicht – durch Bedürfnisbefriedigung 59

   1. Der Ansatz der klassischen Psychoanalyse (S. Freud) 60
   2. Der Ansatz des Behaviorismus 63
   Stellungnahme 65

   Hauptvariante II: Zufriedenheit als kognitives Spannungsgleichgewicht – durch Übereinstimmung von Erwartung und
   Wahrnehmung

   1. Die Theorie des Anpassungsniveaus (H. Helson) 67
   2. Die Theorie des sozialen Vergleichs (L. Festinger) 68
   Stellungnahme 68

2. Will der Mensch möglichst viel Spannung erleben?
   Das Anreiz-Modell 69

   Stellungnahme 71

3. Will der Mensch von seinen biologischen Bedürfnissen
   frei werden und sich auf »optimaler Spannungsstufe«
   selbstverwirklichen?
   A. H. Maslows Theorie der Mangel- und Wachstumsmotive 71

   Stellungnahme 75

4. Will der Mensch über sich selbst hinauswachsen und
   durch Sinnfindung gesunde Spannung erfahren?
   V. E. Frankls Logotherapie und Existenzanalyse 77
   »Wille zum Sinn« bedeutet gesunde Spannung 78
   Gesunde Spannung bedeutet »Selbsttranszendenz« 80
   Pyramidale oder parallele Wertorientierung? 82
   Stellungnahme 84

V. UNTERSUCHUNGSERGEBNISSE
   Wann fühlen sich Menschen wohl? 85
   Situationsfaktoren psychischen Wohlbefindens: Wieviel
   Wohlstand braucht man zur Lebenszufriedenheit? 86
   1. Einkommen: Wie glücklich macht Geld? 87
   2. Wohnen: Trautes Heim – Glück allein? 92
   3. Bildung: Was kann man in Schulen fürs Leben lernen? . . . 93
   4. Politische Zufriedenheit: Was vermag die »Kunst des
      Möglichen«? 95
   5. Arbeit und Beruf: Zufrieden sein trotz oder dank der
      Erwerbstätigkeit? 96
      a) Arbeit haben 97
      b) Mit seiner Arbeit zufrieden sein 99
         Extrinsisch-instrumentelle Arbeitsmotivation 101
         Intrinsische Arbeitsmotivation 102
         (1) Das Motiv: Seinen Lebensunterhalt verdienen 103
         (2) Das Motiv: Sich Ansehen erwerben 105
         (3) Das Motiv: Interesse an der Arbeit selbst 106
             (a) Kontakt mit anderen und Dienst am Mitmenschen . . . 106
             (b) Abwechslung und Freude am Bewirken, Können und
                 Entdecken 107
         Was Arbeits- und Lebenszufriedenheit zugleich fördert . . . 110
         Wertwandel von der Arbeit zur Freizeit? 111
         Schlußfolgerungen 113
         Orientierungsfragen 114

   6. Ehe und Familie: Ist geteilte Freude doppelte Freude? . . . 116
      a) Verheiratet sein 117
      b) Mit seiner Ehe zufrieden sein 119
      c) Verheiratet sein und Kinder haben 121
      Was Ehe- und Lebenszufriedenheit zugleich fördert 124
      Orientierungsfragen 128

Dispositionsfaktoren psychischen Wohlbefindens: Inwiefern ist man »seines Glückes Schmied« beziehungsweise »selbst das Problem«? 130

Was den Menschen in der Mitte und was ihn am Rande berührt 130

Gibt es eine Lebenszufriedenheitskompetenz, ein »Talent zum Glück«? 133

Situations- und Dispositionsfaktoren in Wechselwirkung . . . 134

1. Physiologische Faktoren: Sind unsere Stimmungen körperbestimmt? 136

   a) Lebensalter. 137
   b) Körperliche Gesundheit 138
   c) Neurochemische Konstitution 140

2. Affektive Faktoren: Wie wichtig sind Gefühle? 142

   a) Frei werden von massiven Störungen des Erlebens . . . 143
      Leere und Sinnlosigkeit aufgrund von Erlebnisstörungen . . . 144
      Nihilismus 147
      Hochstimmung als Erlebnisstörung. 148
   b) Selbstwertschätzung und die Bereitschaft entwickeln, sich anderen Menschen, Dingen und Wirkmöglichkeiten positiv zuzuwenden 150
      (1) Selbstwertschätzung entwickeln 151
      (2) Sich anderen Menschen positiv zuwenden – in Freundschaft, Liebe und prosozialem Empfinden 156
         Liebesfähigkeit. 157
         Prosoziales Empfinden und Verhalten 158
         Ein Test im eigenen Bekanntenkreis 159
         »Altruistische Freude« zwischen Egoismus und »Helfer-Syndrom« 161
      (3) Sich Dingen und Wirkmöglichkeiten zuwenden – im Genießen, Erforschen und Gestalten 163
      Drei grundlegende Bedingungen sinnerfüllten Lebens 167
   c) Lernen, über Verlust zu trauern und unabänderliches Leid anzunehmen 169
      Die Phasen der Trauer 171
      Was hilft? 173

3. Kognitive Faktoren: Ist Glück auch Ansichtssache? 174

   a) Realistisch denken und sich etwas zutrauen 174
   b) Vom objektiven Wert und Sinn des Lebens überzeugt sein . . . 177
      Selbstwertschätzung 178
      Zuwendung zu anderen Menschen 179

Hinwendung zur Sachwelt 180
Die Frage nach dem Sinn – verdrängt, verneint, bejaht? 182
Positive Sinnüberzeugung, beispielsweise Religiosität, als
Ressource von Wohlbefinden? 183
Orientierungsfragen 187

Teil II
GLÜCK, LEBENSZUFRIEDENHEIT UND SINN –
KRITISCH-NORMATIV GESEHEN
Was werten die Politische Theorie, die Philosophie und
die Theologie als »gutes Leben« und als Wege zu ihm? 191

Norbert Brieskorn
Kapitel 2
POSITIVERFAHRUNGEN – EINE HERAUS-
FORDERUNG AN DIE POLITISCHE THEORIE
Glück durch Gleichheit? 192

I. Gleichheit im Glück? 192
Wie man Glücksverlangen politisch steuert 193
Zum politischen Umgang mit Wünschen 197
II. Glück ohne Freiheit? 199
Wieviel Wohlfahrtsstaat braucht und verträgt die Freiheit? 202
III. Resignation oder Maßlosigkeit? 204
Zusammenfassung 206

Gerd Haeffner
Kapitel 3
POSITIVERFAHRUNGEN – EIN PROBLEM
DER PHILOSOPHIE
Ein Versuch, Glück und Sinn auseinander- und
zusammenzuhalten 207

1. Glück und Sinn – nicht dasselbe 208
2. Sinn: gesetzt oder entdeckt? 210
3. Sinn: im Sein oder im Tun? 212
4. Sinn: unabweisbar vorausgesetzt 213
5. Bedingungen sinnvollen Lebens 215

Bernhard Grom
Kapitel 4
POSITIVERFAHRUNGEN – EINE ANFRAGE
AN THEOLOGIE UND RELIGIOSITÄT

Macht der Glaube selig?. 221

ZWEI STUFEN RELIGIÖSER ERFAHRUNG UND WIE SIE
ZU EINEM POSITIVEN LEBENSGEFÜHL BEITRAGEN. . .222
»Die Harmonie der Welt«: Sinnerfüllung in kosmischer
Religiosität. 222
Der Gegensatz: Absurdität und Ekel. 224
»Er, der mich und alle Kreatur liebt«: Sinnerfüllung in
dialogisch-christlicher Religiosität. 227

WELCHEN WEG ERÖFFNET JESUS? 230
1. Selbstwertschätzung: Wer und was bestimmt meinen Wert?. . .232
   Dasein bedeutet »erschaffen« werden. 233
   Dasein bedeutet vom »Vater« Jesu Christi bejaht werden. 234
   Übermenschentum oder »Menschentum von Gottes Gnaden«?. . . .236
2. Positive Zuwendung zu anderen Menschen – ein »freudiger
   Sinn«?. 237
   Klarstellungen 239
   Liebe oder: Ist die Erde wirklich warm?. 240
3. Hinwendung zur Sachwelt: Gibt der Glaube eine
   Wertorientierung?. 242
   Hinwendung zur Sachwelt – ein Spielen und »Genießen in
   Danksagung«?. 244
   Sinn ist nicht fertig, sondern zu suchen – aber nicht zu machen. 247
4. Unabänderliches Leid annehmen – ein »Trotzdem mit Gott«?. .249

NOCH EINMAL: MEDITATION DES ALLTAGS. 253

Literaturverzeichnis. 255

Sachregister 273

Personenregister. 278

DIE FRAGE NACH EINEM »GUTEN LEBEN«
Anliegen und Anlage dieses Buches

»Jeder Mensch will glücklich sein; doch um dies zu erreichen, müßte man zuerst einmal wissen, was Glück ist« (J. J. Rousseau).

Kein Wunder, daß vom Aufklärer Demokrit im 5. vorchristlichen Jahrhundert bis zu den Alternativen von heute immer wieder gefragt wurde, wie – um es mit einem naiven, unverbrauchten Wort zu sagen – ein *gutes Leben* gelingen könne. »Gutes Leben und gutes Handeln«, im privaten und im gesellschaftlichen Bereich, bedeuten Glück, meinte schon Aristoteles in seiner *Nikomachischen Ethik* (1095a).

Ein »gutes Leben« – das umschreiben wir heute in der Umgangssprache und in den Humanwissenschaften mit Begriffen, die mit je eigenem Schwerpunkt dasselbe meinen. Wir sprechen von Glück, Lebenszufriedenheit, Lebensqualität, psychischem Wohlbefinden, Sinnerfüllung, Grundwerten – kurz: *Positiverfahrungen*.

Die modernen Humanwissenschaften waren insofern wenig human, als sie die Erforschung von Positiverfahrungen lange Zeit vernachlässigt haben. Bei einer Durchsicht der Einführungen in die Psychologie aus den Jahren 1900 bis 1960 stellte E. R. Carlson (1966) fest, daß sich die in den Sachverzeichnissen aufgeführten Emotionsbegriffe zu 75 % auf negative Gefühle wie Angst und Depression beziehen. W. Wilson (1967) schloß seinen Bericht über psychologische Forschungsarbeiten zum Thema »Glück« mit dem Urteil, die Theorie eines glücklichen Lebens habe sich kaum über das hinaus entwickelt, was schon die griechischen Philosophen dazu gesagt hätten.

Auch für die anderen Humanwissenschaften, die Soziologie, die Philosophie und die Theologie, waren Glück, Zufriedenheit und Sinn lange Zeit Themen, die sie weitgehend den Verfassern von Erbauungsschriften überließen. Mit Erich Kästner könnte man sarkastisch-sarkästnerisch bemerken: »Mit der Sonnenseite des Lebens hat man sich wenig beschäftigt. Der Dünkel der Denker bevorzugte stets das Dunkel, denn nur im Dunkeln sah man ihr kleines Licht leuchten.«

Seit 1956 haben sich die Humanwissenschaften verstärkt für Positiverfahrungen interessiert. Die Wohlfahrts- und Lebensqualitätsforschung der letzten Jahre hat sich geradezu zur Untersuchung der Bedingungen psychischen Wohlbefindens entwickelt. Wir meinen, daß es sich lohnt, in diesem Buch darüber zu berichten und das Anliegen weiterzuverfolgen.

Die Frage nach einem »guten Leben« umfaßt grundsätzlich zwei Gesichtspunkte. Einerseits ist zu erheben, was einzelne Menschen oder Gruppen tatsächlich und je für sich, *faktisch und subjektiv* als Glück und Sinn ihres Lebens oder eines Lebensabschnitts erfahren und erstreben. Andererseits ist darüber hinaus *kritisch und normativ* zu überlegen, was man als »wahres« Glück und »wirklichen« Wert betrachten und verwirklichen sollte.

Als Aristoteles, Augustinus oder Julien de La Mettrie ihre Gedanken über das »glückliche Leben« niederschrieben, fiel der Unterschied zwischen diesen beiden Fragestellungen, der faktisch-erfahrungswissenschaftlichen und der normativen, noch nicht ins Gewicht. Seit sich jedoch gegen Ende des 19. Jahrhunderts die Sozialwissenschaften und die Psychologie aus der Philosophie ausgegliedert haben, um nach eigenen Methoden das Faktische zu erforschen, müssen beide Gesichtspunkte klar auseinandergehalten und arbeitsteilig behandelt werden.

Weil die Frage nach Glück und Sinn komplex ist wie kaum eine andere, muß man sie von mehreren Wissenschaftszweigen her, *interdisziplinär* angehen. In einem ersten, erfahrungswissenschaftlichen Teil sollen daher die Forschungsergebnisse der *Sozial- und der Persönlichkeitspsychologie* behandelt werden; in einem zweiten, kritisch-normativen Teil wird das Thema dann aus der Sicht der *Politischen Theorie*, der *Philosophie* und der *Theologie* erörtert. So will das Buch eine Bestandsaufnahme versuchen und für eine interdisziplinäre Behandlung menschlicher Grundfragen werben.

Teil I

Glück, Lebenszufriedenheit und Sinn – erfahrungswissenschaftlich betrachtet

Was wissen die Sozial- und die Persönlichkeitspsychologie über die Verbreitung und die Bedingungen eines »guten Lebens«?

Bernhard Grom

Kapitel 1

Positiverfahrungen – ein Forschungsgegenstand der Sozial- und der Persönlichkeitspsychologie
Wie wohl tut Wohlstand, und wie gut fühlt man sich mit guten Nerven?

Wer Positiverfahrungen untersuchen will, hat natürlich bestimmte Ansichten darüber, worin das wahre Glück und die wirkliche Lebenszufriedenheit bestehen oder bestehen sollten. Diese Wertungen vorübergehend zurückzustellen und einfach zu beobachten, was Menschen tatsächlich als Positiverfahrungen auffassen und unter welchen Bedingungen sie sie erleben, bedeutet, *erfahrungswissenschaftlich, empirisch* zu forschen. Die Ergebnisse können dann sehr wohl für eine ethische Wertung, eine Aufklärungsaktion, eine sozialpolitische Initiative oder ein therapeutisches Programm nutzbar gemacht werden.

Die beiden wichtigsten Erfahrungswissenschaften für das Phänomen Positiverfahrungen sind die Sozialwissenschaften und die Psychologie, oder vereinfacht gesagt: *die Sozial- und die Persönlichkeitspsychologie.* Um in ihrer Sicht und Methodik zu untersuchen, was Positiverfahrungen ausmacht und was sie bedingt, muß man grundsätzlich in zwei Schritten vorangehen:

1. *Begriffserklärung:* Auf der *Beschreibungsebene* hat jeder Sozial- und Persönlichkeitspsychologe zuerst einmal zu bestimmen, was er unter Positiverfahrungen versteht. Er muß einen Beschreibungsbegriff (ein »deskriptives Konstrukt«) zugrunde legen, der in beobachtbaren Verhaltensäußerungen die Wesensbestandteile (»Dimensionen«) erfaßt, die zum Untersuchungsgegenstand gehören und die er durch seine Beobachtungsverfahren (etwa durch einen Test) feststellen will. So muß beispielsweise geklärt werden, ob man unter dem Begriff »Lebenszufriedenheit« etwas verstehen will, das ganz durch Gefühle (welche?) bestimmt ist, oder ob neben den affektiven auch kognitive Dimensionen einbezogen werden müssen – etwa ob eine

Person meint, die erstrebten Ziele erreicht oder nicht erreicht zu haben und in Übereinstimmung mit ihrem Selbstideal oder aber eher selbstentfremdet zu sein.

Wer kann nun entscheiden, was unter Positiverfahrungen, unter Glück, Zufriedenheit oder Sinnerfüllung zu verstehen ist? Diese Erfahrungen sind offensichtlich so sehr vom einzelnen abhängig, so *subjektiv*, daß sie nicht – wie Sehfähigkeit oder organische Gesundheit – von objektiven Maßstäben her, sondern nur von den Betroffenen, von ihrem Sprachgebrauch und ihren Aussagen her beschrieben werden können. *Als »Glück« kann nur gelten, was die Befragten selbst für Glück halten.* Mit einer objektiven Begriffsbestimmung würde ein Wissenschaftler nur die kleinere oder größere Übereinstimmung seiner Glücksvorstellung mit der anderer Menschen ermitteln können und die Neigung zur Zwangsbeglückung fördern.

2. *Hypothesenbildung und -prüfung:* Sind der Begriff und der Untersuchungsgegenstand klar, so kann man auf der *Erklärungsebene* Hypothesen aufstellen. Ihr Sinn ist es, Beobachtungen zu erklären, das heißt sie auf Bedingungen zurückzuführen und vorauszusagen, unter welchen Bedingungen das Ereignis »Positiverfahrung« mit hoher Wahrscheinlichkeit auftreten wird. Solche Hypothesen bildet man meistens im Rahmen eines umgreifenden Erklärungsmodells (»Paradigmas«), einer zusammenhängenden *Theorie.*

Hypothesen zum Phänomen »Positiverfahrungen« könnten beispielsweise behaupten: Ob und in welchem Maß ein Mensch Positiverfahrungen erlebt, hängt allein von seiner erlebten biologischen Konstitution ab. Die Gegenhypothese hieße: Positiverfahrungen sind nicht bloß biologisch, sondern sozialisationsbedingt. Begriffe wie »biologische Konstitution«, »Sozialisation« oder auch »Trieb«, »Motiv« und dergleichen sind keine Beschreibungs-, sondern Erklärungsbegriffe (hypothetische, explikative Konstrukte).

Ob eine Hypothese und Theorie zutrifft, ist dadurch zu entscheiden, daß man sie an Beobachtungen überprüft. Während aber beispielsweise die Frage, wie die Reaktionsfähigkeit eines Autofahrers durch Alkoholgenuß verändert wird, durch Experimente im Labor beantwortet werden kann, wäre ein solches Vorgehen für das Phänomen »Positiverfahrungen« zu künstlich, zu kurzfristig und darum kaum ergiebig. Deshalb müssen die nötigen Beobachtungen durch Tests und Interviews im natürlichen und auch klinischen Bereich gewonnen und miteinander in Beziehung gesetzt (korreliert) werden. Man erhebt etwa auf der einen Seite, in welchem Maße sich Personen glücklich und zufrieden fühlen, und »mißt« auf der anderen Seite, inwieweit sie über eine gute körperliche Konstitution verfügen und wie sie erzogen wurden. Dann prüft man, ob das eine mit dem anderen einhergeht. Die Zusammenhänge zwischen den einzelnen Beobachtungen sind schließlich daraufhin auszuwerten, ob sie die Ausgangshypothese ganz oder teilweise bestätigen (verifizieren) oder als falsch erweisen (falsifizieren), ob die ursprüngliche Annahme beibehalten werden kann oder aber aufgegeben bzw. modifiziert werden muß.

Natürlich ist bei jeder Untersuchung zu prüfen, wie der Autor die Begriffe »Glück«, »Lebenszufriedenheit« oder »Sinnerfüllung« versteht und verwendet. Da sich trotz mancher Unterschiede, auf die bei gegebenem Anlaß hingewiesen wird, eine gewisse Übereinstimmung herausgebildet hat, sollen im folgenden die wichtigsten Begriffe rahmenartig umschrieben werden.

I. BEGRIFFSBESTIMMUNG

Sind »Glück«, »Zufriedenheit« und »Sinn« dasselbe?

Die wichtigste Unterscheidung, nach der Menschen ihre Erlebnisse einteilen, ist die in positive und negative, in angenehme und unangenehme (C. E. Osgood u. a. 1957). »Als allgemeine Regel gilt, daß die meisten Menschen nach einem Maximum an positiven und einem Minimum an negativen Emotionen streben« (S. S. Tomkins 1962, 139). Was sind positive Emotionen im Unterschied zu negativen?

Was sind Emotionen?

Um die Frage zu beantworten, müssen wir zuerst bestimmen, was Emotionen sind. Die folgende Umschreibung geht von einer empirisch-experimentellen Sicht aus, die verschiedene Theorieansätze berücksichtigt und doch in sich widerspruchsfrei ist und somit breite Zustimmung finden kann. Sie lehnt sich an die emotionspsychologischen Überlegungen von S. S. Tomkins (1962), C. E. Izard (1981) und N. Birbaumer (1975; 1977) an und ergänzt sie.

Emotionen kann man als *Reaktionsmuster* auf äußere oder innere Reize auffassen. Diese Reaktionsmuster sind insofern *ganzheitlich-*

komplex, als sie sich aus vier Komponenten zusammensetzen und darum unter vier Gesichtspunkten auf zwei Ebenen zu beschreiben sind.

I. Auf *subjektiver*, nur indirekt über den sprachlichen Ausdruck beobachtbarer Ebene sind Emotionen zu erfassen als:

1. Phänomene mit einer affektiven und motivationalen Komponente: Emotionen werden vom Betroffenen als mehr oder weniger starkes Angemutet- und Angetriebenwerden beschrieben. Den Grad ihrer Intensität kann der Befragte auf einer Skala (etwa: sehr – mittel – wenig enttäuscht bzw. erfreut) quantitativ einschätzen. Ihren Inhalt, ihre Bedeutung kann er nur qualitativ bestimmen, indem er sie mit Gefühlsbegriffen bezeichnet, die vom körperlichen »Wohlbehagen« nach einer Ruhepause mit Mahlzeit bis zum »Entzücken« über ein Konzert ein breites Spektrum umfassen können.

Bei manchen Erlebnisformen steht das passive, pathische Angemutet- und Betroffenwerden im Vordergrund, während bei anderen das aktivierende Angetriebensein überwiegt. Ist letzteres der Fall, so deckt sich der Begriff »Emotion« weitgehend mit dem der »Motivation«. Die Emotion ist dann das Innewerden der Motivation, das Erleben des Angetriebenseins zu mehr oder weniger dauerhaft angestrebten Verhaltensweisen und Erfahrungen wie Lustgewinn, Angstvermeidung, Erkundung (Neugier), Leistung, Suchen nach Anerkennung.

2. Phänomene mit einer kognitiven Komponente: Emotionen sind fast immer mit einer Wahrnehmung, Vorstellung, Erwartung, Wertung, mit einer Ursachen- oder Verdienstzuschreibung, das heißt mit einer Kognition verbunden. Ein emotional Betroffener kann beispielsweise sagen: »Bei dem Gedanken an meinen für den nächsten Tag geplanten Auftritt erfaßte mich eine große Freude (oder: schreckliche Angst).«

Bei Gefühlen wie Hunger, Durst, Müdigkeit, Lust oder Wut, die man mit E. G. Schachtel (1963, 83 f., 220) »autozentrisch« oder mit M. Scheler (1966, 262–265) »zuständlich« nennen könnte, ist der Erregungszustand derart bestimmend, daß die Kognition – beispielsweise das Nachdenken über die Ursache des Hungers oder über die Möglichkeiten, ihn zu stillen – durch das Erleben ausgelöst und damit nachträglich, emotionsbestimmt ist. Bei Gefühlen wie Angst vor einer bestimmten, als gefährlich eingeschätzten Situation oder Zorn über ein Unrecht, Freude über eine Entdeckung oder Stolz auf eine Leistung, die man als »allozentrisch« (E. G. Schachtel) oder »gegenständlich, intentional« (M. Scheler) bezeichnen könnte, steht der Anlaß der Erregung so sehr im Vordergrund, daß sie in hohem Maße von Wahrnehmungs-, Bewertungs- und Selbstbewertungsprozessen beeinflußt, kognitionsbestimmt sein dürften. (Unwillkürliche, unreflektierte, konditionierte Angst hingegen ist emotionsbestimmt.)

II. Auf *objektiver*, direkt beobachtbarer Ebene sind Emotionen zu erfassen als:

3. *Phänomene mit einer motorischen Komponente:* Sie zeigt sich mehr oder weniger wahrnehmbar in nicht-verbalem Verhalten, beispielsweise im Gesichtsausdruck, in Gesten, in Singen, Lachen, Weinen, Tanzen, Umarmung, Zittern oder Flucht.

4. *Phänomene mit einer physiologischen Komponente:* Die Stärke emotionaler Erregung (nicht jedoch deren Inhalt und Bedeutung für den Betroffenen) läßt sich an Veränderungen des Blutdrucks, der Herz- und Atemfrequenz, des Elektroenzephalogramms, des Hautwiderstands sowie an der Katecholaminausscheidung und anderen biochemischen Befunden feststellen. Dabei sind große individuelle Unterschiede zu beobachten. Während sich beim einen Erregung vor allem in beschleunigtem Herzschlag zeigt, reagiert ein anderer eher mit dem Magen- und Darmtrakt; während diese Reaktionen beim einen eher schwach sind, führen sie beim typischen »Psychosomatiker« zu starken Ausschlägen.

Positiverfahrungen – Negativerfahrungen

Auf dieser Grundlage können wir nun genauer beschreiben, wie wir Positiverfahrungen und ihr Gegenteil, Negativerfahrungen, auffassen wollen.

Positiverfahrungen sind Emotionen, komplexe Reaktionsmuster, die auf subjektiver Ebene vom Betroffenen als angenehm, als positiv empfunden und geschildert werden und die auf objektiver Ebene vor allem durch ihr Annäherungsverhalten festzustellen sind: Wer Positiverfahrungen gemacht hat, will sie wieder erleben; die Reize (eine äußere Situation oder eine innere Vorstellung), die sie ausgelöst haben, sind ihm nicht gleichgültig, vielmehr sucht er sie. Demgegenüber werden *Negativerfahrungen* subjektiv als unangenehm, negativ (aversiv) empfunden und in entsprechendem Vermeidungsverhalten beobachtbar.

Von den genauer untersuchten Positiverfahrungen »Glück«, »Lebenszufriedenheit« und »Sinnerfüllung« scheint zunächst jede die gleichen Bedeutungen zu umfassen. Doch unterscheiden sie sich dadurch voneinander, daß für jede ein bestimmtes Merkmal den Rang einer Kernbedeutung (Kerndimension) einnimmt, während die anderen zu deren Umfeld gehören. Auch wenn manche Forscher dazu neigen, diese Begriffe gleichzusetzen, ist es ein Gewinn an Klarheit und Differenzierung, wenn man sie voneinander abhebt. Das soll im folgenden versucht werden.

Glücklichsein – Unglücklichsein

Das Wort »Glück«, das vom mittelhochdeutschen »gelücke« abstammt, welches »Geschick, günstiger Ausgang, guter Lebensunterhalt« bedeutete, wird hier im Sinne von »Glücklichsein« (englisch: happiness), nicht von »Glück haben« (englisch: luck) gebraucht. Glück wird im allgemeinen als eine Positiverfahrung verstanden, bei der die affektive Komponente im Vordergrund steht; Glück bedeutet in seinem Kern offensichtlich *Erfülltsein von Freude und Getragenwerden von einer gehobenen Stimmung.*

Dieses Bestimmtsein von Freude und Hochstimmung gilt sowohl für die erregte Form des Glücklichseins, die sich im Gefühl überschüssiger Energie, in Lachen, Tanzenwollen und Ekstase ausdrückt, als auch für dessen ruhigere Variante, die durch Entspannung, Einssein mit sich selbst und Verbundenheit mit anderen gekennzeichnet ist (R. Hoffmann 1981, 167).

Darüber hinaus enthält Glück noch weitere Erlebnisdimensionen, die von Mensch zu Mensch verschieden ausgeprägt sein können. Rosemarie Hoffmann (1981) ließ Studenten und Universitätslehrer die Erinnerung an eine »besonders glückliche« Situation niederschreiben, untersuchte die Texte auf ihre Aussagen hin (Inhaltsanalyse) und formulierte diese in Statements um, die sie auf einem Fragebogen 293 Frauen und Männern aus dem Universitätsbereich vorlegte. Die Befragten sollten sich an ein Glückserlebnis erinnern und ankreuzen, ob sie dabei die angeführten Erfahrungen sehr stark, weniger stark oder nicht erlebt haben. Die Antworten unterzog sie einer sogenannten Faktorenanalyse.

Das Ergebnis beider Untersuchungsschritte lautete: »Glück ist ein höchst intensives Gefühl mit ausgeprägter Eigenqualität, die subjektiv als › Wärme ‹, als ausstrahlende Energie empfunden wird. « Dies drückt sich in Antworten wie » Wärme « oder » Das Glücksgefühl erfüllte mich ganz « aus. Dabei gibt es ein Spektrum von Erlebnisdimensionen, die die Befragten mit unterschiedlicher Häufigkeit als zum Glück gehörig bezeichnen, beispielsweise: »Ich fühlte mich anderen (dem anderen) nahe«; »ich konnte mich akzeptieren«; »ich war energiegeladen«; »ich sehnte mich nach körperlicher Vereinigung«; »das Leben erschien mir sinnvoll«.

Ob ein Mensch nur in einem Erfahrungsbereich oder in vielen Glück erleben kann, ob dazu einfache Befriedigungen genügen oder anspruchsvolle Ziele erreicht werden müssen, ob sein Glückserleben eher in Gelassenheit oder in Liebe, in Selbstannahme oder in Tatendrang besteht – all dies hängt vermutlich von dem Umstand ab, wofür er bereits ansprechbar (sensibilisiert) ist, welche Motive sich schon entwickelt haben und ihn gerade bestimmen (H. A. Alker/F. Gawin 1978).

Was Menschen unter »Glück« verstehen, wechselt auch mit dem Kontext, in dem sie ihre Aussage machen. Soll man sich an eine »besonders glückliche« Situation erinnern (R. Hoffmann 1981), so beschreibt man als »Glück« wohl eine herausragende, früher oder später aber wieder abklingende Hochstimmung. Wird man hingegen gefragt: »Wie glücklich sind Sie im allgemeinen in Ihrem Leben bis jetzt gewesen? Äußerst unglücklich – sehr unglücklich – mittelmäßig unglücklich – etwas unglücklich – weder noch – etwas glücklich – mittelmäßig glücklich – sehr glücklich – äußerst glücklich?« (J. Freedman 1978), so bedeutet »Glück« praktisch dasselbe wie »Zufriedenheit«.

Unglücklichsein wird dementsprechend als Gegensatz zum Gesagten verstanden: als Belastetsein von Trauer und gedrückter Stimmung mit Gefühlen der Isolation gegenüber anderen, der Selbstablehnung, der Ohnmacht, der Unkreativität und Enge sowie des Unbehagens im eigenen Körper.

Zufriedenheit – Unzufriedenheit

Im deutschen Wort »zufrieden« sind ältere Wendungen wie »zu Frieden setzen« (= zur Ruhe bringen) zusammengerückt, so daß es von seinem Ursprung her ein Zu-Frieden-Kommen ausdrückt. Ähnlich bedeutet das englische »satisfaction« ursprünglich »Genugtuung«, allerdings nicht nur im Sinne von »Zufriedenheit« (sein Genügen finden), sondern auch von »Befriedigung« (sich sein Genügen verschaffen).

Zufriedenheit wird im allgemeinen als eine Positiverfahrung verstanden, deren Kern die kognitive Komponente bildet: *Das Urteil, das, was man von der Umgebung erwartet oder was man selbst erstrebt hat, erreicht zu haben.* Zur Aussage »Ich bin – vollkommen, wenig oder gar nicht – zufrieden« gehört der Vergleich zwischen dem Soll- und dem Ist-Stand. Diese Einschätzung bestimmt die in der affektiven Komponente erlebte Genugtuung und den Frieden mit sich und der Welt. So freudig Zufriedenheit sein mag, sie kann auch – im Unterschied zu »Glück« – ein sehr bescheidenes Maß an Freude enthalten. Bittere Resignation wird man allerdings nicht mehr als »Zufriedenheit« bezeichnen können. Umgekehrt ist für das Glücksgefühl ein solcher Vergleich zwischen dem Erreichten und dem Erwünschten unwichtig; der Glückliche gibt sich ohne diese Überlegung dem Augenblick hin.

Man kann also zufrieden sein, ohne Glück zu erleben. Das Umgekehrte, glücklich, aber unzufrieden zu sein, kann wohl nur für kurze Glücksmomente gelten, die die Unzufriedenheit vergessen lassen, aber nicht auf Dauer beheben. Beides, Glück und Unzufriedenheit, wird kaum gleichzeitig erlebt. So bezeichneten sich in einem semantischen Test ein Drittel der befragten Erwachsenen der Bundesrepublik Deutschland als »zufrieden, aber nicht glücklich«, während nur fünf Prozent von sich sagten, sie seien »glücklich, aber nicht zufrieden« (E. Noelle-Neumann 1977a, 217).

Zufriedenheit kann auch dadurch entstehen, daß jemand seine Erwartungen den Umständen *anpaßt* (A. Campbell 1981, 31–33). Man kann sich überzeugen oder von anderen überzeugen lassen, daß man zufrieden sein muß, weil sich nicht mehr erreichen läßt. Es wäre aber widersinnig, sich oder einem anderen zu sagen, man müsse »glücklich« sein. So hängt die Zufriedenheit einer Person in erster Linie von ihren Ansprüchen ab, die ihrerseits zwischen Maßlosigkeit und Resignation schwanken. Und weil sich diese anpassen lassen, kann die Zufriedenheit einer Person über gewaltige Veränderungen der Lebenslage hinweg stabil bleiben, so sehr sie sich von Person zu Person unterscheidet. (Zur ganz anders gearteten Theorie des Anpassungsniveaus siehe S. 67 f.)

Zufriedenheit ist keineswegs mit der Abwesenheit von Negativerfahrungen gleichzusetzen. Zwar erweisen sich bei Umfragen Erschöpfung, Ängste, Sorgen und Nervosität als Beeinträchtigungen von Lebenszufriedenheit; doch bezeichnen sich nicht wenige, die diese Belastungen bekunden, als mit dem Leben im ganzen hochzufrieden (W. Glatzer/W. Zapf 1984, 180).

Lebensqualität und Wohlbefinden

Mit diesen beiden Begriffen bezeichneten bedeutende nordamerikanische Autoren ein Phänomen, das sowohl »Glück« als auch »Zufriedenheit« einschließt. Sie werden später (S. 30 ff.) erläutert.

Sinnerfüllung – Sinnlosigkeitsgefühl

Das deutsche Wort »Sinn« geht über das mittelhochdeutsche Verb »sinnen« und das althochdeutsche »sinnan« auf die indogermanische Wurzel »sint« zurück. Diese bedeutete als Tätigkeitswort »gehen, reisen, fahren, streben, eine Richtung, eine Fährte suchen« und besagte später auch in übertragener Bedeutung »sich um etwas kümmern, auf etwas achten« bzw. die innere Fähigkeit zum »Sinnen«: die »Sinne«, das Gespür, die Absichten.

Sieht man von der zuletzt genannten Bedeutung (für etwas ein Gespür, einen Sinn haben) einmal ab, so wird »Sinn« im heutigen Sprachgebrauch auf drei verschiedene Weisen verstanden:

1. Sinn als *Bedeutung*: »Dies hat einen Sinn« meint manchmal ganz allgemein unter semantisch-logischer und hermeneutischer Rücksicht: Dieses Wort, dieser Satz ist bedeutungshaltig und darum *verstehbar*. Damit wird nichts über die Bejahbarkeit und den Wert des Inhalts, der Bedeutung gesagt.

2. Sinn als *Zweck*: »Dies hat einen Sinn« besagt häufig unter rein funktionaler Rücksicht: Diese Maßnahme oder dieser Gegenstand sind zweckdienlich, *brauchbar*. So erklären wir beispielsweise, Kreislauftraining habe den Sinn, den Organismus leistungsfähig zu erhal-

ten, oder ein Pfeiler habe den Sinn, ein Gewölbe zu stützen. »Sinn« ist hier jeweils Mittel zu einem Endzweck.

3. Sinn als *Wert*: »Dies hat einen Sinn« heißt oft unter wertender (axiologischer) Rücksicht: Es lohnt sich, daß wir uns dafür anstrengen oder unsere Aufmerksamkeit und Erwartung darauf richten. Es verdient Zustimmung; es ist wertvoll, zustimmungswürdig, *bejahbar*. »Sinn« meint hier nicht nur eine verstehbare, sondern auch eine bejahbare Bedeutung – etwas, das nicht Mittel zu einem außerhalb seiner selbst angezielten Zweck ist, sondern Endzweck, Selbstzweck, Wert in sich.

Sinnerfüllung oder Sinnorientierung wird gemeinhin als Finden von »Sinn« in der dritten Bedeutung verstanden. Den Kern bildet die kognitive Komponente: *das Urteil und die Überzeugung, im eigenen Leben etwas Lohnendes, Wertvolles, Erstrebenswertes und Haltgebendes, kurz: etwas Zustimmungswürdiges finden zu können.*

Sinnerfüllend, sinngebend ist etwas, wenn es eine *tragende Wertmöglichkeit* bedeutet – sei es im aktiven Gestalten, im eher rezeptiven Wahrnehmen und Erleben oder aber im »passiven« Ertragen (zu diesen drei »Wertkategorien« in Frankls Logotherapie siehe S. 80f.). Anders ausgedrückt: Sinn ist ein Wert, für den man sich einsetzen oder über den man sich freuen oder aufgrund dessen man Leid ertragen kann – und zwar so, daß man sich davon erfüllt und auf ein Ziel ausgerichtet fühlt. Zum erfüllenden Lebenssinn wird ein Wert dann, wenn ihm jemand so intensiv zustimmt, daß seine Interessen, seine Erwartungen und sein Verhalten dadurch eine *Gesamtrichtung* erhalten, nämlich:

– einen *längerfristigen Antrieb* mit der Bereitschaft, sich für etwas oder jemanden einzusetzen, sich damit zu identifizieren (sich dabei lebendig zu fühlen) – im Gegenzug zu depressiver Verweigerung, Lebensunlust (bis hin zu Selbstmordabsichten), Apathie, Langeweile und Zweifel am Wert des persönlichen Einsatzes;

– den *Glauben an seine Fähigkeiten und den Wert der eigenen Person* – im Gegenzug zur Neigung, sich für unfähig und wertlos zu halten und sich nicht anzunehmen;

– eine *Werthierarchie, die innere Einheit und* (in Verbindung mit Selbstwertgefühl) *Übereinstimmung mit sich selbst (Identität)* gewährleistet – im Gegenzug zur Gefahr der inneren Zerrissenheit, Richtungslosigkeit und Selbstentfremdung (»Identitätsverwirrung« nach E. H. Erikson).

Einen sinngebenden Inhalt kann man – je nach Situation, Sensibilität und Werthierarchie – in praktisch allen Lebensbereichen finden. Auf die Frage, »ob es für Sie persönlich etwas so Wertvolles gibt, daß Sie es als sinngebend für Ihr Leben bezeichnen würden...?«, die Elisabeth Lukas (1972, 236) 1000 Passanten in Wien stellte, wurden Antworten gegeben, die sich so verschiedenen Feldern zuordnen ließen wie: »Für ein angenehmes Leben sorgen«; »für die Familie dasein«; »im Beruf Erfolg haben«; »sich für eine soziale Aufgabe oder eine religiöse Überzeugung einsetzen«; »seine Gesundheit wiedererlangen«; »sich selbst verwirklichen«.

In ihrer affektiven Komponente kann Sinnerfüllung (Zustimmung) in sehr verschiedener Intensität und Richtung erlebt werden: als Interesse, Freude und Begeisterung wie auch als Unternehmungslust und Anstrengungsbereitschaft, als Selbstvertrauen oder als Erfolgserwartung (Optimismus, Hoffnung), aber auch als Durchhaltevermögen und innerer Halt trotz Schmerz, Trauer und Müdigkeit.

Diese Gefühlsregungen sind zwar, wie gesagt, mit einer Wertüberzeugung verbunden und damit kognitionsbestimmt, doch kann diese kognitive Komponente unterschiedlich entwickelt sein. Auf der einen Seite gibt es die Sinnerfüllung (oder auch das Sinnlosigkeitsgefühl) *als spontanes Gefühl, als unreflektierte, überwiegend emotionsbestimmte Wertüberzeugung:* als vitale Lebenslust, als unüberlegten Tatendrang usw. Auf der anderen Seite gibt es die Sinnerfüllung (oder auch die Skepsis) *als reflektierte, überwiegend kognitionsbestimmte Wertüberzeugung:* als Resultat der Überlegung, ob man etwas höher bzw. niedriger einstufen sollte, ob man etwas unter- bzw. überbewertet hat. Diese *Wertprüfung* kann – ähnlich wie die von S. Freud beschriebene »Realitätsprüfung« – die zunächst emotionsbestimmte, spontane Gefühlsreaktion und Bewertung bestätigen oder aber korrigieren. Sie macht es auch möglich, daß wir von der zunächst völlig subjektiven Wertung »Das ist *für mich* sinnvoll (sinnlos)« zu der objektiven Fragestellung übergehen können: »Was ist *an sich* – und damit auch für mich – sinnvoll (sinnlos)?«

Sinnleere und Sinnlosigkeitsgefühle bedeuten dementsprechend die ebenfalls mehr emotions- oder mehr kognitionsbestimmte Überzeugung, im eigenen Leben nichts finden zu können, das lohnend, wertvoll, erstrebenswert oder haltgebend – zustimmungswürdig wäre. In der affektiven Komponente wird Sinnlosigkeit vor allem als Lebensunlust, Langeweile, Gleichgültigkeit, Ziellosigkeit, innere Leere und weniger als helle Verzweiflung erlebt (E. Lukas 1972, 252–256).

24

Wer sich glücklich fühlt, wird sein Leben – wenigstens in einem unreflektierten Werturteil – auch sinnerfüllt finden. Ebenso der Zufriedene. Das Umgekehrte gilt jedoch nicht. Man kann sein Leben auch noch sinnvoll finden, obwohl man unzufrieden ist und obwohl man sich nicht glücklich fühlt. Sinnerfüllung ist also eine notwendige, nicht aber hinreichende Voraussetzung und nur eine Komponente von Glück und Zufriedenheit.

Im Hinblick auf den *Begriffsinhalt* besagt »Glück« also mehr als »Zufriedenheit« und »Sinnerfüllung«. Es schließt diese beiden verwandten Positiverfahrungen ein (Skizze links). Im Hinblick auf den *Begriffsumfang*, auf das Erfassen von vielerlei Erfahrungen, ist – umgekehrt – »Sinn« der weiteste und »Glück« der engste Begriff (Skizze rechts).

Dem Begriffsinhalt nach:	Dem Begriffsumfang nach:
Glück	Sinn
∨	∨
Zufriedenheit	Zufriedenheit
∨	∨
Sinn	Glück

Der Sinnbegriff der soziologischen Handlungs- und Systemtheorie

Der hier entwickelte Sinnbegriff orientiert sich an der Umgangssprache und steht dem der *Logotherapie* (S. 77 ff.) nahe, ohne von deren Grundannahmen abzuhängen.

Von seiten der Sozialwissenschaften haben vor allem zwei Autoren versucht, den Sinnbegriff zu umschreiben und zu verwenden – beide in hochtheoretischer Absicht und ohne damit bislang empirische Untersuchungen angestoßen zu haben, die für die Erforschung von Positiverfahrungen bedeutsam wären (J. Schülein 1982):

Für *Talcott Parsons* bildet »Sinn« einen Grundbegriff einer Handlungstheorie, die das Subjekt mit seinem sinndeutenden und wertorientierten Handeln in den Mittelpunkt stellt. Bei aller systemtheoretischen Umdeutung greift er dabei auf den Sinnbegriff Max Webers und der neukantianischen Richtung zurück, so daß er in der Linie der oben vorgeschlagenen Gleichsetzung von Sinn und Wert steht.

Anders *Niklas Luhmann* (1971), der »Sinn« ganz von der Funktion her definiert, den er für die Informationsverarbeitung im Bewußtsein des einzelnen und in soziokulturellen Systemen habe. Sinn ist für ihn ursprünglich eine »Selektionsregel« mit doppelter Aufgabenstellung: 1. Reduktion und Erhaltung von Komplexität; das heißt, »Sinn« hat aus dem Komplex der vielen Möglichkeiten jene auszuwählen, die man verwirklichen will, ohne die anderen, nicht verwirklichten, zu negieren, somit Bestimmtheit mit Offenheit zu vereinbaren; 2. Kontingenzbewältigung; das heißt, »Sinn« soll aufgrund dieser Balance zwischen Bestimmtheit und Offenheit zur Selektivität befähigen und die Enttäuschungsgefahr sowie die Notwendigkeit, sich auf Risiken einzulassen, bewältigen helfen. In dieser Sicht besagt »Sinn« rein formal die Herstellung von Bedeutung. Für Luhmann sind alle Intentionen Sinnerleben, einfach weil sie Bedeutungskomplexe bilden, verstehbar sind. Von der Frage der Zustimmungswürdigkeit sieht er weitgehend ab, so daß sich sein Sinnbegriff schwerlich für die Erforschung von Positiverfahrungen verwenden läßt.

II. FORSCHUNGSGESCHICHTE

Wie man erkannte, daß zum Wohlbefinden mehr gehört als Wohlstand und Angstfreiheit

Positiverfahrungen tragen viele Namen. Sie wurden beschrieben und untersucht:
– als Freude, etwa durch C. M. Meadows (1975);
– als Hoffnung, beispielsweise von H. Heckhausen (1953) und W. Revers (1966);
– als Höhepunkterfahrungen, ein Begriff und Thema A. Maslows (1964; 1973);
– als Ekstase, so von T. Spoerri (1968), M. Laski (1961) und anderen.
  Die Studien, die unter diesen Leitbegriffen durchgeführt wurden, blieben allerdings verhältnismäßig selten und vereinzelt. Eine umfassende und zusammenhängende Forschungsarbeit und -geschichte entwickelte sich hingegen um die Themen »Glück«, »Zufriedenheit« (Lebenszufriedenheit), »psychisches Wohlbefinden/Lebensqualität« und »Sinnerfüllung«.

Wollte man diese Forschungsgeschichte (siehe dazu E. W. Fellows 1966; W. R. Wilson 1967; R. Larson 1978; L. K. George/L. B. Bearon 1980) im Hinblick auf ihren Ertrag, ihre Lücken und ihre zukünftigen Aufgaben darstellen, so müßte man sie unter drei Aspekten behandeln, die durch folgende Fragen zu umschreiben sind:

1. Wie wurden Positiverfahrungen *beobachtet*: Welche »Dimensionen« umfaßten die Leitbegriffe der einschlägigen Untersuchungen, und waren die dafür entwickelten Beobachtungsverfahren geeignet, um das Gemeinte zu erfassen?
2. Wie wurden Positiverfahrungen *erklärt:* Welche Hypothesen und Theorien hat man auf der Erklärungsebene entwickelt?
3. Wie wurden Positiverfahrungen *untersucht:* Welche Faktoren, wie etwa Einkommen und Depressivität, hat man erhoben und mit den Beobachtungen über »Glück«, »Zufriedenheit« oder »Sinnerfüllung« in Beziehung gesetzt (korreliert), um einzelne Zusammenhänge festzustellen und von da aus die Hypothesen zu überprüfen?

Im folgenden wird zuerst ein allgemeiner Überblick über die Forschungsgeschichte gegeben. Anschließend soll dann den eben gestellten Fragen eingehender nachgegangen werden.

Die ersten Anfänge

Die Psychologie der Positiverfahrungen begann mit theoretischen Überlegungen und empirischen Einzeluntersuchungen, die kaum miteinander verbunden waren – ein Zeichen dafür, daß die moderne Psychologie erst spät anfing, Positiverfahrungen für forschungswürdig zu halten.

Einen frühen *theoretischen Ansatz* bot *F. Krueger* (1918; 1928) mit seiner Gefühlstheorie. Mehr beschreibend als erklärend und innerhalb der von ihm begründeten Ganzheitspsychologie sah er Gefühle als Regungen, die mit »bewußtseinsfüllender Breite« wirken, auf das gesamte Denken und Fühlen ausstrahlen, nicht gleichgültig lassen, wandelbar sind und sich in Gegensätzen bewegen – beispielsweise zwischen Befürchtung und Beruhigung, Glück und Wehmut. Damit war Wichtiges, wenn auch nur Allgemeines über Glück ausgesagt. Der Krueger-Schüler Ph. Lersch (1938/1970) hat diese Gedanken in seiner schichtentheoretischen Persönlichkeitslehre weiter entfaltet; doch zu einem eigenen Thema war Glück damit noch nicht geworden.

Ebenfalls eher beiläufig, doch mit eindeutig erklärender Absicht sprach *S. Freud* in seiner 1930 veröffentlichten Schrift »Das Unbehagen in der Kultur« vom Glück und vom Sinn (Zweck) des Lebens. Was der Mensch im Leben, das, im ganzen gesehen, nur schwer und enttäuschend für ihn sei, als »Glück« erstrebe, sei negativ die Freiheit von Schmerz und Unlust und positiv »das Erlebnis starker Lustgefühle«. Das entspreche genau dem Programm des »Lustprinzips«, und dies und nichts anderes mache den »Lebenszweck« aus. Damit hatte Freud – im Gegensatz zu Krueger und anderen – Glück mit Lust gleichgesetzt und es motivationstheoretisch höchst eigenwillig erklärt: als Übergang zu einem Spannungsgleichgewicht, das entsteht, wenn der Mensch die durch Triebspannung entstandenen Bedürfnisse in mehr oder weniger sublimierter Form befriedigt (siehe S. 60 ff.).

Dieser Auffassung Freuds setzte einer seiner früheren Weggefährten, *A. Adler*, seine »Individualpsychologie« entgegen. Ihr zufolge ist der Mensch nicht eine auf Spannungslosigkeit und Ruhe nach dem Sturm angelegte Triebmechanik, sondern ein Individuum, das sich stets neu auf Ziele und Werte ausrichtet, das frei und verantwortlich an Aufgaben wachsen und sich damit höherentwickeln will. Aus dieser Sicht hat Adler 1933 in seinem Spätwerk »Der Sinn des Lebens« wohl als erster Psychologe in einer Veröffentlichung die Sinnfrage thematisiert und behandelt. (Der ihm zunächst nahestehende Wiener V. E. Frankl hat in einem Vortrag 1926 erstmals von »Logotherapie« als einer sinnzentrierten Therapie gesprochen – in seinen Publikationen den Ausdruck aber erst 1938 erstmals verwendet.)

Adler meint: »Leben heißt sich entwickeln«, heißt Minderwertigkeit und Verkümmerung überwinden, sich den Grenzen und Chancen des Kosmos anpassen und »nach Vollkommenheit streben«. »Einzig das Gefühl, eine zureichende Stelle im Streben nach aufwärts erreicht zu haben, vermag ihm das Gefühl der Ruhe, des Wertes, des Glückes zu geben. Im nächsten Augenblick zieht ihn sein Ziel wieder hinan« (A. Adler 1973, 55). Als richtiger Sinn des Lebens, das sich weiterentwickeln will, sei in der »gegenwärtigen» Lage – man denke an das Jahr 1933! – das Streben nach einer idealen Gemeinschaft der ganzen Menschheit zu bejahen: Überwindung von Herrschsucht, von Unterdrückung, von Vorurteilen gegenüber Rassen und Religionsgemeinschaften, von Kriegsverherrlichung und Todesstrafe – und statt dessen Förderung des »Gemeinschaftsgefühls«.

»An diesem Punkt wird die Individualpsychologie Wertpsychologie« (1973, 36). Adler formuliert in seinem Appell eine Vorform von

»Wachstumsmotiven«, wie sie später von der »Humanistischen Psychologie«, besonders von A. Maslow entwickelt wurden (S. 71 ff.), und zeigt eine gewisse Nähe zur Logotherapie V. E. Frankls (S. 77 ff.). Allerdings empfand Frankl (1973) Adlers Berufung auf die Evolution als Verrat an Geist und Freiheit des Menschen, sprach dies auch offen aus und wurde schließlich von Adler aus dessen »Verein für Individualpsychologie« ausgeschlossen.

Die ersten *empirischen Untersuchungen* über Positiverfahrungen zeigen »en miniature« bereits deutlich auf die Fragestellungen, Chancen und Schwierigkeiten voraus, die die Psychologie der Positiverfahrungen in Zukunft charakterisieren sollten. Die wohl älteste Arbeit zum Thema »Glück« stammt von J. C. Flügel (1925). Er leitete neun psychologisch geschulte Erwachsene an, über eine Zeit von wenigstens 30 Tagen genau festzuhalten, wann und wie sie Lust und Unlust erfahren. Obwohl dieser Personenkreis nach heutigen Ansprüchen selbst für eine vorbereitende Studie zu beschränkt war, ergaben sich interessante Beobachtungen. So stellte man fest, daß intensiv erlebte Zustände kürzer dauerten als weniger intensive und daß Glück eher in den weniger intensiven als in den hochintensiven Gefühlszuständen erlebt wurde. Personen, die Glück erlebten, berichteten auch häufiger Interesse an der Arbeit, Freude, Zufriedenheit, angenehme Empfindungen, Erfolgsgefühl, während die eher Unglücklichen bei sich öfter unangenehme Empfindungen, Angst, Sorge, Müdigkeit, Langeweile und Niedergeschlagenheit beobachteten.

Ähnlich fand R. C. Sailer (1931), daß sich bei jungen Erwachsenen die Glücklichen vor allem durch ihre emotionale Ausgeglichenheit von den Unglücklichen unterschieden und daß Sorge, schlechte Gesundheit und sexuelle Schwierigkeiten bei Unglücklichen stärker verbreitet waren.

Ein anderer Pionier der Glücksforschung, G. W. Hartmann (1934), verglich die Antworten von Erwachsenen auf die Frage nach Glücklich- oder Unglücklichsein mit ihren Antworten auf Fragen von damals neu entwickelten Einstellungs- und Persönlichkeitstests. Überzufällige (signifikante), allerdings schwache Beziehungen zeigten an, daß die Neigung zu Neurosen und zu Unterordnung unter andere (beides nach Bernreuter ermittelt) Glück auszuschließen, religiöses Interesse hingegen (nach dem Allport-Vernon-Test) mit Glück einherzugehen scheint.

Damit hat sich schon in den ersten Einzelgängerversuchen eine Forschungsrichtung herausgebildet, die sich *in klinisch-persönlich-*

keitspsychologischer Sicht hauptsächlich für die innerpsychischen, persönlichkeitsspezifischen Bedingungen des Erlebens von Glück und Unglück interessierte. Mit den ersten Anfängen entwickelte sich aber auch eine *sozialpsychologische Fragestellung und Richtung*, der es – ohne deswegen persönlichkeitspsychologische Faktoren auszuschließen – vor allem um die mit der sozialen Situation gegebenen Bedingungen von Glücklich- und Unglücklichsein ging.

So legte A. S. Beckham schon 1929 schwarzen US-Bürgern die Frage vor: »Sind Sie als Schwarzer glücklich?« Bei der Auswertung unterschied er die Antworten nach Berufsgruppen und stellte gewaltige Unterschiede fest: Während sich von den befragten Ärzten 97 und von den Arbeitern immerhin noch 61 Prozent als glücklich bezeichneten, taten dies von den Hausfrauen nur verschwindende 8 Prozent. Damit schien eine Annahme bestätigt zu sein, die auch neuere Untersuchungen immer wieder belegten: Menschen aus sozioökonomisch höheren Schichten schätzen sich im allgemeinen häufiger als glücklich ein.

In einer ebenfalls sehr frühen Arbeit, die zwar keineswegs repräsentativ war, aber interessante Fragestellungen enthielt und später in mehreren Punkten bestätigt wurde, untersuchte G. Watson (1930) 389 Erwachsene mit abgeschlossenem Studium und kam zu dem Ergebnis: Gute Gesundheit, Freude am und Erfolg im Beruf sowie befriedigende Beziehungen zu anderen Menschen, zumal zum Ehepartner, begünstigen Glück, während Scheitern in der Liebe sowie verschiedene Ängste ihm besonders abträglich sind und Wohlstand sowie Ausbildungsstand der Eltern, eigene Intelligenz und Erfolg in der Schule keine Bedeutung dafür haben.

Eine neue Positivforschung

Noch 1957 mußte A. Maslow kritisch feststellen: »Ein Hauptmangel der psychologischen Forschung liegt in ihrer pessimistischen, negativen und beschränkten Auffassung von der vollen Höhe, zu der der Mensch gelangen kann ... Glück ist doch genauso real wie Feindseligkeit« (236). Tatsächlich ist die erste »moderne«, wissenschaftlichen Ansprüchen genügende Dissertation zum Thema »Glück« genau ein Jahr zuvor von A. E. Wessman (1956) verfaßt worden, und eine zweite Arbeit von ähnlichem Rang wurde erst wieder 1960 von W. R. Wilson vorgelegt.

Ebenfalls 1956 veröffentlichte V. E. Frankl – nach ersten, bereits 1938 und 1946 publizierten Formulierungen seines Anliegens – die Grundlegung seiner *sinn-zentrierten Psychotherapie* (Logotherapie) mit dem Titel »Theorie und Therapie der Neurosen«, zu der sich 1960 Ch. Bühlers Plädoyer für eine wertorientierte Psychotherapie gesellte. 1960 erschien auch die erste repräsentative Befragung, die ausdrücklich die Glücksfrage stellte (G. Gurin u. a. 1960). 1961 legten B. L. Neugarten u. a. ihren Test zur Erfassung der Lebenszufriedenheit vor, der zahlreichen Untersuchungen zugrunde gelegt wurde und immer noch wird (S. 45 ff.).

So begann in den Jahren 1956–1961 eine neue Positivforschung, die umfassender, methodenreicher und zusammenhängender war als die ersten Pioniertaten. Sie kristallisierte sich um die Stichworte »Glück«, »Lebenszufriedenheit«, »psychisches Wohlbefinden« und »Sinn«- bzw. »Wertorientierung«. Die allmählich zunehmende Aufmerksamkeit ging hauptsächlich von zwei Anliegen und Fachbereichen aus: einerseits von der klinischen Psychologie und der Persönlichkeitspsychologie und andererseits von der Sozialpsychologie.

Das *klinisch-persönlichkeitspsychologische Interesse* richtet sich grundsätzlich darauf, die beim einzelnen Klienten vorhandenen und bei jedem »Gesunden« möglichen Konflikte und Störungen des Erlebens und Verhaltens zu diagnostizieren, sie im Rahmen einer Persönlichkeitstheorie zu erklären, sie zu behandeln und ihnen vorzubeugen. Ziel ist psychische Gesundheit (mental health), angemessenes Verhalten (adjustment), Ich-Stärke.

Nach und nach setzte sich nun die Erkenntnis durch, daß Behandlung und Beratung ihr Ziel nicht schon dadurch erreicht haben, daß der Klient sich der Ursachen seiner Ängste, Depressionen und Zwänge bewußt wird, sie durcharbeitet und wieder arbeits- und liebesfähig wird. Vielmehr muß man darüber hinaus auch das ihm mögliche »Wertpotential« (Ch. Bühler) und seinen »Willen zum Sinn« (V. E. Frankl) aktivieren bzw. reaktivieren, damit er wieder schöpferisch und gegen Hyperreflexion und Sinnleere mit ihren psychischen Gefahren immun werden kann. Psychotherapeuten entdeckten die Bedeutung der *Wert- und Sinnerfüllung* und versuchten, den Klienten zu ermutigen, etwas zu finden, was ihm etwas bedeuten und woran er glauben kann.

Ähnlich erkannte man, daß Glücklichsein klar von manischer oder manieähnlicher Hochstimmung zu unterscheiden ist, zum psychischen Gesundsein gehört und mehr bedeutet als Freisein von Angst und

Depression. In der Nachfolge der bekannten Kliniker, Persönlichkeitstheoretiker und Testschöpfer H. A. Murray und G. W. Allport erforschten A. E. Wessman (1956) und A. E. Wessman/J. H. Ricks (1966) in ihren zwar auf wenige College-Studenten beschränkten, aber methodisch hochentwickelten Untersuchungen, wie sich das Glücksgefühl über sechs Wochen hin täglich verändert und mit welchen Stimmungen und Persönlichkeitsmerkmalen es verbunden ist. Auch W. R. Wilson (1960) ließ die 329 Studenten, die er befragte, einerseits Stimmungsskalen ankreuzen, in denen auch ausdrücklich nach dem Grad des Glücklichseins, des Unglücklichseins, der Zufriedenheit und der Heiterkeit gefragt wurde, und andererseits Fragen aus Taylors Angsttest und aus der sogenannten Depressionsskala des bekannten MMPI-Testes beantworten. So wurde Glücklichsein auch testpsychologisch als emotionale Befindlichkeit anerkannt, die zwar mit Angst- und Depressionsfreiheit einher-, aber auch über sie hinausgeht und eigene Beobachtungsverfahren erfordert.

Das *sozialpsychologische Interesse* gilt allgemein der Erforschung und Verbesserung des gesellschaftlich bedingten Verhaltens und Zusammenwirkens von einzelnen und Gruppen. In klinischer, psychohygienischer Richtung sucht man vor allem aufzuhellen, welche Bevölkerungsgruppen unter welchen Lebensbedingungen über eine starke oder schwache psychische Gesundheit (mental health) und ein angemessenes Verhalten (adjustment) verfügen. In der Linie dieses Anliegens begann man einzusehen, daß Unglücklichsein ein wichtiger Hinweis auf fehlende psychische Gesundheit ist und daß sich psychische Gesundheit und angemessenes Verhalten nicht im Freisein von Belastungen erschöpfen, sondern noch etwas Positiveres umfassen, das nicht nach »objektiven« Angaben von Bekannten, Ärzten und Psychiatern, sondern nur nach dem eigenen Bekunden der Betroffenen ermittelt werden kann. So fragten G. Gurin u. a. (1960) und J. Veroff u. a. (1962) Erwachsene, ob sie sich »sehr glücklich«, »einigermaßen glücklich« oder »nicht allzu glücklich« fühlten. Diese einfache 3-Stufen-Skala wurde später in vielen anderen Umfragen verwendet (N. M. Bradburn/D. Caplovitz 1965; N. M. Bradburn 1969; F. M. Andrews/S. B. Withey 1976; E. Noelle-Neumann 1977; A. Campbell 1981).

Die sozialpsychologische Richtung, die vor allem »Wohlfahrtsforschung« trieb und die Verbreitung und die Faktoren von *Lebensqualität* bei verschiedenen Bevölkerungsgruppen und besonders auch bei den alten Bürgern ermitteln wollte, konnte die Bedeutung von Positiverfahrungen ebenfalls nicht länger übersehen. Sie entdeckte sozusagen die Gleichung: *Lebensqualität = Wohlbefinden = Glück + Lebenszufriedenheit.*

Der Begriff »Lebensqualität«, ab 1963 vom Wirtschaftswissenschaftler John Kenneth Galbraith in den USA verbreitet und neun Jahre später von der SPD in ihr Dortmunder Programm für die Bundestagswahl 1972 aufgenommen, sollte ein besseres Leben für alle umschreiben, und zwar ein besseres Leben, das nicht nur in materiellem Wohlstand, sondern in einer Bereicherung für den ganzen Menschen besteht. Alle Versuche, den Begriff konkret und objektiv zu definieren, scheiterten, weil immer deutlicher wurde, daß die Vorstellungen, was ein besseres und reiches Leben sei, ganz von den Auffassungen des einzelnen und der Gruppen abhängen.

Meinte noch 1970 ein Autor wie R. Gastil, er könne Lebensqualität nach objektiv angebbaren »Sozial-Indikatoren« wie Vermögen, Gesundheitszustand und finanzielle Sicherheit bestimmen, so hielten dies N. M. Bradburn (1969), A. Campbell/P. E. Converse (1972), F. M. Andrews/S. B. Withey (1976) und andere für abwegig. Ihr Argument: Ob und inwieweit ein einzelner oder eine Bevölkerungsgruppe mit einem bestimmten Einkommen, der Altersversorgung oder anderen Verhältnissen zufrieden ist, hängt nicht nur von diesen Verhältnissen, sondern auch wesentlich von den subjektiven Wünschen und Ansprüchen ab, nach denen sie bewertet werden. Das Wohlbefinden und die Zufriedenheit der Bürger kann sich aufgrund der objektiven Verhältnisse wie auch aufgrund ihrer subjektiven Sicht ändern. Wer hohe finanzielle Erwartungen hat, wird durch eine mittlere Einkommenssteigerung nicht zufriedengestellt, und umgekehrt fühlt sich jemand, der sportliche Betätigung als Selbstquälerei betrachtet, durch die Bereitstellung von Sportanlagen nicht bereichert. Damit setzte sich eine doppelte Einsicht durch.

1. Lebensqualität ist nicht nur nach objektiv meßbaren Gütern, Verhältnissen und Chancen zu beurteilen, sondern muß nach dem *subjektiven Wohlbefinden* (well-being) eingeschätzt werden, das die Bürger daraus zu gewinnen meinen. Lebensqualität ist das, was die Betroffenen selbst als ihr Wohlbefinden wahrnehmen; dies muß von ihnen selbst erfragt und definiert werden.

2. Wie aber ist dieses subjektive Wohlbefinden zu ermitteln? Die Autoren, die das »psychische Wohlbefinden« (N. M. Bradburn), »das Gefühl des Wohlbefindens« (A. Campbell) oder das »selbstwahrgenommene Wohlbefinden« (F. M. Andrews/S. B. Withey) zum Leit-

begriff ihrer durchweg methodenbewußten und repräsentativen Untersuchungen machten, stimmen darin überein, daß einerseits die »Zufriedenheit« mit Einzelbereichen wie Einkommen, Ehe-Familie, Wohnverhältnissen, Arbeit, andererseits aber auch das *globale Wohlbefinden* zu erheben ist und daß korrelationsstatistisch geprüft werden muß, inwiefern »Bereichszufriedenheiten« zum globalen Wohlbefinden beitragen. »Indikatoren« oder »Dimensionen« des globalen Wohlbefindens sind für sie vor allem zwei Einschätzungen: die, ob man sich »sehr«, »einigermaßen« oder »nicht allzu *glücklich*« fühle (nach G. Gurin u. a. 1960), und die, ob man mit dem »Leben im ganzen« »völlig *zufrieden*« oder »völlig unzufrieden« sei. Die deutsche Sozialforschung (E. Noelle-Neumann; W. Glatzer/W. Zapf 1984) folgte weitgehend der nordamerikanischen Entwicklung – mit der Besonderheit, daß die Allensbach-Umfragen globales Wohlbefinden gelegentlich auch durch die *Sinnfrage* ermittelt haben (S. 44).

Damit waren die Positivverfahrungen *»Glück«, »Lebenszufriedenheit«* und *»Sinn«* zu erstrangigen Themen der an Lebensqualität interessierten sozialwissenschaftlichen Forschung aufgestiegen und haben seither deren Verständnis für das Subjektive beachtlich erweitert. Zu ihrem eigenen Erstaunen stellte die Lebensqualitätsforschung fest, daß die Zufriedenheit mit einzelnen Bereichen wie Einkommen oder Arbeit nur in bescheidenem Ausmaß allgemeine Lebenszufriedenheit voraussagen läßt. Sie hat sich darum auch – wenigstens in den USA – den persönlichen Voraussetzungen zugewandt, die nötig sind, um aus Wohlstand auch Wohlbefinden werden zu lassen. So fragten A. Campbell u. a. (1976) nach »persönlichen Ressourcen und Kompetenzen«, sozusagen nach den Merkmalen einer Lebenszufriedenheitskompetenz. Durch die Wende zum Subjektiven erkannte man das klinisch-persönlichkeitspsychologische Anliegen als soziale Frage.

In theoretischer Hinsicht hat die neue Positivforschung, von Freud abweichend, Glück und Lebenszufriedenheit nicht durch das Streben nach Ruhe, sondern durch Anreize und durch eine Vielfalt unterschiedlicher Motive sowie durch kognitive Vorgänge erklärt. Doch hat sie sich im ganzen mit umfassenden Theorien zurückgehalten und eher der Entwicklung von Methoden und der Erhebung von Einzelbeobachtungen gewidmet. Sie schuf sich vor allem aus den Errungenschaften der Testpsychologie und der Meinungsforschung neue Beobachtungsverfahren für ihre Zwecke. Im folgenden Abschnitt sollen einige besonders wichtige vorgestellt werden.

III. BEOBACHTUNGSVERFAHREN

Was können Interviews und Fragebogen von unserem Glück erhaschen?

Für die Erforschung von Wohlbefinden sind Beobachtungsverfahren (»Meßinstrumente«) unverzichtbar – aber keineswegs unfehlbar. Freundlich gesagt, erfassen die dafür entwickelten Hilfen ihren Gegenstand verschieden genau und sind darum von unterschiedlichem Nutzen. Unfreundlich gesprochen: Man muß kritisch prüfen, was ein Interviewer oder ein Fragebogen erhebt, wie genau er es erhebt und was er übergeht, für welche Fragen er nichts erbringt.

Allgemein ist damit zu rechnen, daß die Einschätzung des eigenen Glücklich- und Zufriedenseins immer auch von der Situation und der Stimmung abhängt, in der man befragt wird (T. W. Smith 1979; N. Schwarz/F. Strack 1985). Bei einer mündlichen Befragung von Angesicht zu Angesicht neigen viele – zumal wenn der Interviewer dem anderen Geschlecht angehört – zu einer rosigeren Beurteilung ihrer Lage, als wenn sie anonym einen Fragebogen ausfüllen und mit der Post zusenden. Wer infolge sonnigen Wetters oder eines noch frischen Erfolgserlebnisses – wenn er etwa unter heimlicher Mitwirkung des Versuchsleiters gerade ein Geldstück gefunden hat – froh gestimmt ist, schätzt auch sein Leben insgesamt günstiger ein, als wer an einem Regentag befragt wird. Vermutlich schließen viele Personen, die man nach ihrer Zufriedenheit mit dem Leben im ganzen oder nach ihrem Grad des Glücklichseins fragt, mangels anderer Anhaltspunkte für ein überlegteres Urteil von ihrem augenblicklichen auf ihr allgemeines Befinden. Wenn sie hingegen ihre Zufriedenheit mit einem bestimmten Bereich (Einkommen, Arbeit) einschätzen sollen, legen sie ihrem Urteil wohl eher bestimmte Maßstäbe zugrunde. Auch Erinnerungen, die bei der Befragung gerade lebendig sind und im Vordergrund stehen (salience), beeinflussen die Lebensbilanz (F. Strack u. a. 1985). Trotz dieser Grenzen sind viele Umfragen mehr als nur zufällige Momentaufnahmen und müssen jeweils für sich beurteilt werden.

Im folgenden werden einige Beobachtungsverfahren angeführt, die bei mündlichen Interviews oder bei schriftlichen Befragungen verwendet wurden, um Ausmaß und Verteilung von Positiverfahrungen bei einzelnen und Gruppen zu ermitteln und mit anderen Beobachtungen zu vergleichen.

1. Zum Leitbegriff »Glück« – die affektive Selbsteinschätzung des eigenen Wohlbefindens

---

a) Die 3-Stufen-Skala von G. Gurin/J. Veroff/S. Feld (1960)

Wie würden Sie sagen, geht es Ihnen zur Zeit, alles in allem: Würden Sie sagen, daß Sie zur Zeit *sehr* glücklich, *ziemlich* glücklich oder *nicht allzu* glücklich sind?
- ☐ Sehr glücklich
- ☐ Ziemlich glücklich
- ☐ Nicht allzu glücklich

Diese Skala wurde bei mehreren repräsentativen Umfragen verwendet. Einwand: Als »glücklich« wird sich auch bezeichnen, wer es nicht ist, denn das entspricht der sozialen Norm. Keiner will als »unglücklich« gelten, denn nach der gängigen »Jeder ist seines Glückes Schmied«-Einstellung wäre das soviel wie das Eingeständis: »Ich bin ein Versager«. Erwiderung: Die Neigung, im Sinne der sozialen Norm zu antworten, ist als Störvariable in Rechnung zu stellen. Darum sollte man nicht nur nach Glück, sondern auch nach anderen Positiverfahrungen fragen und die Aussagen von Personen, die sich in ihren Antworten grob widersprechen (bei denen also ein »Lügenskore« offensichtlich ist) ausscheiden. Die Scheu vor einer negativen Aussage kann man dadurch verringern, daß man sie schonend als »nicht allzu glücklich« formuliert. Bei repräsentativen Umfragen, die zwischen 1957 und 1978 in den USA durchgeführt wurden, bezeichneten sich keineswegs alle, sondern nur 24 bis 35 Prozent als »sehr glücklich«. 8 bis 11 Prozent stuften sich als »nicht allzu glücklich« ein, und zwar so, daß sich deutliche und plausible Unterschiede zwischen einzelnen und sozialen Gruppen ergaben (A. Campbell 1981, 27 f.; F. M. Andrews/ S. B. Withey 1976, 319). Als »ziemlich glücklich« schätzte sich mit 54 bis 66 Prozent jeweils die stärkste Gruppe ein. Bei einer für die Erwachsenen der Bundesrepublik Deutschland repräsentativen Umfrage ergab sich nach einer 4-Stufen-Skala, die auf eine mildernde Umschreibung verzichtete, folgende Verteilung (W. Glatzer/W. Zapf 1984, 179):

Ist Ihr Leben im Augenblick . . .

sehr glücklich	ziemlich glücklich	ziemlich unglücklich	sehr unglücklich
25,6 %	68,7 %	5,1 %	0,6 %

Ein weiterer Einwand: Was man unter »glücklich« versteht, hängt von der jeweiligen Kultur- und Sprachgemeinschaft ab, so daß die Aussagen kaum vergleichbar sind. Antwort: Trotz schichtenspezifischer Sprachunterschiede fällt diese Störvariable innerhalb einer Nation mit gleicher Sprache kaum ins Gewicht. Doch sind bei einem internationalen und interkulturellen Vergleich Angaben über das eigene Glücklichsein eher Aussagen über den verschiedenen Wortgebrauch als über die Sache selbst. So haben sich bei einer internationalen Gallup-Umfrage in den englischsprachigen Ländern USA, Großbritannien und Australien 37–40 Prozent, in Japan und Italien aber nur 9 Prozent der Bevölkerung als »sehr glücklich« eingestuft, während sich von den Englischsprachigen nur 6–9 Prozent, von den Japanern aber 23 Prozent und von den Italienern 31 Prozent als »nicht allzu glücklich« bezeichneten (G. H. Gallup 1976).

Eine weitere Grenze der 3-Stufen-Skala ergibt sich, wenn Sie einmal überlegen (bevor Sie den weiteren Kommentar dazu lesen), inwiefern die folgende D-T-Skala Vorteile bietet, wenn es darum geht, sein eigenes Lebensgefühl zu Protokoll zu geben. Die Skala hat ihren Namen von den Anfangsbuchstaben der beiden Gegenpole »*D*elighted« (begeistert) und »*T*errible« (schrecklich).

b. Die D-T-Skala von F. M. Andrews/S. B. Withey (1976)

Jetzt werde ich Ihnen eine ganze Reihe von Fragen vorlegen. Sagen Sie mir einfach, welche Nummer auf dieser Karte ihr Empfinden am besten zusammenfaßt. »Eins« gilt für begeistert, »zwei« für erfreut und so weiter bis zu »sieben« für etwas, das Sie schrecklich finden. Wenn Sie überhaupt keine Reaktionen zu der Frage haben, so nennen Sie mir den Buchstaben A. Wenn Sie nie über so etwas, wie ich es frage, nachgedacht haben und dies auch kaum vorkommen wird, so nennen Sie mir den Buchstaben B. Und wenn ich Ihnen eine Frage stelle, die nicht auf Sie zutrifft, so nennen Sie mir den Buchstaben C.

Mein Empfinden ist:

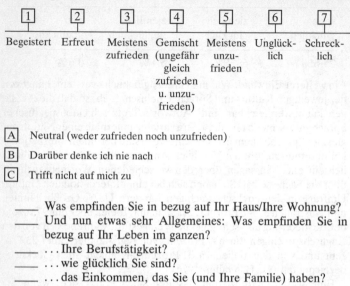

1	2	3	4	5	6	7
Begeistert	Erfreut	Meistens zufrieden	Gemischt (ungefähr gleich zufrieden u. unzufrieden)	Meistens unzufrieden	Unglücklich	Schrecklich

A Neutral (weder zufrieden noch unzufrieden)

B Darüber denke ich nie nach

C Trifft nicht auf mich zu

____ Was empfinden Sie in bezug auf Ihr Haus/Ihre Wohnung?

____ Und nun etwas sehr Allgemeines: Was empfinden Sie in bezug auf Ihr Leben im ganzen?

____ ... Ihre Berufstätigkeit?

____ ... wie glücklich Sie sind?

____ ... das Einkommen, das Sie (und Ihre Familie) haben?

Dieser Auszug deutet an, daß die Autoren ihre 7-Stufen-Skala sowohl auf Einzelbereiche (Wohnung, Berufstätigkeit, Ehe, Einkommen, Auto, Schlaf usw.) als auch auf das Gesamtbefinden (Leben im ganzen, Glück) angewandt haben. Für den Vergleich mit der oben angeführten 3-Stufen-Skala interessiert nur letzteres. Während die 3-Stufen-Skala und ihre 4-, 7- oder 9stufigen Varianten dem Befragten nur eine Abstufung zwischen demselben Adjektiv (»glücklich«), das einmal stark bejaht, einmal verneint wird, erlauben, bezeichnet die D-T-Skala fast jede ihrer sieben Stufen mit einem eigenen Adjektiv, das eine Stimmungsstufe und -nuance ausdrückt. Der Befragte kann sich differenzierter ausdrücken.

Glück kann mehrere Erlebnisdimensionen umfassen, die sich wie alle Gefühle zwischen Gegensätzen bewegen (F. Krueger 1918; 1928). Um den Befragten auch in diesem Sinn eine differenzierte Aussage über ihr globales Wohlbefinden zu ermöglichen, legten F. M. Andrews/S. B. Withey (1976) acht Gegensatzpaare vor, zwischen denen sie ihr Empfinden acht Stufen zuordnen konnten.

Ich glaube, mein Leben ist:

langweilig	1	2	3	4	5	6	7 interessant
erfreulich	1	2	3	4	5	6	7 elend
nutzlos	1	2	3	4	5	6	7 wertvoll
beziehungsreich	1	2	3	4	5	6	7 einsam
erfüllt	1	2	3	4	5	6	7 leer
entmutigend	1	2	3	4	5	6	7 hoffnungsvoll
enttäuschend	1	2	3	4	5	6	7 lohnend
entwickelt meine	1	2	3	4	5	6	7 gibt mir nicht
besten Anlagen							viele Chancen

Unter den 68 Beobachtungsverfahren, mit denen die erfinderischen Sozialwissenschaftler F. M. Andrews und S. B. Withey (1976) das Gesamtbefinden (sowie die Zufriedenheit mit Einzelbereichen) zu messen versuchten, war auch das folgende. Worin besteht Ihrer Meinung nach der Nutzen, und wo liegen die Grenzen dieser Fragestellung im Vergleich zur D-T-Skala und zu den eben angeführten Gegensatzpaaren?

Hier sind einige Gesichter, die verschiedene Gefühle ausdrücken. Unter jedem steht ein Buchstabe.

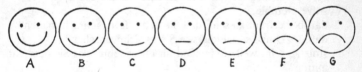

A   B   C   D   E   F   G

_____ Welches Gesicht könnte am besten ausdrücken, was Sie in bezug auf Ihr Leben im ganzen empfinden?
_____ Welches könnte am besten ausdrücken, was Sie in bezug auf Ihr Haus oder Ihre Wohnung empfinden?

Diese Vorgabe sieht von einer sprachlichen Benennung der verschiedenen Gefühle ab und unterscheidet diese rein nonverbal durch graphisch-mimische Symbole, die unmittelbar verständlich sind. So können Unsicherheiten vermieden werden, die dadurch entstehen, daß die Befragten mit den vorgelegten Adjektiven eine verschiedene

Bedeutung verbinden. Mehr noch, was die Befragten in den verbalen Testaufgaben mit den dort vorgelegten Begriffen meinen, können sie hier durch mimische Symbole präzisieren. Allerdings müssen die Auswerter diese symbolischen Aussagen wieder in sprachliche übersetzen, wobei ihre Sprachgewohnheiten zu einseitigen Auslegungen führen können.

Wer nach der 3-Stufen-Skala von G. Gurin u. a. (1960) gefragt wird, ob er sich zur Zeit sehr, ziemlich oder nicht allzu glücklich fühle, erinnert sich vermutlich an angenehme und an unangenehme Erlebnisse und versucht, Bilanz zu ziehen – eine Glücksbilanz, die sein Gesamtbefinden in einem Stimmungsbegriff zusammenfaßt. Darum verwendete N. M. Bradburn (1969) neben der 3-Stufen-Skala einen Fragebogen, der diese Bilanz zu erheben versucht, indem er nach positiven und nach negativen Gefühlen fragt.

Beim Durchlesen der folgenden Liste wäre es interessant, zu überlegen, wie spezifisch bzw. wie global die Erlebnisse sind, durch die hier in den ersten fünf Fragen positives, glückliches Gesamtbefinden und in den letzten fünf Fragen negatives, unglückliches Gesamtbefinden umschrieben wird – etwa im Vergleich zu den Positiv- oder Negativpolen der oben angeführten acht Gegensatzpaare.

---

c) Die Affekt-Balance-Skala (ABS) nach N. M. Bradburn (1969)

Hatten Sie in den letzten Wochen einmal das Gefühl . . .
Positive Gefühle:
1. darüber erfreut zu sein, daß Sie etwas fertiggebracht haben?
2. daß die Dinge so laufen, wie Sie es sich wünschen?
3. stolz zu sein, weil Sie jemand für etwas lobte, das Sie gemacht hatten?
4. von etwas besonders begeistert oder daran besonders interessiert zu sein?
5. wie im siebten Himmel zu sein?
Negative Gefühle:
1. so unruhig zu sein, daß Sie nicht lange auf einem Stuhl sitzen konnten?
2. daß es Ihnen langweilig ist?
3. niedergeschlagen oder sehr unglücklich zu sein?
4. sehr einsam oder fern von anderen Menschen zu sein?
5. aus der Fassung zu geraten, weil jemand Sie kritisiert hat?

Die Fragen sind mit ja oder nein zu beantworten. Der höchste Wert, den ein Befragter auf der *Positiv-Affekt-Skala* erreichen kann, sind fünf Punkte, nämlich für das Ja auf jede Frage einen Punkt. Dementsprechend erreicht jemand auf der *Negativ-Affekt-Skala* fünf Punkte, wenn er deren fünf Fragen mit ja beantwortet. Die *Affekt-Balance* (eigentlich: die Bilanz, der Saldo) errechnet sich aus der Differenz der Positiv- und Negativpunkte. Wer aus den letzten Wochen vier der positiven Gefühle, aber auch drei der negativen Erfahrungen berichtet, hat eine positive, aber niedrige Affekt-Balance von +1. Wer hingegen alle fünf negativen Gefühle und nur zwei positive von sich berichtet, hat eine negative Affekt-Balance von –3.

Die entscheidende Beobachtung Bradburns besagt nun folgendes: Zwar bezeichnet sich jemand mit vielen Punkten auf der Positiv-Affekt-Skala auch eher als sehr oder ziemlich glücklich, zufrieden und wünscht sich in seinem Leben wenig anders, und umgekehrt wünschen sich Personen mit vielen Punkten auf der Negativ-Skala vieles anders und bezeichnen sich eher als unzufrieden und nicht allzu glücklich. Doch sind diese Zusammenhänge schwach. *Wichtiger* als die Punktzahl auf einer dieser beiden Skalen *ist für das gobale Wohlbefinden die Affekt-Balance, das, was am Ende überwiegt:* Auch wenn jemand manche Negativerfahrungen macht, können diesen so viele Positiverfahrungen gegenüberstehen, daß er sich im ganzen doch glücklich und zufrieden fühlt. Ob letzteres der Fall ist, erfahren wir am sichersten aus der Differenz. Sie besagt: *Wohlbefinden = positive Erlebnisse minus negative Erlebnisse.*

Dafür spricht nach Bradburn auch die Tatsache, daß die negative und die positive Skala voneinander unabhängig sind. Wer viele positive Gefühle erlebe, habe nicht automatisch auch weniger negative, und eine Menge unguter Erfahrungen gehe nicht notwendig mit einer geringeren Zahl an Positiverfahrungen einher – entscheidend sei allein die Differenz, die Endbilanz.

Diese Beobachtung, die auch von E. Noelle-Neumann (1977) und P. T. Costa/R. R. McCrae (1980) bestätigt wird, kann theoretisch verschieden gedeutet werden. Bradburn scheint der Auffassung zuzuneigen, daß die Affekt-Bilanz eines Menschen durch das Überwiegen von positiv bzw. negativ wirkenden objektiven Situationen zu erklären sei: Wer in einer Situation mit mehr positiven Erlebnismöglichkeiten lebe, fühle sich eben auch wohler als einer, in dessen Lebenssituation die Ursachen von Unlust überwiegen. Doch diese objektiv-situationistische Sicht wird man durch die Berücksichtigung subjektiver, persönlichkeitsspezifischer Faktoren ergänzen müssen. Daß das Überwiegen von Positiverfahrungen gegenüber gleichzeitigen Negativerfahrungen so entscheidend ist, hängt sicher auch von der *subjektiven Fähigkeit ab, Negatives verarbeiten und durch Positives ausbalancieren zu können* (S. 151, 169).

Bradburns Untersuchungen sind auch in einem anderen Punkt zu kritisieren. Man wird seine Folgerung, daß die positiven und die negativen Erlebnisse einander in keiner Weise beeinflussen, kaum nachvollziehen können. Die Beziehungen zwischen der negativen und der positiven Skala wären nämlich sicher stärker, wenn die negativen Gefühle genau als Gegensatz zu den positiven beschrieben wären. Tatsächlich umschreibt Bradburn aber *Glück* eher als Erfolg (Item 1–3), Interesse (4) und globales Hochgefühl (5) und *Unglück* als globale Unruhe (1), Langeweile (2), Niedergeschlagenheit (3), Einsamkeit (4) und Mißerfolg (5). Die Negativreihe enthält hier mehr Aussagen über globale Gefühle als die konkretere Positivreihe. Außerdem umfaßt sie mit den Themen »Unruhe« und »Einsamkeit« auch Gefühle, denen in der Positivreihe keine entsprechenden Erfahrungen gegenüberstehen, während die beiden ersten Positiv-Items (etwas fertigbringen, alles läuft nach Wunsch) auf der Negativseite keine Entsprechungen finden.

Trotz dieser Schwächen kann Bradburns Affekt-Balance-Skala als Meßinstrument mit überdurchschnittlich guten testpsychologischen Empfehlungen gelten. Seine geringe Störanfälligkeit, also hohe Zuverlässigkeit (Reliabilität) hat Bradburn (1969) dadurch nachgewiesen, daß er bei einer Teilgruppe den Test im Abstand von wenigen Tagen wiederholte (Test-Retest) und dabei weithin gleiche Ergebnisse erzielte. Auch sein Anspruch, zu messen, was es zu messen vorgibt, seine Validität, steht außer Zweifel: Die Affekt-Balance weist starke und überzufällige Zusammenhänge mit der 3-Stufen-Glücksskala von G. Gurin u. a. (1960) sowie mit vier Beobachtungsverfahren zur Lebenszufriedenheit auf (N. M. Bradburn 1969; L. K. George/L. B. Bearon 1980). Um die Affekt-Balance-Skala zu verbessern, haben R. Kammann/R. Flett (1983) ein »Affectometer« mit 40 Fragen zu 10 verschiedenen Bereichen des Befindens entwickelt – von der Selbstwertschätzung über das Interesse an den Mitmenschen bis zum Freiheitsgefühl. Doch dieses Verfahren könnte – noch mehr als das von Bradburn – dazu verleiten, kurze Äußerungen zu einzelnen Bereichen zu einem Gesamturteil zu verrechnen, anstatt klar zwischen einer Gesamtbilanz und Urteilen über einzelne Bereiche (möglichst mit Hilfe spezieller Fragen aus bewährten Tests) zu unterscheiden und miteinander in Beziehung zu setzen.

2. Zum Leitbegriff »Zufriedenheit/Lebenszufriedenheit« – das kognitiv bestimmte Urteil über das Erreichte im Vergleich zum Erstrebten

a) Die 7-Stufen-Skala von A. Campbell/P. E. Converse/W. L. Rodgers (1976)

Wie zufrieden sind Sie zur Zeit mit Ihrem Leben im ganzen? Welche Zahl auf dieser Karte kommt dem Grad Ihrer Zufriedenheit oder Unzufriedenheit mit Ihrem Leben am nächsten? Wenn Sie völlig zufrieden sind, so wählen Sie bitte Nummer 1; wenn Sie völlig unzufrieden sind, so wählen Sie bitte Nummer 7.

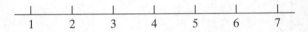

Im Unterschied zu den zuvor angeführten Beobachtungsverfahren fragen die Skala von A. Campbell u. a. (1976) wie auch die anderen in diesem Abschnitt angeführten Skalen nicht nach dem Glücklich-, sondern nach dem *Zufrieden- bzw. Unzufriedensein*. Die Frage zielt nur auf das Gefühl und Urteil »zufrieden« bzw. »unzufrieden«, ist also eindimensional, bietet dem Befragten aber Gelegenheit, den Grad seines Zufrieden- oder Unzufriedenseins auf einer 7-Punkte-Skala zwischen den Polen »völlig zufrieden« und »völlig unzufrieden« anzugeben. In der hier zitierten ursprünglichen Form meint die Frage ausdrücklich die Zufriedenheit mit dem »Leben im ganzen«, zielt also auf eine Gesamtbilanz. Doch kann man mit dieser Skala natürlich auch nach der Zufriedenheit mit einem Einzelbereich wie Arbeit, Ehe oder Einkommen fragen.

b) Die Cantril-Stufenleiter oder Self-Anchorage-Scale

Hier ist eine Stufenleiter abgebildet. Ihr unteres Ende ist das schlechteste Leben, das Sie vernünftigerweise für sich erwarten könnten. Ihr oberes Ende stellt das beste Leben dar, das Sie für sich erwarten könnten. Auf welcher Stufe würden Sie Ihr gegenwärtiges Leben einordnen?

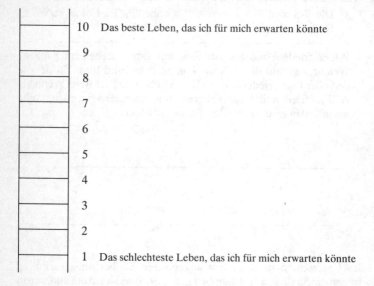

10   Das beste Leben, das ich für mich erwarten könnte

9

8

7

6

5

4

3

2

1   Das schlechteste Leben, das ich für mich erwarten könnte

In der ursprünglichen, von H. Cantril (1965) vorgeschlagenen Form fragt man nur nach der gegenwärtigen allgemeinen Lebenszufriedenheit, wobei der Interviewer den Befragten in einem Gespräch veranlaßt, über seine Erwartungen nachzudenken und dabei den Grad seiner Zufriedenheit festzulegen. In anderen Abwandlungen fragt man, wie der Befragte die meiste Zeit des vergangenen Jahres und der letzten fünf Jahre einschätzt und welche Zufriedenheit er für die kommenden fünf Jahre erwartet (F. M. Andrews/S. B. Withey 1976). Dabei kann die Antwort auch einfach durch Eintragung der Stufennummer bei den einzelnen Fragen, das heißt ohne mündliche Interviews gegeben werden. Mit der gleichen Stufenleiter kann man auch die Zufriedenheit mit einzelnen Bereichen erheben. In jedem Fall will sie eine völlig subjektive Einschätzung ermöglichen, die ganz von den persönlichen Erwartungen und möglichst wenig von gesellschaftlichen Normen ausgeht. Darum die Bezeichnung »Self-Anchorage-Scale« (Selbstfestlegungsskala).

Wie hoch würden Sie nach der oben angeführten Frage und Stufenleiter Ihre augenblickliche Lebenszufriedenheit ansetzen?
Zum Vergleich: Nach einer für die USA des Jahres 1959 repräsentativen Untersuchung von H. Cantril lag die Lebenszufriedenheit im Durchschnitt bei 6,6 Punkten. Sie betrug bei den Weißen 6,7, bei den damals noch stark benachteiligten Farbigen jedoch nur 5,3 Punkte. Bei Personen aus der sozioökonomischen Oberschicht lag sie bei 7,1, bei denen aus der untersten Schicht bei 6,0 Punkten. Von den Altersgruppen stuften sich die 21- bis 29jährigen bei nur 6,3, die 50- bis 64jährigen jedoch bei 6,8 ein.

---

c) Der Lebenszufriedenheitsindex (LSIA) nach B. L. Neugarten/R. J. Havighurst/S. S. Tobin (1961)

Hier stehen einige Aussagen zum Leben im allgemeinen, über das man verschieden denken kann. Lesen Sie bitte jeden Satz auf der Liste und machen Sie, wenn Sie ihm zustimmen, ein Zeichen auf dem Platz unter »Ja«. Wenn Sie mit einem Satz nicht einverstanden sind, so machen Sie bitte ein Zeichen unter »Nein«. Wenn Sie nicht sicher sind, ob das eine oder das andere zutrifft, so machen Sie bitte ein Zeichen unter »?«. Sehen Sie bitte darauf, daß Sie jede Frage beantworten. (Zur Auswertung: Jede hier mit x bezeichnete Antwort ist mit einem Punkt zu bewerten.)

	Ja	Nein	?
1. Je älter ich werde, desto mehr scheinen mir die Dinge besser zu sein, als ich erwartet habe.	x		
2. Ich habe im Leben mehr Glück gehabt als die meisten Menschen, die ich kenne.	x		
3. Das ist die langweiligste Zeit meines Lebens.		x	

4. Ich bin genauso glücklich wie in jüngeren Jahren.   x ___ ___

5. Mein Leben könnte glücklicher sein, als es jetzt ist.   ___ x ___

6. Dies sind die besten Jahre meines Lebens.   x ___ ___

7. Die meisten Dinge, die ich tue, sind langweilig oder eintönig.   ___ x ___

8. Ich erwarte, daß ich in Zukunft interessante und angenehme Dinge erleben kann.   x ___ ___

9. Meine Tätigkeiten sind für mich ebenso interessant, wie sie immer waren.   x ___ ___

10. Ich fühle mich alt und etwas müde.   ___ x ___

11. Ich spüre mein Alter, aber es bedrückt mich nicht.   x ___ ___

12. Wenn ich auf mein Leben zurückblicke, bin ich damit ziemlich zufrieden.   x ___ ___

13. Ich möchte mein vergangenes Leben nicht ändern, selbst wenn ich es könnte.   x ___ ___

14. Im Vergleich zu anderen Menschen meines Alters habe ich in meinem Leben vieles falsch gemacht . . .   ___ x ___

15. Verglichen mit anderen Leuten meines Alters sehe ich gut aus.   x ___ ___

16. Ich habe Vorhaben geplant, die ich in einem Monat oder einem Jahr durchführen werde.   x ___ ___

17. Wenn ich in meinem Leben zurückdenke, habe ich die meisten wichtigen Dinge, die ich mir gewünscht habe, nicht erreicht.   ___ x ___

18. Im Vergleich zu anderen Menschen fühle ich mich zu oft niedergeschlagen.   ___ x ___

19. Ich habe ziemlich viel von dem bekommen, was ich vom Leben erwartet habe.   x ___ ___

20. Trotz allem, was man so sagt, wird das Los des Normalmenschen schlechter, nicht besser.   ___ x ___

Beim Lesen dieses Fragebogens ist Ihnen sicher aufgefallen, daß einige Aussagen – ganz deutlich Nr. 10, 11, 14, 15 – nur für ältere Menschen sinnvoll sind. Tatsächlich wurde der Test innerhalb eines Programms zur Erforschung erfolgreichen Alterns, innerhalb des Kansas City Study of Adult Life, ausgearbeitet. In einer Version, die die ausschließlich altersbezogenen Statements wegläß, hat man ihn aber auch bei jüngeren Personen über 18 Jahren erprobt (L. Harris 1975). In dieser gekürzten Fassung eignet er sich vermutlich für alle Stufen des Erwachsenenalters.

Im Unterschied zur oben angeführten 7-Stufen-Skala von A. Campbell u. a. und auch zur Cantril-Stufenleiter fragen die Autoren des LSIA nicht nur nach dem Grad der allgemeinen Lebenszufriedenheit, sondern fassen diese als eine Erscheinung mit *fünf Dimensionen* auf. Sie umfaßt, wie sie aufgrund von vorausgegangenen Einzelinterviews meinen:

1. Begeisterung und Unternehmungslust (im Gegensatz zu Apathie);
2. Eigenverantwortung und Mut (Eriksons »Integrität« – im Gegensatz zu Resignation, Sinnlosigkeitsgefühl und Vorwurfshaltung);
3. Übereinstimmung zwischen erwünschten und erreichten Zielen;
4. Selbstwertgefühl;
5. Optimistische Stimmung.

Der Fragebogen soll Lebenszufriedenheit (im Alter) in dieser ganzen Komplexität messen. Der hier angeführte, in der Altersforschung der USA am häufigsten verwendete Test heißt *Life Satisfaction Index A (LSIA)*. Er unterscheidet sich von einer Version B (LSIB) dadurch, daß er nur geschlossene Fragen enthält, auf die man mit »ja«, »nein« oder »weiß nicht« antwortet, wobei der Auswerter die oben mit x gekennzeichneten Antworten jeweils mit einem Punkt, alle anderen Antworten mit Null berechnet. Die höchstmögliche Punktzahl, die ein Befragter erreichen kann, ist also 20. Bei einer Gruppe von nordamerikanischen Senioren betrug der Durchschnittswert 12,4, bei einer britischen Gruppe 14,1 Punkte. Eine Version des LSIA mit 18 Items konnte eine gute Übereinstimmung mit Bradburns Affekt-Balance-Skala aufweisen.

Der Test gilt als einfach anwendbar, zuverlässig und gültig. Unklar bleibt allerdings, ob er allgemeine Lebenszufriedenheit in den angezielten fünf Dimensionen mißt oder ob er dies nur bei bestimmten Bevölkerungsgruppen leistet. So meint D. L. Adams (1969) aufgrund seiner Neuuntersuchung und -analyse, er erfasse eher vier als fünf Dimensionen. A. Bigot (1974) folgert aus seinen Umfrageergebnissen in England, die vom LSIA getestete Lebenszufriedenheit sei auf zwei Dimensionen beschränkt: auf Annahme-Zufriedenheit und auf Leistung-Erfüllung. Eine Untersuchung von V. N. Rao/V. P. Rao (1981/82) bei älteren Menschen der schwarzen Minderheit in den USA ergab, daß die meisten Personen, die die Statements einer Dimension im positiv zu bewertenden Sinn beantworten, dies auch bei den Statements der anderen Dimensionen tun, so daß der Test möglicherweise nur eine Dimension, nämlich allgemeine Lebenszufriedenheit und psychisches Wohlbefinden mißt – wenigstens bei dieser Bevölkerungsgruppe mit ihren sprachlichen und gesellschaftlichen Besonderheiten.

3. Zum Leitbegriff »Sinnerfüllung« – das Urteil über das Vorhandensein von zustimmungswürdigen Zielen und Werten

Ob man sein Leben als sinnerfüllt oder als sinnlos empfindet, wurde meistens nur in klinisch ausgerichteten Untersuchungen gefragt. Doch hat – als einzige sozialpsychologische Forscherpersönlichkeit – Elisabeth Noelle-Neumann (1977a), die Leiterin des Instituts für Demoskopie Allensbach, die Sinnfrage auch als Indikator von »Lebensqualität« betrachtet und in repräsentativen Umfragen gestellt. In einer globalen und negativen Form tat sie das wie folgt:

---

a) Die Allensbach-Frage nach dem Gefühl der Sinnlosigkeit (E. Noelle-Neumann 1977a) mit den Ergebnissen von 1977

Kennen Sie das, daß einem das Leben oft so sinnlos vorkommt?
☐ Geht mir oft so   9 %
☐ Geht mir manchmal so   38 %
☐ Kenne ich nicht   53 %

In einer positiven und konkreten Variante legte E. Noelle-Neumann (1981) den Befragten eine Reihe von geschlossenen Aussagen zur Auswahl vor. So sollte unter dem Stichwort »Sinn« die vorherrschende Wertorientierung ermittelt werden.

Man fragt sich ja manchmal, wofür man lebt, was der Sinn des Lebens ist. Worin sehen Sie vor allem den Sinn Ihres Lebens? Könnten Sie es nach dieser Liste hier sagen? (Hier mit nur 2 Beispielen aus der ganzen Liste.)

☐ Im Leben etwas zu leisten, es zu etwas bringen.
☐ Daß andere mich mögen, daß ich bei anderen beliebt bin.
☐ ...

Der folgende Test wurde von der Logotherapeutin Elisabeth Lukas (1972) entwickelt und erprobt. Er soll feststellen, ob eine Person Ziele und Werte kennt, die sie bejaht, oder ob sie sich ziellos und sinnleer fühlt. Die Fragen sind in drei Gruppen unterteilt. Sie könnten sich beim Durchlesen überlegen, welchen Schwerpunkt, welche Dimension der Sinnorientierung (des »Logos«) in den einzelnen Fragengruppen erforscht werden soll. Was könnten Sie als psychologischer Berater oder Therapeut bei jedem der drei Abschnitte über die innere Verfassung eines Ratsuchenden erfahren?

Daran könnte sich eine weitere Frage anschließen: Worin decken sich die drei Schwerpunkte des Logo-Tests mit den fünf Dimensionen des oben angeführten LSIA, und worin weichen sie von ihnen ab?

b) Der Logo-Test von E. Lukas (1972)

I) Lesen Sie folgende Feststellungen durch. Sind welche darunter, die für Sie persönlich so zutreffen, daß sie von Ihnen selbst stammen könnten, schreiben Sie bitte »ja« dazu. Sind welche darunter, die das pure Gegenteil Ihrer eigenen Meinung beinhalten, schreiben Sie bitte »nein« dazu. Sie können das Kästchen auch leer lassen, wenn Ihnen die Entscheidung schwerfällt.

1. Wenn ich ehrlich bin, ist mir ein angenehmes, friedliches Leben ohne große Schwierigkeiten mit hinreichendem finanziellem Rückhalt am liebsten.

2. Ich habe bestimmte Vorstellungen, wie ich gerne sein möchte und womit ich gerne Erfolg hätte, und ich versuche diese Vorstellungen nach Kräften zu verwirklichen.

3. Ich fühle mich nur in der Geborgenheit eines Heimes, im Kreis der Familie wohl und möchte dazu beitragen, auch den Kindern eine entsprechende Basis zu schaffen.

4. In meiner beruflichen Arbeit, die ich zur Zeit ausübe oder für die ich mich erst ausbilde, finde ich meine ganze Erfüllung.

5. Ich habe einem oder mehreren anderen Menschen gegenüber Verpflichtungen und Beziehungen, denen nachzukommen mir Freude macht.

6. Es gibt ein Fachgebiet, das mich besonders interessiert, auf dem ich immer dazulernen möchte und mit dem ich mich, sobald ich Zeit habe, beschäftige.

7. Ich habe Freude an Erlebnissen bestimmter Art (Kunstgenuß, Naturbetrachtung) und möchte sie nicht missen.

8. Ich glaube fest an eine religiöse oder politische Aufgabe (oder an eine Aufgabe im Dienste des Fortschrittes) und stelle mich dieser zur Verfügung.

9. Mein Leben ist durch Not, Sorge oder Krankheit überschattet, doch bin ich sehr bestrebt, diese Situation zu verbessern.

II) Kreuzen Sie bitte an, wie oft Sie die folgenden Erlebnisse schon gehabt haben, und bemühen Sie sich, ehrlich zu sein:

1. Das Gefühl ohnmächtigen Zornes, weil Sie glaubten, alles bisherige umsonst getan zu haben.

sehr oft   hie und da   nie

2. Den Wunsch, nochmals Kind zu sein und von vorne wieder anfangen zu können.

        sehr oft   hie und da   nie

3. Die Beobachtung, daß Sie versuchen, Ihr Leben vor sich selbst oder anderen Personen gehaltvoller darzustellen, als es wirklich ist.

        sehr oft   hie und da   nie

4. Die Abneigung, sich mit tiefen und eventuell unbequemen Gedanken über Ihr Tun und Wirken zu belasten.

        sehr oft   hie und da   nie

5. Die Hoffnung, aus einem mißlungenen Vorhaben oder einem Unglück trotzdem ein positives Geschehnis machen zu können, wenn Sie nur alles daransetzen.

        sehr oft   hie und da   nie

6. Den Impuls einer Unruhe, die sich Ihnen gegen Ihre bessere Einsicht aufdrängt und quälende Interesselosigkeit an allem, was sich Ihnen anbietet, hervorruft.

        sehr oft   hie und da   nie

7. Den Gedanken, daß Sie im Angesicht des Todes sagen müßten, es habe sich nicht gelohnt zu leben.

        sehr oft   hie und da   nie

III)

1. Ich stelle Ihnen drei Fälle vor:

a) Ein Mann (eine Frau) hat viel Erfolg in seinem (ihrem) Leben. Das, was er (sie) eigentlich immer schon wollte, hat er (sie) zwar nicht durchführen können, dafür hat er (sie) sich im Laufe der Zeit eine schöne Position geschaffen und kann ohne viel Sorgen in die Zukunft blicken.

b) Ein Mann (eine Frau) hat sich in eine Aufgabe, die er (sie) sich zum Ziel gesetzt hat, verbissen. Trotz ständiger Mißerfolge hält er (sie) immer noch daran fest. Er (sie) hat deswegen auf vieles verzichten müssen und letztlich eigentlich wenig Vorteil davon gehabt.

c) Ein Mann (eine Frau) hat einen Kompromiß geschlossen zwischen seinen (ihren) Neigungen und den zwingenden Lebensumständen. Seinen (ihren) Pflichten kommt er (sie) gehorsam, wenn auch nicht sonderlich gerne nach, zwischendurch aber, wenn es sich machen läßt, widmet er (sie) sich seinen (ihren) privaten Ambitionen.

2. Ich frage Sie zu den drei Fällen:

Welche(r) Mann (Frau) ist am glücklichsten?

Welche(r) Mann (Frau) leidet am meisten?

3. Schildern Sie bitte in wenigen Sätzen Ihren eigenen »Fall«, indem Sie gegenüberstellen, was Sie bisher gewollt und angestrebt, was Sie davon erreicht haben und wie Sie sich dazu einstellen.

Die Autorin hat die Aussagen dieses Tests aufgrund von Antworten formuliert, die Erwachsene auf die Frage gaben, ob für sie etwas existiere, das ihrem Leben einen Sinn gebe und was dies sei. Die Statements von Teil I sollen zeigen, ob ein Befragter eher in der Berufsarbeit (in »schöpferischen Werten« nach Frankl) oder in Freundschafts- und Familienbeziehungen sowie in Kunst- und Naturbetrachtung (in »Erlebniswerten«) Erfüllung findet, wie breit bzw. beschränkt also das Spektrum seiner Erfüllungsmöglichkeiten ist. Ob er an einem Sinnvakuum leidet und inwieweit dieses bereits störend wirkt, sollen die Aussagen von Teil II aufdecken. Teil III mißt die Fähigkeit, eigene Lebensziele flexibel, in Anpassung an veränderte Umstände und trotz Einschränkungen zu verfolgen und zu Erfolg wie auch zu Mißerfolg eine positive Einstellung zu finden (»Einstellungswerte«). Die zum Schluß angeregte, frei formulierte Antwort muß vom Auswerter mit Hilfe einer 5-Punkte-Skala daraufhin geschätzt werden, ob sie eine hohe, weniger hohe oder niedrige Sinnerfüllung ausdrückt. Dabei ist darauf zu achten, daß man auch trotz Mißerfolg und Leid vom Sinn seines Lebens überzeugt sein kann, daß Sinnorientierung etwas anderes ist als Erfolgsbewußtsein.

Sind alle Antworten gemäß dem von der Autorin vorgegebenen Schlüssel nach Punkten bewertet, so kann der Auswerter vergleichen, ob die Punktezahl (in einem Teil oder in allen dreien) dem Durchschnittswert der Normalbevölkerung oder eher dem von psychisch Leidenden entspricht – unter Berücksichtigung der Standardabweichung. Denn E. Lukas hat den Logo-Test einerseits bei 285 Nicht-Kranken (auf zwei Volksfesten in Niederösterreich) und andererseits bei 55 Patienten mit verschiedenartigen Störungen in der psychiatrischen Universitätsklinik in Wien angewandt und die Ergebnisse verglichen. Daß der Test eine Sinnleere diagnostizieren kann, die mit psychischen Störungen einhergeht – seine Validität –, erwies sich durch die enge Beziehung seiner Ergebnisse mit denen eines Rorschachtests, dem die Befragten ebenfalls unterzogen wurden.

---

c) Der Lebensziel-Test (PIL) von J. C. Crumbaugh/L. T. Maholick
    (1964; 1969)

Teil A
Ziehen Sie bei jeder der folgenden Feststellungen einen Kreis um die Zahl, die für Sie am meisten zutrifft. Beachten Sie, daß die Zahlen immer von einem extremen Gefühl zu dem ihm entgegengesetzten Gefühl reichen. »Weder-noch« (neutral) besagt, daß Sie weder im einen noch im anderen Sinn urteilen wollen; versuchen Sie, diese Einschätzung möglichst selten zu verwenden.

1. Gewöhnlich bin ich

1	2	3	4	5	6	7
völlig gelangweilt			(weder-noch)			aufgedreht, bester Laune

2. Das Leben erscheint mir

7	6	5	4	3	2	1
immer			(weder-noch)			völlig
interessant					gewohnheitsmäßig	

3. Ich habe im Leben

1	2	3	4	5	6	7
keinerlei Ziele			(weder-noch)		sehr klare Ziele	
oder Pläne					und Pläne	

4. Mein persönliches Leben ist

1	2	3	4	5	6	7
äußerst sinnlos			(weder-noch)		sehr zielbewußt	
und ziellos					und sinnvoll	

5. Jeder Tag ist

7	6	5	4	3	2	1
immer wieder neu			(weder-noch)		genauso wie	
und andersartig					der andere	

6. Wenn ich wählen könnte, möchte ich

1	2	3	4	5	6	7
lieber nie geboren			(weder-noch)		neun Leben so	
worden sein					wie dieses haben	

7. Im Ruhestand möchte ich

7	6	5	4	3	2	1
einige interessante			(weder-noch)		den Rest meines	
Dinge tun, die ich					Lebens einfach	
immer schon					verbummeln	
machen wollte						

8. Beim Erreichen von Lebenszielen

1	2	3	4	5	6	7
habe ich keinerlei			(weder-noch)		bin ich der	
Fortschritte					vollkommenen	
gemacht					Verwirklichung	
					nähergekommen	

9. Mein Leben

1	2	3	4	5	6	7
ist leer und nur voller Hoffnungslosigkeit			(weder-noch)			vergeht mit interessanten guten Dingen

10. Wenn ich heute sterben müßte, würde ich meinen, daß mein Leben

7	6	5	4	3	2	1
sehr wertvoll war			(weder-noch)			völlig wertlos war

11. Wenn ich an mein Leben denke,

1	2	3	4	5	6	7
möchte ich gerne wissen, warum ich existiere			(weder-noch)			sehe ich immer einen Grund für mein Dasein

12. So wie ich die Welt in Beziehung zu mir sehe,

1	2	3	4	5	6	7
verwirrt sie mich völlig			(weder-noch)			paßt sie sinnvoll zu meinem Leben

13. Ich bin

1	2	3	4	5	6	7
eine sehr verantwortungslose Person			(weder-noch)			ein sehr verantwortungsbewußter Mensch

14. Was die Freiheit zu eigenen Entscheidungen angeht, glaube ich, daß der Mensch

7	6	5	4	3	2	1
absolut frei ist, alle Lebensentscheidungen selbst zu treffen			(weder-noch)			durch die Grenzen der Vererbung und Umgebung völlig festgelegt ist

15. Hinsichtlich des Todes bin ich

7	6	5	4	3	2	1
vorbereitet und furchtlos			(weder-noch)			unvorbereitet und voller Furcht

16. Selbstmord habe ich

1	2	3	4	5	6	7

schon ernsthaft   (weder-noch)   nie ernsthaft in
als Ausweg betrachtet   Erwägung gezogen

17. Ich halte meine Fähigkeit, einen Sinn, ein Ziel oder eine Sendung im Leben zu finden, für

7	6	5	4	3	2	1

sehr groß   (weder-noch)   praktisch null

18. Mein Leben

7	6	5	4	3	2	1

liegt in meiner   (weder-noch)   liegt nicht in
Hand, und ich   meiner Hand und
bestimme es   wird von äußeren
                                  Faktoren bestimmt

19. Mich meinen täglichen Aufgaben zu stellen, ist

7	6	5	4	3	2	1

eine Quelle   (weder-noch)   eine schmerzliche
der Freude und   und langweilige
Befriedigung   Sache

20. Ich habe

1	2	3	4	5	6	7

weder eine   (weder-noch)   ganz klare Ziele
Sendung noch   und einen befrie-
ein Lebensziel   digenden Lebens-
                                   sinn gefunden

Teil B

Vollenden Sie jeden der folgenden Sätze. Machen Sie rasch, und schreiben Sie in den freien Raum das, was Ihnen als erstes in den Sinn kommt.

1. Vor allem wünsche ich _____

2. Mein Leben ist _____

3. Hoffentlich kann ich _____

4. Ich habe erreicht _____

5. Mein höchstes Bestreben _____

6. Am hoffnungslosesten _____

7. Mein ganzes Lebensziel _____

8. Ich fühle Langeweile ⸻

9. Tod ist ⸻

10. Ich bin im Begriff ⸻

11. Krankheit und Leid kann ⸻

12. Für mich ist das ganze Leben ⸻

13. Der Gedanke an Selbstmord ⸻

Teil C

Beschreiben Sie in einem Abschnitt genau, welche Pläne, Ambitionen und Ziele Sie im Leben haben. In welchem Maße machen Sie bei deren Verwirklichung Fortschritte?

Der *Purpose in Life Test (PIL)* von J. C. Crumbaugh/L. T. Maholick, der hier in der korrigierten Fassung von 1969 wiedergegeben ist, will feststellen, ob und in welchem Maß der Befragte einen sinngebenden Lebensinhalt gefunden hat bzw. ein »existentielles Vakuum«, einen Mangel an Sinnorientierung aufweist. Nach ihm erzielen Patienten psychiatrischer Kliniken durchschnittlich wesentlich weniger Punkte als Gesunde. Freilich ist zu berücksichtigen, daß die PIL-Werte auch unter den psychisch Kranken stark variieren. Sinnleere wird wohl nur in bestimmten Fällen psychische Störungen verursachen oder mitverursachen; sie kann auch die Folge anders begründeter Störungen sein, etwa einer starken Zwanghaftigkeit oder Depression (S. 144 ff.).

Um den Grad, in dem jemand an Sinnleere leidet, noch deutlicher zu erkennen, hat J. C. Crumbaugh (1977) einen Ergänzungstest zum PIL, den sogenannten *Seeking of Noetic Goals Test (SONG)* erarbeitet.

Der Lebensziel-Test (PIL) wurde nicht nur zu Einzeldiagnosen, sondern auch bei Untersuchungen an bestimmten Gruppen wie Alkoholikern, Drogenkonsumenten und Strafgefangenen, aber auch bei Ordensleuten und anderen angewandt. Die Ergebnisse hat man auch mit Werten aus Tests zur Erhebung des Selbstwertgefühls, der Unternehmungslust, der Intelligenz, der Neigung zu Depression u. a., seltsamerweise aber nie mit Werten des Lebenszufriedenheitsindex (LSIA) in Beziehung gesetzt (J. C. Crumbaugh 1968; J. C. Crumbaugh u. a. 1970; B. L. Padelford 1974; G. T. Reker 1977; G. T. Reker/J. B. Cousins 1979; G. R. Jacobson u. a. 1977; D. Soderstrom/F. W. Wright 1977; P. L. Starck 1981).

Seinem Ursprung und seiner Absicht nach stammt der PIL ebenso aus der Schule von Frankls Logotherapie wie der Logo-Test. Doch sieht E. Lukas, die Autorin des Logo-Tests, am PIL vor allem zwei Mängel. Er wurde nicht in befriedigender Weise als aussagekräftig erwiesen, validiert. Außerdem setzt er Sinnerfüllung einseitig mit Erfolgsbewußtsein gleich, berücksichtigt nicht, daß es auch eine Sinnüberzeugung trotz Mißerfolg und Leid (»Einstellungswerte«) geben kann. Dagegen möchte der Logo-Test auch dieser Dimension des Trotzdem Raum geben (in seinem Teil III) und insgesamt eine Alternative zum PIL anbieten.

Unter den hier vorgestellten Beobachtungsverfahren sind glücklicherweise einige »prominente« wie die 3-Stufen-Skala von G. Gurin u. a., die 7-Stufen-Skala von A. Campbell u. a., Bradburns Affekt-Balance-Skala und der Lebenszufriedenheitsindex (LSIA), die in gleicher Form bei verschiedenen Gruppen angewandt wurden und darum vergleichbare Angaben liefern können. Bei vielen Untersuchungen, die für die Frage nach den Bedingungen von Positiverfahrungen heute wichtig sind, ist dies jedoch nicht der Fall. So müssen im Folgenden immer wieder Ergebnisse von unterschiedlich angelegten Forschungsarbeiten als Antwort auf eine bestimmte Frage herangezogen werden. Das soll so geschehen, wie es geschehen muß: mit Vorsicht.

IV. ERKLÄRUNGSVERSUCHE

Was will der Mensch überhaupt, und wann ist er zufrieden?

Wer mit Verfahren, wie sie oben vorgestellt wurden, Beobachtungen sammelt, muß sie auch deuten. Dabei wird er unausweichlich von der Beschreibungs- und Beobachtungsebene auf die Erklärungsebene wechseln und allgemeingültige Aussagen darüber machen, unter welchen Bedingungen sich Menschen glücklich, zufrieden und sinnerfüllt fühlen. Er wird seine Beobachtungen als Bestätigung oder als Infragestellung einer bestimmten Hypothese auslegen.

Wer aber Hypothesen über Positiverfahrungen aufstellt und prüft, sagt damit immer auch, wie er den Menschen im ganzen sieht. Er spricht aus, was – seiner Ansicht nach – den Menschen umtreibt, was er überhaupt will, was für ihn unverzichtbar ist und wann er sich zufrieden fühlen kann. Solche Aussagen formulieren – mehr oder weniger ausdrücklich – immer auch eine umfassende *Theorie des Menschen und seiner Motivation.*

Die neueren Arbeiten zur Positivforschung erwähnen und reflektieren diesen Bezugsrahmen zwar selten; als Hintergrund ist er jedoch nicht zu übersehen. Nun gibt es zwar keine umfassende und allgemein anerkannte Theorie menschlicher Motivation, doch lassen sich *einige grundlegende motivationstheoretische Leitvorstellungen* nennen, auf die die meisten zurückgreifen. Diese sollen hier dargestellt werden – in Weiterführung von Systematisierungsversuchen von K. B. Madsen (1973; 1974) und O. Neuberger (1974). Dabei soll auch – als Grundlegung für den Abschnitt über die Untersuchungsergebnisse – deutlich werden, daß sich diese Leitvorstellungen nicht ausschließen müssen, sondern teilweise ergänzen können.

1. Will der Mensch nur sein Spannungsgleichgewicht wiederherstellen?
Das Homöostase-Modell

Eine erste Leitvorstellung besagt: Wenn sich der einmal erreichte, gewohnte Gleichgewichtszustand des Organismus durch Vorgänge in ihm oder durch den Austausch mit seiner Umgebung ändert, versucht dieser Organismus (der Mensch), die entstandene Spannung abzubauen und das eingespielte *Spannungsgleichgewicht* (Homöostase) wiederherzustellen. Er füllt entstandene Lücken oder entlastet sich von einem Überangebot von Reizen. Alles Verhalten ist auf dieses Bestreben zurückzuführen.

Dieses Erklärungsprinzip ist sehr allgemein und darum verschieden anwendbar. Die beiden folgenden Hauptvarianten unterscheiden sich dadurch, daß in der einen das Gleichgewichtsstreben auf physiologisch-triebhafter und in der anderen auf kognitiver Ebene angenommen wird.

Hauptvariante I: Zufriedenheit als physiologisch-triebhaftes Spannungsgleichgewicht – durch Bedürfnisbefriedigung

Obwohl das Homöostase-Modell physikalisch, das heißt »unmenschlich« denkt, erscheint es unmittelbar einleuchtend, wo Verhalten erklärt werden soll, das auf die Befriedigung der periodisch wiederkehrenden physiologisch-triebhaften Bedürfnisse zielt. Nahrungs- oder Flüssigkeitsmangel schafft beispielsweise offensichtlich ein Bedürfnis, das einen entsprechenden Trieb (Hunger, Durst) aktiviert. Dieser treibt und lenkt nun das Verhalten in Richtung Nahrungs- und Flüssigkeitssuche. Es endet mit der Befriedigung des Bedürfnisses – bis der Mangelzustand und das Bedürfnis von neuem entstehen. Weil das Homöostase-Modell in diesem biologischen Zusammenhang sehr plausibel erscheint, wurde es von zwei psychologischen Richtungen übernommen, die – bei allen Gegensätzen – das Verhalten des Menschen biologisch-evolutiv erklären und auf Bedürfnis- und Triebbefriedigung zurückführen: von der Psychoanalyse und der Verhaltenspsychologie (Behaviorismus).

1. Der Ansatz der klassischen Psychoanalyse (S. Freud)

Nach S. Freuds Triebtheorie beruhen alle seelischen Regungen letztlich auf physiologischen Bedürfnisspannungen, vor allem auf »Hunger und Liebe«. Als Triebe wirken sie ins Unbewußte (Es) und ins Vorbewußt-Bewußte (Ich). Zunehmende Triebspannung wird als Unlust erlebt, doch »das Herabsinken der Bedürfnisspannung wird von unserem Bewußtseinsorgan als lustvoll empfunden« (Ges. Werke Bd. XIV, 227). Nur gelegentlich, in den späteren Schriften, anerkennt Freud auch, daß Spannungen als solche lustvoll wirken können.

Das Unbewußte, das Es, möchte nur dem *Lustprinzip* folgen und die entstandenen Triebspannungen *sofort* und ohne Rücksicht auf mögliche Schädigungen und Strafen abbauen. So geschieht es in den unbewußten Primärvorgängen, beispielsweise in Halluzinationen und Träumen, wo die psychische Energie frei befriedigende Vorstellungen besetzt und so abströmt. Demgegenüber versucht das lenkende Ich die Triebenergie in regulierten Formen abfließen zu lassen – nämlich unter der Kontrolle der vorbewußt-bewußten Sekundärvorgänge des Denkens, Urteilens und Entscheidens. So kann es Triebbefriedigungen hemmen, aufschieben, auf Umwegen erreichen, zu selbstbestimmten Besetzungen kanalisieren und sublimieren. Es kann sie den von der Außenwelt gesetzten Bedingungen anpassen: dem *Realitätsprinzip* folgen.

Der Haupttrieb Libido kann also einerseits in direkter sexueller Befriedigung, andererseits in umgewandelten Formen, vor allem in Sublimierungen, zur Ruhe kommen. Sublimierung – das ist die »gedämpfte« Lust, die man in wissenschaftlichen oder künstlerischen

Tätigkeiten finden kann und denen die Gesellschaft großen Wert beimißt. Hier wird das ursprünglich sexuelle Ziel gegen ein nicht mehr sexuelles, aber psychisch mit ihm verwandtes vertauscht (Bd. VII, 150), wie es beim »Reiz« des Schönen mit seinem »milde berauschenden Empfindungscharakter« (Bd. XIV, 441) ganz deutlich sei. Indes meint Freud, die Fähigkeit zur Sublimierung sei eine seltene, Künstlern und Forschern vorbehaltene Gabe, die er noch nicht befriedigend erklären könne (Bd. XIV, 438).

Damit sind die – wenigen – Wege vorgezeichnet, auf denen der Mensch sein *Glück* suchen kann. Er wird es, meint Freud, am stärksten im Lieben und Geliebtwerden suchen – dabei aber auch vom Partner abhängig und verletzlich werden, sich der Gefahr der Enttäuschung aussetzen. Er wird außerdem auch nicht-geschlechtliche, orale Lustbefriedigung anstreben. Er wird erreichbare Personen und Ziele »libidinös besetzen« und in Sublimierungen, im Genuß des Schönen und in Forscherfreuden, seine Erfüllung finden.

Was wollen die Menschen letztlich, wenn sie nach ihrem Lebensglück streben? Freuds Antwort:

». . . sie streben nach dem Glück, sie wollen glücklich werden und so bleiben. Dies Streben hat zwei Seiten, ein positives und ein negatives Ziel, es will einerseits die Abwesenheit von Schmerz und Unlust, andererseits *das Erleben starker Lustgefühle.* Im engeren Wortsinn wird ›Glück‹ nur auf das letztere bezogen . . . Es ist . . . einfach das Programm des Lustprinzips, das den Lebenszweck setzt . . . Es ist überhaupt nicht durchführbar . . .; man möchte sagen, die Absicht, daß der Mensch ›glücklich‹ sei, ist im Plan der ›Schöpfung‹ nicht enthalten. Was man im strengsten Sinne Glück heißt, entspringt der eher plötzlichen Befriedigung hoch aufgestauter Bedürfnisse und ist seiner Natur nach nur als episodisches Phänomen möglich. Jede Fortdauer einer vom Lustprinzip ersehnten Situation ergibt nur ein Gefühl von lauem Behagen; wir sind so eingerichtet, daß wir nur den Kontrast intensiv genießen können, den Zustand nur sehr wenig. Somit sind unsere Glücksmöglichkeiten schon durch unsere Konstitution beschränkt« (Bd. XIV, 433f.).

Darum sein Rat: Sehen, ob man mehr in Gefühlsbeziehungen zu anderen oder mehr in sich selbst, mehr als Tatmensch oder mehr als Ästhet das einem jeweils mögliche Maß an mehr oder weniger sublimierter Libidobefriedigung findet – und zwar möglichst aus mehreren Quellen, damit man beim Verlust der einen nicht völlig unglücklich wird. Denn das jedem mögliche Glück ist »*ein Problem der individuellen Libidoökonomie*« (ebd., 442).

Warum ist auf Dauer nur ein »Gefühl von lauem Behagen« möglich, selbst wenn der Organismus völlig gesund ist? Weil nach Freud alle Triebbefriedigung nur während der Entspannung Lust verschafft und letztlich nur dazu dient, eine Erregung abzureagieren und die Erregungsquantität »wenigstens möglich niedrig zu halten und sich gegen Steigerung zu wehren, d. h. konstant zu halten« (Aus den Anfängen der Psychoanalyse, 381). Freud meint, daß im seelischen Leben ähnlich wie in der Physik ein *Trägheits- oder Konstanz-, d. h. Homöostaseprinzip* gelte: Spannungen durch Reize von außen und von innen machen zwar den Organismus zu einem lebendigen Wesen, bringen ihm aber auch die »Not des Lebens« ein. »Das Nervensystem ist ein Apparat, dem die Funktion erteilt ist, die anlangenden Reize wieder zu beseitigen, auf möglichst niedriges Niveau herabzusetzen, oder der, wenn es nur möglich wäre, sich überhaupt reizlos erhalten wollte« (Bd. X, 213). Das Endziel aller Handlungen und Triebbefriedigungen ist dieses vorübergehend als Lust empfundene Streben nach möglichst erregungsloser Ruhe.

In späteren Schriften (Bd. XIII, 60, 373) verwendet Freud einen buddhistisch-schopenhauerischen Ausdruck und spricht vom »Nirwanaprinzip«, um die letztlich naturphilosophische Begründung seiner Sicht zusammenzufassen. Diese Begründung besagt: Die Lust strebt nach Spannungslosigkeit und Tod, weil der umfassendere Grundtrieb nicht der Eros, sondern der Todestrieb, Thanatos, ist. Das Leben mit seinem Eros ist nur ein Umweg zur Ruhe des Anorganischen.

»Der konservativen Natur der Triebe widerspräche es, wenn das Ziel des Lebens ein noch nie zuvor erreichter Zustand wäre. Es muß vielmehr ein alter, ein Ausgangszustand sein, den das Lebende einmal verlassen hat und zu dem es über alle Umwege der Entwicklung zurückstrebt ... *Das Ziel alles Lebens ist der Tod*, und zurückgreifend: *Das Leblose war früher da als das Lebende*« (Bd. XIII, 40).

Wenn der Mensch also nur kurzfristiges Lustglück und ein »Gefühl von lauem Behagen« erreicht, kann er dann wenigstens einen sinngebenden Inhalt für sein Leben suchen? Für Freud ist durch kluge »Libidoökonomie« und durch Selbstbeschränkung zwar eine gewisse Lebenszufriedenheit zu finden, aber die Möglichkeit, in Werten und Idealen Sinnerfüllung zu erfahren, wird in seiner Theorie nicht in Betracht gezogen – so sehr er in seiner Praxis dem Ideal der Humanität verpflichtet war (S. 179ff.). Die Frage nach Sinn tut er darum geradezu als Störungssymptom ab.

»Im Moment, da man nach Sinn und Wert des Lebens fragt, ist man krank, denn beides gibt es ja in objektiver Weise nicht; man hat nur eingestanden, daß man einen Vorrat an unbefriedigter Libido hat, und irgend etwas anderes muß damit vorgefallen sein, eine Art Gärung, die zur Trauer und Depression führt« (Briefe 1873–1939, Frankfurt 1960, 429).

2. Der Ansatz des Behaviorismus

Auch der Behaviorismus, wie er durch J. Watson und B. F. Skinner vertreten und vor allem durch C. L. Hull theoretisch begründet wurde, ist dem Homöostase-Modell verpflichtet. Er sieht den Menschen als Organismus, der sich von dem des Tieres nur durch seine größere Lern- und Überlebensfähigkeit unterscheidet. Alles körperliche und emotionale Verhalten (behavior) entwickelt sich aus wenigen angeborenen, nicht-erlernten, unkonditionierten Reaktionen – beispielsweise aus dem Saugreflex, der der Nahrungssuche dient, und aus ähnlichen Verhaltensweisen, die das Bedürfnis nach Wärme, Sicherheit und sexuellem Kontakt stillen. Der Organismus lernt nun, diese ursprünglichen Verhaltensweisen einerseits immer besser der Situation anzupassen (z. B. wirksamer zu saugen, sich auf feste Nahrung umzustellen) und andererseits mit ihnen neue Reize (Situationen) zu beantworten. Er lernt beispielsweise, auf die Eltern freudig zu reagieren, weil ihr Erscheinen mit Ernährung verknüpft (konditioniert) wurde. So entwickelt der Organismus die Verhaltensformen, die sein Überleben und Funktionieren in der jeweiligen Umwelt sichern.

Das dazu nötige Lernen wird von Skinner auf zwei grundlegende Lernvorgänge zurückgeführt. Nach ihm beruhen alle Verhaltensänderungen auf Dressur (der klassischen Konditionierung im Sinne von I. P. Pawlow) und auf eigenem erfolgreichem Probieren (operantem Konditionieren, Lernen am Erfolg). Beide Lernvorgänge beruhen aber ihrerseits auf einem einzigen Prinzip: auf *Verstärkung* (Bekräftigung, reinforcement), vereinfacht gesagt: auf Belohnung durch Bedürfnisbefriedigung.

Dem radikalen Behaviorismus zufolge lebt der entwickelte Organismus Mensch mit dem Verhaltensrepertoire, das er ererbt und erlernt hat, in seiner Umwelt. Alles Verhalten und jede Änderung von Verhalten (Lernen) wird als unwillkürlich-reflexhaftes Reagieren gesehen, das durch Verstärkung bestimmt wird. Auch kulturelle

Tätigkeiten wie Arbeiten, Sport, Forschen, Kunst sowie nicht-sexuelle Liebe, die Freud durch Sublimierung zu erklären versuchte, sind für Skinner einfach eine besondere Art von »Verstärkern«. Die Bereitschaft, zu arbeiten, Sport, Kunst und Wissenschaft zu treiben oder jemandem auch ohne sexuelle Befriedigung Zuneigung zu schenken, beruht für Skinner (1973, 81 ff.) darauf, daß uns diese Tätigkeiten ursprünglich halfen, mehrere triebhaft-physiologische Entbehrungen zugleich zu beheben. Sie brachten uns Stillung von Hunger und Durst, Schutz vor Kälte und sexuelle Befriedigung. Erst spät in der Geschichte der Gattung und des Individuums seien die mit geliebten Tätigkeiten und Personen verbundenen Reize wirksam geworden, ohne direkt mit den ursprünglichen, triebhaften Verstärkern gekoppelt zu sein, so daß wir jetzt den Eindruck haben, wir täten etwas um seiner selbst willen. Sie sind zu *generalisierten, sekundären Verstärkern* geworden, zu Reizen, die nicht mit einem, sondern mit mehreren primären (angeborenen und triebhaften) Verstärkern gekoppelt waren. Werte sind in dieser Sicht Techniken der Bedürfnisbefriedigung, Anpassung und Überlebenssicherung, die sich sozusagen zur Marotte verselbständigt haben, die man nicht mehr lassen kann.

Wenn aber Verstärkung (fast) alles erklärt, wie ist dann Verstärkung zu erklären und aufzufassen? Während Skinner dieser Frage ausweicht und sich darauf beschränken möchte, zu beschreiben, wie Verhaltensweisen in bestimmten Abhängigkeiten voneinander und in bestimmter Häufigkeit auftreten (»Deskriptive Verhaltensanalyse«), hat sie C. L. Hull in seiner umfassenden Theorie sehr wohl beantwortet – im Sinne des Homöostase-Modells.

Der grundlegende Antrieb zu allem Verhalten und Lernen ist nach Hull die primäre Verstärkung, die in der Spannungsminderung (Reduktion) eines durch einen Trieb oder ein Bedürfnis erzeugten Triebreizes besteht. »Wenn eine Reaktion (R) eng mit der Erregungsspur eines Reizes (S) assoziiert ist und diese Reiz-Reaktions-Verbindung mit der schnellen Verringerung des Triebreizes (S_D) einhergeht, dann *verstärkt* sich die Tendenz dieser Reizspur (S) zur Auslösung der Reaktion.«

Auch in dieser Sicht können *Zufriedenheit und Sinnerfüllung nur in der Bedürfnisbefriedigung des Organismus und in seinem angepaßten, überlebensfähigen Funktionieren bestehen*. Unzufriedenheit und Sinnlosigkeitsgefühle müssen als Bedürfnisspannung, als Streß oder Reaktionsstörung erklärt werden, die durch medizinische Behandlung, Entlastung oder Umkonditionierung, nicht aber durch irgendeine

Form von Wertreflexion zu behandeln sind. (Der radikale Behaviorismus leugnet Bewußtsein und Freiheit.)

Stellungnahme
Eine Theorie der Positiverfahrungen muß die physiologisch-triebhafte Variante des Homöostase-Modells insofern berücksichtigen, als sie erklärt, daß massive und dauerhafte Entbehrungen wie Hunger, Durst, Kälte und Schlaflosigkeit Glück und Lebenszufriedenheit beeinträchtigen, daß *Wohlbefinden also auch an Bedürfnisbefriedigung gebunden ist.*

Sie wird sich von der Psychoanalyse auch sagen lassen müssen, daß es so etwas wie »libidinöse Besetzungen« gibt, auch wenn diese nicht von einem einzigen, ursprünglich sexuellen Trieb abgeleitet werden können. Sie machen verständlich, daß der Verlust eines geliebten Menschen, einer liebgewordenen Tätigkeit oder Sache (»Objektverlust«) als Verlust der Lebensfreude empfunden wird und nur durch Trauerarbeit und Hinwendung zu neuen »Objekten« überwunden werden kann.

Sie wird vom Behaviorismus die Anregung übernehmen müssen, mit der ihm eigenen Konsequenz *auf die Verstärkungsvorgänge zu achten*, durch die die Umgebung bestimmte Verhaltensweisen belohnt oder bestraft und damit beeinflußt.

Als allgemeines Erklärungsprinzip kann das Homöostase-Modell jedoch nicht gelten, da es zu konservativ ist. Es kann nicht einmal erklären, warum ein Mensch, der ißt, nicht nur bei der Stillung des Nahrungsbedürfnisses Lust empfindet, sondern auch unabhängig von diesem Bedürfnis essen und so durch Spannungssteigerung auch seine Lust vermehren kann. Noch weniger kann es einsichtig machen, wie schon beim Kleinkind ein »Erkundungstrieb« und »Neugiermotiv« (D. E. Berlyne; H.-G. Voss/H. Keller 1981), ein Verlangen nach Zuwendung und Geltung, nach dem Erleben der eigenen Wirksamkeit in Spiel- und anderen Aktivitäten wirksam sind und Positiverfahrungen vermitteln. Denn das sind Antriebe, die auf neue Reize und Aufgaben aus sind und weder auf biologische Bedürfnisbefriedigung noch auf deren Spannungsminderung zurückgeführt werden können.

Es kann auch nicht plausibel machen, warum Menschen kreative Tätigkeiten, die doch immer auch mit Spannung und Mühe verbunden sind, anstreben und für künstlerische, wissenschaftliche oder politische Ziele u. U. Hunger und Gefängnis auf sich nehmen oder warum sie einen Mangel an Reizen und Aufgaben als bedrückende Langeweile oder die Abwertung eines Ziels als lähmend empfinden. Mit Homöostase-Streben ist dies alles nicht mehr zu erklären, auch wenn man erwidert, der Organismus suche in seiner Entwicklung nicht nur das alte, sondern ein neues Gleichgewicht, er erdulde kurzfristige Risiken, Mühe und Entbehrungen (Heterostasen), weil er nur langfristig ein Gleichgewicht anstrebe und höhere, wichtigere Gleichgewichtszustände (etwa gefährliche Forschungsarbeit, Karriere, Liebe zu einem Partner) auf Kosten der niedrigeren sichern wolle.

Die erwähnten Motive – Neugier, Zuwendung, Geltung, Wirksamkeit – sind zu eigenständig und zu ursprünglich, als daß sie von physiologisch-triebhaften Bedürfnissen abgeleitet werden könnten. Sie erfordern eine Persönlichkeitspsychologie, die dem lenkenden, denkenden und wertenden Ich oder Selbst mehr Eigenständigkeit (Autonomie) gegenüber seinen Trieben (dem Es) und seiner Umgebung (den Verstärkungsbedingungen) zuweist, kurz: mehr Bewußtsein und Freiheit zutraut, als in der klassischen Psychoanalyse und im radikalen Behaviorismus vorgezeichnet ist.

In psychoanalytischer Richtung heißt dies: Es ist ein Ich bzw. ein Selbst anzunehmen, das nicht der schwache Reiter sein muß, der nach Freud (Bd. XV, 83) seinem Pferd, dem Es, nur selten das Ziel bestimmen darf und allzu häufig »das Roß dahin führen muß, wohin es selbst gehen will«, vielmehr eines, das »zu einem *Antriebszentrum geworden ist: eine Einheit, die versucht, ihrem eigenen Weg zu folgen«* (H. Kohut 1979, 249). Ein Selbst auch, das seine Erfüllung, sein Glück nicht nur in »Objektbeziehungen« und Sublimierungen findet, die der lusthaften Triebabfuhr dienen, sondern ebenso wesentlich auch in einer Wertschätzung anderer, die aus der Selbstwertschätzung erwächst (S. 156ff.).

In behavioristischer Richtung bedeutet es: Der Mensch ist als Organismus zu sehen, der bei aller Bedürfnis- und Umgebungsabhängigkeit nicht wie ein Reflexapparat reagiert, sondern Reize und Informationen innerlich verarbeitet, bevor er sie beantwortet – wie es mit der »kognitiven Wende« des Behaviorismus F. H. Kanfer, M. J. Mahoney, A. Bandura und andere annehmen. Zu dieser Verarbeitung gehören so kognitive Vorgänge wie Schlußfolgerungen und Erwartungen in bezug auf Gefahren und Chancen des Überlebens, aber auch die für die Selbstwertschätzung entscheidende *Selbstbewertung* und die Möglichkeit, in selbstbejahten Werten *»Selbstverstärkung«* (A. Bandura 1979; F. Halisch u. a. 1976) zu erfahren. Selbstverstärkung als Antwort auf die (Sinn-)Frage, ob sich etwas lohnt, und als

Selbstwertbestätigung, die unabhängig macht von Beifall und Tadel, Belohnung und Bestrafung durch die Umgebung – ein Stück Freiheit.

Die eben angedeuteten Korrekturen werden Einwänden gerecht und bereiten Einsichten vor, die die Humanistische Psychologie unter den Stichworten »Wachstumsmotive« (A. Maslow) und »geistige Dimension« sowie »Wille zum Sinn« (V. E. Frankl) geltend gemacht hat (S. 71 ff., 77 ff.).

Hauptvariante II: Zufriedenheit als kognitives Spannungsgleichgewicht – durch Übereinstimmung von Erwartung und Wahrnehmung

Für einen anderen Typ von Homöostase-Vorstellungen hängt die Lebenszufriedenheit eines Menschen nicht unmittelbar von Spannung oder Gleichgewicht im physiologisch-triebhaften, sondern im kognitiven Bereich ab. Entscheidend sei, ob die Erwartungen, die ein Mensch aufgrund von inneren und äußeren Einflüssen – Bedürfnissen, Kenntnissen, Gewohnheiten und Ansichten der Umgebung – aufbaut, mit seinen Wahrnehmungen übereinstimmen oder aber zu ihnen in Spannung stehen. Nach L. Festingers Theorie der kognitiven Dissonanz wird Übereinstimmung allgemein als angenehme, beruhigende Konsonanz empfunden, während Nicht-Übereinstimmung als unangenehme, beunruhigende Dissonanz erlebt wird, die zu einer Spannungsminderung in Richtung Konsonanz drängt.

1. Die Theorie des Anpassungsniveaus (H. Helson 1964)
Laut Helson sind demgemäß die Maßstäbe und Erwartungen, nach denen jemand Ereignisse oder Situationen bewertet, nicht absolut, sondern relativ, nämlich abhängig von den vorangegangenen Erfahrungen, an die man sich gewöhnt und angepaßt hat. Wer sich beispielsweise als ungelernter Arbeiter in verschiedenen Betrieben hat herumkommandieren lassen müssen und schlecht bezahlt wurde, wird sich, da er nichts anderes kennt, an diesen Zustand so gewöhnen, daß er ihn – auch wenn er bei extremer Verschlechterung kündigt – für das Normale hält und sich mit ihm zufriedengibt. Behandelt man ihn nun plötzlich wie einen hoch zu belohnenden Mitarbeiter, von dem Mitdenken und Selbständigkeit erwartet werden, so wirkt dieser Wandel vermutlich als »Ankerreiz«, der sein Anpassungsniveau verändert und seine Erwartungen und Maßstäbe anhebt. Er würde bei künftigen Arbeitsplätzen mit dem, was er früher einmal für normal hielt, nicht mehr zufrieden sein.

2. Die Theorie des sozialen Vergleichs (L. Festinger 1954)

Festinger behauptet, daß die Beurteilungsmaßstäbe weniger durch die eigenen Gewöhnungen als vielmehr durch die gesellschaftliche Gruppe bestimmt werden, der man angehört. Ihre Konventionen und Normen sagen dem einzelnen Mitglied, was es zu tun und zu lassen hat, was ihm zusteht, was gerecht ist.

Als Variante dazu kann man die Ansicht von R. A. Easterlin (1975) auffassen, der zufolge die Maßstäbe, an denen jemand seine Zufriedenheit und Selbstachtung mißt, vom Vergleich mit den Mitbürgern seiner Nation abhängen. Wer sich etwa in Indien in der Mitte der sozio-ökonomischen Stufenleiter befinde, halte sich subjektiv für ebenso glücklich wie jemand, der in den USA in der Mitte der gleichen Stufenleiter steht, auch wenn letzterer ein Vielfaches vom Einkommen des Inders beziehe. Als glücklicher bezeichneten sich in den untersuchten Nationen jeweils Personen, die sich bezüglich ihrer nationalen sozio-ökonomischen Hierarchie etwas über der Mitte befänden. Darum ziehe eine globale Verbesserung der ökonomischen Lage einer Nation nicht unbedingt eine Steigerung der Zufriedenheit nach sich. Denn wenn alle Einkommen ungefähr gleichermaßen stiegen, bleibe die relative Stellung des einzelnen in dieser Einkommenshierarchie unverändert.

Stellungnahme

Der Vergleich mit anderen ist sicher ein Faktor, der die subjektive Zufriedenheit beeinflußt. Allerdings dürfte dieser Einfluß auf jene Bereiche beschränkt sein, wo – wie etwa bei Einkommen und Lebensstandard – ein Vergleich überhaupt möglich und wirksam ist. Bei so privaten Erfahrungen wie Ehe- und Familienbeziehungen wird der Vergleich mit anderen kaum durchführbar und für die Zufriedenheit wenig bedeutsam sein.

Auch die Gewöhnung, das Anpassungsniveau, mag die Zufriedenheit beeinflussen. Es fragt sich nur, in welchem Maße und wie lange. Extreme materielle Not und physische Schmerzen bedrücken den Menschen auch dann, wenn er seit langem nichts anderes mehr erfahren konnte. Darum gewöhnt er sich auch leichter an Verbesserungen als an Verschlechterungen. Und wer für sich nur noch Schlimmes erwartet und seinen Pessimismus durch ein Unglück bestätigt sieht, wird deswegen nicht zufrieden sein.

Das heißt, nicht die Übereinstimmung zwischen Erwartung und Wahrnehmung als solche macht zufrieden, sondern die Übereinstimmung mit Erwartungen, die der einzelne für unverzichtbar und wichtig hält. Zufrieden fühlt sich, wer urteilt, daß er das für ihn Unentbehrliche und Wichtige erreicht hat oder erreichen kann. Am wichtigsten dürfte aber – neben der Erhaltung der körperlichen und gesellschaftlichen Existenz – die Übereinstimmung mit dem eigenen Selbst und seinem Idealbild sein (S. 154f.).

2. Will der Mensch möglichst viel Spannung erleben?
Das Anreiz-Modell

Eine zweite Leitvorstellung betont, daß der Mensch nicht nur die Befriedigung von Bedürfnissen und den Abbau von Spannungen, sondern darüber hinaus auch die Erregung und die Steigerung von Spannung durch Anreize seiner Umgebung suche. Seine Lust und Zufriedenheit finde er vor allem in der Spannungssteigerung, die durch solche Anreize gewährleistet werde. Meistens wird dieses Anreiz-Modell als Ergänzung zum Homöostase-Modell verstanden und mit der lustzentrierten (hedonistischen) Theorie verbunden, der zufolge das Verhalten auf dem Streben nach Lustmaximierung und Unlustminimierung beruhe. Als erster hat dies P. T. Young (1961, 198ff.) ausdrücklich formuliert:

>»Stimulierung hat sowohl affektive als auch sensorische Folgen. Die Muster des Nerven- und Verhaltenssystems sind nach dem hedonistischen Prinzip der Maximierung der positiven und der Minimierung der negativen Gefühlsregung aufgebaut.«

Aus der Tierpsychologie konnte Young (1952) die Beobachtung anführen, daß Tiere eine Vorliebe für eine bestimmte Nahrung und ein Interesse an äußeren Reizen (Neugier) zeigen – Verhaltensweisen, die nicht als Streben nach dem gewohnten Spannungsgleichgewicht (Homöostase), sondern nur durch das Gegenteil, das Streben nach lustvoller Spannung erklärt werden können. Am deutlichsten wird dies in folgendem Experiment: Führt man Tieren Elektroden in bestimmte, für eine Lustreizung geeignete Hirnzentren ein, so daß sie sich durch Hebeldruck selbststimulieren können, dann tun sie dies bis an den Rand der Erschöpfung und vernachlässigen das Fressen und Trinken, das doch ihre physiologischen Bedürfnisse stillen würde.

Von seiten der Humanpsychologie spricht für ein Anreiz-Modell alles, was bereits oben zum Leiden an Reiz- und Beziehungsarmut (sensorischer und affektiver Deprivation) bzw. zum Bedürfnis nach

Erkundung, Zuwendung, Geltung und Wirksamsein gesagt wurde. Das Anreiz-Modell erklärt auch, warum wir Positiverfahrungen kennen, die über bloße Zufriedenheit, die mit der Befriedigung eines Bedürfnisses doch erreicht ist, hinausgehen und Steigerungsformen von ihr sind. Darum ist es höchst sinnvoll, bei Umfragen nicht nur nach Zufriedenheit und Stufen der Unzufriedenheit, sondern auch nach Stufen der Zufriedenheit zu fragen, nach »sehr glücklich« oder »erfreut« und »begeistert«.

Das Anreiz-Modell läßt sich mit einzelnen Äußerungen Freuds zum »Lustprinzip« verbinden. Ebenso mit den lerntheoretischen Begriffen der »Verstärkung« und »Erwartungsbestätigung« sowie mit K. Lewins Ansicht, daß ein Ziel einen »Aufforderungscharakter« (Valenz) haben und daß dessen Dynamik über den Druck von »Bedürfnissen« hinausgehen kann.

Auch die im Zusammenhang mit dem Homöostase-Modell erwähnte Theorie des Anpassungsniveaus läßt sich anreiztheoretisch abwandeln. So meinen P. Brickman und D. T. Campbell (1971), der Mensch betrachte infolge von Gewöhnung allmählich auch extreme Armut oder großen Reichtum als etwas Normales. Lebe er längere Zeit in sehr günstigen Verhältnissen, so würden viele Erfahrungen, die früher Freude machten, zur nichtssagenden Routine; man werte die alltäglichen Erfahrungen ab und werde unzufrieden – nur neue Anreize könnten noch Freude vermitteln. Als Beweis führt Brickman eine Untersuchung an, nach der Lotterie-Gewinner weniger Spaß am einfachen alltäglichen Fernsehkonsum äußerten als Nicht-Gewinner. (Allerdings bestätigte sich die umgekehrte Vermutung nicht, daß Querschnittgelähmte an alltäglichen Dingen mehr Freude finden als Nicht-Behinderte.) Nach dieser Auffassung hören Zufriedenheit und Glücksgefühl mit der Gewöhnung an diese Zustände auf und sind *nur als positives Kontrasterlebnis* während Phasen der Steigerung möglich, also grundsätzlich nur von kurzer Dauer.

Dieser Annahme widerspricht allerdings die Tatsache, daß nach E. Palmore/V. Kivett (1977), F. M. Andrews/S. B. Withey (1976) und P. T. Costa/R. R. McCrae (1980) viele Personen über lange Zeit hinweg auf der gleichen Glücks- und Zufriedenheitsstufe bleiben, so daß Gewöhnung und Kontrast (Anreiz) nicht die umfassenden Mechanismen sind, für die sie Brickman und Campbell halten. Möglicherweise sind sie nur bei der Zufriedenheit mit materiellen Bedingungen von einigem Gewicht. Vielleicht hängt aber die Fähigkeit, im materiellen und vor allem im zwischenmenschlichen Bereich Glück und Zufriedenheit zu erfahren, viel stärker von persönlichkeitsspezifischen Faktoren als von Kontrast und Gewöhnung ab (S. 125f., 157f.). Soll beispielsweise ein Ehepaar, das an seinen beiden Kindern Freude hat, nur so lange zufrieden sein können, bis es sich an sie gewöhnt hat und erst wieder Glücksgefühle verspüren, wenn eine weitere Geburt die Kinderzahl, eine Beförderung das Prestige oder ein Lotterie-Gewinn das Einkommen erhöht? Warum soll eine Quelle von Zufriedenheit nicht eine Quelle von Zufriedenheit bleiben, auch wenn wir uns an sie gewöhnt haben?

Stellungnahme
In einer Theorie der Positiverfahrungen kann und muß das Anreiz-Modell das Homöostase-Prinzip ergänzen. Es kann erklären, warum zur Zufriedenheit auch Erfahrungen beitragen müssen, die nicht den Mangelcharakter von physiologisch-triebhaften Bedürfnissen haben, sondern aktivitätssteigernd und kreativ sind: all die Aufgaben, die Menschen in so »unnötigen« Bereichen wie Spiel, Sport, Kunst und gesellschaftlichem Leben suchen. Allerdings ist das Anreiz-Modell als solches zu allgemein. Es sagt nichts zu den Problemen, wann der Mensch einer Triebbefriedigung und wann er einem anderen, »höheren« Anreiz und Ziel den Vorrang einräumt. Es sagt auch nicht, wodurch seine Bereitschaft zu Anreiz-Zielen (Werten) eine je persönliche Richtung und Ausprägung erhält. Diese Lücken will die Motivationstheorie der Humanistischen Psychologie schließen, über die die beiden folgenden Abschnitte berichten werden.

3. Will der Mensch von seinen biologischen Bedürfnissen frei werden und sich auf »optimaler Spannungsstufe« selbstverwirklichen?
A. H. Maslows Theorie der Mangel- und Wachstumsmotive

Eine dritte Leitvorstellung wurde von Vertretern und »nahen Verwandten« der sogenannten Humanistischen Psychologie (Ch. Bühler, E. Fromm, C. Rogers, G. W. Allport), vor allem von Abraham H. Maslow und Viktor E. Frankl erarbeitet. Sie ergänzt und korrigiert sowohl das Homöostase- als auch das Anreiz-Modell und besagt: Grundsätzlich strebt der menschliche Organismus nicht nur nach der Wiederherstellung des eingespielten Spannungsgleichgewichts (Homöostase). Dieses Zufriedenwerdenwollen durch physiologisch-triebhafte Befriedigung steht nur vorübergehend, bei hohem Triebdruck, bei massiver Entbehrung und vor allem während Krankheit, im Vordergrund. Sobald die Bedürfnisse einigermaßen befriedigt und die krankhaften Störungen überwunden sind, sucht der gesunde Mensch eine für ihn »*optimale Spannungsstufe*. Das bedeutet manchmal Reduktion der Spannung, manchmal Steigerung, so wie Blutdruck sowohl zu hoch als auch zu niedrig sein kann« (A. Maslow 1973, 45).

Kinder lernen, wenn sie nicht entmutigt und verängstigt sind, mit Freude neue Fertigkeiten und wollen psychisch wachsen. Seelisch Kranke entwickeln bei erfolgreicher Therapie das Verlangen, über die Abwehr von Angst und Schmerz hinaus wieder aktiv zu werden. Gesunde suchen und erfahren bei künstlerischen Versuchen, wissenschaftlichen Interessen oder politischen Zielen lustvolle Kreativität und Zufriedenheit. Dies erklärt Maslow motivationstheoretisch durch die Annahme von *mehreren Bedürfnisebenen*, die mit einer Dynamik von unten nach oben hierarchisch geordnet sind und zwei grundlegend verschiedene Motivgruppen und -arten bilden.

»Die verschiedenen Grundbedürfnisse sind in einer hierarchischen Ordnung aufeinander bezogen, so daß die Befriedigung eines Bedürfnisses und die konsequente Entfernung aus dem Zentrum der Aufmerksamkeit nicht einen Zustand der Ruhe oder stoischen Apathie mit sich bringt, sondern eher das Auftauchen eines anderen ›höheren‹ Bedürfnisses im Bewußtsein; Wollen und Verlangen dauern an, aber auf einem ›höheren‹ Niveau« (A. Maslow 1973, 45).

Wachstumsmotive

Mangel(Defizit-)motive

5. Selbstverwirklichung

4. Selbstachtung
Geltung, Zustimmung, Leistung

3. Zugehörigkeit
Geborgenheit, Zärtlichkeit, sozialer Anschluß

2. Sicherheit
Schutz vor Schmerz, Angst und Unordnung

1. Physiologische Bedürfnisse
Essen, Trinken, Schlaf, körperliche Sexualität

Erst wenn ein Bedürfnis wenigstens teilweise befriedigt ist, kann das im Rang höhere verhaltenswirksam werden. Anders ausgedrückt, je höher ein Bedürfnis ist, desto weniger ist es fürs Überleben notwendig, desto später bildet es sich in der Entwicklung der Art und des Individuums heraus, desto weniger wird es als drängend empfunden und desto leichter aufgeschoben und u. U. für immer inaktiv. Je niedriger ein Bedürfnis ist, desto gebieterischer beansprucht es – wenigstens bis zu seiner teilweisen Befriedigung – den Vorrang. Kommt es zu einem Konflikt, so setzt sich das niedere Bedürfnis durch, weil sich der Mensch auf dessen Erfüllung fixiert.

Entwicklungspsychologisch entsprechen die aufsteigenden Bedürfnisebenen einer lebensgeschichtlichen Folge. Für den Säugling steht die Befriedigung physiologischer Bedürfnisse im Vordergrund, für das Kleinkind hat Sicherheit Vorrang, gefolgt von Bindungs- und Selbstachtungsbedürfnissen, während in der Jugendzeit die Frage der Selbstverwirklichung oder der Identitätsfindung (wie E. H. Erikson in seiner Maslow nahestehenden Entwicklungstheorie sagen würde) lebendig wird.

Selbstverwirklichungsbedürfnisse, das heißt Selbsterfüllung in der Verwirklichung der eigenen Fähigkeiten und im Verstehen und Lieben anderer (das im Unterschied zu den besitzergreifenden Zugehörigkeitsbedürfnissen der dritten Ebene ein selbstloses Lieben ist), werden erst angeregt, wenn alle niedrigeren Bedürfnisse wenigstens teilweise befriedigt sind. Ein relatives Unbefriedigtsein auf niederer Ebene ist demnach erträglich. »Zum Beispiel, wenn es gestattet ist, willkürliche Zahlen zu Illustrationszwecken anzunehmen, wird der durchschnittliche Bürger vielleicht zu 85 Prozent in seinen physiologischen Bedürfnissen befriedigt sein, zu 70 Prozent in seinen Sicherheitsbedürfnissen, zu 50 Prozent in seinen Liebesbedürfnissen, zu 40 Prozent in seinen Selbstachtungsbedürfnissen und zu 10 Prozent in seinen Selbstverwirklichungsbedürfnissen« (A. Maslow 1977, 98 f.).

Wurden höhere Bedürfnisse einmal aktiviert, so können sie eine so starke Bedeutung erhalten (in der Art einer »funktionellen Autonomie« im Sinne von G. Allport), daß sie durch unbefriedigte niedrige Bedürfnisse nicht mehr so leicht blockiert werden.

»Alle, die in ihren höheren wie auch niedrigeren Bedürfnissen befriedigt wurden, werten die höheren mehr als die niedrigeren. Sie werden für die höheren Befriedigungen mehr opfern und werden außerdem besser imstande sein, der niedrigeren Entbehrung Widerstand zu leisten. Zum Beispiel werden sie es leichter finden, ein asketisches Leben zu führen, aus prinzipiellen Gründen Gefahr auf sich zu nehmen, Geld und Prestige zugunsten der Selbstverwirklichung aufzugeben. Wer beides kennt, wird allgemein Selbstachtung als eine höhere, wertvollere subjektive Erfahrung einstufen als einen vollen Magen« (ebd., 156).

Die Bedürfnisebenen eins bis vier haben in abnehmender Stärke eines gemeinsam: Sie sind *Mangel- oder Defizitmotive.* Ihr massives Nichterfülltwerden verursacht physische und psychische Krankheit und zwingt den Betroffenen, sie anderen Befriedigungen vorzuziehen, während sie bei der befriedigten und gesunden Persönlichkeit ohne Vorranganspruch wirksam sind.

Gesunde Menschen, die ihre Mangelmotive erfüllen können, verhalten sich nun aber meistens nicht gesättigt und antriebslos. Vielmehr werden sie von einem angeborenen (instinktoiden) Bedürfnis bewegt, das zur *Selbstverwirklichung* (self-actualization) und zum *Wachstum* antreibt. Doch im Unterschied zu den Mangelbedürfnissen sind diese Wachstumsbedürfnisse (growth needs) weniger dranghaft, und ihre Nichterfüllung (Frustration) macht auch nicht krank: Es sind keine Mangel-, sondern *Wachstumsmotive.*

Sie bedeuten Antrieb zum Wachstum, zur Selbstverwirklichung, die je individuell als »fortschreitende Verwirklichung der Möglichkeiten, Fähigkeiten und Talente, als Erfüllung einer Mission oder einer Berufung, eines Geschicks, eines Schicksals, eines Auftrags, als bessere Kenntnis und Aufnahme der eigenen inneren Natur, als eine ständige Tendenz zur Einheit, Integration oder Synergie innerhalb der Persönlichkeit« angestrebt wird (A. Maslow 1973, 41). Wachstumsmotive sind die verschiedenen Formen, in denen das Selbst sich ausdrücken und verwirklichen will.

> »... neue Unzufriedenheit und Unruhe entsteht, wenn der einzelne nicht das tut, wofür *er,* als Individuum, geeignet ist. Musiker müssen Musik machen, Künstler malen, Dichter schreiben, wenn sie sich letztlich in Frieden mit sich selbst befinden wollen. Was ein Mensch sein *kann, muß* er sein. Er muß seiner eigenen Natur treu bleiben. Dieses Bedürfnis bezeichnen wir als Selbstverwirklichung... Diese Neigung kann als das Verlangen formuliert werden, immer mehr zu dem zu werden, was man idiosynkratisch (einmalig-individuell) ist, alles zu werden, was zu werden man fähig ist« (A. Maslow 1977, 88f.).

Positiverfahrungen, die über bloße Entlastung hinausgehen, werden nur auf den höheren Bedürfnisebenen, vor allem auf der Ebene der Wachstumsbedürfnisse gemacht.

»Höhere Bedürfnisbefriedigungen führen zu erwünschteren subjektiven Resultaten, das heißt zu *tieferem Glück, Gelassenheit und Reichtum des inneren Lebens*. Zufriedenstellung der Sicherheitsbedürfnisse führt maximal zu einem Gefühl der Erleichterung und Entspannung. In jedem Fall kann sie nicht Folgen bewirken wie etwa die Ekstase, Grenzerfahrungen und das Glücksdelirium der zufriedengestellten Liebe oder Folgen wie Heiterkeit, Verständnis, Geistesadel und ähnliches mehr« (ebd., 155).

Der Selbstverwirklichung kommt jemand um so näher, je mehr er sich von der Gefahr psychischer Erkrankung entfernt und folgende Merkmale erwirbt, die Maslow bei schöpferischen Menschen – von Thomas More bis zu Aldous Huxley – ausgeprägt fand: bessere Wahrnehmung der Realität, Fähigkeit zu Distanz und Alleinsein, intensive Beziehungen zu anderen, bleibende Begeisterungsfähigkeit, Offenheit für Probleme außerhalb des eigenen Ichs, Kreativität, Höhepunkterfahrungen (Poesie, Musik, Religion), Gemeinschaftsgefühl (nach A. Adler), persönliche Ethik und gelassenen Humor. Bei selbstverwirklichenden Menschen fallen Selbstdisziplin und Vergnügen, Arbeit und Spiel, Eigeninteresse und Selbstlosigkeit zusammen. Erreicht wird Selbstverwirklichung nur in »einer Episode oder einer kurzen Anstrengung, in denen die Kräfte eines Menschen sich in einer besonders wirkungsvollen und immens genußreichen Weise vereinen und in der er integrierter und weniger gespalten ist« (A. Maslow 1973, 107f.). Selbstverwirklichende Menschen – für Maslow eine kleine Zahl – unterscheiden sich von den vielen anderen dadurch, daß sie diese Momente häufiger und intensiver erfahren.

Stellungnahme

Es ist ein Vorteil von Maslows Motivationstheorie, daß sie »höhere« Befriedigungen nicht als sublimierte, sozial tragbare Formen von Triebabfuhr erklären muß und damit den Unterschied zwischen Befriedigungen, die (mangelmotiviert) *nur Erleichterung*, und anderen, die (wachstumsmotiviert) *Erfüllung* bedeuten, plausibel macht. Ein weiterer Gewinn ist darin zu sehen, daß sie eine Brücke zu Ansätzen schlagen kann, die am *Selbstbegriff* orientiert sind – gleich ob sie auf einer narzißmustheoretisch erweiterten Psychoanalyse (H. Kohut, O. F. Kernberg, D. W. Winnicott, C. Rogers, E. Jacobson, A.

Holder/C. Dare) oder einer kognitiv gewendeten, an Selbstbewertungsvorgängen interessierten Verhaltenspsychologie (A. Bandura, M. J. Mahoney u. a.) aufbauen. So wird das Anreiz-Modell auf die persönliche Motiventwicklung bezogen und der offensichtliche *Zusammenhang zwischen Positiverfahrungen und Selbst-Entwicklung, zumal Annahme seiner selbst*, beleuchtet.

Eine Schwäche von Maslows Theorie liegt darin, daß sie nicht erklärt, warum manche Menschen trotz Befriedigung aller Mangelbedürfnisse in ihrer Entwicklung stehenbleiben und kaum Wachstumsbedürfnisse entwickeln. Wie werden denn höhere Motive angeregt und höhere Befriedigungen möglich? Maslow scheint der Ansicht zuzuneigen, die Ziele und Ansprüche, die das »Selbst« auf der höchsten Bedürfnisebene entwickelt, seien in jedem Menschen organisch angelegt und wie in einem geheimen, unbewußten Bauplan vorgeformt. Doch ist kaum anzunehmen, daß sich dieses Selbst so unabhängig von der kulturellen Prägung, von der Übernahme, Auswahl und Veränderung von Wertnormen und Rollenerwartungen der Umgebung bildet – als »wahrer Kern« der Natur eines jeden –, wie er es darstellt. Es ist nämlich umstritten, ob sich die höheren Bedürfnisse in der von Maslow angegebenen, in jeder Umgebung gleichen Reihenfolge entwickeln. Möglicherweise sind nur die physiologischen Bedürfnisse eindeutig erste Voraussetzung für das Aufkommen aller anderen, höheren Motive, während die Reihenfolge, in der diese aktiviert werden, von den Entwicklungsbedingungen und den situativen Möglichkeiten eines jeden abhängt (E. E. Lawler/J. L. Suttle 1973).

Maslows behäbige Vorstellung vom rundum gesättigt-gesunden Selbstverwirklicher wird auch der Tatsache nicht gerecht, daß massive materielle Not, körperliche Krankheit und psychische Störung die Kräfte und den Selbstbehauptungswillen eines Menschen derart herausfordern können, daß diese Entbehrungssituationen sehr wohl zur Kreativität, Sinnerfüllung und Selbstverwirklichung beitragen. Sowohl Vincent van Gogh als auch Sigmund Freud waren bei aller psychischen Belastung außerordentlich schöpferische Menschen, und mancher Klient ist überzeugt, daß er durch seine Depressionen zu Einsichten kam, die sein Leben bereichern. Darum ist Maslows Theorie einer Weiterentwicklung durch Befriedigung (Befriedigungs-Progressions-Hypothese) durch eine Theorie der *Weiterentwicklung durch Entbehrung und Schwierigkeiten* (Frustrations-Progressions-Hypothese) zu ergänzen (C. P. Alderfer 1969).

Weitere für ein Verständnis von Positiverfahrungen wichtige Ergänzungen ergeben sich aus V. E. Frankls Logotherapie, die neben einer praktischen Therapie auch eine Motivationstheorie bietet. Darum soll im folgenden gezeigt werden, welche Grundaussagen die Logotherapie über die Motivation des Menschen macht und inwiefern diese Maslows Auffassung präzisieren können.

4. Will der Mensch über sich selbst hinauswachsen und durch Sinnfindung gesunde Spannung erfahren?
V. E. Frankls Logotherapie und Existenzanalyse

Als Motivationstheorie wendet sich die Logotherapie (Existenzanalyse) entschieden gegen jeden Alleinerklärungsanspruch des Homöostase-Modells und ergänzt es durch ein *Anreiz-Konzept mit einer eigenen, wert- und sinnzentrierten Richtung.*

V. E. Frankl, 1905 in Wien geboren, war anfangs von der Psychoanalyse eingenommen und wurde von Freud auch gefördert. Doch sprach Frankl der Psychoanalyse das Recht ab, alle Antriebe auf Triebbefriedigung (»Willen zur Lust«), alle Probleme auf Triebkonflikte und jede Begegnung auf Übertragungen zurückzuführen. Er rebellierte auch gegen ihre Neigung, das Verhalten des Menschen von seinem Triebschicksal her determiniert zu sehen.

Lange unterstützte Frankl A. Adlers Versuch, durch seine »Individualpsychologie« die homöostatische Triebtheorie Freuds zu überwinden (siehe S. 60ff.). Er war Mitglied des »Vereins für Individualpsychologie« und gab eine individualpsychologische Zeitschrift heraus. Doch erschien ihm auch dieses zielgerichtete, anreiztheoretische System zu eng, weil es – wenigstens in seiner ursprünglichen Form – alles Verhalten und Sichentwickeln als Ausgleich (Kompensation) von Minderwertigkeitsgefühlen, als Geltungsstreben (»Wille zur Macht«) darstellte. Nach Frankls Ansicht hatte Adler zwar die motivierende Kraft von Zielen und Werten erkannt, diesen aber gleichzeitig ihre objektive Geltung aberkannt, weil er sie – psychologistisch und reduktionistisch – aus dem Geltungsstreben und der willkürlichen Setzung des einzelnen erklären zu können meinte.

Alle psychologistischen und reduktionistischen Theorien übersehen nach Frankl jedoch, daß der Mensch nicht nur einen »Willen zur Lust« (S. Freud) und einen »Willen zur Macht« (A. Adler), sondern auch einen ursprünglichen *»Willen zum Sinn«* (zum Logos) hat: Um seinen triebhaft-psychischen Regungen nicht ausgeliefert zu sein, sondern sie ordnen zu können, um innere Leere (»existentielles Vakuum«) und deren destabilisierende Folgen zu vermeiden und sich frei und verantwortlich einem befriedigenden Ziel zuwenden zu können, muß er in seinem Gewissen (universale) Werte suchen, von deren objektiver Geltung er überzeugt ist und die er entsprechend seiner Person und Situation als (unikalen) Sinn verwirklichen kann. »Sinn« ist demnach das konkrete Ausgerichtetsein auf einen bejahten, geglaubten Wert, gleich worin dieser inhaltlich bestehen mag.

Diese Grundintuition hat Frankl als Antwort auf die Sinnlosigkeitsgefühle, die seine Patienten äußerten, entwickelt und in Anlehnung an die Wertphilosophie M. Schelers (dessen Buch über den Formalismus in der Ethik er »wie eine Bibel« mit sich herumtrug) und an die Existenzphilosophie von K. Jaspers ausformuliert. Später sah er in der »humanistischen« Idee der »Wachstumsmotive« (A. Maslow, G. W. Allport, Ch. Bühler) eine willkommene Bestätigung.

»Wille zum Sinn« bedeutet gesunde Spannung

Das unverwechselbar Menschliche am Menschen liegt nach Frankl nicht im Getriebenwerden durch determinierende Triebe, sondern im *Angezogenwerden vom Sollen* seines Verantwortlichseins. In der Ausrichtung auf dieses Sollen findet sein Freisein das erfüllende Wozu, die gesunde Spannung, die »existentielle Dynamik« (V. E. Frankl 1983, 73f.). Zur Begründung berufen sich Frankl (1983, 3) und seine Schülerin und Hauptinterpretin E. Lukas (1980, 54f.) auf eine *dreidimensionale Auffassung vom Menschen*. Ihr zufolge bildet der Mensch eine Einheit mit folgenden Dimensionen:

1. Physiologische Dimension: In seinen Leibfunktionen hört der Mensch bei aller Prägung durch die beiden höheren Dimensionen nicht auf, ein Organismus zu sein – ähnlich wie die Pflanze und das Tier. Störungen in diesem Bereich – etwa Herzbeschwerden infolge eines Herzklappenfehlers – müssen als solche respektiert und medizinisch behandelt werden.

2. Psychische Dimension: Sie umfaßt angeborene und konditionierte Reaktionen, wie sie von der Psychoanalyse und der Verhaltenspsychologie erforscht und behandelt werden und die in ähnlicher Form auch den Tieren eigen sind. Für Störungen in diesem Bereich – etwa Stottern oder Phobien – sind vor allem die Verstärkungstechniken der Verhaltenstherapie angezeigt.

3. Geistige (noetische) Dimension: Zu ihr gehören jene spezifisch menschlichen Vorgänge, die heute gewöhnlich als Kognitionen bezeichnet werden, aber auch affektiv bedeutsam sein können: Denken, Wollen, Entscheiden, Einstellungen – und damit auch Wert- und Sinnorientierungen.

Während nun die Vorgänge im physiologischen und psychischen Bereich weithin vom Streben nach Gleichgewicht (Homöostase) bestimmt sind, sucht der Mensch in seiner geistig-noetischen Dimension eine gesunde Spannung – die Spannung, die von noch zu verwirklichenden oder zu entdeckenden Werten ausgeht. Wo diese »Noodynamik«, dieser »Wille zum Sinn« unerfüllt bleibt, entsteht ein »existentielles Vakuum«, das als Leere, Ziellosigkeit, Gleichgültigkeit, Langeweile, Ekel und Sinnlosigkeit empfunden wird. Es ist eine geistige Unterforderung und Frustration, die als solche noch keinen krankhaften Zustand darstellt, jedoch für Störungen anfällig macht, nämlich für Depressionen bis hin zu Selbstmordgedanken, Süchtigkeit (Alkohol, Drogen), wahllose Sexualität und Kriminalität (E. Lukas 1980, 49f.).

Wo das »existentielle Vakuum« zu einer Erkrankung führt, entsteht eine eigene Form von Neurose. Sie ist nicht wie andere »psychogen«, in Triebkonflikten, Minderwertigkeitskomplexen oder Konditionierungen verwurzelt, sondern »noogen«, durch Sinnleere bedingt. Nach Frankl leiden rund 20 Prozent der Normalbevölkerung und ebenso viele der neurotisch Erkrankten an einem Sinnvakuum. Für ihre »noogenen« Probleme ist eine sinnzentrierte »Psychotherapie vom Geistigen her«, eine Logotherapie angezeigt, während »psychogene« Störungen mit anderen Verfahren zu behandeln sind, denen gegenüber die Logotherapie nur eine ergänzende, stützende Aufgabe haben kann. »Wille zum Sinn« besagt also motivationstheoretisch und psychohygienisch:

> »Je reduzierter die Spannung ist, die aus der Noodynamik erfließt, desto bedrohter und gefährdeter ist der Mensch« (V. E. Frankl 1983, 74). »Das ist unsere Behauptung, daß es zur Gesundheit, zum Wohlbefinden, zur inneren Zufriedenheit eines Menschen unauflösbar dazugehört, daß er sein Tun und Wirken als sinnvoll aufzufassen vermag, daß er ein Ziel vor Augen hat, das er anstreben kann, oder ein Wertideal, das er verwirklichen kann, eben daß er in seiner Existenz überhaupt einen Sinn sieht und nicht bloß so gedankenlos vor sich hinlebt bis zum Tod« (E. Lukas 1980, 58).

Dieses »Basistheorem der Logotherapie« ist nach E. Lukas (1972) statistisch dadurch nachgewiesen, daß die Anwendung des Logo-Tests (S. 49ff.) bei Psychiatriepatienten und bei Gesunden starke Beziehungen zu den Psychohygiene-Werten des gleichzeitig angewandten Rorschach-Tests ergab: Wer sein Leben sinnerfüllt sieht, ist auch psychisch gesünder und stabiler; umgekehrt gehen psychische Störungen oft mit empfundener Sinnleere einher.

Gesunde Spannung bedeutet »Selbsttranszendenz«

Das Erfüllende und psychohygienisch so Wirksame der Sinnorientierung liegt darin, daß sie eine positive Hinwendung auf etwas oder jemanden ermöglicht. Sie besteht aus Gefühlen und Einstellungen, die kognitionsbestimmt sind und die man schlicht als »Hingabe« oder weniger schlicht als »Intentionalität« (M. Scheler, F. Brentano, E. Husserl) oder als »allozentrisch« (S. 17f.) bezeichnen kann und die Frankl durch »*Selbsttranszendenz*« charakterisiert sieht.

»Darunter verstehe ich den grundlegenden anthropologischen Tatbestand, daß Menschsein immer über sich selbst hinaus auf etwas verweist, das nicht wieder es selbst ist –, auf etwas oder auf jemanden: auf einen Sinn, den da ein Mensch erfüllt, oder auf mitmenschliches Sein, dem er da begegnet. Und nur in dem Maße, in dem der Mensch solcherart sich selbst transzendiert, verwirklicht er auch sich selbst: im Dienst an einer Sache – oder in der Liebe zu einer anderen Person! Mit anderen Worten: ganz Mensch ist der Mensch eigentlich nur dort, wo er ganz aufgeht in einer Sache, ganz hingegeben ist an eine andere Person. Und ganz er selbst wird er, wo er sich selbst – übersieht und vergißt« (1983, 160). »Sinn und Werte sind der Logos, auf den hin die Psyche sich selbst transzendiert« (1972, 164). »Und Menschsein ist in dem Maße gestört, in dem es diese Selbst-Transzendenz nicht verwirklicht und auslebt« (ebd., 155).

Selbsttranszendenz erfährt der Mensch dadurch, daß er sich einer der vielfältigen Wertmöglichkeiten zuwendet, die ihm je nach Fähigkeit, Situation und Überzeugung in praktisch allen Lebensbereichen gegeben sein können. Nach Frankl (1983, 59–62) lassen sie sich auf drei *Wertkategorien* zurückführen:

1. »Schöpferische Werte«: Das sind jene Werte, die das Wirkenwollen des Menschen befriedigen und durch Schaffen, durch Aktivität verwirklicht werden – kurz: durch Arbeitsfähigkeit.

2. »Erlebniswerte«: Sie entsprechen dem Genießen- und Liebenwollen des Menschen. Man erfährt sie, indem man – mehr rezeptiv – das Schöne in Natur oder Kunst wahrnimmt oder das Erfüllende einer Freundschaft, einer Liebesbeziehung, eines harmonischen Familienlebens oder einer religiösen Meditation und Feier erlebt – kurz: durch Erlebnisfähigkeit (Genuß- und Liebesfähigkeit). Diese Kategorie ist oft eng mit der erstgenannten, den »schöpferischen Werten«, verbunden. Sie zeigt, entgegen dem Eindruck, den frühere Aussagen Frankls erwecken, daß für ihn Selbsttranszendenz nicht nur Hingabe an Pflicht und Verantwortung, sondern auch an Freude und Genuß bedeuten kann.

3. »Einstellungswerte«: Sie entsprechen sozusagen dem Durchhaltenwollen des Menschen. Er verwirklicht sie dann, wenn er – »passiv« – eine unabänderliche Situation wie Krankheit, Behinderung oder Verlust eines geliebten Menschen tapfer und würdig erträgt, wenn er sie als Aufgabe und Chance begreift, an ihr zu reifen und sie in eine heroische, ganz persönliche Leistung zu verwandeln – kurz: durch Leidensfähigkeit, wo die Chancen der Arbeits- und Erlebnisfähigkeit nicht mehr gegeben sind.

Sinnzentrierte, *logotherapeutische Erziehung, Vorbeugung und Heilkunst* will Selbsttranszendenz fördern, indem sie Leere und Selbstbezogenheit abbaut und den Menschen dazu ermutigt, mit der nötigen Flexibilität die Möglichkeiten zu wählen, die innerhalb der genannten drei Wertkategorien offenstehen. Sie will eine skeptisch-nihilistische Gesamteinstellung überwinden und »den Reichtum der Wertewelt sichtbar machen« (V. E. Frankl 1983, 59f.). Abzubauen sind Verhaltensweisen wie Kreisen um das eigene Selbst (Egozentrierung), Übertreiben des Traurigen und Verdrängen des Erfreulichen (Negativierung) sowie Fixierung auf eine einzige Hoffnung, Schuld oder Enttäuschung (Hyperreflexion). Zu ermutigen sind Werterfahrungen, die einen über das eigene kleine Selbst hinausführen – etwa: täglich eine nette Begegnung mit einem anderen Menschen, täglich eine sinnvolle, konstruktive Handlung und täglich eine besinnliche Pause mit einer Meditation über eine bestimmte Erfahrung (E. Lukas 1983, 72, 85). Diesem Ziel dienen die *vier logotherapeutischen Methoden*, nämlich Einstellungsmodulation, paradoxe Intention, Dereflexion und Autosuggestion (E. Lukas 1980). Gegebenenfalls werden sie mit Verfahren anderer Therapierichtungen kombiniert – zumal mit Verstärkungsplänen, Selbstsicherheitstraining und autogenem Training.

Besonders wichtig ist die *Einstellungsmodulation*. Hier versucht man, den Klienten durch einen »sokratischen Dialog« (V. E. Frankl 1975, 60) von seiner Resignation und seiner inneren Leere wegzuführen und ihn zum Aufbau einer positiven Einstellung zu ermutigen. Dies kann darin bestehen, daß der Berater einen Jugendlichen, der in seiner Kindheit vernachlässigt und nie zur Beständigkeit erzogen worden war und darum bereits an mehreren Lehrstellen gescheitert ist, dazu bringt, den Fatalismus, er sei zu nichts fähig, aufzugeben und neu anzufangen – mit einem Beruf, der ihn nicht überfordert und in dem er das ihm mögliche Maß an schöpferischen Werten und Selbstwertgefühl findet (siehe S. 163 ff.). Es gibt kein festes Schema für eine solche Einstellungsmodulation. Der Berater muß durch Zuhören und Einfühlen herausfinden, von welchem Ansatzpunkt aus der Klient in einer der drei Wertkategorien einen ihm zugänglichen und für ihn überzeugenden Sinninhalt entdecken könnte, und dieses Suchen anregen.

Der Erfolg einer solchen Gesprächspsychotherapie hängt sicher in hohem Maße davon ab, ob der Klient im »sokratischen Dialog« eine Vertrauensbeziehung zum Berater aufbauen kann, die seine Selbsterkenntnis, Selbstannahme und Neuorientierung ermöglicht. Doch wurden diese Faktoren von der Logotherapie bisher wenig bedacht, so daß sie den (so nicht gerechtfertigten) Einwand provozierte, in ihr beeinflusse der Therapeut seine Klienten suggestiv.

Pyramidale oder parallele Wertorientierung?

Oft geht es darum, eine »pyramidale« Wertorientierung zu korrigieren, wie S. Kratochvil es nennen würde (E. Lukas 1980, 23 f.). Eine *»pyramidale«* Wertorientierung hat ein Mensch, wenn er ausschließlich für eine einzige Erfüllungsmöglichkeit (sozusagen als Punkt an der Spitze einer Pyramide) aufgeschlossen ist, während ihn andere Lebensbereiche wenig interessieren. Wenn ein Mann beispielsweise nur seinen Beruf kennt, Familie, Freunde und Freizeitbeschäftigung vernachlässigt und beim Verlust seines Arbeitsplatzes oder nach der Pensionierung keine Freude mehr am Leben hat. Oder wenn eine Mutter nur für ihre Kinder lebt und sich bei deren Erwachsenwerden und Auszug aus der Wohnung unnütz vorkommt und depressiv wird.

Eine *»parallele«* Wertorientierung hat jemand, der in mehreren, etwa gleich bedeutsamen (sozusagen parallel nebeneinanderliegenden) Bereichen einen sinngebenden Lebensinhalt finden kann: sowohl im Beruf als auch in der Familie, in einem Hobby, einem politischen Engagement und einer religiösen Überzeugung. Menschen mit paralleler Wertorientierung sind stabiler und für die Wechselfälle des Lebens besser gerüstet. Eine vorbeugende Erziehung und Beratung müßte möglichst viele Erfahrungsmöglichkeiten so aufwerten, daß eine Vielfalt von sinngebenden Inhalten entsteht.

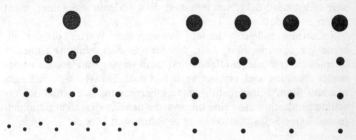

Pyramidale Wertorientierung   Parallele Wertorientierung

Alte Menschen, die das Zerrinnen ihrer Lebenszeit und Zukunft bedrückt, erinnert Frankl daran, daß es auch einen »*Optimismus der Vergangenheit*« gibt (1972, 49–57; 1983, 95f., 232, 250). Was ein Mensch geschaffen, erlebt oder erduldet hat, ist durch nichts mehr aus der Welt zu schaffen. Es ist im Protokoll der Welt festgeschrieben, »festgelebt«. Sofern es wertvoll war, bleibt es auch wertvoll und kann den Menschen im Rückblick je neu erfüllen – trotz alles Vergangenseins.

Sinnerfüllung und damit auch Selbstverwirklichung können, weil sie auf Selbsttranszendenz beruhen, *nicht direkt als Ziel angestrebt werden*. Solche Direktheit würde zur Selbstbezogenheit und Hyperreflexion führen und damit Hingabe, Sichergreifenlassen und Getröstetwerden verhindern. Sinnerfüllung und Selbstverwirklichung sind nur indirekt als Folge und Nebenwirkung eines Wirkens, Erlebens und Leidens zu erreichen, wo Werte um ihrer selbst willen bejaht werden und Menschen über sich selbst hinauswachsen können.

Sieht man einmal von dem chemisch erzeugten, kurzen und auszehrenden Hochgefühl des Drogenrausches ab, so gilt dies nach Frankl auch für das Glücksstreben. »Um dies zu verstehen, brauchen wir nur das Vorurteil zu überwinden, daß der Mensch im Grunde darauf aus sei, glücklich zu sein; was er in Wirklichkeit will, ist nämlich, einen Grund dazu zu haben. Und hat er einmal einen Grund dazu, dann stellt sich das Glücksgefühl von selbst ein« (1972, 20). A. Maslow

(1966) hat dieser Auffassung Frankls (1966) voll zugestimmt und erklärt, daß sie ganz seinen Beobachtungen bei »Selbstverwirklichern« entspreche. Aus der gleichen Sicht gab Frankl (1972, 219) der gruppenpsychologischen Encounter-Bewegung zu bedenken, daß eine »Begegnung« nur dann erfüllend wirkt, wenn man darin nicht nur sich selbst ausdrückt, sondern sich dem anderen um seiner selbst willen zuwendet.

Selbsttranszendenz bedeutet Hinwendung zu Werten, die der einzelne für *objektiv gültig* hält. Insofern ist Sinnerfüllung subjektiv überzeugte und erlebte Objektivität. Sinn »muß gefunden, kann aber weder erfunden noch erzeugt werden« (V. E. Frankl 1964). Selbstgemachter Sinn, Selbsttröstung ohne Überzeugung oder chemisch erzeugte Euphorie wären eine Illusion, die dem Zweifel nicht standhielte und keine Selbsttranszendenz gewährleisten könnte.

Stellungnahme

Die Logotherapie mag allzu gegenwarts- und zukunftsbezogen übersehen, daß bei bestimmten Triebkonflikten das Durcharbeiten der Lebensgeschichte nicht schädliche Hyperreflexion, sondern notwendige Voraussetzung für eine Neuorientierung bedeutet. Wahrscheinlich reflektiert sie auch zuwenig, daß Sinnerfüllung – wie vor allem C. Rogers hervorhebt – immer auch an Selbstwertschätzung gebunden ist (S. 150 ff.). Sie mag auch Gefahr laufen, allzu sinnzentriert von den subjektiven und affektiven Beeinträchtigungen des Werterlebens durch Erschöpfung, Trauer oder endogene Depression abzusehen und allzu direkt durch die Zuwendung zu einem neuen Wert wieder eine gesunde Spannung herstellen zu wollen. Dabei mag sie auch gelegentlich zu kognitionszentriert meinen, eine Sinnüberzeugung bewirke stets auch eine affektiv bedeutsame, tiefenkognitive Sinnerfüllung.

Trotzdem hat sie ein doppeltes Verdienst, das ihr auch ihre Kritiker nicht absprechen können. Sie hat einerseits die von den meisten psychologischen Richtungen ausgeklammerte Frage aufgegriffen, wie Menschen auch angesichts von Leid und Tod sinnerfüllt leben können (»Einstellungswerte«). Und sie hat andererseits auf das spezifisch menschliche Phänomen der »Selbsttranszendenz« und »Noodynamik« aufmerksam gemacht. Ihr Beitrag zu einer Theorie der Positiverfahrungen kann in folgenden Aussagen deutlich werden, durch die sie Maslows Anreiztheorie ergänzt:

1. *Erfüllende Integration des Selbst*, wie sie nach Maslow Selbstverwirklichung und Wachstum auszeichnet, wird nicht nur in seltenen

Momenten glückhafter Kreativität und in Höhepunkterfahrungen (peak experiences) gefunden, sondern auch – nüchterner und dauerhafter – *in jeder positiven Einstellung*, die einen sinngebenden Inhalt bejaht.

2. Die höhere Befriedigung, die nach Maslow Selbstverwirklichungserfahrungen eigen ist, geht nicht nur – unabhängig von Ziel und Inhalt – vom Entfalten- und Ausdrückenkönnen seiner selbst oder von der optimalen Steigerung subjektiver Erregung aus. Entscheidend ist vielmehr die *Selbsttranszendenz*: das Ausgerichtetsein auf Personen und Ziele, die man um ihrer selbst willen als objektive Werte bejahen kann.

3. Sinnerfüllungen sind nicht nur – wie Maslow von den Selbstverwirklichungsbedürfnissen sagt – in der anlagemäßig vorgezeichneten Form möglich, sondern können *verlagert und kompensiert* werden. Wer musikalisch begabt ist, aber durch Armut oder Behinderung sein Talent nicht entfalten kann, kann trotzdem im Frieden mit sich selbst leben, wenn er in einer anderen Tätigkeit oder in verstärkter Hinwendung zu einem Freundeskreis oder im tapferen Ertragen seiner unabänderlichen Beeinträchtigung einen Sinn findet.

4. Starke Entbehrung (Frustration) auf niederer Bedürfnisebene muß Sinnerfüllung nicht verhindern. Im Gegenteil, *der Kampf ums Überleben* in Krankheit und Not kann zum selbsttranszendierenden, integrierenden, sinngebenden Ziel werden. Auch *Leid* kann durch entsprechende Einstellungswerte noch als sinnvoll und damit als Möglichkeit, sich selbst zu verwirklichen, erfahren werden.

5. Das Fehlen eines Sinns ist nicht so folgenlos, wie es Maslow von Frustrationen der Selbstverwirklichungsbedürfnisse behauptet. Vielmehr macht »existentielle Frustration«, wenn auch nicht krank, so doch für psychische Störungen anfällig.

V. UNTERSUCHUNGSERGEBNISSE

Wann fühlen sich Menschen wohl?

Unter welchen Bedingungen können sich einzelne und bestimmte Bevölkerungsgruppen in westlichen Industriegesellschaften glücklich, zufrieden und sinnerfüllt fühlen? Von welchen Faktoren aus läßt sich – wenigstens der Tendenz nach – das Vorhandensein oder Fehlen, das

Gelingen oder Mißlingen von Positiverfahrungen vorhersagen und erklären? Wodurch kann psychisches Wohlbefinden ermöglicht, gefördert und gesichert werden?

Es liegt hier nahe, zweierlei Bedingungen zu unterscheiden – nämlich *Situationsfaktoren* und *Dispositionsfaktoren*. Nur darf man nie außer acht lassen, daß beide stets miteinander in Wechselwirkung stehen. Denn einerseits ist das Verhalten des Menschen, also auch sein Wohl- oder Übelbefinden, nicht nur idealistisch und individualistisch (eigenschaftstheoretisch) aus seiner persönlichen Lebenskunst zu erklären und andererseits auch nicht bloß materialistisch und situationistisch (milieutheoretisch) aus seinen gesellschaftlichen Verhältnissen zu verstehen. Wie die beiden Arten von Bedingungen zusammenwirken, soll nach der Behandlung der Situationsfaktoren erläutert werden (S. 134 ff.).

Situationsfaktoren psychischen Wohlbefindens: Wieviel Wohlstand braucht man zur Lebenszufriedenheit?

Situationsfaktoren psychischen Wohlbefindens wurden in den bisher durchgeführten Untersuchungen großenteils im Zusammenhang mit Sozialindikatoren für Lebensqualität erforscht. Die folgenden Abschnitte sollen über die wichtigsten Ergebnisse berichten. Dabei sind allgemein drei Umstände zu beachten:

1. Zwischen den Beobachtungsgrößen bestehen meistens keine einfachen, sondern vielfache Zusammenhänge (Korrelationen). So hängt Lebenszufriedenheit nicht nur mit Einkommen, Bildungsstand und Arbeitszufriedenheit zusammen, vielmehr besteht zwischen den eben genannten drei Faktoren ebenfalls ein bestimmter Zusammenhang, der die Beziehung zur Lebenszufriedenheit beeinflussen kann.

2. Auch dort, wo klare und starke Zusammenhänge vorliegen, ist stets vorsichtig zu fragen, ob sie auch ein Ursache-Wirkung-Verhältnis bedeuten und wenn ja, in welcher Richtung. Beispielsweise muß Arbeitszufriedenheit nicht nur Lebenszufriedenheit fördern, vielmehr kann Lebenszufriedenheit auch umgekehrt die Arbeitszufriedenheit beeinflussen.

3. Die Ergebnisse zeigen immer nur Tendenzen im Hinblick auf die Bevölkerung an, für die die Stichprobe der Befragten repräsentativ ist. Der einzelne muß sich nicht wie ein statistisch errechneter Durchschnittsmensch verhalten, sondern kann von den angegebenen Trends erheblich abweichen.

1. Einkommen: Wie glücklich macht Geld?

Reden wir, gegen alle Anstandsregeln, zuerst von Geld. Zunächst soll untersucht werden, ob zwischen der objektiven Höhe des Einkommens und dem allgemeinen Wohlbefinden ein Zusammenhang besteht. Dann ist auch noch zu fragen, wie sich die subjektive Zufriedenheit mit dem Einkommen zum Gesamtbefinden verhält. (Die vorliegenden Untersuchungen beschränken sich auf den Faktor Einkommen, da die gesamte Vermögenslage schwer zu ermitteln ist.)

Ist Geld auch für Glück und Lebenszufriedenheit der »nervus rerum« (Lebensnerv) und das Maß aller Dinge, oder gilt hier das vorsichtigere Sprichwort, wonach Geld nicht glücklich macht, aber beruhigt? Eine realistische Einschätzung fällt gewöhnlich nicht leicht. Sie könnte durch folgendes Gedankenexperiment vorbereitet werden: (1) Überlegen Sie einmal, worauf Sie verzichten müßten und was sich alles ändern würde, wenn Ihr Einkommen vom nächsten Monatsbeginn an auf die Hälfte des jetzigen Betrages gekürzt würde. (2) Wie würden sich die damit verbundenen Einschränkungen und Umstellungen auf Ihr Wohlbefinden auswirken?

Wie Menschen im Ernstfall darüber denken, zeigen am verläßlichsten die Arbeiten von N. M. Bradburn (1969) und A. Campbell (1981). Zwischen 1957 und 1978 führten sie mehrere für die USA-Bevölkerung voll oder weithin repräsentative Untersuchungen durch. Sie ließen die Befragten angeben, ob sie sich – nach der 3-Stufen-Skala (S. 36f.) – alles in allem »sehr«, »ziemlich« oder »nicht allzu« glücklich bzw. zufrieden fühlten und ob bei ihnen in letzter Zeit – nach der Affekt-Balance-Skala (S. 40ff.) – positive oder negative Gefühle überwogen.

Die Durchschnittswerte dieser Selbsteinschätzungen des psychischen Wohlbefindens standen bei allen Untersuchungen in einer eindeutigen, wenn auch nicht sehr starken und ausschließlichen Beziehung zum Jahreseinkommen der Befragten: Durchschnittlich bezeichneten sich *Personen mit höherem Einkommen häufiger als die mit niedrigem als »sehr glücklich« und überwiegend angenehme Gefühle erlebend.* Ähnlich, aber weniger häufig, erklärten sie sich auch mit dem Leben im ganzen »zufrieden«.

Mehr als dieser Durchschnittstrend sagt freilich die genauere Aufteilung nach Einkommensgruppen. Laut A. Campbell (1981, 241) beantworteten die US-Bürger 1978 die Glücksfrage je nachdem, welcher Einkommensgruppe sie zugehörten, wie folgt:

Familieneinkommen	»Sehr glücklich«	»Nicht allzu glücklich«
Niedrigstes Quartil	25%	13%
Drittes Quartil	27%	7%
Zweites Quartil	32%	5%
Höchstes Quartil	32%	5%

Demnach rechneten sich in der niedrigsten Einkommensschicht mehr als doppelt so viele wie in der höchsten – nämlich 13 gegenüber 5 Prozent – zu den »nicht allzu Glücklichen«. Bei allen früheren Umfragen war der Unterschied noch dramatischer, im Jahre 1957 beispielsweise 20 gegenüber 5 Prozent. In allen Jahren zwischen 1957 und 1978 war auch der Unterschied zwischen der Zahl der Unglücklichen im niedrigsten und der im 3. Quartil stets größer als der entsprechende Unterschied zwischen 3. und 2. bzw. 2. und höchstem Quartil.

Die gleiche Besonderheit zeigt sich auch in der weitgehend repräsentativen Untersuchung von N. M. Bradburn (1969) und in den eingeschränkt repräsentativen Untersuchungen von J. L. Freedman (1978) und D. L. Rhoads/J. S. Raymond (1981). Sie findet sich auch in einer für die Bundesrepublik Deutschland repräsentativen Allensbach-Umfrage aus dem Jahre 1975 (E. Noelle-Neumann 1977a) und ebenso in der für die 14- bis 54jährige Bevölkerung der Bundesrepublik Deutschland repräsentativen Befragung von Marplan/Stern (1981), die die folgende Verbreitung von »Zufriedenheit mit dem eigenen Leben« feststellte.

Haushaltsnettoeinkommen pro Monat	Überwiegend zufrieden	Eher nicht zufrieden
Unter 2000 DM	47%	10%
2000 bis unter 3000 DM	58%	4%
3000 DM und mehr	60%	3%

Diese Beobachtung besagt: *Personen mit weit unterdurchschnittlichem Einkommen fühlen sich* (zumal wenn sie auch noch für eine kinderreiche Familie aufzukommen haben) *häufiger unglücklich oder unzufrieden als Personen mit durchschnittlichem oder überdurchschnittlichem Einkommen. In den Schichten, die jedoch oberhalb dieser Armutszone von etwa 5000 Dollar leben, trägt die Steigerung des Einkommens zwar kontinuierlich, aber nicht mehr stark zur Verringerung von Unglück und zur Verbreitung von Glück bei.* Die Befragten mit 15000 Dollar Jahreseinkommen und mehr zogen durchschnittlich eine Bilanz (nach der Affekt-Balance-Skala), die nur wenig positiver war als die von Personen mit 10–15000 Dollar.

Daß eine Steigerung des Einkommens mit einer beachtlichen, aber nach einer bestimmten Höhe nicht mehr stark mitwachsenden Zunahme an Wohlbefinden in der Bevölkerung einhergeht, zeigt auch ein Blick auf den Verlauf der Glückskurve in den Jahren des außerordentlich starken Wohlstandswachstums, das die USA zwischen 1957 und 1972 erlebten. In dieser Periode hat die Zahl der »ziemlich Glücklichen« zwar zugenommen, die der »sehr Glücklichen« jedoch abgenommen, vor allem in den höheren Einkommensschichten (A. Campbell 1981, 29).

USA	1957	1971	1972	1976	1978
Sehr glücklich	35%	29%	24%	30%	30%
Ziemlich glücklich	54%	61%	66%	60%	62%
Nicht allzu glücklich	11%	10%	10%	10%	8%

Ähnlich verlief die Glückskurve der Bundesrepublik Deutschland in den Jahren ihres stärksten Wohlstandswachstums zwischen 1953 und 1979. In einer Zeit, wo die Geldsorgen – nach eigenem Bekunden der Befragten – beträchtlich abnahmen und begehrte Güter – etwa gute Wohnverhältnisse, Auto, Telefon – für zwei Drittel bis drei Viertel der Bevölkerung erschwinglich wurden, nahm die Zahl der Unglücklichen zwar ab und die der halb und halb Glücklichen beachtlich zu, doch stagnierte der Anteil der sehr Glücklichen praktisch nach einer leichten Aufwärtsentwicklung bis zum Jahre 1966. Dies veranschaulicht die folgende Übersicht, erstellt nach Zahlenmaterial von E. Noelle-Neumann (1977a, b) und E. Noelle-Neumann/E. Piel (1982).

BRD	1953/54	1960	1966	1972	1974	1976	1979
Personen, die »Geldsorgen« als ihre »größten Sorgen und Schwierigkeiten« nennen	46%			20%		14%	
Personen (18–79 J.), die ihre Wohnverhältnisse als »gut« einstufen	36%						61%
– ein Personenauto besitzen	8%						71%
– ein Telefon haben	13%						75%
– einen elektrischen Kühlschrank besitzen	9%						98%
Die es für richtig halten, daß man sie als »sehr glücklich« bezeichnet	28%	32%	32%		30%	29%	
Die dies für halb und halb richtig halten	33%	39%	38%		47%	47%	
Die dies für unrichtig halten	26%	13%	15%		13%	15%	

Wie hängen Einkommen, Einkommenszufriedenheit und Lebenszufriedenheit zusammen? Wie ist die beschriebene deutliche, aber begrenzte Beziehung der Einkommenshöhe zum psychischen Wohlbefinden zu erklären? Diese Beziehung ist wohl eine ursächliche. Man kann vermuten, wenn es im einzelnen auch schwer nachzuweisen ist, daß das Einkommen folgende Wirkung auf das psychische Wohlbefinden (und dieses auf das Einkommen) hat.

(1) *Ausreichendes Einkommen befreit von drückenden Sorgen.* Es mindert die Zahl der Unglücklichen und mehrt die Zahl der halb und halb Glücklichen. Von Maslows Theorie her gesehen: Es schafft vor allem Erleichterung, indem es vom Druck biologischer und ökonomischer Bedürfnisse befreit, während sein Beitrag zu Befriedigungen,

die eine Erfüllung bedeuten, eher bescheiden und beschränkt ist. Mit einem jüdischen Sprichwort gesagt: »Es ist nicht so gut mit Geld, wie es schlecht ist ohne.«

(2) *Ausreichendes Einkommen erlaubt die Befriedigung von vielerlei Konsumwünschen* nach Gütern und Dienstleistungen (Reisen, Kultur, Luxus). Sehr viel bedeutet dies allerdings nicht. Denn hohes Einkommen sagt so gut wie nichts über die Zufriedenheit mit Ehe, Familie, Freundschaften und mit sich selbst, die für die Lebenszufriedenheit außerordentlich wichtig sind (S. 130ff.). Bedeutsam ist wohl eher, daß ausreichendes Einkommen mehr selbstgewählte Aktivitäten und Ziele und damit die Erfahrung kreativen Gestaltens und freien Bestimmens ermöglicht.

(3) *Ausreichendes Einkommen befriedigt das Bedürfnis nach Sozialprestige.* Dies um so mehr, als in erfolgsorientierten Gesellschaften materielle Armut als menschliches Armutszeugnis und Reichtum als Tüchtigkeitsnachweis gewertet sind: »Hast du was, bist du was.«

Unter dem Einfluß einer solchen Erziehung und öffentlichen Meinung, aber auch unabhängig von ihr wird ein Besserverdienender eher als ein anderer dazu neigen, seinen Erfolg auf persönliche Leistungsfähigkeit zurückzuführen und damit als *Selbstwertbestätigung* zu erleben. Dafür spricht wohl auch die Tatsache, daß die subjektive Zufriedenheit mit dem Einkommen und dem Lebensstandard stärker als deren objektive Höhe allgemeine Lebenszufriedenheit und gute Stimmung voraussagen läßt (A. Campbell 1981, 59 f.). Oder bewahrt der ökonomische Erfolg als solcher vielleicht nur vor drohenden Minderwertigkeitsgefühlen, vor sozialer Verachtung, und geht eine Steigerung der Selbstwertschätzung nur von der Erfahrung der eigenen Leistungsfähigkeit aus, die (meistens) mit dem ökonomischen Erfolg verbunden ist?

Nicht zu übersehen ist, daß sich in der niedrigsten Einkommensschicht vergleichsweise viele als »sehr glücklich« einstufen, während sich bei den Reichsten ein Minimum an Unglücklichen hält. Es muß also neben dem Faktor Einkommen noch bedeutsame andere Bedingungen geben, die das allgemeine Glücklich- und Unglücklichsein mitbestimmen. Vermutlich hängt dieses nicht nur von weiteren Situationsfaktoren ab. Vielmehr werden beide Phänomene, materieller Wohlstand und psychisches Wohlbefinden, gemeinsam auch von persönlichen Dispositionen beeinflußt: von der Leistungsbereitschaft, der Kontaktfähigkeit, dem Selbstvertrauen u. ä. Wer aufgrund von depressiven Verstimmungen zu Arbeitsunlust, Ängstlichkeit, geringer Belastbarkeit und Kontaktscheu neigt, wird weniger psychisches Wohlbefinden erfahren und gleichzeitig in einer Leistungsgesellschaft auch ein niedrigeres Einkommen und weniger Aufstiegschancen haben als andere.

Wenn es gelänge, Menschen, die aufgrund solcher Instabilität leistungsschwach sind, psychisch so zu betreuen, daß sie stabiler werden, so könnte man damit gleichzeitig ihr psychisches Wohlbefinden und (indirekt) auch ihre Einkommenschancen verbessern.

2. Wohnen: Trautes Heim – Glück allein?

Eine Wohnung haben ist eine Lebensnotwendigkeit. Eine Wohnung nach Wunsch haben, Wohnqualität, gilt als Lebensqualität. Für beides wenden Sozialstaaten erhebliche Mittel auf, wobei es nicht leicht ist, die Merkmale einer »menschenwürdigen« und »familiengerechten« Wohnung genau zu bestimmen (W. Glatzer 1979). Welche Bedeutung haben die Wohnverhältnisse und die Zufriedenheit mit ihnen für das psychische Wohlbefinden?

Nach A. Campbell (1981) sind sowohl die objektiven Wohnverhältnisse als auch die subjektive Zufriedenheit mit ihnen für die allgemeine Lebenszufriedenheit der US-Bürger einigermaßen bedeutsam (siehe die Tabelle S. 131). Wohnungszufriedenheit ist bei den Besitzern eines unabhängigen Familienhauses am häufigsten festzustellen. Am seltensten ist sie hingegen bei Mietern, die so beengt wohnen, daß pro Person nur ein Raum oder weniger zur Verfügung steht. Die Zufriedenheit mit den Wohnverhältnissen hängt außerdem auch stark mit der Zufriedenheit mit der Nachbarschaft und mit der Gemeinde zusammen.

Wie erklärt sich der – mäßige – Zusammenhang zwischen Wohnungszufriedenheit und Lebenszufriedenheit? Die Wohnung wird von vielen Menschen nicht nur als Unterkunft, sondern auch als Hort des Privatlebens, als Ort des Zusammenseins mit der Familie, als Ausdruck der eigenen Individualität, als Beweis persönlicher Tüchtigkeit und als Symbol eines höheren sozialen Status gewertet. Darum der nicht nur bei den Schwaben verbreitete Wille zum »Häuslebaue«. In einer Umfrage unter deutschen Chemiearbeitern bezeichnete die überwiegende Mehrzahl als »Lebensziel« die Anschaffung eines Eigenheims, während der berufliche Aufstieg etwas seltener genannt wurde und bei den Arbeiterinnen die Familiengründung im Vordergrund stand (F. Fürstenberg 1971).

Um eine Wohnung über ihren Gebrauchs- und Selbstdarstellungs-wert hinaus als Bereicherung zu empfinden, sind ohne Zweifel ein entwickeltes Gefühlsleben, ästhetisches Empfinden und soziale Be-ziehungen nötig. Dann kann die Wohnung oder können einzelne Gegenstände in ihr – eine Tellersammlung, ein Bild, ein geerbter Schrank oder eine geschenkte Vase – eine große emotionale Bedeu-tung erhalten. Sie können den Bewohner erfreuen als Andenken an Eltern, Geschwister und Freunde, als Erinnerung an eine interessante Reise oder einen wählerischen Kauf, als Befriedigung einer Sammler-leidenschaft oder des Schönheitssinnes (M. Csikszentmihalyi/E. Rochberg-Halton 1981).

Folgende Beobachtung bleibt ein sozialpsychologisches Rätsel. Menschen, die besonders armselig wohnen, äußern auffallend wenig Unzufriedenheit mit ihren Wohnverhältnissen (A. Campbell u. a. 1976; A. Campbell 1981). Warum? Weil sie nie durch einen »Anker-reiz« (S. 67) das Anspruchsniveau, an das sie bisher gewöhnt waren, durchbrechen konnten? Oder weil sie in ihrem Milieu zu wenig Vergleichsmöglichkeiten haben, das heißt nichts Besseres sehen, das sie unzufrieden und begierig machen könnte. Oder weil jemand, der nicht auf eine Besserung hoffen kann, in bezug auf das Wohnen äußerst anpassungsfähig ist und seine Ansprüche sehr niedrig ansetzt, resigniert, um quälende Unzufriedenheit zu vermeiden?

3. Bildung: Was kann man in Schulen fürs Leben lernen?

Wie hängt allgemeines psychisches Wohlbefinden mit der *Bildung durch Schule und Hochschule* zusammen? (Untersuchungen über den Zusammenhang mit einer abgeschlossenen Berufsausbildung, die es in unserer bundesrepublikanischen Form in den USA nicht gibt, liegen leider nicht vor.) Nach den für die USA repräsentativen Erhebungen von A. Campbell (1981) und N. D. Glenn/C. N. Weaver (1981b) bezeichneten sich in den 70er Jahren Personen mit niedrig-stem Bildungsstand (nur Hauptschulabschluß) seltener als die mit höchstem (Collegeabschluß) als »sehr glücklich«. Doch hat sich der Unterschied immer mehr eingeebnet und betrug 1978 noch 28 zu 33 Prozent, war also fast unerheblich. Insgesamt besteht zwischen allge-meinem Glück und Schulbildung ein durchgehender Zusammenhang, der aber sehr schwach ist. Auch die subjektive Zufriedenheit mit der empfangenen Bildung, die natürlich vom objektiven Bildungsstand zu unterscheiden ist, sagt wenig über die allgemeine Lebenszufriedenheit – wesentlich weniger als etwa die Zufriedenheit mit dem Einkommen (siehe Tabelle S. 131).

Ein Unterschied fällt jedoch – ähnlich wie beim Faktor »Einkommen« – auf der Negativseite ins Gewicht. Von den Personen mit bloßem Hauptschulabschluß stuften sich 13 Prozent, also leicht überdurchschnittlich viele als »nicht allzu glücklich« ein, während dies von den Personen mit Collegeabschluß etwas weniger als halb so viele (6 Prozent) taten. Auch hier war die Differenz in früheren Jahren, als sich das Einkommen der Arbeiter ohne High-School-Bildung von dem der Angestellten mit besserer Schulbildung noch stärker unterschied, deutlich größer.

Nach Campbell (1981) ist für die allgemeine Lebenszufriedenheit sowohl die Ehe- als auch die Arbeitszufriedenheit wichtiger als die Zufriedenheit mit der Bildung, die man erhalten hat. Um so bezeichnender ist die Tatsache, daß nach den Untersuchungen von R. Quinn/ M. Baldi de Mandilovitch (1975) und N. D. Glenn/C. N. Weaver (1978) der objektive Bildungsstand die Ehe- und die Arbeitszufriedenheit nur wenig zu beeinflussen scheint. Ersteres, die Ehezufriedenheit, hängt wohl in erster Linie von der Liebes- und Kommunikationsfähigkeit der Partner ab, die man weder durch den Besuch eines Gymnasiums noch durch ein Hochschulstudium erwerben kann. Für letzteres, die Arbeitszufriedenheit, sind die berufliche Bildung und andere Faktoren bedeutsamer als die höhere Schulbildung als solche.

Aufschlußreich ist der detaillierte Zusammenhang zwischen Bildung und der Zufriedenheit mit den Einzelbereichen Wohnung, Arbeit, Gemeinde und sich selbst. Während Zufriedenheit in diesen Bereichen bei den am wenigsten Gebildeten stark verbreitet ist, wird sie von Personen mit mittlerer Schulbildung seltener berichtet und erreicht bei denen, die ein College-Studium begonnen, aber wieder abgebrochen haben, einen Tiefpunkt – um schließlich bei denen mit gelungenem Collegeabschluß wieder anzusteigen. In keiner Gruppe ist die Zufriedenheit mit der eigenen Person so gering wie bei denen, die ihr Hochschulstudium abgebrochen haben (A. Campbell 1981, 62, 216). Erhöhen Schule und Hochschule zunächst die Kenntnis von Alternativen und die Ansprüche an sich und das Leben so sehr, daß es einem auf der mittleren Bildungsebene in vielen Punkten schwerfällt, sich als zufrieden zu bekennen – und macht umgekehrt der Mangel an höherer Schulbildung deshalb zufrieden, weil er einen nicht mit Ansprüchen belastet?

Es wäre sicher eine Illusion, von der höheren Schulbildung oder dem Hochschulstudium eine unmittelbare Steigerung des psychischen Wohlbefindens der heranwachsenden Generation zu erwarten. Realistisch könnte es hingegen sein, in der höheren Schulbildung, im Hochschulstudium und vor allem in der von den Umfragen nicht erfaßten beruflichen Bildung (gleich, ob sie mit höherer Schulbildung verbunden ist oder nicht) eine Grundlage für berufliche Kompetenz, berufliche Mobilität, Berufszufriedenheit, sozialen Status, Selbstwertschätzung und angemessenes Einkommen zu sehen – und vor allem eine Sicherung gegen die psychischen Belastungen, die das Fehlen dieser Grundlage in hochindustrialisierten Gesellschaften mit sich bringen kann.

4. Politische Zufriedenheit: Was vermag die »Kunst des Möglichen«?

Westliche Industriegesellschaften sind Demokratien. Demokratische Politik aber müßte sich dadurch als »Kunst des Möglichen« erweisen, daß sie eine möglichst hohe *politische Zufriedenheit* von möglichst vielen Staatsbürgern anstrebt. Dies gelingt ihr sicher nur in unterschiedlichem Maß. Wie hängen nun politische Zufriedenheit und psychisches Wohlbefinden miteinander zusammen?

Politische Zufriedenheit umfaßt ein breites Spektrum von Einstellungen – von der Zufriedenheit mit den Kommunalbehörden über die Einstellung zu den Steuern bis zur Meinung über das Parteiensystem und den wirtschaftspolitischen Kurs der Regierung. Hier soll ein wichtiges Element herausgegriffen werden, das in den USA durch Jahrzehnte hindurch besonders genau beobachtet wurde: *die Zufriedenheit mit der (Zentral-)Regierung*. Man hat sie durch mehrere Fragen ermittelt, von denen die folgende die grundlegende sein dürfte: »Wie oft meinen Sie darauf vertrauen zu können, daß die Regierung in Washington das Richtige tut? Fast immer, meistens oder nur manchmal?«

Nach A. Campbell (1981) sagt Zufriedenheit mit der Regierung und allgemein mit den politischen Verhältnissen (»Leben in den USA«) *nur wenig über das Vorhandensein oder Fehlen von allgemeiner Lebenszufriedenheit und von Glück aus* – wesentlich weniger als Zufriedenheit mit dem Einkommen, etwas mehr als Zufriedenheit mit der Bildung und ungefähr gleich viel wie Zufriedenheit mit dem Wohnen und mit der Gemeinde (siehe Tabelle S. 131). Auch bei

Erwachsenen in der BRD, die meinen, die Bürger hätten zu wenig politischen Einfluß auf die Entscheidungen der Regierung, sinkt die durchschnittliche Lebenszufriedenheit auf einer Skala von 0 bis 10 nur von 7,7 auf 7,4; werden aber Familie oder Liebe und Zuneigung als mangelhaft empfunden, so sinkt die Lebenszufriedenheit von 7,8 auf 6,6 (Familie) bzw. im Bereich Liebe/Zuneigung auf 6,5 (W. Glatzer/ W. Zapf 1984, 161).

Dieser Zusammenhang dürfte in politisch engagierten Gruppen der Bevölkerung, die höhere Ansprüche an die Politik stellen und sich eingehender informieren, stärker sein, ebenso in Staaten, deren Bevölkerung insgesamt mehr Anteil am politischen Geschehen nimmt. Doch bestätigen die genannten Zahlen trotz ihrer Lückenhaftigkeit, daß das Politische innerhalb des »strukturierten Lebensraumes« (S. 131 f.) eine eher geringe Bedeutung für die Lebenszufriedenheit hat – obwohl es in der veröffentlichten Meinung der letzten 25 Jahre enorm aufgewertet wurde.

Wenn sich in der US-Bevölkerung zwischen 1957 und 1972 trotz zunehmenden Wohlstands deutlich weniger Personen als »sehr glücklich« einstuften (S. 89), ist dafür vielleicht auch der gewaltige Verlust an Vertrauen in die Regierung mitverantwortlich, der diese Periode kennzeichnet: Die Zahl der mit der Regierung Zufriedenen stürzte zwischen 1964 und 1970 von 61 Prozent auf 38 Prozent. Es ist kaum anzunehmen, daß die Unzufriedenheit mit konkreten Maßnahmen der Regierung das Wohlbefinden beeinträchtigt hat. Ursache war wohl eher die *allgemeine politische Verunsicherung*, die vom Vietnamkrieg, den Rassenkrawallen und den Studentenunruhen ausging und die sich auch im Vertrauensverlust gegenüber der Regierung zeigte. Daß sich 1976 und 1978 wieder mehr Befragte als »sehr glücklich« bezeichneten, obwohl in diesen Jahren des Watergate-Skandals, der Inflation und der Arbeitslosigkeit das Vertrauen in die Regierung weiter sank, ist allerdings durch andere – welche? – Einflüsse zu erklären.

5. Arbeit und Beruf: Zufrieden sein trotz oder dank der Erwerbstätigkeit?

»Nicole hat ihren Freund geheiratet. Kennst du ihn?« – »Nein, *was ist er?*« – »*Buchhalter* bei Siemens.« Diese Sprachgewohnheit verrät, wie sehr wir das, »was einer ist«, was ihn von anderen abhebt (seine Identität) und was er gilt (seinen Rang und Wert), vom Beruf her bestimmen. Bestimmt nun der Beruf bzw. die Erwerbstätigkeit auch das psychische Wohlbefinden des Berufstätigen? Hier ist, ähnlich wie bei allen Situationsfaktoren, zweierlei zu unterscheiden, nämlich ob man Arbeit hat bzw. arbeitslos ist und ob man mit seiner Erwerbsarbeit zufrieden bzw. unzufrieden ist, wie man zu ihr steht.

a) Arbeit haben

Arbeit zu haben ist nach den Erhebungen, die N. Bradburn (1969) und A. Campbell (1981) zwischen 1963 und 1978 durchgeführt haben, für die meisten Menschen in den USA *eine wichtige Bedingung psychischen Wohlbefindens.* Dies geht eindeutig aus den Angaben der Arbeitslosen, besonders der arbeitslosen Männer, hervor. Wie stark sich bei ihnen, aber auch bei ihren Ehefrauen und den weiblichen Erwerbstätigen die Chance, »sehr glücklich« zu sein, vermindert und die Wahrscheinlichkeit, »nicht allzu glücklich« zu sein, mehr als verdoppelt, bei Männern sogar vervierfacht, geht aus den hier zusammengestellten Ergebnissen der älteren Untersuchung von Bradburn aus dem Jahre 1963 hervor:

	Sehr glücklich	Ziemlich glücklich	Nicht allzu glücklich
Männliche Hauptverdiener mit Arbeit	33 %	58 %	9 %
Männliche *arbeitslose* Hauptverdiener (ohne Pensionäre und Invalide)	14 %	45 %	41 %
Weibliche Hauptverdiener mit Arbeit (meistens Alleinstehende)	17 %	62 %	21 %
Weibliche *arbeitslose* Hauptverdiener	7 %	37 %	56 %
Frauen von Hauptverdienern mit Arbeit	39 %	54 %	7 %
Frauen von *arbeitslosen* Hauptverdienern	27 %	55 %	18 %

Ähnlich bezeichneten sich 1978 von den arbeitslosen Männern nur 10 Prozent als »sehr glücklich«, während sich in der Gesamtbevölkerung durchschnittlich dreimal soviel Personen so einschätzten (A. Campbell 1981, 120). Sie berichten auch ein Minimum an Lebenszufriedenheit und an angenehmen Erlebnissen in letzter Zeit (im Sinne der Affekt-Balance-Skala), erinnern sich vergleichsweise häufig an negative Gefühle wie Einsamkeit, Langeweile, Niedergeschlagenheit und die Erfahrung, »aus der Fassung zu geraten, weil jemand sie kritisiert«. Sie sind auch mit ihren Wohnverhältnissen, ihrer Bildung, ihrer

Gesundheit und sich selbst weniger zufrieden als andere und geben doppelt so häufig wie Männer mit Arbeit an, manchmal Angst vor einem Nervenzusammenbruch zu haben.

Arbeitslosigkeit erlebt jeder auf seine Weise. Es gibt auch freiwillig Arbeitslose. Doch bilden sie eine Minderheit. Denn im allgemeinen scheinen sich nur wenige in diesem Zustand sorgenfrei und wohl zu fühlen. Für die meisten bedeutet Arbeitslosigkeit eine Minderung des psychischen Wohlbefindens. Die Anzeichen dafür sind bei Arbeitslosen mit höherem Einkommen praktisch ebenso ausgeprägt wie bei denen mit niedrigem. Arbeitslosigkeit bringt offensichtlich eine Belastung mit sich, die nicht allein durch ihre finanziellen Einbußen, sondern durch eine Verminderung von Positiv- und eine Vermehrung von Negativerfahrungen zu erklären ist. Viele Arbeitslose leiden darunter, daß sie sich in ihrem Arbeitsbereich nicht mehr kompetent und für die Gesellschaft nicht mehr nützlich erfahren können. Statt dessen fühlen sie sich ungesichert, ohnmächtig und auf den Warenwert ihrer Arbeitskraft (auf die der Markt im Augenblick verzichten kann) reduziert. Die Zeit wird selten verstärkt für Hobbys genutzt, sondern zerfällt in ein ungegliedertes, spannungsloses Einerlei ohne Besonderheit, ohne Abwechslung und ohne das Bewußtsein, wie knapp und kostbar sie ist; das Freizeitverhalten wird passiver (K. Heinemann 1982). Dies alles drückt sich schließlich in Unzufriedenheit mit sich selbst (A. Campbell 1981) und im Gefühl der Interesse- und Sinnlosigkeit aus (A. Wacker 1983).

Ein Betroffener: »Ich hab' das jetzt zwei Jahre mitgemacht. Ich bin arbeitslos. Komplexe habe ich davon gekriegt. Wertlos kam ich mir auch vor. Das hat sich hinterher gegeben, wo ich mein Zimmer tapeziert hab' und so. Da sah ich, daß ich was Sinnvolles machte . . . Das befriedigt mich irgendwie, daß man sah, daß man nicht den ganzen Tag irgendwo dahinlebte« (G. Paul/A. Wacker 1975, 17). Ein 52jähriger Vorarbeiter zur Nachricht, daß das Automobilwerk, dem er 15 Jahre lang angehört hatte, stillgelegt würde: »Was man verliert, die Ruhe, die Sicherheit, das Ansehen, das Glück, das ist nicht in Geld auszudrücken« (A. Wacker 1983). Ein Angestellter, 50 Jahre: »Jetzt arbeite ich noch in einer Gemeinschaft, und ich kann mit meinen Kollegen über unsere gemeinsamen Schwierigkeiten reden. Aber wenn ich ein paar Monate draußen bin, stehe ich allein.« Ein anderer, ebenfalls 50jähriger: »Blechbüchsen, die weggeschmissen werden, mehr sind wir nicht.«

Ganz anders die Männer, die im Ruhestand leben. Von ihnen bezeichnen sich ungefähr ebenso viele als glücklich und zufrieden wie von ihren in der Erwerbsarbeit stehenden jüngeren Kollegen (A. Campbell 1981).

b) Mit seiner Arbeit zufrieden sein

Genaugenommen wäre hier zwischen Zufriedenheit mit dem Beruf (den man an verschiedenen Arbeitsplätzen ausüben kann) und Zufriedenheit mit der gegenwärtigen konkreten Arbeitssituation zu unterscheiden. Bei den hier ausgewerteten Untersuchungen hat man jedoch meistens nur letzteres ermittelt.

Die *Zufriedenheit mit der Arbeit* steht nach drei breit angelegten Umfragen aus den USA und der BRD *in einem deutlichen, wenn auch nicht überwältigend starken Zusammenhang mit psychischem Wohlbefinden.* Nach A. Campbell (1981) ist Arbeitszufriedenheit häufiger als Zufriedenheit mit dem Wohnen, mit der Gemeinde, der Regierung und der Bildung mit allgemeiner Lebenszufriedenheit verbunden (siehe Tabelle S. 131). Einer Allensbach-Umfrage von 1973 zufolge waren von den berufstätigen Arbeitnehmern, die von ihrer gegenwärtigen Arbeit voll und ganz befriedigt waren, 68 Prozent auch »im allgemeinen mit ihrem jetzigen Leben zufrieden« (nur 28 Prozent wünschten sich manches anders), während von den mit ihrer Arbeit »überhaupt nicht« Zufriedenen nur 21 Prozent solche Allgemeinzufriedenheit bekundeten und 75 Prozent sich manches anders wünschten (E. Noelle-Neumann 1977a). Beide Studien bestätigen die älteren Beobachtungen von N. M. Bradburn (1969), wonach Arbeitszufriedene sich deutlich öfter als Arbeitsunzufriedene als glücklich bezeichnen und vor allem weniger Negativerfahrungen im Sinne seiner Affekt-Balance-Skala berichten. Ein solcher Zusammenhang zeigte sich auch in mehreren speziellen Untersuchungen (C. L. Hulin 1969; B. Iris/G. V. Barrett 1972; P. J. Bamundo 1977; J. L. Freedman 1978; N. Schmitt/P. M. Mellon 1980; G. Schmidtchen 1981; T. L. Keon/B. McDonald 1982).

Die *Lage der Frauen* ist nach den vorliegenden Umfragen differenziert zu sehen. Weder die Vorstellung von der in ihren vier Wänden verkümmernden Nur-Hausfrau noch die von der sich zu Tode hetzenden Berufstätigen kann Allgemeingültigkeit beanspruchen. Verheiratete Frauen bezeichneten sich ebenso häufig als glücklich und mit ihrem Leben zufrieden, gleich ob sie ausschließlich zu Hause oder (auch) vollzeitlich außerhalb arbeiteten. In beiden Gruppen, die 1978 in den USA ungefähr gleich groß waren, wollten die meisten ihre Situation beibehalten. Auch die Ehezufriedenheit war bei beiden Gruppen gleich häufig (übrigens auch bei den männlichen Ehepartnern). Einen Unterschied gab es allenfalls darin, daß sich die Hausfrauen weniger gestreßt fühlten. Beide Gruppen erfahren in ihrer Lage Vor- und Nachteile und scheinen die Rolle gewählt zu haben, die sie jeweils bevorzugen (J. D. Wright 1978; A. Campbell 1981). Ähnlich äußerten die Ehefrauen in der BRD praktisch den gleichen Grad an Lebenszufriedenheit – gleich ob sie nicht, zeitweise oder ganztags erwerbstätig waren (W. Glatzer/W. Zapf 1984, 135).

Die Bedeutung der Berufsarbeit für die verheiratete Frau wandelt sich vermutlich stark mit den verschiedenen Phasen ihres Lebenszyklus und insbesondere ihrer Mutterrolle. Während die verheiratete Mutter von jungen Kindern in ihrem Wirken im Familienkreis möglicherweise Erfüllung findet und weniger Wert auf Berufsarbeit legt, sucht die Mutter, deren Kinder bereits erwachsen sind, eher in einer Tätigkeit außerhalb des Hauses Abwechslung, Kontakte, Selbstwertbestätigung und Stabilisierung. So könnte man die Tatsache erklären, daß L. M. Coleman/T. C. Antonucci (1983) bei einer nicht repräsentativen Auswahl von berufstätigen Frauen zwischen 40 und 59 Jahren mehr Selbstwertschätzung, mehr körperliche Gesundheit und weniger Ängstlichkeit feststellten als bei den gleichaltrigen Vollzeit-Hausfrauen. Oder kommt der Unterschied daher, daß gesundheitlich und psychisch labile Frauen in einer Berufsarbeit von vornherein keine Chance sehen und haben und deshalb zu Hause bleiben? In der Gesamtbilanz, im allgemeinen Glücklich- und Zufriedensein, zeigten sich die Berufstätigen nur geringfügig positiver als die Hausfrauen. Leider gibt es dazu noch keine Längsschnittuntersuchungen, die zeigen würden, wie sich Frauen vor und nach dem Einstieg (oder Wiedereinstieg) in eine Berufstätigkeit fühlten.

Der klassischen Studie von S. R. Orden/N. M. Bradburn (1969) zufolge ist für das *Eheglück* der verheirateten Frauen (das für ihr Gesamtbefinden sehr wichtig ist) entscheidend, ob sie nur berufstätig sind, weil sie Geld verdienen müssen, oder ob sie sich freiwillig, ohne wirtschaftlichen Zwang dazu entschlossen haben. Bei verheirateten Frauen, die nur aus Geldnot arbeiteten, war die Ehezufriedenheit deutlich geringer als bei den Vollzeit-Hausfrauen. Bei ihren Ehemännern übrigens auch, obgleich weniger ausgeprägt. Hingegen zeigten sich die freiwillig Berufstätigen insgesamt ebenso häufig mit ihrer Ehe zufrieden wie die Vollzeit-Hausfrauen; die freiwillig *teilzeitlich* Berufstätigen sogar noch etwas häufiger. Unterschiede gab es auch je nach dem Familienlebenszyklus. *Die meisten Frauen mit Vorschulkindern waren Vollzeit-Hausfrauen und mit ihrer Ehe zufriedener* als berufstätige Mütter mit Kindern dieses Alters, gleich ob diese notgedrungen oder freiwillig berufstätig waren. Mütter von älteren Kindern, die nur im Haushalt arbeiteten, bewerteten ihre Ehe jedoch praktisch ebenso oft wie die freiwillig Berufstätigen als glücklich und häufiger als die aus rein wirtschaftlichen Gründen berufstätigen.

Welche Einflüsse könnten den deutlichen, allerdings nicht sehr starken Zusammenhang zwischen Arbeits- und Lebenszufriedenheit erklären? Soweit die Zahlen auf Einflüsse hinweisen, wirken diese vermutlich je nach der *Wertorientierung* (Motivation) des einzelnen in verschiedener Richtung und in unterschiedlichem Ausmaß:

Extrinsisch-instrumentelle Arbeitsmotivation

Wer bei seiner Berufsarbeit nur *extrinsisch motiviert* ist, wer ihr kein persönliches Interesse abgewinnen kann, sondern alle für ihn bedeutsamen Befriedigungen außerhalb des Berufs sucht, so daß er die Arbeit nur distanziert und instrumentell als Mittel zur Befriedigung außerberuflicher Bedürfnisse betrachtet – für den erschöpft sich Arbeitszufriedenheit in Lohnzufriedenheit. Eine so erlebte Arbeitszufriedenheit beeinflußt aber die Lebenszufriedenheit kaum, weil diese von anderen, außerberuflichen Befriedigungen gespeist wird, zu deren Verwirklichung der Lohn bestenfalls indirekt beiträgt. Bei extrinsisch motivierten Personen könnte eher umgekehrt *die außerberuflich gefundene Lebenszufriedenheit die Arbeitszufriedenheit beeinflussen*, wenigstens insofern, als sie außerberufliche Störursachen der Arbeitszufriedenheit beseitigt. Bei dieser Gruppe könnte man durch Lebensberatung u. U. genauso wirksam oder noch wirksamer als durch Änderungen der Arbeitsbedingungen die Arbeitszufriedenheit fördern (N. Schmitt/P. M. Mellon 1980). So ist auch zu erklären, daß nach P. J. Bamundo (1977) bei Verheirateten die Arbeitszufriedenheit in einem besonders engen Zusammenhang mit der Lebenszufriedenheit steht.

Daß die Arbeitszufriedenheit fast nichts zur Lebenszufriedenheit beiträgt und eher umgekehrt andere Lebensbereiche das Wohlbefinden im allgemeinen und auch bei der Arbeit gewährleisten, wurde immer wieder behauptet, seit R. Dubin 1956 feststellte, daß für etwa drei Viertel der von ihm befragten Industriearbeiter »Arbeit und Arbeitsplatz keine zentralen Lebensinteressen« sind. Der gleichen

Auffassung neigt C. N. Weaver (1978) in einer neueren Untersuchung zu. Seine Begründung: Eine genauere Auswertung von mehreren repräsentativen Umfragen zeige, daß nur bei den Beschäftigten bestimmter Arbeitsbereiche, also nur bei einer Minderheit, ein nennenswerter Zusammenhang zwischen Arbeitszufriedenheit und allgemeinem Glück bestehe.

Die Bereichszufriedenheiten seien stark voneinander abhängig. Wer mit seiner Arbeit zufrieden sei, sei meistens auch mit seiner finanziellen Situation, seiner Ehe, seinem Familienleben, seinen Freundschaftsbeziehungen, seiner Gesundheit, seiner Gemeinde und seinen Freizeitaktivitäten zufrieden. In der Faktorenanalyse, wo verwandte Aussagen gebündelt werden, erschienen diese Einzelzufriedenheiten (einschließlich der Arbeitszufriedenheit) und das allgemeine Sichglücklichfühlen als *ein* gemeinsamer Faktor. Glück sei darum *ein allgemeines, weitgehend situationsübergreifendes Phänomen.* Die meisten Menschen seien entweder allgemein zufrieden oder allgemein unzufrieden; nur bei wenigen zeige sich in einem der genannten Lebensbereiche oder in mehreren von ihnen ein bedeutsamer Zusammenhang mit allgemeinem Glück.

Sind glückliche Berufstätige also zwar in und trotz der Arbeit, aber nicht dank der Arbeit glücklich? Diese Ansicht mag etwas Richtiges enthalten, ist aber zu undifferenziert. Denn auch wenn es so etwas wie eine allgemeine Bereitschaft zu Glück und Zufriedenheit gibt, die vielleicht nur außerhalb der Arbeit zum Zug kommt oder die man – als Glückspilz – in jede Lebenssituation mitnimmt, so steht doch fest, daß die Arbeitszufriedenheit immer auch – obgleich nur mäßig – von der Höhe des Lohns, von der Zufriedenheit mit ihm (A. Campbell 1981) sowie vom Betriebsklima u. a. abhängt (G. Schmidtchen 1981). Auch ist zu bedenken, daß nach den oben erwähnten Untersuchungen zwischen Arbeits- und Lebenszufriedenheit ein stärkerer Zusammenhang besteht, als Weaver gefunden hat – vor allem bei Selbständigen und bei Berufstätigen mit höherem Einkommen und höherem sozialen Status, also Menschen, die sich persönlicher mit ihrer Arbeit identifizieren und anders motiviert sind.

Intrinsische Arbeitsmotivation

Wer bei seiner Berufsarbeit nicht nur extrinsisch, sondern auch *intrinsisch motiviert* ist, wer an ihr persönlich Anteil nimmt, in ihr ein Stück »Selbstverwirklichung« (A. Maslow) und einen sinngebenden Inhalt (V. E. Frankl) sieht, für den trägt Arbeitszufriedenheit wohl auch zur Lebenszufriedenheit bei. Dieser Einfluß ist sicher differenziert und komplex. Vermutlich sind es *bestimmte Aspekte der Arbeit, die gleichzeitig die Zufriedenheit mit der Arbeit, den Freizeitbeschäftigungen, dem Wohnen, mit Ehe und Familie, sich selbst und dem Leben im ganzen* gewährleisten oder wenigstens vor Unzufriedenheit bewahren.

Welche Aspekte der Arbeit sind der Arbeits- *und* der Lebenszufriedenheit besonders förderlich? Dies hängt sicher von der beruflichen und allgemeinen Wertorientierung jedes einzelnen ab. Die Gründe, weshalb Menschen arbeiten und sich mit ihrer Arbeit zufrieden erklären, sind aber vielfältig und noch nicht in einer umfassenden und überzeugenden Systematik erfaßt (siehe D. W. Busch 1973; O. Neuberger 1974; A. Bruggemann u. a. 1975; K. H. Seifert 1977; G. Nunner-Winkler 1981). Dies liegt auch daran, daß sich die Forschung lange Zeit fast ausschließlich für die Verbesserung der Leistungsfähigkeit und -bereitschaft interessiert und die Arbeitszufriedenheit nur als Voraussetzung für diese, nicht aber als eigenes Thema und Faktor der Lebenszufriedenheit betrachtet hat. Darum fällt es auch schwer, in wissenschaftlich begründeter Weise anzugeben, wie sich die ohne Zweifel wichtigen Bemühungen um eine Humanisierung der Arbeitswelt an der subjektiven Arbeitszufriedenheit der Beschäftigten und nicht nur an Lieblingsvorstellungen irgendwelcher Planer ausrichten könnten (D. Fröhlich 1982).

Im folgenden sollen einige Motive und Werte erörtert werden, die für die Arbeitszufriedenheit bedeutsam sein dürften. Sie sind, sofern sie über Punkt 1 hinausgehen, Grundlage einer mehr und mehr intrinsischen Einstellung zur Arbeit. Dabei ist auch jeweils zu überlegen, inwieweit sie zur Lebenszufriedenheit beitragen können.

(1) Das Motiv: Seinen Lebensunterhalt verdienen

Eine bezeichnende Äußerung einer jungen Arbeiterin: »Ich mache die Arbeit auf dem Schlachthof gern, denn es geht mir nach dem Geld ... Ist ja eine schmutzige Arbeit, aber sie wird gut bezahlt. Die Arbeit ist sehr hart, das muß man sagen; aber wie gesagt: Es geht mir nach dem Geld« (W. Jaide 1969, 53). Ein anderer Jugendlicher: »Schön finde ich eigentlich nichts an meinem Beruf, aber was soll man denn sonst tun? Lebenserfüllung? – Aber auf keinen Fall im Beruf!« (W. Jaide 1966, 143).

Arbeit nur als Mittel zum Gelderwerb, so daß die Wahl des Arbeitsplatzes und der Arbeitseinsatz ganz von der Höhe und Sicherheit des Verdienstes abhängen und alle Lebenserfüllung in der Freizeit gesucht wird – diese extrinsisch-instrumentelle Motivation mag selten in Reinkultur vorhanden sein. Normalerweise ist sie – mehr oder weniger stark – mit anderen Motiven vermischt: Die Zufriedenheit mit dem Lohn beeinflußt dann zwar die Arbeitszufriedenheit – aber nicht als einziger Faktor. Zudem bedeutet bei Verheirateten mit Kindern »seinen Lebensunterhalt verdienen« praktisch soviel wie »für die Familie arbeiten« – ein Beweggrund, der die Arbeit wohl nicht weniger emotional befriedigend machen kann als das noch zu erwähnende Motiv »Dienst am Mitmenschen«, auch wenn letzteres der Arbeit innerlicher ist.

Das Geldverdienen scheint bei Personen mit einfacher Schulbildung als Berufs- und Arbeitsmotiv stärker im Vordergrund zu stehen als bei anderen. Bei einer Befragung junger männlicher Angestellter in den USA nannten die ohne Collegeabschluß von dem, was sie an einer Beschäftigung bevorzugen würden, an erster Stelle »ein sicheres Einkommen« oder »ein hohes Einkommen«, während die überwiegende Mehrheit der Diplomierten einer Arbeit, »die wichtig ist und einen erfüllt«, den Vorrang einräumten (A. Campbell 1981, 119). Einen ähnlichen schicht- und bildungsspezifischen Unterschied beobachtete G. Nunner-Winkler (1981) bei 14- bis 23jährigen deutschen Jugendlichen mit Berufsfindungsproblemen: Während von den Gymnasiasten 52 Prozent »abwechslungsreiche Tätigkeit« als wichtigstes Berufsmerkmal ankreuzten, taten dies von den Haupt- und Realschülern nur 27 Prozent. Auch in der 1982 im Auftrag des Bonner Jugendministeriums durchgeführten »Jugendstudie« bei 15- bis 30jährigen schätzten Befragte mit Studium mehr als andere »abwechslungsreiche Tätigkeit«, während 71 Prozent der Volksschüler mit Lehre, aber nur 35 Prozent der Befragten mit Studium »gute Verdienstmöglichkeiten« als wichtig im Beruf bezeichneten.

Diese Zahlen zeigen allerdings nur, daß bei Berufstätigen mit geringer Schulbildung Einkommens- und Sicherheitsbedürfnisse überwiegen. Dies schließt nicht aus, daß dieselben Personen auch in hohem Maß – wenn auch nicht so dringlich wie andere – eine Arbeit wünschen, die abwechslungsreich ist, bei der sie ihre Fähigkeiten zur Geltung bringen, mitbestimmen und Anerkennung finden können. Der Wunsch nach immateriellen Werten wie Mitbestimmung und Anerkennung am Arbeitsplatz scheint auch in den unteren Berufsgruppen, die zwar nach wie vor mehr einkommensinteressiert sind, an Bedeutung gewonnen zu haben (P. Pawlowsky/C. Flodell 1984). Er wird wohl kaum allein auf die fortschreitende materielle Sättigung aller sozialen Schichten zurückzuführen, sondern auch von Neubewertungen in der öffentlichen Meinung abhängig sein.

Wie sich bereits gezeigt hat, trägt das Einkommen zwar viel zur Vermeidung von Not, aber wenig zum Erleben von Glück und Lebenszufriedenheit bei. Sofern die Arbeitszufriedenheit diese Positiverfahrungen beeinflußt, ist die Ursache also in anderen Motiven als dem Geldverdienen zu suchen. Tatsächlich erklären viele Berufstätige, die Arbeit habe für sie auch eine andere als bloß finanzielle Bedeutung. Beispielsweise meinten 1978 drei Viertel der Berufstätigen in den USA (die Frauen kaum weniger als die Männer), sie möchten auch dann weiterarbeiten, wenn sie genügend Geld erbten, um für den Rest ihres Lebens so behaglich, wie sie es wünschten, leben zu können. (Die Hälfte der Männer würde dann allerdings den Beruf wechseln.) Nach einer älteren Umfrage von N. C. Morse/R. S. Weiss (1955) wurde dieser Wille zum Weiterarbeiten von ungelernten Arbeitern am seltensten (58 Prozent), von Facharbeitern öfter (79 Prozent) und von Landwirten, Vertretern und Managern am häufigsten (86 Prozent) geäußert. Welche »intrinsischen« Motive mag es dafür geben?

(2) Das Motiv: Sich Ansehen erwerben

In schöner Naivität schrieb ein Jugendlicher, der Polizist werden wollte, zu seiner Berufswahl: »So Landleute und einfache Leute haben Respekt, sogar etwas Schiß vor dem Polizisten. Auf dem Land kommt er gleich hinter dem Pastoren und dem Lehrer. Er gehört zu den ›kleinen Herrgöttern‹. Alle Leute ziehen den Hut. Außerdem hat auch jeder Polizist sein eigenes Büro in seiner jeweiligen Dienststelle. An jeder Tür ist von außen ein Schild mit dem Namen des Polizisten angebracht« (W. Jaide 1966, 114).

Die berufliche Stellung – weniger die Art der Arbeit oder die Höhe der Leistung – bringt einem in der Gesellschaft einen bestimmten sozialen Status, Ansehen, Sozialprestige. Manche Berufe bieten mehr, andere weniger Aussicht, daß »alle Leute vor einem den Hut ziehen« werden. Ein Ingenieur »ist« mehr als ein Verkäufer – wie gerechtfertigt oder irrational solche Einschätzungen auch sein mögen. Je mehr jemand seinen Beruf an dem Ansehen mißt, das er ihm verschafft, desto wichtiger werden für ihn die Aufstiegschancen, die eine Stelle und Karriere bieten. Sie stehen besonders zu Beginn der Berufslaufbahn und vor allem bei Personen, die einen hohen Rang in der gesellschaftlichen Hierarchie anstreben, im Vordergrund und treten, wenn die angezielte Höhe erreicht ist, wieder zurück. Dann wendet sich auch der strebsame Beamte und Manager meistens wieder mehr dem Privatleben in Ehe, Familie und Freizeitbeschäftigungen zu (P. Evans/F. Bartolomé 1982, 72–75).

Das Sozialprestige des Berufs kann – zusammen mit der Erfahrung der eigenen Kompetenz – viel zur Selbstwertschätzung beitragen und damit über die Arbeitszufriedenheit hinaus auch die Zufriedenheit mit sich selbst und mit dem Leben im ganzen fördern. Sozialprestige ist ein Motiv, das sicher enger mit der Berufsarbeit verbunden ist als Geldverdienen; im Vergleich mit den folgenden Motiven ist es ihr aber immer noch verhältnismäßig äußerlich.

(3) Das Motiv: Interesse an der Arbeit selbst

»Interesse an der Arbeit selbst haben« – mit dieser Umschreibung lassen sich mehrere Motive zusammenfassen, die bewirken, daß die Arbeit nicht nur als Quelle von Verdienst und Sozialprestige, sondern auch um anderer Werte willen geschätzt und als befriedigend erlebt wird.

Arbeitszufriedenheit ist bei (männlichen) Berufstätigen, die ihre Arbeit »interessant« finden, wesentlich häufiger anzutreffen als bei jenen, die (bloß) mit ihrem Lohn zufrieden sind (A. Campbell 1981, 118). Dabei bezeichnen akademisch gebildete und leitende Angestellte ihre Arbeit überdurchschnittlich oft als interessant und zufriedenstellend, während dies Arbeiter und Dienstleistungsbeschäftigte unterdurchschnittlich oft tun.

So zeigt sich erneut, daß Lohn und Lohnzufriedenheit nicht der einzige Grund für Arbeitszufriedenheit sind und daß sogar mancher, der mit dem Lohn nicht zufrieden ist, der Arbeit etwas abgewinnen kann, das sie ihm als ingesamt befriedigend erscheinen läßt. Was kann Arbeit so interessant machen? Die Werte und Bedürfnisse, die dafür bestimmend sind, lassen sich grob in andernorientierte und in sachorientierte einteilen:

(a) Kontakt mit anderen und Dienst am Mitmenschen

Kontakt mit Arbeitskollegen, Kunden und Lieferanten nennen viele, zumal Frauen, als wichtigen Gesichtspunkt ihrer Berufswahl (W. Jaide 1966; G. Nunner-Winkler 1981). Während solche Kontakte in einem Verein, in einer politischen Partei oder einer kirchlichen Gruppe eine eigene Entscheidung und Bemühung erfordern, sind sie am Arbeitsplatz – trotz ihrer Verzweckung – sozusagen natürlich. Die Kontakte mit den Arbeitskollegen sind freilich nur dann befriedigend, wenn sich auch ein gutes *Betriebsklima* mit rivalitätsfreien, vertrauensvollen Beziehungen, gerechter Behandlung und genügender Information und Partizipation bildet. Wichtig für die Arbeitszufriedenheit ist auch die soziale Anerkennung durch den Chef und das Gespräch mit ihm (G. Schmidtchen 1981).

Dienst am Mitmenschen ist, wo als Motiv wirksam, mit der Arbeit innerlicher verbunden als die Befriedigung des Kontaktbedürfnisses. Ein Jugendlicher, der im Laufe einer stürmischen Adoleszenzkrise mehrmals den Job wechselte und seit zwei Jahren eine sehr gut bezahlte, von ihm aber als »stupid« empfundene Arbeit hat und sich gerade einen Ausbildungsplatz als Krankenpfleger erobern konnte, sagt über sich: »Ich habe mir (beim ersten Eintritt ins Arbeitsleben vor fünf Jahren) überhaupt keine Gedanken gemacht über die Berufswahl. Jetzt will ich Krankenpfleger werden, auf Biegen und Brechen. Ich glaub', der Mensch braucht eine Tätigkeit, die ihn interessiert, die ihm Spaß macht, eine Sache, wo er merkt, er wird gebraucht. Und er muß was machen, das braucht der Mensch, der Mensch braucht einen Beruf, um ausgefüllt zu sein« (G. Nunner-Winkler 1981).

Der Bezug zum Wohl der Mitmenschen mag bei Pflege-, Versorgungs- und Erzieherberufen deutlicher sein als bei technischen, wirtschaftlichen und verwaltenden Tätigkeiten, wo infolge der modernen Arbeitsteilung schwer zu sehen ist, wem sie am Ende dienen. Doch kann auch bei letzteren die Befriedigung darüber, etwas für andere Nützliches zu leisten, eine große Bedeutung haben. Sie kann ein Berufsethos enthalten, das sich in dem Willen artikuliert, »etwas für andere zu tun«, »helfen zu können«, »gebraucht zu werden« und etwas zum Gemeinwohl beitragen zu können.

(b) Abwechslung und Freude am Bewirken, Können und Entdecken
Abwechslung bedeutet, daß die Arbeit nicht eintönig verläuft, sondern durch eine Vielfalt von Eindrücken und Anforderungen anregend wirkt. Daß sie, ohne durch Reizüberflutung zu stressen, eine belebende Spannung herstellt, die Zeit unterteilt und von Verstimmungen und belastenden Gefühlen ablenkt. Die zuletzt genannte Wirkung kann – zusammen mit einem verzehrenden Leistungsstreben – gelegentlich auch zum »workaholism« führen: Man flieht in die Arbeit wie in einen Rausch, um persönliche Sorgen zu vergessen. Die

Arbeit soll Frustrationen im Privatleben kompensieren, kann sie tatsächlich aber nur überdecken und verdrängen.

Freude am Bewirken, Können und Entdecken löst die Arbeit dann aus, wenn sie als Anreiz zu technischen und organisatorischen Lösungen, zu geschäftlichem Erfolg oder zum Forschen erfahren wird. Wenn sie das *Verlangen nach kreativem Wirksamsein, nach Kompetenz und nach Wissen (Neugiermotiv)* befriedigt. Wirkt die Arbeit auf diese Weise, so entspricht sie gewöhnlich einem persönlichen Interesse und einer Neigung, die der Betreffende auch schon vor seiner Berufslaufbahn verspürt hat und der er auch außerhalb der Erwerbsarbeit in seinen Hobbys nachgeht.

Ein Jugendlicher: »Als ich jetzt vor die Entscheidung gestellt wurde, was ich werden wolle, kam ich zu dem Entschluß, Flugzeugmechaniker zu werden. Da mein Vater und fast alle Verwandten Sportflieger sind oder waren, wurde ich schon früh zu diesem Sport herangezogen ... Der Beruf ist genau und kompliziert, und darum finde ich ihn so interessant. Dann (= außerdem) baue ich meist Flugzeugmodelle, oder ich bin bei dem Aero Club und helfe beim Reparieren der beschädigten Segelflugzeuge« (W. Jaide 1966, 116). Ähnlich ein anderer, der Automechaniker werden möchte, seinem Vater bei Autoreparaturen hilft, selbst Autos zerlegt und schon als Kind diesen Beruf ergreifen wollte. Auf die Frage, ob auch eine andere Lehrstelle in Frage komme: »Ja, wenn's mit Autos zu tun hat, z. B. Schweißer oder so, das wär' auch nicht schlecht, aber ich will halt Kfz-Mechaniker werden« (G. Nunner-Winkler 1981).

Die Freude am Bewirken, Können und Entdecken erfordert nicht nur persönliches Interesse und Neigung, sondern auch zwei Bedingungen, deren Rang durch Umfragen erwiesen ist: Eignung, Kompetenz (von seiten des Berufstätigen) und Freiheitsempfinden am Arbeitsplatz (von seiten der Betriebsführung):

Die eingehende Untersuchung von T. L. Keon/B. McDonald (1982) bei den Beschäftigten einer US-Firma, die Autoteile herstellt, zeigt: Arbeitsbezogene Selbstwertschätzung, zu der wesentlich das Gefühl der *Kompetenz* gehört – nämlich der Eindruck, man sei in seiner Berufsarbeit fachkundig, erfolgreich, wichtig, glücklich und anstrengungsbereit –, geht sowohl mit Arbeitszufriedenheit als auch mit Lebenszufriedenheit einher. Umgekehrt ist nach N. Bradburn (1969) das Gefühl, seiner Berufsrolle nicht gewachsen, inkompetent zu sein, in allen beruflichen Schichten mit negativen Gefühlen, wie sie in seiner Affekt-Balance-Skala erfaßt werden, verbunden. Sich als kompetent wahrnehmen heißt im Idealfall, sich von seiner Aufgabe weder über- noch unterfordert, sondern auf »optimaler Spannungsstufe« (A. Maslow) gefordert fühlen. Überforderung vermittelt das Gefühl, ein Versager zu sein, und drückt die Selbstwertschätzung. Unterforderung, Überkompetenz, das Bewußtsein, unter seinem Fähigkeits- und Ausbildungsniveau beschäftigt zu sein, mindert die Status- und Arbeitszufriedenheit, zumal wenn die Aufstiegserwartungen unerfüllbar erscheinen.

Das Allensbacher Institut für Demoskopie hat aufgrund der sogenannten Cantril-Stufenleiter (S. 44f.) das *Freiheitsempfinden am Arbeitsplatz* ermittelt und mit der Arbeitszufriedenheit und dem allgemeinen Glücksgefühl in Beziehung gesetzt (E. Noelle-Neumann 1977a). Die diesbezügliche Frage lautete:

»Jeder Berufstätige kann ja bei seiner Arbeit manches frei entscheiden, und in anderem ist er abhängig. Es fragt sich nun, wie frei der einzelne sich fühlt. Wie geht es Ihnen selbst? Können Sie das anhand dieser Leiter erklären? Es geht so: Null würde bedeuten, Sie hätten in Ihrem Beruf keine Freiheit, etwas zu entscheiden, und zehn würde bedeuten, Sie fühlen sich in Ihren beruflichen Entscheidungen ganz frei und unabhängig. Auf welcher Stufe dieser Leiter würden Sie sich einordnen?«

Bei der Auswertung unterschied man drei Gruppen: die mit viel (= Stufen 8–10), mit mittlerem (= Stufen 5–7) und mit geringem (= Stufen 0–4) Freiheitsempfinden am Arbeitsplatz. Der Test wurde speziell für abhängige Berufstätige, also unter Ausschluß der leitenden Angestellten, der Beamten des gehobenen Dienstes und der Selbständigen, durchgeführt. Er belegte eindrucksvoll, *wie bedeutsam das (subjektive) Freiheitsempfinden am Arbeitsplatz für die Arbeitsfreude, die Arbeitszufriedenheit und das allgemeine Glücksgefühl ist:*

	Personen mit folgendem Freiheitsempfinden am Arbeitsplatz:		
	viel	mittel	gering
Es sind mit ihrer jetzigen Arbeit voll und ganz zufrieden	70 %	47 %	28 %
Es mögen die Stunden während der Arbeit ebenso gern oder lieber als die Freizeit	69 %	52 %	34 %
Ein Leben ohne Arbeit fänden nicht schön	80 %	73 %	56 %
Es bezeichnen sich selbst als sehr glücklich	39 %	29 %	17 %

Für die Arbeiter, einschließlich Landarbeiter, ergaben sich die in Tabelle S. 109 angegebenen Werte, die für sich sprechen und mit denen von nichtleitenden Angestellten und Beamten des mittleren und einfachen Dienstes weitgehend übereinstimmen.

Beeinträchtigt wird das Freiheitsempfinden einerseits durch Reglementierung und Zerstückelung des Arbeitsvorgangs (beispielsweise bei der klassischen Fließbandarbeit) und andererseits durch starken Konkurrenz- und Leistungsdruck (dies eher bei Beschäftigten in leitender Stellung). Ein Marketing-Manager: »Man lebt in der ständigen Furcht, überholt zu werden.«

Was Arbeits- und Lebenszufriedenheit zugleich fördert

Kompetenz beeinflußt bei stark intrinsisch Motivierten die Berufs- und Arbeitszufriedenheit wohl deshalb so günstig, weil sie die Sicht, die sich jemand von seinen Fähigkeiten, Interessen und Ansprüchen gebildet hat, bestätigt. Damit ermöglicht sie *Übereinstimmung mit sich selbst* (seinem Selbstkonzept) und Erfüllung der Erwartungen, die man an sich selbst richtet: *Selbstverwirklichung und Selbstwertschätzung*. Für diese Deutung sprechen auch die Berufswahltheorie und die empirischen Untersuchungen von D. E. Super und seiner Schule. Mit der Selbstverwirklichung und Selbstwertschätzung fördert Kompetenz aber auch Selbstfindung (Identität), Selbstbestimmung (Autonomie durch »Selbstverstärkung«), Lebenszufriedenheit und Sinnerfüllung (S. 150 ff.).

Dazu trägt Kompetenz aber auch noch aus einem anderen Grund bei. Kompetenz bedeutet auch, daß man sich *wirksam und einflußreich* fühlt. Etwas bewegen und bewirken können – dies befriedigt die dem Menschen ursprüngliche *Wirksamkeitsmotivation* (effectance motivation nach R. W. White), die dem Willen zur Selbstbehauptung und zu einer speziellen Leistung zugrunde liegt. Diese Befriedigung wirkt aber unmittelbar lusthaft, befreiend und selbstwertbestätigend, ermöglicht sie doch das Gefühl der Selbstbestimmung, »internes Kontrollbewußtsein«, »schöpferische Expansion« des Selbst (Ch. Bühler) und die Erfahrung »schöpferischer Werte« (V. E. Frankl).

Damit Kompetenz als erfüllendes Wirksamsein erfahren werden kann, ist Freiheitsempfinden am Arbeitsplatz erforderlich, und zwar aus einem doppelten Grunde. Einerseits kann das Freiheitsempfinden, das freilich selten ein vollkommenes sein wird, jenes zwangfreie Wirken aus eigenem Antrieb gewährleisten, das allein – ähnlich wie im Spiel – als lusthafte Kreativität erfahren wird. Andererseits fördert es

110

die Bereitschaft, Ursprung und Verdienst von Arbeitsergebnissen sich selbst zuzuschreiben (Selbstattribution statt Fremdattribution) – das Bewußtsein: »Das habe ich zuwege gebracht« oder bescheidener: »Daran bin ich (ist mein Team) nicht ganz unschuldig«. Dazu gehört allerdings auch die Überzeugung, daß man mit seiner Arbeit etwas bewirkt, von dessen Wert man überzeugt und worauf man stolz sein kann (S. 180f.).

Kontakt mit anderen, Dienst am Mitmenschen, die Erfahrung von Abwechslung und das Bewußtsein, etwas Wertvolles zu bewirken, zu können und zu erforschen, das heißt alle Formen von »Interesse an der Arbeit selbst« haben eines gemeinsam. Sie beanspruchen den Menschen geistig und emotional auf positive Weise. Sie ermöglichen eine Hinordnung auf einen Einsatz und Wert, der »sich lohnt« und auf dessen Verwirklichung man stolz sein kann. Sie gewährleisten jene »Selbsttranszendenz« (Anderngerichtetheit), die *zugleich Hinwendung zur Sachwelt und Sinnerfüllung bedeutet.* Sinnerfüllung gewährt zwar auch das Motiv »Seinen Lebensunterhalt verdienen« – aber nur mittelbar, indem es nämlich nur außerhalb der Arbeit das ermöglicht, was der intrinsisch Motivierte außerhalb *und* innerhalb der Arbeit findet: einen zustimmungswürdigen Wert sowie ein Stück Selbstwertschätzung und Lebenszufriedenheit.

Wertwandel von der Arbeit zur Freizeit?

Mehrere Umfragen, die dem sozialwissenschaftlichen Ansatz der »Wertforschung« verpflichtet sind, kommen zu dem Schluß, daß sich das »Wertsystem« der bundesrepublikanischen Gesellschaft bezüglich der traditionellen Einstellung zu Arbeit und Beruf in den 60er, 70er und 80er Jahren deutlich gewandelt hat. Beobachtet wurde dies: Die Befragten haben beruflichen Leistungswillen, Fleiß, Ehrgeiz, Pflichterfüllung und Gehorsam auf der Liste der Werte und Erziehungsziele, die zu gewichten waren, zurückgestuft. Sie haben seltener erklärt, sie hätten an ihrer Arbeit Freude. Sie scheinen diese mehr als Mittel zum Zweck zu sehen (»vom Beruf zum Job«) und äußern ein vermehrtes Interesse an Freizeit und Genuß (H. Pross 1978; E. Noelle-Neumann 1978; M. Bartelt 1982; H. W. Opaschowski 1983; E. Noelle-Neumann/ B. Strümpel 1984). Schlagwortartig umschrieben, handelt es sich um eine Bewegung »von der Arbeit zur Freizeit, von der Leistungs- zur Genußorientierung«.

Allerdings ist im Hinblick auf solch globale Diagnosen und zumal auf praktische Folgerungen Vorsicht geboten. Manche Umfragen waren einseitig an der Einstellung zur beruflichen *Leistung* und nur wenig an der Arbeitszufriedenheit und ihren Bedingungen interessiert. Die Leistung, nicht die befriedigende Arbeit, wurde in den Fragen gelegentlich als Selbstwert und als Gegensatz zum Genießen des Lebens dargestellt, so daß sie dem Befragten als drohende Überforderung und Ausbeutung erscheinen mußte.

Trotzdem ist ein Wert- oder Prioritätenwandel gerade bei der jüngeren Generation nicht zu leugnen, wie immer man ihn deuten mag. Man sollte nicht übersehen, daß trotz allen Wertwandels die hier breit belegte Beobachtung gültig bleibt: Arbeitszufriedenheit kann dort, wo sie zu finden ist, nach wie vor in bescheidenem Maß zur Lebenszufriedenheit beitragen. Die Umfrageergebnisse können auch so gedeutet werden, daß man die neuerdings aufgewerteten Eigenschaften und Ziele Selbständigkeit, Selbstvertrauen, Sozialkontakt und Lebensfreude allgemein, sowohl in der Erwerbsarbeit als auch in Freizeitaktivitäten und im Privatleben als dringlicher empfindet. Daß gerade die jüngere Generation, in der sich beispielsweise die Frauen keineswegs von der Berufsarbeit zurückziehen, der Arbeit mit höheren Ansprüchen in bezug auf eine persönliche Erfüllung begegnet – Ansprüchen, die von einer weniger expandierenden Wirtschaft nicht mit der nötigen Bereitstellung neuartiger Arbeitsplätze befriedigt werden können. »Arbeit ist gut, aber sie muß mehr bieten als nur angemessene Bezahlung« (B. Strümpel 1981). *Darum ist in bezug auf beide Bereiche, die Erwerbsarbeit wie auch die Freizeit, zu fragen, wie sie unter gewandelten Bedingungen zufriedenstellend und als Beitrag zu psychischem Wohlbefinden gestaltet werden können.*

Was das Freizeitverhalten angeht, so hat sich in der BRD nach einer mehr erholungsorientierten Phase in den Jahren des Wiederaufbaus (1949–1960) und einer stark konsumorientierten Phase in den 60er und 70er Jahren mit den 80er Jahren eine betont erlebnisorientierte, aktive Form durchgesetzt. Sie ist gekennzeichnet durch Interesse am Selbermachen (»Etwas mit eigenen Händen schaffen und gestalten«), an Sozialkontakten (»Mit Freunden zusammensein«, »Förderung des Gemeinschaftssinns«), an Spontaneität, gesundem Leben, innerer Muße und Lebensgenuß.

Wieviel ist an diesem Trend der Werbung der Freizeitindustrie und wieviel der Erfahrung zuzuschreiben, daß man sich dabei besser fühlt? Und welche Folgerungen sind daraus für eine *Freizeitpädagogik zu ziehen, die am Leitziel »Lebenszufriedenheit« orientiert ist*? Darüber weiß die Wohlfahrts- und Lebensqualitätsforschung wenig Sicheres.

Fest steht, auch wenn es recht allgemein klingt, daß die familiäre, schulische, berufliche und verbandlich-kirchliche Erziehung nicht entweder Arbeitskompetenz oder Freizeitkompetenz, sondern beides wird anstreben müssen: Fleiß und Können wie auch Lebensfreude, Kontaktfähigkeit und Spontaneität; daß Bildung nicht auf Berufsvorbereitung eingeengt, sondern wieder umfassender verstanden werden muß (H. W. Opaschowski 1983c).

Schlußfolgerungen

Was begünstigt, was verhindert, daß Menschen auch in der Arbeit, nicht nur in der Freizeit, ein Stück Lebenszufriedenheit und Sinn finden?

Im Hinblick auf die »Situationsfaktoren« ist zu wünschen, daß der Arbeitsmarkt genügend Stellen anbieten kann, die den differenzierten Neigungen und Fähigkeiten der intrinsisch motivierten Bewerber entsprechen. Auch Stellen, die den Erwerbstätigen einen angemessenen Freiraum für eigene Entscheidungen lassen. Dieses Ziel ist auch dann noch richtig und erstrebenswert, wenn es infolge der Verknappung der Arbeitsplätze durch zunehmende Automatisierung erheblich schwerer zu verwirklichen ist. Die obigen Ausführungen zur intrinsischen Arbeitsmotivation empfehlen gewiß keine Fixierung auf einen ganz bestimmten Beruf und Arbeitsplatz, der für einen »alles oder nichts« bedeutet; vielmehr sind sie auch ein Plädoyer für ein flexibles, marktgerechtes Suchen einer Stelle, an der man, wenn auch nicht alles, so doch möglichst viel »Interesse an der Arbeit selbst« entwickeln kann. Auf jeden Fall zeigen sie, wie viele Zufriedenheitschancen wegfallen, wenn jemand durch den Mangel an geeigneten Stellen gezwungen ist, sich weitgehend auf das Motiv »Seinen Lebensunterhalt verdienen« zurückzuziehen.

Ein Mädchen, das einen sozial-pflegerischen Beruf anstrebte: »Ich hab' an alle sozialen Einrichtungen geschrieben – aber da braucht man möglichst Abitur – obwohl, Krankenschwester hat ja mit Mathe wenig zu tun. Was ich jetzt anstrebe, ist, weniger Rücksicht darauf zu nehmen, was man unbedingt möchte, nicht nach den Tätigkeiten zu gehen, sondern ein bißchen nach dem Markt, was man so machen kann, und das Privatleben wichtiger nehmen als den Beruf. Also ich bewerte den Beruf nicht so stark« (G. Nunner-Winkler 1981).

Das Finden von Zufriedenheit und Sinn in der Arbeit hängt freilich auch von Dispositionsfaktoren ab, nämlich davon, ob sich eine

Berufsidentität mit der oben beschriebenen intrinsischen Werteinstellung entwickeln kann. Für eine entsprechende berufliche Sozialisation sind im Laufe der Zeit viele Einflüsse verantwortlich: die Familie mit ihrer Chance, Interessen zu wecken und Selbständigkeit und Leistungsbereitschaft aufzubauen, ferner die Schule, die Gleichaltrigengruppe in der Jugendzeit, die Berufsberatung, die öffentliche Meinung, die Ansichten der späteren Bezugspersonen und -gruppen, die eigenen Erfahrungen im Arbeitsleben und schließlich die persönliche Verarbeitung all dieser Einflüsse, die persönliche Reflexion.

Eine befriedigende Berufsidentität kann nur im Laufe einer längeren Entwicklung durch das Zusammenspiel von persönlichen Voraussetzungen und Arbeitsbedingungen entstehen. Entscheidend ist wohl, daß es zu einer dreifachen Übereinstimmung kommt: zur Übereinstimmung des Berufs und der Arbeitsstelle mit der *Eignung und den Fähigkeiten* (Kompetenz), mit den *Neigungen und Wertvorstellungen* und mit dem individuellen Bedürfnis nach einem *Freiraum* für eigene Entscheidungen und Ideen. Wird die Übereinstimmung in einem dieser drei Bereiche verhindert oder erheblich gestört, so stellen sich Unbehagen, Lustlosigkeit und Sinnlosigkeitsgefühle ein.

Orientierungsfragen, die für alle Phasen des Berufslebens aktuell sind, könnten von folgenden Gesichtspunkten ausgehen:

1. Wenn ich mir die oben genannten Motive vor Augen halte (und sie möglichst mit eigenen Worten umformuliere und ergänze) und überlege, *warum* ich arbeite, *welchen Anteil an meiner Arbeitsbereitschaft* kann ich ihnen realistischerweise zuerkennen? Wie groß sind die Sektoren, die ihnen zukommen, wenn ich einmal die gesamte Arbeitswilligkeit als Kreisfläche (oder als Kuchen in der Draufsicht) betrachte? (Als Beispiel zeige ich hier eine mögliche Einteilung und erinnere daneben an die genannten Motive.)

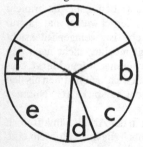

(a) Seinen Lebensunterhalt verdienen

(b) Sich Ansehen erwerben

(c) Kontakt mit anderen – gutes Betriebsklima

(d) Dienst am Mitmenschen

(e) Abwechslung

(f) Freude am Bewirken, Können und Entdecken

(g) . . . .

2. Was bedeutet mir an meiner Arbeit so viel, daß es mich bewegen könnte, sie auch dann weiterzuführen, wenn ich ab morgen genügend Geld hätte, um bis an mein Ende wohlhabend zu leben?

3. Wenn ich dann meine jetzige Arbeitsstelle nach meinen Vorstellungen verändern oder leicht zu einer anderen Stelle, die meinen Wünschen entspricht, überwechseln könnte – worauf würde ich Wert legen?

4. Was davon läßt sich u. U. an meiner jetzigen Arbeitsstelle (oder einer erreichbaren anderen) verwirklichen?
Durch Bemühen um einen größeren Freiraum?
Durch das Bündnis mit ähnlich Gesinnten?
Durch die Aufwertung von Tätigkeiten und Zielen, die im jetzigen Rahmen zu verwirklichen sind, wenn ich ihnen mehr Aufmerksamkeit widme (die ich aber bisher unterschätzt oder zu sehr in einen Traumberuf verlegt habe)?

5. Was kann ich, obwohl es mir unangenehm ist, trotzdem als sinnvoll akzeptieren? Was »muß« eben sein, um eines wichtigen Zieles willen? Was hingegen ist nicht nur unangenehm, sondern auch sinnlos und darum zu bekämpfen?

6. Welche Werte (die oben unter Punkt 1 a–g genannten oder andere) könnte und sollte ich auch außerhalb der Arbeit in der Freizeit (mehr) verwirklichen, um mit meinen Fähigkeiten und Interessen übereinzustimmen? Um nicht auf die Arbeit fixiert zu sein, sondern eine »parallele Wertorientierung« mit mehreren Interessenzentren aufzubauen?

Kann man Unzufriedenheit und Mißerfolg im Beruf durch eine stärkere Hinwendung zum Privatleben, zu Ehe, Familie, Hobbys, gesellschaftlichem Leben usw. *kompensieren*?

Ob ein solcher Ausgleich möglich ist, hängt vermutlich von der Art der Motivation und Einstellung ab. Wer in seiner Arbeit fast ausschließlich eine einträgliche Verdienstquelle und Kontakte mit anderen sucht und dies nicht in befriedigendem Ausmaß findet, wird sich durch einen Nebenverdienst oder durch die Geselligkeit, die ihm Familie und Vereinsleben bieten, verhältnismäßig leicht darüber hinwegtrösten können. Anders einer, der speziell in seiner beruflichen Stellung und Arbeit sein Sozialprestige und den Beweis seiner Tüchtigkeit (Kompetenz) erstrebt. Ihm kann das Privatleben, zumal die Familie, zwar wichtige andere Erfahrungen wie Kontakt und Zärtlichkeit verschaffen, nicht aber das, was er allein vom Beruf erwartet.

Die meisten, die intrinsisch motiviert sind und sich stark mit ihrem Beruf identifizieren, wollen beides: Erfolg im Beruf *und* Erfolg im Privatleben. Sie sind sozusagen mit ihrem Ehepartner *und* mit ihrer Arbeit verheiratet. Darum kann auch ein problemfreies Privatleben ihre berufliche Frustration oder Überforderung nicht ausgleichen; es wird im Gegenteil von der beruflichen Frustration noch beeinträchtigt. Der Mißerfolg geht mit ihnen nach Hause und bedrückt sie u. U. so sehr, daß sie nicht mehr gelöst mit dem Ehepartner, den Kindern oder Vereinsfreunden sprechen oder Spaß an ihren Hobbys haben können. Es kommt nicht zu einer Kompensation, sondern zu einem *»Überlauf«*. Je mehr jemand Lebenszufriedenheit durch Arbeitszufriedenheit sucht, desto eher ist er auch durch berufliche Enttäuschungen verletzbar. Bleibt er auf seine beruflichen Erfolgsansprüche fixiert und ist er psychisch labil, so flieht er vielleicht auch in den Alkohol- oder Drogenrausch, um seinen Schmerz zu betäuben.

6. Ehe und Familie: Ist geteilte Freude doppelte Freude?

Heiraten und eine Familie gründen zu können bedeutet für die überwiegende Mehrheit der Bevölkerung offensichtlich eine sehr positive, erstrebenswerte Lebensform. Denn obwohl in den Jahren nach 1960 die Zahl der Ehescheidungen und die Neigung zu nichtehelichen Lebensgemeinschaften zugenommen haben, waren von den in der BRD wohnenden Personen über 30 Jahren Anfang 1984 nur 11 Prozent ledig, während 89 Prozent verheiratet, verwitwet oder geschieden waren, die Ehe also einmal als Weg zum Glück gewählt haben.

Die Zeiten, die als die »guten alten« gelten, waren für den Willen zur Ehe weniger gut. In den Jahrhunderten vor der Industrialisierung war ein Großteil der Bevölkerung durch Heiratsbeschränkungen, die für alle galten, die nicht die Ernährung einer Familie gewährleisten konnten, und über die die Berufsverbände, Grundherren und Magistrate wachten, zur Ehelosigkeit gezwungen. Noch 1828 wurde die 21 Jahre zuvor eingeführte Verehelichungsfreiheit im Königreich Württemberg wieder abgeschafft und bestimmt, daß man für die Heiratserlaubnis einen »genügenden Nahrungsstand« nachzuweisen habe. Ähnliche Beschränkungen gab es in vielen anderen Gebieten.

Von der Bevölkerung des Deutschen Reiches waren im Jahre 1880 insgesamt – das heißt Männer und Frauen jeglichen Alters, auch Kinder mitgerechnet – 60 Prozent ledig und nur 40 Prozent verheiratet, verwitwet oder geschieden. 100 Jahre später hatte sich das Verhältnis gerade umgekehrt. 1980 waren von der Wohnbevölkerung der BRD insgesamt 39,5 Prozent ledig und 60,5 Prozent verheiratet, verwitwet oder geschieden. Erst der »Wohlstand für alle« und familienpolitische Maßnahmen wie Ehestandsdarlehen, Steuererleichterungen und Kindergeld haben die wirtschaftlichen Grundlagen dafür geschaffen, daß Ehe und Familie von einem Privileg der Besitzenden und Gutverdienenden zu einer Chance für alle Erwerbstätigen werden konnten. Ehe und Familie sind die verbreitetsten Formen sozialer Gruppe. Was bedeuteten sie in den letzten Jahren für das psychische Wohlbefinden, soweit dieses sozialwissenschaftlich erfaßt werden kann?

a) Verheiratet sein

Verheiratet sein geht nach der für die US-Bevölkerung zwischen 20 und 60 Jahren weitgehend repräsentativen Untersuchung von N. M. Bradburn (1969) in ausgeprägter Weise mit seelischem Wohlbefinden einher, während dieses bei Nicht-Verheirateten deutlich weniger verbreitet ist. Besonders augenfällig ist dieses Verhältnis bei der Glücksfrage.

	»Sehr glücklich«		»Ziemlich glücklich«		»Nicht allzu glücklich«	
	Frauen	Männer	Frauen	Männer	Frauen	Männer
Verheiratete	38 %	35 %	55 %	56 %	7 %	9 %
Nieverheiratete	18 %	18 %	68 %	63 %	14 %	19 %
Getrennte	12 %	7 %	45 %	55 %	44 %	38 %
Geschiedene	11 %	12 %	66 %	53 %	23 %	35 %
Verwitwete	14 %	7 %	54 %	56 %	32 %	37 %

Von den Nieverheirateten bezeichneten sich doppelt so viele wie von den Verheirateten als »nicht allzu glücklich« – Männer häufiger als Frauen. Ähnliche Zahlen fand A. Campbell (1981) in seinen Untersuchungen aus den 70er Jahren. Am wenigsten Glück und Wohlbefinden (im Sinne der Affekt-Balance-Skala) äußerten bei Bradburn die Personen, die einmal verheiratet waren, aber nunmehr getrennt, geschieden oder verwitwet leben.

Nach N. Bradburn wie auch nach N. D. Glenn/C. N. Weaver (1981a) gibt es allerdings je nach der Ehezufriedenheit große Unterschiede im berichteten Glücksbefinden. Während sich die in ihrer Ehe »sehr Glücklichen« im Vergleich zu anderen mehr als doppelt so häufig auch allgemein als »sehr glücklich« einstufen, bezeichnen sich die in ihrer Ehe »nicht allzu Glücklichen« wesentlich seltener so als die Nieverheirateten, Geschiedenen oder Verwitweten.

Daß sich Verheiratete häufiger als Singles als allgemein glücklich und zufrieden bekennen, wird auch von den nicht voll repräsentativen Befragungen von M. Abramson u. a. (1981), J. L. Freedman (1978) und G. Knupfer u. a. (1966) bestätigt. Letztere zeigt auch, ergänzend zu Bradburn, daß unverheiratete Männer häufiger als ledige Frauen an Ängsten, Depressionen, aggressiven, antisozialen Regungen und ähnlichen Zeichen seelischen Übelbefindens leiden. Nach A. Campbell (1981) haben ledige Männer über 30 Jahren seltener als unverheiratete Frauen dieses Alters und seltener als andere Gruppen das Bewußtsein, ihr Leben selbst gestalten zu können.

Dieser statistische Durchschnittstrend verdeckt naturgemäß die Vielfalt der Einzelsituationen. Im Einzelfall gehört zu den Unverheirateten ebensogut der ganz für seine Kunst lebende Schauspieler, der einer Frau die Unruhe und Unsicherheit seines Berufs nicht zumuten will, wie auch der alkoholkranke, kontaktschwache Stadtstreicher, die von einem sozial-karitativen Ideal erfüllte Diakonisse oder Ordensschwester ebenso wie die heiratswillige Frau, die an ihrer Schüchternheit gescheitert ist, oder der Single, der nicht heiraten will. Auch der angehende Lehrer, dessen Ausbildung sich infolge eines Studienwechsels verzögert und der erst nach Eintritt ins Berufsleben heiraten will, wird hier mitgezählt. Sicher sind nicht alle Unverheirateten unglücklich; aber warum sind sie es häufiger als Verheiratete? Warum ist die verbreitete Vorstellung vom unbeschwert glücklichen Junggesellen (beiderlei Geschlechts) und das auf Shakespeares »Romeo und Julia« zurückgehende Wort vom »Ehestand – Wehestand« nach den Statistiken falsch?

Um dies zu erklären, wird man sowohl selektive als auch reaktive Umstände in Rechnung stellen müssen. Ein *selektiver* Umstand: Manche Unverheiratete, zumal wenn sie das normale Heiratsalter überschritten haben, sind wohl nicht deshalb »nicht allzu glücklich«,

weil sie nicht heiraten, sondern heiraten nicht, weil sie derart unglücklich und psychisch beeinträchtigt sind, daß sie eine Ehe entweder gar
nicht anstreben oder, wenn sie es versuchen, wenig Chancen haben.
So berichten nach G. Knupfer u. a. (1966) alleinstehende Männer
häufiger als andere Gruppen von Problemen in ihrer Kindheit. Nach
D. Ladewig u. a. (1975) sind psychiatrische Patienten häufiger als
gesunde Personen ledig oder geschieden. In ihrer Stichprobe waren
die Depressiven nur zu 50 Prozent, die Drogenabhängigen und Alko-
holiker nur zu 42 Prozent verheiratet. Die Scheidungsrate war bei
diesen drei Untergruppen dreimal so hoch wie bei einer Kontrollgrup-
pe von Gesunden.

Ein *reaktiver* Umstand, der den selektiven oft verstärken wird: Wer
unverheiratet bleibt, wird – besonders wenn er auch sonst wenig
Kontakte aufnimmt und oft niedergeschlagen, aggressiv und von
Minderwertigkeitsgefühlen geplagt ist – vermutlich leichter für Miß-
stimmungen anfällig und schwerer davon zu befreien sein als jemand,
der von seinem Ehepartner abgelenkt, durch Zuwendung und Gespräch unterstützt und durch den heilsamen Druck von Erwartungen
davor bewahrt wird, in Phasen der Unlust Konflikte mit anderen zu
schaffen. Eine halbwegs intakte Ehe wirkt immer auch emotional
stabilisierend. Ledige Frauen scheinen diese Stabilisierung leichter in
engeren Beziehungen zu Verwandten und Bekannten zu finden,
während ihre männlichen Kollegen eher isoliert bleiben. Dazu trägt
vielleicht auch der Umstand bei, daß die Gesellschaft bei Frauen
Ledigsein leichter akzeptiert und sie weniger »schneidet«, als sie es bei
Männern tut.

Natürlich entscheidet nicht das Verheiratetsein als solches, sondern
dessen Qualität über das psychische Wohlbefinden der Verheirateten.
So sicher eine intakte Ehe das allgemeine Glück fördern kann, so sehr
kann es eine nicht intakte Ehe in Frage stellen.

b) Mit seiner Ehe zufrieden sein
Bei Männern und Frauen aller sozioökonomischen Schichten sind
Ehezufriedenheit und allgemeines psychisches Wohlbefinden eng
miteinander verbunden. Ein ähnlicher, enger Zusammenhang besteht
zwischen der Zufriedenheit mit dem Familienleben und der allgemeinen Lebenszufriedenheit. Das belegen übereinstimmend mehrere für
die USA voll oder annähernd repräsentative Untersuchungen der 60er
und 70er Jahre.

Nach N. M. Bradburn (1969) fühlten sich die Männer, die ihre Ehe als »sehr glücklich« bezeichneten – je nach Umfrage und sozioökonomischer Schicht –, zu 42–54 Prozent und die Frauen zu 43–64 Prozent auch allgemein »sehr glücklich«. Indes bekannte sich von den Verheirateten, die ihre Ehe als »nicht allzu glücklich« einstuften, praktisch niemand (bei Bradburn) oder höchstens 4 Prozent (bei N. D. Glenn/ C. N. Weaver 1981a) als allgemein »sehr glücklich«. *Nichts scheint für das allgemeine Glück wichtiger zu sein als das Eheglück:* Nichts sonst kann es so sicher fördern, aber auch nichts es so wirksam beeinträchtigen.

Nach A. Campbell (1981) ist bei Personen, die sich mit ihrer Ehe (und Familie) zufrieden erklären, die Wahrscheinlichkeit, daß sie auch mit ihrem Leben insgesamt zufrieden sind, größer als bei Befragten, die nur Zufriedenheit mit ihrem Einkommen, ihren Freundschaftsbeziehungen, ihrer Arbeit, Wohnung, Gesundheit oder Gemeinde äußern (siehe Tabelle S. 131). Auch N. D. Glenn/C. N. Weaver (1981a) fanden bei ihrer Analyse von Repräsentativ-Umfragen der Jahre 1973–1978, daß bei vollzeitlich berufstätigen und verheirateten Personen (Weißen) in den USA das Eheglück die stärkste (und die Zufriedenheit mit dem Familienleben die zweitstärkste) Beziehung zum allgemeinen Glücklichsein hat. Bei diesem Personenkreis kann die Tatsache »Glückliche Ehe« für sich allein mehr Streuung (Varianz) von Glücksbefinden erklären als die Zufriedenheit mit dem Familienleben, den Freundschaftsbeziehungen, der Gesundheit, den Freizeitaktivitäten, der Gemeinde, der finanziellen Situation und der Arbeit zusammengenommen.

Kein Wunder, daß sich von den Verheirateten (insgesamt, ohne Einschränkung auf die Berufstätigen), die ihre Ehe als »nicht allzu glücklich« bezeichnen, nur 4 Prozent allgemein »sehr glücklich« nennen, während dies bei den verheirateten und vollzeitlich Berufstätigen, die mit ihrer Berufsarbeit »sehr unzufrieden« sind, mehr als fünfmal soviel (22 Prozent) von sich sagen. Glück in der Ehe kann tendenziell das allgemeine Wohlbefinden häufiger gewährleisten als Arbeitszufriedenheit (oder andere Bereichszufriedenheiten); Eheschwierigkeiten können es aber auch empfindlicher treffen als Unzufriedenheit mit der Arbeit (Einkommen, Wohnung usw.). Für die berufstätige Bevölkerung der 70er Jahre hing das persönliche Glück offensichtlich in hohem Maß vom Eheglück ab.

Wenn dabei in den Jahren 1976–1978 in den USA und in der BRD mehr Verheiratete ihre Ehe als glücklich bewerteten als 1957 (J.

Veroff u. a. 1981, 29; E. Noelle-Neumann/E. Piel 1983), so geschah dies wahrscheinlich nicht trotz, sondern wegen der in diesem Zeitabschnitt zu beobachtenden Zunahme der Ehescheidungen. Denn wenn seit Beginn der 70er Jahre Ehen, die die Partner als unglücklich empfinden, immer weniger aufrechterhalten und immer leichter geschieden werden, müssen statistisch unter den Ehen, die bestehen, mehr glückliche sein. Die Scheidungsrate ist aber wohl nicht nur darum gestiegen, weil eine Scheidung wirtschaftlich, rechtlich und vom Sozialprestige her leichter möglich wurde, sondern auch deshalb, weil man das persönliche Glück so stark vom Gelingen der Ehe abhängig sah und sieht.

c) Verheiratet sein und Kinder haben

Wie wirkt sich die Anwesenheit von Kindern auf das psychische Wohlbefinden ihrer Eltern aus? Die wenigen Untersuchungen, die darüber Aufschluß geben, gingen von sehr unterschiedlichen Fragestellungen aus und lassen sich nicht auf einen Nenner bringen. Eine für die 20- bis 75jährigen Erwachsenen in der BRD repräsentative Studie von 1963, die nur nach der Ehezufriedenheit fragte, ergab, daß die Ehezufriedenheit beider Gatten in Ehen mit ein bis zwei Kindern am stärksten und häufigsten ist – ausgeprägter als bei kinderlosen Paaren. Allerdings zeigten Ehefrauen, die drei und mehr Kinder haben, tendenziell weniger Ehezufriedenheit (auch weniger als kinderlose), während eine größere Kinderschar das Eheglück der Väter nicht zu beeinträchtigen schien (W. Schwarzenauer 1980).

Bei einer Analyse von Antworten, die zwischen 1973 und 1978 in den USA erhoben wurden, zeigten Eheleute mit Kindern durchgehend seltener als kinderlose Ehezufriedenheit; allerdings war das Minus geringfügig. Trotzdem ist zu fragen, ob sich in den USA und inzwischen auch in der BRD, die 1983 die niedrigste Geburtenrate der Welt hatte, eine individualistische und hedonistische Einstellung verbreitet hat, die Kinder als Beeinträchtigung des Eheglücks empfindet. Oder ist der beobachtete glücksmindernde Einfluß von Kindern indirekt und damit zu erklären, daß Kinder die psychologischen und finanziellen Kosten einer Scheidung erhöhen, so daß unglückliche Ehen der Kinder wegen aufrechterhalten werden und statistisch ein gewisses Glücksdefizit verursachen?

A. Campbell (1981), der nicht nur nach der Ehe-, sondern auch nach der allgemeinen Lebenszufriedenheit und Affekt-Balance fragte, die Ehepaare aber (leider) nicht nach ihrer Kinderzahl, sondern nur nach ihrem Lebenszyklus (unter 30 Jahren und mit einem Vorschulkind, mit einem Schulkind, mit einem jüngsten Kind über 17 Jahren) unterschied, betont vor allem die Belastungen, die »psychologischen Kosten«, die Paare unter 30 Jahren mit Kindern im Vorschulalter bei aller Freude an ihnen zu tragen haben. Mütter und Väter unter 30 Jahren fühlen sich in der Phase, wo sie ein Vorschulkind aufziehen (neben dem sie u. U. noch ältere Kinder haben) stärker beansprucht als Paare, die in einer anderen Periode des Familien-Lebenszyklus stehen, das heißt nur schulpflichtige Kinder oder Kinder über 17 Jahren haben.

Sie zeigen sich auch etwas seltener mit ihrer Ehe zufrieden als kinderlose Paare gleichen Alters, während Lebenszufriedenheit bei ihnen ebenso verbreitet ist wie bei anderen. Belastend scheinen folgende Umstände zu wirken, und zwar für die Mütter mehr als für die Väter: Einschränkung der freien Zeit für sich und die Partnerbeziehung, Komplikation des ehelichen Anpassungsprozesses, Verantwortung für das noch unselbständige Kind, die in der modernen Kernfamilie praktisch ganz den Eltern aufgebürdet ist, enge Wohnung, die gleichzeitige Sorge um den beruflichen Aufstieg und offensichtlich auch finanzielle Schwierigkeiten – verständlich, da in dieser Zeit viele Frauen keinen Arbeitslohn heimbringen und die Väter noch nicht so viel verdienen wie später und in den USA nur wenig Kindergeld erhalten. Eine deutliche Entlastung zeigt sich bei den Eltern mit Kindern zwischen 6 und 17 Jahren. Sie erklären nach A. Campbell etwas häufiger, daß sie nicht gestreßt sind, an ihren Kindern immer Freude haben und mit ihrem Leben zufrieden sind.

Elternfreuden ohne Elternsorgen äußern – tendenziell – am häufigsten Ehepaare, deren jüngstes Kind über 17 Jahre alt und oft schon finanziell unabhängig und aus der elterlichen Wohnung weggezogen ist. Weit davon entfernt, sich über das »leere Nest« zu beklagen, erklären sie nun noch häufiger als Eltern mit 6- bis 17jährigen Kindern, daß sie an ihren Kindern immer Freude hatten und die elterliche Verantwortung nie los sein wollten. Häufiger als Verheiratete jeder früheren Lebenszyklusperiode erklären sie sich auch mit ihrer Ehe zufrieden.

Die Fragen nach Eheglück, allgemeinem Glück und Affekt-Balance sind möglicherweise zu lust- und augenblicksbezogen, die nach der Lebenszufriedenheit vielleicht zu anspruchsbezogen, um jene Elternerfahrungen, die trotz Belastungen Erfüllungen sind, zu erfassen. Jedenfalls scheint die Frage, ob Kinder für sie eine sinngebende

Aufgabe, einen *Lebenssinn* bedeuten, eine Erfahrung zu beschreiben, die viele als »sich lohnend« empfinden, auch wenn sie nicht immer beglückt, sondern mit Belastungen verbunden ist. Bei der Allensbach-Frage »Man fragt sich ja manchmal, wofür man lebt, was der Sinn des Lebens ist. Worin sehen Sie vor allem den Sinn Ihres Lebens?« bevorzugten zwar von den 16- bis 29jährigen (also großenteils noch unverheirateten und kinderlosen) die meisten, nämlich 70 Prozent, die eher lust- und selbstbezogene Antwort: »Daß ich glücklich bin und viel Freude habe.« Doch nannten von den 30- bis 69jährigen (die Ledigen und Kinderlosen inbegriffen) mehr als 70 Prozent (bei Mehrfachnennungen) als sinngebendes Ziel: »Daß meine Familie versorgt ist« bzw. *»Daß es meine Kinder gut haben«* (FAZ, 16. 7. 1981).

Kinder als Sinnerfüllung – das bedeutet wahrscheinlich ein gelegentlich auch anstrengendes Wirksamseinkönnen für einen geliebten Menschen, der die damit verbundene Mühe »verdient«, der »es wert ist«, so daß die »Kosten« aufgewogen werden. Es bedeutet also eine Befriedigung der Wirksamkeitsmotivation und gleichzeitig des Verlangens, menschliche Zuwendung zu schenken und zu empfangen. Oder logotherapeutisch gesprochen: Sinnorientierung durch schöpferische und Erlebniswerte.

Dies drückt sich in spontanen Äußerungen wie den folgenden aus: Man wollte ein Kind haben, »um zu wissen, wofür man lebt«, oder »weil ich es toll fände, ihm auf dem Weg zu einem selbständigen Erwachsenen zu helfen« oder um »irgendwen zum Kuscheln und Schmusen zu haben« (O. Mittag/A. Jagenow 1984). Oder auch in der Antwort einer Frau auf die Interviewfrage, was es für sie bedeute, eine Familie, Kinder zu haben. »Das Leben ist viel schöner, wenn man weiß, daß jemand einen braucht. Wenn man alleine lebt und in den Tag hinein lebt, dann hat man nichts davon, dann sieht man nichts nach zehn Jahren. Bei der Familie weiß man, was man vollbracht hat. Man weiß dann, wofür man gelebt hat« (K. Wahl u. a. 1980, 35).

Mit der eben dargelegten Bedeutung von Elternschaft als Lebenssinn ist sicher in einem wichtigen Punkt erklärt, inwiefern diese zum psychischen Wohlbefinden beitragen kann. Eine genauere Untersuchung müßte freilich ein breiteres Spektrum von Faktoren in Betracht ziehen. Gesellschaftliche Faktoren wie die wirtschaftliche Situation der Familie im jeweiligen Staat, die Wohnverhältnisse und die gesellschaftliche Hoch- bzw. Geringschätzung von Elternschaft in bestimmten Bevölkerungsgruppen. (Gilt der Kinderlose als Versager oder umgekehrt der Kinderreiche als dummer Weichling?) Persönliche Faktoren wie körperlich-seelische Belastbarkeit, die erwarteten Auswirkungen auf die Partnerbeziehung (ein Kind als Klammer oder als Keil?) und vor allem die Vielfalt möglicher Motive und Motivkonstellationen mit ihrem biographischen Hintergrund (L. R. Beach u. a. 1977; O. Mittag/A. Jagenow 1984). Doch all das ist noch wenig erforscht.

Etwas mehr weiß man über die Voraussetzungen für Ehezufriedenheit, so daß über ihren Beitrag zur Lebenszufriedenheit auf fundierte Weise nachgedacht werden kann.

Was Ehe- und Lebenszufriedenheit zugleich fördert

Eheglück ist offensichtlich ein Schlüssel zum Lebensglück. Es trägt, wie oben belegt wurde, weitgehend unabhängig von den Situationsfaktoren Einkommens-, Wohnungs- oder Arbeitszufriedenheit und wesentlich stärker als diese zur allgemeinen Lebenszufriedenheit bei.

Auch wenn heute vielleicht viele dazu neigen, die Ehe als Nische privaten Glücks, in der man Entschädigung für alle in Arbeit und Gesellschaft erlittenen sozialemotionalen Entbehrungen finden muß, zu überfordern, und wenn der Mensch nach wie vor auch außerhalb von Ehe und Familie befriedigende Beziehungen braucht, dürfte der Trend zur glücksorientierten Intimgruppe Ehe im ganzen eine äußerst wichtige Chance für Positiverfahrungen darstellen. Die sozialpsychologische Forschung, die Schule und die Erwachsenenbildung (Ehevorbereitung und -begleitung) müßten dieser Chance noch viel mehr Aufmerksamkeit widmen als bisher. Unter welchen Bedingungen entwickelt sich eine harmonische Ehe, und wodurch wird sie zu einer erstrangigen Chance für Lebenszufriedenheit und Glück?

Faktoren der Ehezufriedenheit wurden seit den bahnbrechenden Arbeiten von L. M. Terman (1938) in zahlreichen, allerdings verschieden angelegten Studien erforscht. Leider fehlen Längsschnittuntersuchungen, die über Entwicklungsmuster in Ehen Aufschluß geben könnten. Natürlich können statistische Beobachtungen immer nur Durchschnittswerte über Ausgangsbedingungen und Trends ermitteln, denen jedes Ehepaar in der ihm eigenen, einmaligen Entwicklung und Partnerdynamik mehr oder weniger entspricht. Die folgende Überlegung knüpft an die Ergebnisse einer mündlichen Befragung von etwa 700 repräsentativ ausgewählten Frauen und Männern zwischen 20 und 75 Jahren in der BRD und West-Berlin an (W.

Schwarzenauer 1980), die großenteils mit Resultaten anderer Umfragen übereinstimmen.

Es wurde eine Eheglück-Skala erstellt, auf der die höchstmögliche Punktezahl derjenige erhielt, der meinte, ein Mann oder eine Frau müßten verheiratet sein, um glücklich zu leben, und er/sie würde, erneut vor die Wahl gestellt, den jetzigen Ehepartner noch einmal heiraten, sei mit seiner Ehe sehr zufrieden und insgesamt ein sehr glücklicher Mensch. Eheglück in diesem Sinne wird zwar durch hilfreiche äußere, situative Startbedingungen wie Einverständnis der Eltern, eine vorhandene Wohnungseinrichtung und ausreichendes Einkommen zu Beginn der Ehe begünstigt, doch ist dieser Einfluß vergleichsweise gering. Eine bessere Voraussage von Eheglück erlaubt die Tatsache, daß die Eltern beider Partner auch schon eine harmonische Ehe führten. Sie läßt darauf schließen, daß die in der Kindheit bei den Eltern gelernte Fähigkeit, miteinander ins Gespräch zu kommen und so auch Konflikte zu lösen, für eine befriedigende Partnerschaft sehr wichtig ist.

Tatsächlich ist Ehezufriedenheit dort überdurchschnittlich häufig und ausgeprägt, wo der Partner es gern hat, daß der andere ihm oft von seiner Arbeit erzählt, wo also vermutlich eine große *Fähigkeit zum und ein Interesse am Gespräch und Austausch von Gefühlen* vorhanden ist. Darauf verweist auch, daß die Ehezufriedenheit dort am höchsten ist, wo die Partner einander die beiden Eigenschaften *»Warmherzig, voller Gefühl«* und *»Starkes Einfühlungsvermögen, rücksichtsvoll, kann gut zuhören«* bescheinigen. Diese beim Partner wahrgenommenen Charaktereigenschaften, das heißt Dispositionsfaktoren sind für die Entwicklung einer glücklichen Ehe außerordentlich wichtig. Sie sind noch wichtiger als der Umstand, daß die Partner vor der Ehe längere Zeit miteinander bekannt waren (und darum wohl weniger mit unrealistisch überhöhten Erwartungen oder Ängsten in die Ehe gingen) oder daß sie in ihren Gewohnheiten, Interessen, ihrer körperlich-hormonalen Konstitution (Morgen- oder Abendtyp, Temperament) und Geschmacksrichtung beim Essen große Ähnlichkeit aufweisen, obwohl diese Faktoren die Eheharmonie auch fördern – mehr als die gleiche soziale, landsmannschaftliche oder konfessionelle Herkunft. Dementsprechend nennen Frauen als Eigenschaften des Mannes, die ihr Eheglück besonders stören: »Egoistisch«, »Sehr wechselnd in der Stimmung, man könnte sagen launisch«, »Rechthaberisch, gibt nie nach«. Männer empfinden folgende Eigenschaften der Frau als besonders störend: »Sehr wechselnd in der Stimmung, man könnte sagen launisch«, »Ist leicht beleidigt, empfindlich, nachtragend«, »Etwas willensschwach«.

Die für eine harmonische Partnerentwicklung entscheidenden »Charaktereigenschaften« lassen sich als *Liebes- und Kommunikationsfähigkeit* zusammenfassen. Dies bedeutet: Mitteilenkönnen positiver affektiver Zuwendung (»warmherzig«), verbunden mit Einfühlungsvermögen und Rücksichtnahme (»nicht egoistisch«) und auf der Grundlage von emotionaler Stabilität (»nicht launisch«) und eines gesunden Selbstwertgefühls (nicht »rechthaberisch«, nicht »leicht beleidigt«). Daß emotionale Stabilität und ein Selbstbewußtsein, das gegen Empfindlichkeit, Geltungssucht und Aggressivität wappnet, zur Eheharmonie beitragen, wurde auch von L. M. Terman (1938) und D. Prodöhl (1979) festgestellt. Von hier aus läßt sich verstehen, wodurch eine Ehe, die sich zu einer befriedigenden Harmonie entwickelt, in so hohem Maß zu Lebenszufriedenheit und Sinnerfüllung beitragen kann:

1. Eine harmonische Ehe verhindert Vereinsamung: Man hat jemanden, mit dem man reden und zu dem man nach Hause gehen kann. Das tut gut, auch wenn die Beziehung nicht ideal ist. Es ermöglicht die Erfahrung: »Geteiltes Leid ist halbes Leid – geteilte Freude doppelte Freude«. Nach W. Glatzer/W. Zapf (1984, 153) fühlen sich Verheiratete, die mit ihrer Partnerbeziehung zufrieden sind, am häufigsten glücklich und am seltensten einsam. Doch sind jene, die ihre Partnerbeziehung weniger gut finden, immer noch öfter glücklich und seltener einsam als die Partnerlosen, die mit ihrem Alleinleben zufrieden sind; am meisten Unglück und Einsamkeit äußern freilich die Partnerlosen, die mit ihrem Alleinleben unzufrieden sind.

2. Eine harmonische Ehe fördert die allgemeine emotionale Stabilität (sosehr sie diese in bezug auf die Partnerbeziehung auch voraussetzt): Sie kann Negativerfahrungen ausgleichen, bei Belastungen vor Kurzschlußreaktionen bewahren, das Gefühl des Angenommenseins und der sozialen Sicherheit vermitteln und damit Angst abbauen. Nach W. Schwarzenauer/D. Baur (1976) zeigen Ehefrauen, die ihre Ehe glücklich finden, bei vergleichbarer Streßbelastung (d. h. bei gleicher Zahl der zu versorgenden Personen im Haushalt, bei Fehlen von Verwandten in der Nähe, bei Berufstätigkeit u. ä.) weniger psychische Störungen (nervöse Magen- und Darmbeschwerden, pathologisches Mißtrauen, Neigung zu Depressionen) als Frauen, die ihre Ehe als unglücklich beschreiben. Natürlich ist diese emotionale Stabilität zugleich Folge und Ursache der Eheharmonie: Eine emotional stabile, ichstarke Person kann sowohl besser Streß verarbeiten als auch eher eine harmonische Ehe führen. Da aber die Ehe auch die Persönlichkeit verändert, ist sie wohl auch Ursache der beobachteten Immunisierung gegen psychische Störungen bei Streß, das heißt der besseren Verarbeitung von Belastungen. Diese Chance hat die harmonische Ehe sicher nicht zuletzt aufgrund folgender Wirkung.

3. *Eine harmonische Ehe ermöglicht positive affektive Zuwendung:* Diese Zuwendung führt die Befriedigung sexueller Bedürfnisse über die bloße Erleichterung hinaus und macht sie zur beglückenden Erfüllung. Zu dieser gehört nicht zuletzt auch die *Selbstwertbestätigung*, die man als Mensch und Intimpartner erfährt – während die zweckbestimmten Rollen in Arbeit und Öffentlichkeit nur leistungsabhängige Anerkennung bieten: Gebraucht werden ist gut – geliebt werden ist besser.

Dadurch ist – sofern eine partnerschaftliche Beziehung und nicht eine narzißtische Abhängigkeit oder einengende Bevormundung entsteht – ein Verhältnis möglich, das Vertrauen in sich, in andere und ins Leben schafft. Ein Verhältnis, das erfüllt, weil es gleichermaßen Andernbezogenheit (Selbsttranszendenz) und Identität (Ich-Stärke) begründet. Gerade dadurch kann die harmonische und lebendige Ehe eine eigene zentrale Erfüllung schenken, die durch Arbeitszufriedenheit nicht und durch Freundschaftsbeziehungen nur teilweise ersetzt, kompensiert werden kann.

Viel von dem Gesagten wird in einem Liebes- und Ehegedicht zusammengefaßt, dessen Autorin, Christine Lavant (1915–1973), bis zu ihrem Lebensende von Krankheit und Depressionen bedrängt war, auch die Probleme einer großenteils aus Mitleid geschlossenen Ehe mit einem verarmten Künstler aus eigenem Erleben kannte und gewiß nicht im Verdacht steht, die Ehe zu idyllisch darzustellen.

Seit heute, aber für immer,
weiß ich: Die Erde ist wirklich warm –;
ich gebe der Nessel den Brand zurück
und dem Igel die Stacheln.
Seit heute ist alles mein Schutzpatron
und die ganze Welt eine Weidenwiege,
darin uns der Windstoß zusammenschaukelt
und unsren Atem verknotet.

(Aus: *Der Pfauenschrei.* Gedichte, Salzburg 1982)

Die folgenden *Orientierungsfragen* wollen ein Überdenken anregen, wie es bei einer »normalen« Partnerschaftsentwicklung immer wieder erforderlich ist, ohne Anspruch auf Vollständigkeit und ohne die Absicht, eine Eheberatung oder Familientherapie, falls sie angezeigt sein sollten, zu ersetzen.

1. Was finde ich an der Zeit, die ich mit meinem Partner verbringe, erfreulich?
Was ist für mich unbefriedigend oder sogar störend?

2. Welches Verhalten sollte mein Partner unterlassen bzw. häufiger zeigen? Versuchen Sie, zwei für Sie besonders wichtige Verhaltensweisen zu beschreiben.
Ich würde es als ein Plus betrachten, wenn er
(a) —————————————————————————————
(b) —————————————————————————————
Wie könnte ich ihm diese Wünsche in einer Form mitteilen, die er (vielleicht nach einigem Widerstand) versteht und die ihn nicht mit Vorwürfen belastet? (Könnte ich dadurch zeigen, daß ich ihn nicht für unveränderlich halte und mich nicht verbittert zurückziehe, sondern glaube, daß wieder Bewegung in unsere Beziehung kommen kann? Kann ich so auch verhindern, daß sich in mir Ärger und Enttäuschung stauen, die irgendwann zu verletzenden Explosionen führen oder zumindest den Austausch blockieren und die Distanz vergrößern?)

3. Welche Verhaltensweisen wünscht sich mein Partner u. U. bei mir anders? Welche Wünsche äußert er in letzter Zeit – vielleicht versteckt in Vorschlägen, denen ich bisher keine Aufmerksamkeit schenkte, oder in ironischen, kritischen Bemerkungen? (Wenn mir hierzu nichts einfällt, könnte ich in den folgenden Tagen auf solche Signale achten.) Welche Wünsche des anderen sollte ich erfüllen?

4. Über welche für mich wichtigen Themen können wir zur Zeit nicht sprechen, ohne einen Streit oder Spannungen zu riskieren?

5. Kann ich aktiv zuhören, anstatt nur Monologe und Scheingespräche zu führen? Dem Partner zuhören, seine Aussage noch einmal wiederholen (»Habe ich dich richtig verstanden: Du meinst ...«), seine Gründe zu verstehen suchen und erst dann (nicht schon während er noch spricht) die eigene Stellungnahme überlegen?

6. Was finde ich bei ruhiger Überlegung an meinem Partner anerkennenswert? (Diese Überlegung ist gerade dann fruchtbar, wenn man zunächst meint, man werde gewiß nichts Positives finden.)

Spreche ich solche ehrlich gemeinte Anerkennung genügend oft (mindestens einmal in der Woche) aus – oder reagiere ich nur, wenn ich etwas zu kritisieren habe?

7. Welche guten Eigenschaften meines Partners wiegen die störenden und kaum veränderbaren für mich auf?

8. Wie kann ich den Partner wieder einmal durch eine Geste, die außerhalb unserer eingespielten Pflichten und Gewohnheiten liegt, spüren lassen, daß er mir etwas bedeutet und daß ich seine Anwesenheit nicht für selbstverständlich halte? Ihm einen Behördengang, der ihm unangenehm ist, abnehmen oder eine Arbeit gemeinsam mit ihm tun oder etwas schenken, das ihm Freude macht ...?

9. Haben wir genügend gemeinsame Interessen? Etwas, das uns immer wieder auf natürliche Weise zum Gespräch und zum Tun zusammenführen und uns innerlich verbinden kann: ein Hobby, das uns beiden Spaß macht, oder eine Tätigkeit im sportlichen, politischen, kirchlich-karitativen oder im Vereinsbereich?

Dispositionsfaktoren psychischen Wohlbefindens: Inwiefern ist man »seines Glückes Schmied« beziehungsweise »selbst das Problem«?

Die Ergebnisse der Lebensqualitätsforschung, die in den vorangegangenen Abschnitten berichtet wurden, ergeben folgendes Bild. Die Situationsfaktoren (Sozial-Indikatoren), die man gemeinhin für besonders wichtig hält, nämlich Einkommen, Wohnung, Bildung, politische Zufriedenheit, Arbeit sowie Ehe und Familie stehen durchschnittlich in einem *ziemlich schwachen Zusammenhang mit dem psychischen Wohlbefinden*. Wie im einzelnen ausgeführt wurde, liegt ihre Bedeutung wohl vor allem darin, daß sie die Rahmenbedingungen schaffen, unter denen sich Negativerfahrungen vermeiden und Positiverfahrungen gewinnen lassen.

Der Erfolg, mit dem der einzelne diese objektiven Rahmenbedingungen für sein Streben nach Glück (»poursuit of happiness«) nutzt, hängt aber offensichtlich in hohem Maße auch von anderen als den genannten Faktoren ab. Denn die *Zufriedenheit mit den erwähnten Einzelbereichen* variiert zwar deutlich nach Bevölkerungsgruppen mit verschiedenen gesellschaftlichen Bedingungen; die *Zufriedenheit mit dem Leben im ganzen* tut dies jedoch erstaunlich wenig. Allgemeine Lebenszufriedenheit ist, alles in allem, weder ein Vorrecht der Großverdiener noch der Hochgebildeten, noch der Verheirateten.

Was den Menschen in der Mitte und was ihn am Rande berührt
Indes sind die Beziehungen der untersuchten Bereichszufriedenheiten zur Gesamtzufriedenheit weder gleich noch beliebig. Während diese Unterschiede in früheren Untersuchungen wie etwa der von N. M. Bradburn (1969) noch nicht beachtet wurden, haben ihnen später Forscher wie F. M. Andrews/S. B. Withey (1974; 1976), A. Campbell u. a. (1976) und D. L. Rhoads/J. S. Raymond (1981), N. D. Glenn/C. N. Weaver (1981a) und W. Glatzer/W. Zapf (1984) mehr Aufmerksamkeit geschenkt. A. Campbell (1981) hat auch den Dispositionsfaktor »Zufriedenheit mit sich selbst« (verstanden als Kontrollbewußtsein, d. h. als Gefühl, sein Leben selbst gestalten zu können, und als Zufriedenheit mit sich als Person) in seine Befragung von 1978 einbezogen und die untersuchten 15 Bereichszufriedenheiten nach ihrem Zusammenhang mit der Lebenszufriedenheit geordnet. Dabei ergab sich (nach den Koeffizienten der Produkt-Moment-Korrelation) folgende Rangfolge:

Zufriedenheit mit	Beziehung zur Lebenszufriedenheit
Sich selbst	.55
Lebensstandard	.48
Familienleben	.45
Ehe	.42
Einkommen (der Familie)	.40
Freundschaftsbeziehungen	.39
Ersparnissen	.38
Berufstätigkeit	.37
Haushaltsarbeit	.33
Leben in den USA	.30
Wohnung	.30
Nachbarschaft	.29
Gesundheit	.29
Gemeinde	.29
Bildung	.26

Die deutsche Umfrage von W. Glatzer/W. Zapf (1984, 235), die allerdings nicht nach der Zufriedenheit mit sich selbst fragte, zeigt ein ähnliches Bild. Bei Befragten, die erwerbstätig sind und mit einem Ehepartner oder Lebensgefährten zusammenleben, steht die Zufriedenheit mit Lebensstandard, Ehe/Partnerschaft, Haushaltseinkommen, Beruf und Gesundheit in dieser Reihenfolge mit allgemeiner Lebenszufriedenheit in Beziehung; demgegenüber ist die Zufriedenheit mit Ausbildung, Wohnung, Demokratie und sozialer Sicherung wesentlich schwächer mit Lebenszufriedenheit verknüpft. Bei den 18- bis 40jährigen ist die Ehezufriedenheit sogar der Faktor, der am stärksten Lebenszufriedenheit voraussagt.

Die beiden angeführten Stufenleitern lassen auf eine gewisse »Strukturierung des Lebensraumes« (F. M. Andrews/S. B. Withey 1974) schließen, wie sie auch die Daten und Analysen anderer Forscher mit einigen kleineren Abweichungen bestätigen. Sie besteht, aufs Ganze gesehen, in einem Gefälle von persönlichen und zentralen zu mehr unpersönlichen und eher peripheren Erfahrungsfeldern, wobei der Zufriedenheit mit dem Lebensstandard allerdings eine unübersehbar große Bedeutung zukommt. Am wichtigsten für die Lebenszufriedenheit (LZ in dem untenstehenden konzentrischen Modell) scheint die Zufriedenheit mit sich selbst zu sein. Ebenfalls als wichtig erweist sich die Zufriedenheit mit dem Lebensstandard, dicht gefolgt von der Zufriedenheit mit den zwischenmenschlichen Beziehungen in Ehe und Familie, während die Zufriedenheit mit Einkommen und Arbeit bereits weniger zufriedenheitsbedeutsam erscheint und die Zufriedenheit mit Staat, Gemeinde und Bildung die Lebenszufriedenheit nur am Rande berührt. (Zur Besonderheit des ohne Zweifel persönlichen Faktors »Gesundheit« siehe S. 138 ff.)

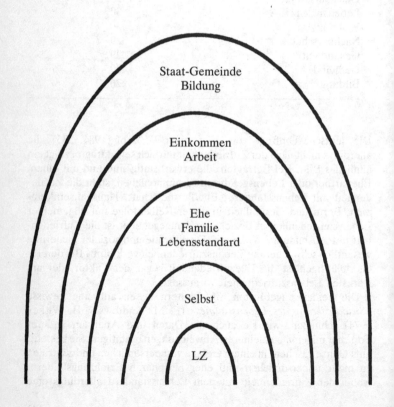

Staat-Gemeinde
Bildung

Einkommen
Arbeit

Ehe
Familie
Lebensstandard

Selbst

LZ

Gibt es eine Lebenszufriedenheitskompetenz, ein »Talent zum Glück«?

Wenn der Lebensraum der meisten Menschen im Hinblick auf die Glückschancen in der hier beschriebenen Weise strukturiert ist, so deshalb, weil bei denen, die in ihm ihr Glück versuchen, die Bedürfnisse, Motive und Werte strukturiert sind. Lebenszufriedenheit ist eine Gesamtbilanz, die sich nicht aus einzelnen Befriedigungen addiert und bei der diese Einzelbefriedigungen auch nicht mechanisch austauschbar (kompensierbar) sind. Lebenszufriedenheit beruht einerseits auf einem Feld von günstigen Situationen und andererseits auf einer *individuell strukturierten Wertorientierung,* mit der der einzelne günstige Situationen sucht, schafft und nutzt.

Bei allen oben untersuchten Situationsfaktoren hat sich gezeigt: Zu einem Wohlbefinden, das nicht bloß Erleichterung, sondern Erfüllung beinhaltet, können sie nur in dem Maße beitragen, als höhere Motive – nämlich Selbstwertstreben, Zuwendung, Neugier und Wirksamseinwollen (Kompetenz) – entwickelt sind und befriedigt werden. Wem Freude am Bewirken, Können und Entdecken nichts bedeutet, der wird in der Arbeit nur eine wirtschaftliche Notwendigkeit, aber keine Quelle der Lebenszufriedenheit finden; und wer wenig Verlangen nach positiver affektiver Zuwendung hat, wird Ehe und Familie kaum als Weg zum Glück erleben können.

Die Möglichkeit, Glück, Lebenszufriedenheit und Sinn zu erfahren, muß wesentlich auf einem »Talent zum Glück« (wie der Dichter Novalis sagen würde), auf einer *Lebenszufriedenheitskompetenz* beruhen. Sie besteht in einer *je persönlichen Kombination von komplexen Reaktionsmustern* (S. 150ff.), *das heißt von Dispositionsfaktoren, und besagt sowohl Bereitschaft als auch Fähigkeit zu Positiverfahrungen; Bereitschaft* im Sinne von Motiviert-, Ansprechbar- und Sensibelsein, und zwar mit einem Gefüge von verhältnismäßig stabilen und in einem Wertsystem geordneten Einstellungen zu Personen und Zielen; *Fähigkeit* verstanden als Erlebnis-, Denk- und Verhaltensmuster, die (als Strategien) ein Verarbeiten, Gewinnen (»Maximieren«) und Erhalten von Positiverfahrungen ermöglichen.

Diese Lebenszufriedenheitskompetenz entwickelt sich vermutlich in einem komplexen Lernprozeß, der in einem Wechselspiel von Fremd- und Selbstsozialisation besteht. Von seiten der Umgebung, *als Fremdsozialisation*, wirken die Reaktionsmuster, Wertsysteme und Lebenschancen der Ursprungsfamilie, anderer Bezugsgruppen, einzelner Bezugspersonen und der Gesamtgesellschaft – und zwar durch

Vorbild, Belohnung/Bestrafung, Erfolg/Mißerfolg, Erwartungsdruck und verbale Beeinflussung. Dabei ist so gut wie unbekannt, von welchen historischen, ideellen, ökonomischen oder generationsbedingten Faktoren das Wertsystem der Gesellschaft bestimmt und verändert wird. Von seiten des einzelnen, *als Selbstsozialisation,* werden die genannten Einflüsse durch eigenes Erleben, Reflektieren, Erproben und Sichidentifizieren bzw. Sichdistanzieren individuell aufgenommen und zu einer persönlichen Kombination von Reaktionsmustern mit einem persönlichen Wertsystem verarbeitet.

Situations- und Dispositionsfaktoren in Wechselwirkung

Daß Lebensqualität stark von Dispositionsfaktoren abhängt, daß diese die Ausprägung und Verteilung (Varianz) von Wohlbefinden zu einem wesentlichen Teil erklären, hat auch die sozialwissenschaftlich ausgerichtete Forschung mehr und mehr erkannt. Sie begann nicht nur neben objektiven Bedingungen wie Einkommenshöhe auch deren subjektive Wahrnehmung, also beispielsweise Einkommenszufriedenheit zu untersuchen, sondern fragte schließlich auch nach *»persönlichen Ressourcen und Kompetenzen«* (A. Campbell u. a. 1976). Es lag in der Logik dieser Wende zum Subjektiven und Psychologischen, daß A. Campbell (1981) auch die Frage nach psychischen Belastungen und nach der Zufriedenheit mit sich selbst in seine Studie einbezog.

Das Studium von Positiverfahrungen könnte sicher neue Impulse erhalten, wenn man in Zukunft Ansätze der Lebensqualitäts- und der *mental health*-Forschung, der Sozial- und der Persönlichkeitspsychologie durchgehend integrieren und deren Vertreter zur Zusammenarbeit veranlassen könnte.

In welchem Maß wird psychisches Wohlbefinden von Situationsfaktoren bestimmt, und inwiefern ist man »seines Glückes Schmied« beziehungsweise »selbst das Problem« (wie ein strafgefangenes Mädchen einmal sagte)? Diese Frage wird immer eine Grundspannung bilden, wird die Hypothesen immer in zwei Richtungen lenken. Es wäre jedoch schädlich und überflüssig, wenn sich die, die ihr nachgehen, in Gesellschaftsgläubige und Persönlichkeitsgläubige spalten würden – wie so oft in der Vergangenheit. Angemessener als ein solches Entweder-Oder-Denken ist eine integrative Betrachtungsweise, die die drei Größen in einer *Wechselwirkung von unterschiedlicher Stärke* sieht. (Das nebenstehende Modell versinnbildlicht den schwächeren Einfluß durch eine unterbrochene Linie.)

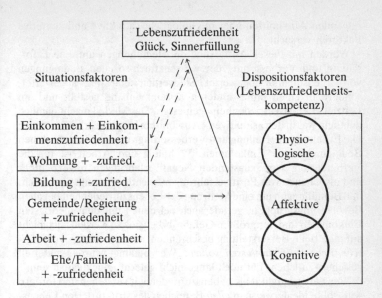

Diesem Modell zufolge wird die allgemeine Lebenszufriedenheit wesentlich von der persönlichen Bereitschaft und Fähigkeit zu Positiverfahrungen, also Dispositionsfaktoren, aber auch von Situationsfaktoren bestimmt. Dabei ist der Einfluß von seiten der Dispositionsfaktoren stark und direkt, der von seiten der Situationsfaktoren (die immer als objektive und als subjektiv wahrgenommene Bedingungen zu sehen sind) schwach und indirekt. Sie »wirken« als Befriedigungschancen, die wesentlich nach Maßgabe der persönlichen Voraussetzungen zur Gewinnung von Bereichszufriedenheit(en) und von Lebenszufriedenheit genutzt werden. Die allgemeine Lebenszufriedenheit kann in beschränktem Ausmaß auch die Bereichszufriedenheit(en) beeinflussen (S. 153 ff.). Die situativen Bedingungen wirken auch auf die Dispositionen zurück: Sie lassen diese verkümmern (obwohl Not auch bestimmte Fähigkeiten herausfordert und Anpassung fördert) oder bieten ihnen die Chance zur Entfaltung. Die Situations- und auch die Dispositionsfaktoren stehen schließlich auch untereinander in einer Wechselwirkung.

Die Dispositionsfaktoren, die die Lebenszufriedenheitskompetenz ausmachen, lassen sich auf dem gegenwärtigen Stand der Forschung nur allgemein und bruchstückhaft beschreiben. Dies wird in den folgenden Abschnitten über physiologische, affektive und kognitive Faktoren versucht.

Werden mit dieser Auffassung die Bemühungen um eine Erforschung und Verbesserung der wirtschaftlich-sozialen Bedingungen von Lebensqualität abgewertet? Sie werden keineswegs abgewertet, sondern in einen umfassenderen Zusammenhang gestellt und am Leitziel »Lebenszufriedenheit« gemessen. Das Modell macht nämlich deutlich, was in den »situativen« Abschnitten herausgearbeitet wurde: Die Erhaltung, Verteilung und Verbesserung von sozioökonomischen Bedingungen wie Einkommen, Wohnung und Arbeit ist für die Verhinderung von belastenden Negativerfahrungen unverzichtbar und als Chance von Positiverfahrungen wichtig. Es zeigt aber auch, daß Bemühungen um eine Mehrung der Lebenszufriedenheit bei allen Bevölkerungsgruppen, gerade auch bei denen mit dem niedrigsten Einkommen und der größten Gefahr, arbeitslos zu werden, sich nicht auf materielle Besserstellung beschränken, sondern *auch psychologische Lebenshilfe umfassen sollten.* Wer befähigt wurde, materiell gesichert zu leben, hat noch lange nicht gelernt, glücklich zu sein.

Wer Lebensqualität als Lebenszufriedenheit verstehen und fördern will, sollte idealerweise in *allen* Bereichen des strukturierten Lebensraumes (S. 131 f.), in den sozioökonomischen *und* den persönlichen ansetzen. Dies wird über das ganze Netz von familiären, nachbarschaftlichen, ärztlichen, betrieblichen, schulischen, verbandlich-kirchlichen, psychologischen, publizistischen und gesetzgeberischen Aktivitäten geschehen müssen. Was dabei durch Maßnahmen des Sozialstaates beeinflußbar, was durch private Initiativen in Verbänden und Selbsthilfegruppen zu fördern und was schlechterdings unorganisierbar und Frucht eines von jedem einzelnen abhängigen Sozialklimas ist, muß je neu überlegt werden (siehe Kapitel 2). Neu zu überdenken sind auch die Wertvorstellungen des einzelnen, der Gruppen und der Gesamtgesellschaft, an denen Lebenszufriedenheit oft fraglos gemessen wird.

1. Physiologische Faktoren: Sind unsere Stimmungen körperbestimmt?

Die Art, wie jemand ein Ereignis oder seine gesamte Lebenssituation erfährt, hängt möglicherweise auch von seiner körperlichen Verfassung und Konstitution ab, denn Emotionen haben auch eine physiologische Komponente. Vor allem drei Umstände könnten in dieser Hinsicht bedeutsam sein: Lebensalter, körperliche Gesundheit und neurochemische Konstitution. (Alle drei ließen sich freilich unter der Rücksicht, daß sie der willentlichen Beeinflussung entzogen sind, auch als Situationsfaktoren betrachten.) Haben sie einen Einfluß auf Positiverfahrungen und wenn ja, welchen?

a) Lebensalter

»Alter gibt Erfahrung«, schrieb schon der römische Dichter Ovid. Aber nach volkstümlicher Meinung ist diese Erfahrung nicht mehr sehr positiv getönt, wenn die Vitalität einmal ab- und die Gebrechlichkeit zunimmt. Die sozialwissenschaftlichen Umfragen zeigen allerdings ein differenzierteres und günstigeres Bild vom Altern.

In bezug auf die *Glücksfrage* fand A. Campbell (1981) in seiner Erhebung von 1978 weder bei den »sehr Glücklichen« noch bei den »nicht allzu Glücklichen« nennenswerte Altersunterschiede. Das war in früheren Umfragen noch anders. 1957 hatten sich die 20- bis 29jährigen wesentlich häufiger als alle Altersgruppen über 50 Jahren als »sehr glücklich« und die über 60jährigen fast viermal so oft wie die 20- bis 29jährigen als »nicht allzu glücklich« eingestuft. Im Laufe der 70er Jahre glichen sich die Zahlen jedoch mehr und mehr an: Die Befragten über 50 Jahren bezeichneten sich seltener als »nicht allzu glücklich«; vor allem aber waren die 20- bis 39jährigen seltener bereit, sich zu den »sehr Glücklichen« zu rechnen. Da diese Jahrgänge auch für die politischen Probleme der USA (Vietnamkrieg, Rassenintegration, Frauenemanzipation, Watergate-Skandal) besonders sensibel waren, könnten die Ursachen für diesen Verlust an Glücksbewußtsein bei den Jüngeren hier zu suchen sein, sofern nicht (auch) andere Veränderungen wie erhöhter Leistungsdruck, gesteigertes Anspruchsdenken und Pessimismus der veröffentlichten Meinung dafür verantwortlich sind.

Die *Zufriedenheit* mit dem Leben im ganzen und auch das Bewußtsein, sein Maß an Glück im Leben gefunden zu haben, waren (1978) bei den Älteren sogar verbreiteter als bei den Jüngeren. Auch bei der Umfrage von F. M. Andrews/S. B. Withey (1976) war die auf der D-T-Skala (S. 37 ff.) angegebene Lebenszufriedenheit in allen Altersgruppen praktisch konstant. Die Älteren zeigten sich aber auch mit allen einzelnen Lebensbereichen, ausgenommen dem der Gesundheit, zufriedener. (Wie die Ehe- und Familienzufriedenheit mit dem Lebenszyklus zunimmt, wurde schon S. 121f. ausgeführt.) Das überrascht, da beispielsweise das Klima oder die Schulbildung bei den 50- oder 60jährigen objektiv kaum besser sein dürfte als bei den 30- oder

40jährigen. Die Älteren, mit Ausnahme der über 75jährigen, zeigten sich 1978 auch in ihrer *Affekt-Balance-Skala* positiver als die Jüngeren: Personen unter 30 Jahren bekannten zwar öfter positive Erlebnisse, aber auch häufiger seelische Belastungen, während die Älteren emotional ausgeglichener, heiterer erschienen. Das Problem, das die über 65jährigen am häufigsten in ihrer Lebenszufriedenheit beeinträchtigt, ist einer englischen Studie zufolge das Alleinsein, das ihnen nach dem Tod des Ehepartners aufgezwungen ist.

Diese Beobachtungen sprechen eher dafür, daß die physiologischen Veränderungen des Alterns das seelische Wohlbefinden nicht beeinflussen. Das unbestreitbare Nachlassen der Erregbarkeit des zentralen Nervensystems, das sich in einer Verlangsamung des von ihm gesteuerten Wahrnehmungs-, Assoziations- und Bewegungsverhaltens auswirkt, scheint im allgemeinen das emotionale und motivationale Erleben nicht zu beeinträchtigen.

Wenn sich gegenwärtig das seelische Wohlbefinden mit dem Alter verbessert, könnten dafür ein nicht-physiologischer Dispositionsfaktor sowie verschiedene Situationsfaktoren verantwortlich sein. Die Allgemeinzufriedenheit nimmt vermutlich im Laufe eines normalen Lebens deshalb zu, weil die meisten Menschen allmählich lernen, ihre Erwartungen besser an die Verhältnisse anzupassen – wie man mit einer gemäßigten Form der Theorie des Anpassungsniveaus annehmen kann (S. 67 f.). Außerdem dürften auch situative Faktoren wie die Abnahme von beruflichen und sozialen Belastungen und Unsicherheiten, die gerade die späteren Phasen des Lebenszyklus kennzeichnen, nicht wenig dazu beitragen.

b) Körperliche Gesundheit

Nichts nennen wir, wenn wir unsere Glückwünsche genauer umschreiben, so häufig wie »Gesundheit«. Damit stimmen wir mit dem Philosophen Arthur Schopenhauer überein, der meinte: »Überhaupt aber beruhen neun Zehntel unseres Glücks allein auf der Gesundheit.« Repräsentative Umfragen aus den 70er Jahren zeigen, daß diese Philosophie in etwa der Volksmeinung entspricht, aber auch erheblich zu differenzieren wäre.

A. Campbell (1981) hat den selbstwahrgenommenen Gesundheitszustand durch die Doppelfrage erhoben, ob man »irgendwelche besonderen Probleme mit der Gesundheit« habe und, wenn ja, ob »diese Probleme einen daran hindern, Dinge zu tun, die Sie gern tun würden«. Außerdem fragte er, in welchem Maße man mit seiner

Gesundheit zufrieden sei. Etwa 20 Prozent der US-Bevölkerung gaben an, sie hätten Probleme mit ihrer Gesundheit und seien dadurch in ihrer Aktivität mehr oder weniger stark behindert. Personen, die zu dieser Gruppe gehörten, hielten sich tendenziell häufiger als Gesunde für »nicht allzu glücklich« und berichteten auch mehr negative Erlebnisse. Es sind vor allem Menschen mit höherem Alter, niedrigem Einkommen und kurzer Schulbildung. Daß bei Älteren, nämlich Personen über 64 Jahren, der Gesundheitszustand die Lebenszufriedenheit etwas stärker beeinflußt als bei Jüngeren (über deren Lebenszufriedenheit das Einkommen mehr aussagt), hat auch die Sekundäranalyse von E. Spreitzer u. a. (1980) ergeben.

Es wäre allerdings verfehlt zu meinen, die gesundheitlich Beeinträchtigten fänden ihr Leben in ihrer Mehrheit unglücklich, nicht zufriedenstellend oder gar sinnlos: Sie äußern sich nur im Vergleich mit den Gesunden weniger positiv. Ein beachtlicher Teil der Personen mit ernsthaften Gesundheitsproblemen zeigt sich nicht nur mit dem Leben insgesamt, sondern auch mit der eigenen Gesundheit zufrieden. 1978 erklärten sich von der Gesamtbevölkerung der USA nur 10 Prozent mit ihrer Gesundheit unzufrieden, während fast doppelt so viele von Gesundheitsproblemen mit Behinderungen sprachen und sich weniger als 10 Prozent als »nicht allzu glücklich« oder mit dem Leben völlig zufrieden charakterisierten. Von den wenigen, die mit ihrer Gesundheit unzufrieden waren, fühlten sich jedoch sehr viele auch allgemein unglücklich, unzufrieden und von Sorgen belastet. Sie zeigten eine ähnliche Neigung zu psychischem Übelbefinden wie die Arbeitslosen.

Diese Beobachtungen lassen sich vielleicht auf folgenden Nenner bringen: *Körperliche Gesundheit garantiert zwar keineswegs psychisches Wohlbefinden, aber Krankheit beeinträchtigt es häufig.* Oder mit einem indischen Sprichwort: »Der Gesunde hat viele (unerfüllte) Wünsche, der Kranke nur einen.«

Wird das seelische Wohlbefinden nun aber eher indirekt durch die mit der Krankheit verbundenen Sorgen um die Arbeitsfähigkeit und die finanzielle Lage oder direkt durch die deprimierende Wirkung von Schmerzen, unwillkürlicher Angst (bei Asthma u. ä.) und Erschöpfung beeinträchtigt? Bei welchen Krankheitsformen ist ersteres, bei welchen eher letzteres anzunehmen? Was kann eine bestimmte (kognitive) Bewertung des Krankheitsschicksals an den Folgen für das psychische Befinden ändern? Wann wird die körperliche Erkrankung (psychosomatisch) vor allem von psychologischem Streß, der auch das seelische Wohlbefinden mindert, ausgelöst, und wann ist diese Minderung die Folge einer körperlichen Erkrankung? Diese Fragen sind aufgrund der angeführten sozialwissenschaftlichen Untersuchungen nicht zu beantworten. Sie sind auch medizinisch und psychologisch noch weitgehend ungeklärt.

c) Neurochemische Konstitution

Seelisches Wohl- bzw. Übelbefinden scheint eine Grundstimmung zu sein, die über die verschiedenen Altersphasen eines Menschen hinweg weitgehend gleich bleibt. Das ergibt sich aus einigen Längsschnittstudien. G. Sheehy (1981, 21), die 18- bis 80jährige nach ihrer Lebenszufriedenheit in letzter Zeit, aber auch in früheren Phasen befragte, stellte fest, daß die gegenwärtig Hochzufriedenen meinten, sie hätten schon in jungen Jahren zu Heiterkeit und Optimismus geneigt. Objektiver und aussagekräftiger sind freilich die Beobachtungen von P. T. Costa/R. R. McCrae (1980). Ihnen zufolge neigen »Extravertierte«, das heißt Menschen mit den Persönlichkeitszügen Geselligkeit, Kontaktfreude, menschliche Wärme und Aktivität (Tempo, Kraft) etwas häufiger als »Introvertierte« zu positiven Erlebnissen, Glück und Lebenszufriedenheit. »Neurotizismus« hingegen (der mit Extraversion und mit Intraversion einhergehen kann), das heißt die Neigung zu allgemeiner Erregbarkeit, Wut, Ängstlichkeit, überichhafter Gehemmtheit und Selbstbeschuldigung, disponiert für Unglück und negative Gefühle (was beim extravertierten »Neurotizisten« gleichzeitige Positiverlebnisse nicht ausschließt). Diese Eigenschaften und ihr Zusammenhang mit Positiv- und Negativerfahrungen erwiesen sich nun bei einem zehn Jahre später vorgenommenen Test als ziemlich stabil.

Nun mag diese Stabilität großenteils darauf beruhen, daß die in der Kindheit und Jugend erlernten Erlebnis- und Verhaltensmuster im Erwachsenenalter weitgehend beibehalten werden. Doch ist neben diesen Sozialisationseinflüssen wohl auch eine *erblich-konstitutionelle Grundstimmung* dafür verantwortlich. Dafür spricht nicht nur die Stammbaum-, sondern auch die Zwillingsforschung. Von den 35 eineiigen, das heißt mit gleichen Erbanlagen ausgestatteten Zwillingspaaren, die K. Gottschaldt (1960) beobachtete, wiesen 28 im Jugendalter wie auch 15 Jahre später im Erwachsenenalter weitgehend die gleiche Grundstimmung auf. Deren Tönung wurde aufgrund mehrwöchiger Beobachtung als übersteigert-ausgelassen/heiter-fröhlich/lebhaft-geschäftig/zufrieden-angepaßt/stillvergnügt bzw. leicht verstimmt/mürrisch-nörglerisch/wehleidig-weinerlich/traurig-deprimiert eingestuft. Bei vier Paaren war diese Grundstimmung nach 15 Jahren nur graduell, aber nicht qualitativ verschieden. Die starken qualitativen Unterschiede, die sich bei drei Paaren herausgebildet hatten, waren durch schwere Erkrankungen wie Meningitis oder Hirnverletzungen bei einem Zwilling zu erklären. »Die individuelle Grundstimmungslage eines Menschen scheint, was die Tönung, Stabilität, Reagibilität und die Entfaltung solcher Züge im Laufe der Entwicklung anbelangt, im wesentlichen erblich-konstitutionell angelegt zu sein« (K. Gottschaldt 1960, 238).

Wohlverstanden, nur die Grundstimmung, die *euphorische oder dysphorische Grundausstattung*, mit der ein Mensch geboren wird, scheint genetisch determiniert zu sein: Wer zu schwacher emotionaler Erregung neigt, wird – unter sonst gleichen Umständen – nie zur gleichen Gefühlsansprechbarkeit kommen wie ein anderer mit starker Emotionalität. Oder jemand, der zur Traurigkeit tendiert, wird nicht oder wenigstens nicht so leicht fröhlich und heiter werden wie ein anderer, der von Natur aus dazu neigt. Ob sich diese Grundstimmung jedoch entfalten kann oder aber verkümmern muß, ob sie ihr »Thema« mehr in Freundschaft und Liebe oder aber in Kunst und Wissenschaft findet – dies, die Gegenstände und die Differenzierung der emotionalen Erregung, hängt von der individuellen Entwicklung und damit vom Zusammenspiel von Fremd- und Selbstsozialisation ab. So erklärt es sich, daß Menschen mit gleichem »Temperament« ein sehr unterschiedlich differenziertes Gefühlsleben und höchst verschiedene Interessen und Einstellungen haben können – und daß es sich immer lohnt, seine Erlebnisfähigkeit zu entwickeln.

Die euphorische oder dysphorische Grundstimmung, die jemand mitbringt, ist wohl durch seine *neurochemische Konstitution* bedingt. In unserem vegetativen und zentralen Nervensystem werden Erregungsimpulse chemisch dadurch übertragen und weitergeleitet, daß in den die Nervenzellen verbindenden Nervenfasern (Synapsen) sogenannte Transmitter-Substanzen freigesetzt werden. Von ihnen wirken vor allem die *Endorphine* (aus: *endo*genous m*orphine*-like substances), die ähnlich aufgebaut sind wie Opium, Morphin und Heroin und darum als körpereigene Opiate gelten können, schmerzstillend, beruhigend und *euphorisierend*. Das Gehirn produziert solche Endorphine in Extremsituationen wie Verletzung, Lebensgefahr, Schock und Streß in erhöhtem Ausmaß.

Möglicherweise variiert der Endorphinspiegel auch situationsunabhängig in seinem Grundbetrag von Mensch zu Mensch. Dies könnte die physiologische Ursache (neben der es auch kognitive Ursachen gibt) für den je individuellen Optimismus (L. Tiger 1979, 170) und die je eigene Grundstimmung, sozusagen den Euphoriespiegel, sein, den jeder einzelne hat. Störungen in der Produktion von Transmitter-Substanzen können auch erklären, warum bei Manien, Schizophrenien und Hirnschädigungen eine Hochstimmung und ein Optimismus bzw. eine Depression und ein Pessimismus erlebt werden, die nicht durch die Wahrnehmung der Lebenssituation ausgelöst und gerechtfertigt, sondern grundlos und »zuständlich« sind (S. 144ff.).

2. Affektive Faktoren: Wie wichtig sind Gefühle?

Auch wenn Positiverfahrungen unablösbar mit physiologischen Vorgängen verbunden sind, bewußt und damit subjektiv bedeutsam werden sie nur in ihrer Erlebnis- und Motivkomponente (S. 150ff.). Hier werden sie als Gefühl erfreulichen Angemutet- und Angetriebenseins erlebt und gleichzeitig durch kognitive Vorgänge, nämlich durch Wahrnehmungen, Erwartungen und Wertungen beeinflußbar.

Gefühle bewegen sich zwischen Gegensätzen, sind bipolar. So schwanken die *auf eine bestimmte Wahrnehmung reagierenden,* eher kognitionsbestimmten Empfindungen etwa zwischen strahlender Zufriedenheit und heftiger Unzufriedenheit, zwischen Begeisterung und Empörung – und die *allgemeinen Stimmungszustände* zwischen gehobenem und gedrücktem, heiterem und traurigem Lebensgefühl. Um die Schwankungen zu erfassen, die Befragte in der besten, in der schlechtesten und in der durchschnittlichen Stimmung jedes Tages erfuhren, haben A. E. Wessman u. a. (1960) folgende zehnstufige Skala mit extrem formulierten und selten erlebten Endpunkten entwickelt:

1. Völlige Niedergeschlagenheit und Schwermut. Alles ist düster und bleischwer. Mit dem Wunsch: Wenn nur alles vorbei wäre.
2. Ungemein niedergeschlagen. Fühle mich schrecklich, wirklich elend, richtig mies.
3. Fühle mich sehr niedergeschlagen, ganz niedergeschmettert.
4. In schlechter Stimmung und einigermaßen griesgrämig.
5. Fühle mich ein klein bißchen trübsinnig. Halt so einigermaßen.
6. Fühle mich ziemlich wohl, okay.
7. Fühle mich sehr wohl und heiter.
8. In gehobener, freudiger Stimmung.

9. In sehr gehobener und sehr freudiger Stimmung; ungemein begeistert und lebensfroh.
10. Völlige Hochstimmung, freudiges Entzücken und schwebende Ekstase.

Bei College-Studentinnen, die (neben anderen Tests) sechs Wochen lang jeden Abend diese Skala ausfüllten, betrug die »durchschnittliche Tagesstimmung« bei der am wenigsten heiteren Person 5,43 Punkte (= zwischen »Fühle mich ein klein bißchen trübsinnig. Halt so einigermaßen« und »Fühle mich ziemlich wohl, okay«) und bei der heitersten 7,37. Für alle zusammen ergab sich als Durchschnittswert 6,14 (= etwas besser als »Fühle mich ziemlich wohl, okay«). Das ist eine Stimmungslage, die klar, aber keineswegs in ekstatischer Höhe über der Mitte der Skala liegt. Dies bestätigt die Ansicht, daß bei psychisch Gesunden Wohlbefinden als ein Dauerzustand mit mehr oder weniger starken und kurzfristigen Abweichungen, jauchzendes Glück jedoch nur als vorübergehender Höhepunkt erlebt werden.

Welche Antriebe (Motive), Bereitschaften und Muster des Erlebens, welche affektiven Persönlichkeitsfaktoren begünstigen oder behindern Positiverfahrungen? Die Beobachtungen, die die empirische Forschung zu dieser zentralen Frage zusammengetragen hat, gleichen Puzzle-Teilen, die keineswegs zu einem einzigen, sondern zu mehreren (zwar einander ähnlichen) Bildern gehören. Während beispielsweise eine Studie untersucht hat, wie »internes Kontrollbewußtsein« mit dem nach G. Gurins 3-Stufen-Skala ermittelten Glücksgefühl zusammenhängt, testete eine andere die Extraversion und setzte sie zu dem nach Bradburns Affekt-Balance-Skala und Becks Hoffnungslosigkeits-Fragebogen in Beziehung. Darum können die vorliegenden Ergebnisse hier auch nur in Aussagen zusammengefaßt werden, die noch weitgehend Hypothesen sind. Zuerst soll beschrieben werden, was psychisches Wohlbefinden beeinträchtigt und verhindert, dann was sie ermöglicht und steigert und schließlich was sie wiederherstellt.

a) Frei werden von massiven Störungen des Erlebens
Wer für starke Angstreaktionen, nervöse Magen- und Kopfschmerzen, Depressivität (gemessen nach der sog. D-Skala des MMPI-Tests) und Selbstbezichtigung (im Sinne von Cattells 16-PF-Guilt-prone-Skala) anfällig ist, fühlt sich eher unglücklich als jemand, der diese Merkmale nicht aufweist. Diesen Zusammenhang, den schon unsere Alltagsbeobachtung nahelegt, haben bereits die älteren Untersuchun-

gen von J. Veroff u. a. (1962), N. M. Bradburn/D. Caplovitz (1965) und A. E. Wessman/J. H. Ricks (1966) auch statistisch belegt. Wie zur Gegenprobe wies H. C. Smith (1961) nach, daß sich Menschen um so wahrscheinlicher glücklich fühlen, je mehr sie zu Optimismus, menschlicher Wärme, emotionaler Stabilität, Kontakten mit anderen und Selbsteinsicht fähig sind.

Die neueren Studien von P. T. Costa/R. R. McCrae (1980) und R. R. McCrae/P. T. Costa (1983) zeigten bei umfangreichen Stichproben von erwachsenen Männern folgende Beziehung. Personen, die zu *Neurotizismus* neigen, das heißt zu emotionaler Labilität, Wut, Ängstlichkeit, überichhafter Gehemmtheit und Selbstbeschuldigung – gemessen nach Cattell, Eysenck und Buss/Plomin –, erfahren auch häufiger als andere negative, belastende Erlebnisse und erwarten von ihrer Zukunft wenig Gutes. Diese größere Belastung, die zwar einzelne Positiverfahrungen nicht ausschließt, bleibt über Jahre hinweg stabil.

Leere und Sinnlosigkeit aufgrund von Erlebnisstörungen

In der Enttäuschung über einen Mißerfolg oder in der normalen Trauer über einen schweren Verlust werden zwar u. U. äußerst schmerzliche Gefühle des Unglücklich- und Unzufriedenseins erlebt. Doch sind diese Negativerfahrungen verständliche Antworten auf eine bestimmte Situation und zeigen, daß der Betroffene noch an Werten hängt und Erlebnismöglichkeiten kennt, an deren Verlust er eben vorübergehend leidet. Meistens kann er neben oder wenigstens nach diesen Belastungen auch Positiverfahrungen erleben. Nachhaltiger wird das seelische Wohlbefinden jedoch durch *Erlebnisstörungen* beeinträchtigt, die eine längere depressive Stimmung verursachen, der Situation unangemessen und vielleicht sogar völlig grundlos sind – seien es neurotische Konflikte oder psychotische Phasen. Das Wohlbefinden wird um so stärker beeinträchtigt, je mehr jemand in seinem Erleben

1. die eigene Person abwertet, sie vielleicht sogar durch Selbstbeschuldigungen böse und schlecht macht (»Wenn andere wüßten, wie ich wirklich bin, würden sie mich verachten«) – im Extremfall auch in Form von Kleinheits- und Versündigungswahn. Nach A. E. Wessman u. a. (1960) und R. M. Laxer (1964) sinkt auch während der etwa einen Tag dauernden depressiven Perioden, die zu den Stimmungsschwankungen von seelisch Gesunden gehören, die Selbstwertschätzung, während die Bereitschaft zur Selbstbeschuldigung und Selbstherabset-

zung zunimmt. Ebenso sind die meisten Personen (nach dem Rosen-zweig-P.-F.-Test) in depressiver Stimmung anderen gegenüber aggressiver eingestellt als in gehobenen Phasen;

2. anderen Menschen feindselig, mißtrauisch oder gleichgültig begegnet (»Man kann niemandem trauen«, »Ich kann niemanden mehr lieben«);

3. anderen Dingen und Wirkmöglichkeiten interesselos und inaktiv gegenübersteht und damit emotional verarmt (»Was mich früher gefreut hat, bedeutet mir nichts mehr; nichts freut mich mehr«).

Das Wohlbefinden vermindert sich also, je mehr jemand Selbst-ablehnung, Unzufriedenheit, Leere, Langeweile und Zukunftspessi-mismus erfährt: *Sinnlosigkeit.* Dies kann in verschiedenen Graden geschehen, und starkes neurotisches Leiden muß keineswegs mit dem Gefühl völliger Sinnlosigkeit verbunden sein. Im folgenden soll gezeigt werden, welche Erlebnisstörungen häufig zum Gefühl drük-kender Leere und Sinnlosigkeit führen und wie dieses in seiner äußersten Zuspitzung, im – psychopathologisch verstandenen – »*Nihilismus*« erlebt wird (siehe W. Blankenburg 1973; J. E. Meyer 1968; O. F. Kernberg 1979).

Soweit Sinnlosigkeitsgefühle nicht auf einer bewußten negativ-nihilistischen Einstellung (S. 177f.) oder auf endogener, anlagebe-dingter Depression bzw. auf einer gehirnphysiologischen Schädigung beruhen, sind sie auf bestimmte Erlebnisstörungen zurückzuführen. Diese wird man in verhaltenspsychologischer Sicht als »angelernte« Reaktionsmuster und in psychoanalytischer, dynamischer Sicht als Folge von weitgehend unbewußten Triebkonflikten auffassen. Zu den sinngefährdenden Erlebnisstörungen, die zum Teil auch die oben berichteten Beobachtungen zum Neurotizismus erklären, gehören wohl hauptsächlich die folgenden:

1. *Zwanghafte Gehemmtheit:* Sie drückt sich u. U. in einem depres-siven, quälenden Leeregefühl aus, das die anderen Menschen und auch unbelebte Gegenstände, aber auch die eigene Person als »weit weg« und als leblose Automaten, ja als unwirklich empfindet (»Ent-fremdungserlebnisse«). Für die Psychoanalyse besteht diese Unfähig-keit, emotional befriedigende Beziehungen zu sich, zu anderen und zur Welt zu erleben, darin, daß diese »Objekte« nicht mehr »libidinös besetzt« werden können. Die Patienten können dies deshalb nicht mehr, weil ihre ursprüngliche Fähigkeit zu lusthaftem Erleben durch die massive Verdrängung sexueller Impulse mit ihren Über-Ich-Zwängen und unbewußten Selbstbeschuldigungen unterdrückt und

gelähmt wurde. »Die strenge innere Strafe, die das Über-Ich ihnen auferlegt, besteht in dem impliziten Schuldspruch, daß sie es gar nicht mehr verdienen, geliebt und wertgeschätzt zu werden, und daher dazu verurteilt sind, allein zu bleiben« (O. F. Kernberg 1979, 247).

Diese triebbezogene Erklärung ist wohl kaum die ganze Wahrheit. Wie die Verhaltenspsychologie ergänzend betont, können erlebnishemmende Zwänge auch dadurch entstehen, daß starke Angstreaktionen Zwangsbefürchtungen auslösen, die sich auf so viele ähnliche neue Situationen übertragen, bis alles nur noch bedrohlich und nichts mehr erfreulich erscheint (N. Hoffmann/E. Weiß 1983).

2. *Schizoide Verflüchtigung:* Eine schizoide Persönlichkeitsstruktur und Erlebnisverarmung zeigt sich oft darin, daß die Patienten Gefühle, die andere Menschen äußern, nur unbestimmt und schwach nachempfinden können. Sie sind eben »anders« als andere: distanzierte Zuschauer. Der Schizoide verdrängt seine Gefühle, aber ohne Zwänge und Schuldvorwürfe gegen sich selbst zu richten. Bei einer schizoiden Person mit Leereempfinden hat der Therapeut gewöhnlich den Eindruck, sie wolle »alle ihre mitmenschlichen Kontakte verflüchtigen und zersplittern, so daß die persönliche Bedeutung solcher Beziehungen ihr schließlich ganz verlorenginge und alles sinnlos erscheine« (O. F. Kernberg 1979, 249).

3. *Narzißtischer Bestätigungsdrang:* Wer narzißtisch auf sein Größen-Selbst fixiert ist, kann nur das als bedeutsam und sinnvoll erleben, was seinem Drang zur Bestätigung, zum Bewundertwerden und zur Bemächtigung entgegenkommt. Alles übrige ist für ihn nur ein wertloses Anhängsel. Dieser Drang läßt die Bereitschaft, etwas um seiner selbst willen anzustreben, das heißt Freundschafts- und Liebesbeziehungen, Interesse an Kunst und Wissenschaft sowie sozialen Einsatz verkümmern. Denn all dies hat nur einen Wert, sofern es der Selbstbestätigung dienstbar zu machen ist. Die Selbsterfüllung, die der narzißtisch Fixierte aber sucht, ist so maßlos, daß er sie nur in den kurzen Phasen des Triumphes erleben kann. Danach gewinnt das »Grundgefühl von Leere, Rastlosigkeit und Langeweile« (O. F. Kernberg) bald wieder die Oberhand.

Allgemein und »selbst-psychologisch« gesprochen, tritt das Empfinden von Leere und Sinnlosigkeit dort auf, wo die Abwehr angsterregender sexueller und gefühlsmäßiger Regungen oder die Fixierung auf primitive Größenphantasien eine genügende Integration des Selbst und die Bildung bedeutungsvoller Objektbeziehungen verhindert, das heißt zu einer Identitätsdiffusion führt. Nicht wenige fliehen vor den Schuld- oder Ohnmachtsgefühlen, die die Leere und Rastlosigkeit verursachen, in den Alkohol- und Drogenkonsum.

Nihilismus
Im psychopathologischen Sinn als Leere, Unwirklichkeit und Sinnlosigkeit verstanden, wird der *Nihilismus* in verhältnismäßig milder Form bei »Entfremdungserlebnissen« erfahren, wie sie bei Neurosen, endogenen Depressionen, Schizophrenien, aber auch bei Ausnahmezuständen von Gesunden auftreten können. Als »Depersonalisation« besagen sie, daß einem das eigene Ich und der eigene Körper fremd, unlebendig und unwirklich erscheinen. Dieses Nicht-fühlen-Können dehnt sich meistens auch auf die Außenwelt aus und heißt dann »Derealisation«. Eine gewisse Ahnung davon hat wohl jeder, der einmal eine psychische Erschöpfung mit Depression erlebt hat.

Im höchsten Grad werden Leere und Sinnlosigkeit im *expansiven Nihilismus* erfahren. In seiner depressiven Leere hat hier der Kranke den Eindruck, alles schrumpfe in Richtung auf ein Nichts zusammen; der eigene Körper, das Ich, Gott und die Welt existieren nicht mehr. Viele drängt es dabei zum Selbstmord; manche können aber auch darin kein sinnvolles Ziel mehr sehen. Der Zustand kann sich in dem »nihilistischen Wahn« ausdrücken, die Welt gehe unter, die Menschheit gehe zugrunde und man sei ewig verdammt.

Bezeichnend für Nihilismus mit starken Entfremdungserlebnissen (aber ohne Wahn) sind die folgenden Äußerungen einer 54jährigen Frau, die zwei Monate nach dem Tod ihres Mannes, den sie bis zu ihrer völligen Erschöpfung gepflegt hatte, in tiefe Depression mit Selbstmordgedanken und Entfremdungszuständen verfiel, sich freiwillig in klinische Behandlung begab und nach etwa einem Jahr wieder gesund fühlte (A. Weber 1938, 25–30):

Erlebnisverarmung, Selbstbeschuldigung, Unwirklichkeit: »Nachdem der Mann starb, wurde mir alles so gleichgültig. Ich kann mich vom Manne nicht trennen, mir nicht vorstellen, wie das ist, wenn er wirklich nicht mehr lebt ... Ich kann jetzt nichts anderes mehr denken als ›Jetzt ist er tot, und ich habe nicht alles recht gemacht.‹ Ich habe beständig Angst, wohl weil ich mich nicht bessern kann. Ich habe einfach keinen Sinn mehr für etwas. Etwas ist erschlafft, das Interesse an der ganzen Welt ist weg. Ich sehe nicht mehr, was ich sehe; wie wenn ich mit offenen Augen blind wäre. Es ist mir alles gleich ...

Es ist grad, wie wenn eine schwere, schwere Strafe auf mir wäre. Ich spüre beständig eine Angst und Unruhe in mir, ich möchte gerne Beruhigungsmittel haben ...

Ich bin kein Mensch mehr. Das Gestell, der Körper ist noch da, aber das ist alles. Alles, was das Leben ausmacht, ist verloren. Arbeiten kann ich nur, weil ich früher gearbeitet habe und jetzt noch weiß, wie man es macht; aber es ist eigentlich kein Arbeiten ...

Ich sehe alles so kurios, wie wenn ich nicht auf der Welt wäre. Die Blumen, wenn sie blühen, ist es nicht mehr so lebhaft, wie man es sonst sieht ... Ich kann niemanden mehr lieben, nicht einmal mehr das kleine Mädchen meines Bruders; es hat keinen Reiz mehr für mich ... Alles sagt mir nichts mehr, auch Musik nicht, nach der ich früher, ich weiß nicht wie weit, lief ... Alles ist fremd.«

Auf eine Frage nach ihrem Glauben: »Früher glaubte ich an Gott. Jetzt kann ich nicht mehr. Eher noch an einen Teufel. Ach, ich weiß nicht, ob es einen gibt, jedenfalls hat er mir wenigstens die Beruhigungsmittel gelassen.«

Zeitdehnung: Der Beerdigung ihres Mannes habe sie völlig verwirrt beigewohnt. »Und die Zeit kam mir so lang vor, grad ungeheuer lang! Es war nicht so, wie es ist, wenn man jemanden erwartet oder Sehnsucht hat. Es ist noch jetzt so; von einer Minute meine ich, es sei eine Stunde. Es steht still, es ist etwas still gestanden ... Ich muß wohl ewig leben ... bis ich doch einmal sterben kann.«

Selbstmordgedanken: »Wenn ich den Mut hätte, nähme ich am liebsten ein Schlafpülverchen ... ich kann mich nicht mehr wehren. Ich habe nicht einmal mehr die Selbständigkeit, mich umzubringen.«

Soweit Sinnlosigkeitsgefühle, wie oben dargelegt, auf Abwehr- und Abspaltungsvorgängen beruhen, muß die Therapie versuchen, diese bewußtzumachen und abzubauen. Der zwanghaft Gehemmte muß seine Angst und Verdrängung »verlernen« und Selbstvertrauen aufbauen. Der Schizoide und der Narzißtische müssen die Sehnsucht nach gefühlsstärkeren Beziehungen zu Menschen und Dingen lernen – im Durcharbeiten, Beleben und Verstärken der Beziehungen, die sie zum Therapeuten und zu anderen erfahren.

Hochstimmung als Erlebnisstörung
Nicht nur Niedergeschlagenheit kann unverhältnismäßig und grundlos sein, sondern auch Hochstimmung: Es gibt auch irrationale, krankhafte Euphorie.

In der manisch-depressiven Psychose, die anlagebedingt und erblich ist, bildet die *manische Erregung* die heitere Phase, die selten länger als ein halbes Jahr dauert und dann von einer gemischt manisch-depressiven und einer längeren rein depressiven Phase abgelöst wird. Ähnliche Hochstimmungen, »maniforme Syndrome«, werden bei Gehirnerkrankungen, Schizophrenien, Epilepsien, aber auch im Drogenrausch und in bestimmten Fieberzuständen von psychisch Gesunden erlebt (H. C. Rümke 1924; K. Jaspers 1953, 95 ff.; H. J. Weitbrecht 1960). Sie sind mit Beruhigungsmitteln (Neuroleptika) zu behandeln.

Bei der manischen Erregung entsteht ohne Anlaß eine überschwengliche Fröhlichkeit, ein rauschhaftes Glücks- und Wohlgefühl mit gesteigerter, aber kritiklos-unbekümmerter Unternehmungslust, mit Rededrang und erhöhtem Wagemut und Einfallsreichtum (bis zur Ideenflucht). In diesem an sich »gegenstandslosen«, durch keine Wahrnehmung ausgelösten Zustand der Euphorie sucht sich der Manische entsprechende Inhalte; darum neigt er (kognitiv) zur Erhöhung des Selbstwertgefühls und zur Überschätzung der eigenen Fähigkeiten und Zukunftschancen (er kann sich in Schulden oder in kriminelle Abenteuer stürzen) – u. U. bis zu völligem Realitätsverlust in Größenideen mit Begnadungs- und Größenwahn, dem Gegenstück zum Versündigungs- und Kleinheitswahn bei endogenen Depressionen. Entnimmt er das Material für seine Wahnidee der religiösen Kultur, so fühlt er sich vielleicht als Messias oder Prophet (die Frau: als Madonna); greift er auf die politische Sphäre zurück, so erlebt er sich eher als Kaiser oder Weltpräsident.

Ein Schizophrener: »Eines Morgens erwache ich im seligsten Gefühl, auferstanden oder neugeboren zu sein. Weltentrückte, selige Verzückung, ein überströmendes Gefühl der Befreiung von allem Irdischen! ... Aus dem lichten Glücksgefühl beginne ich zu fragen: Bin ich die Sonne? Wer bin ich? Ich muß der Gottheit lichtes Kind wohl sein ... Onkel A., als Gott verwandelt, wird mich abholen ... Natürlich werden wir fliegen, und zwar in die Sonne, den Wohnort der Auferstandenen« (K. Jaspers 1953, 96).

Starke manische Erregungen gehen wohl meistens auf gehirnphysiologische Störungen zurück. Psychoanalytiker erklären sie (und vor allem die manieähnlichen, hypomanen Hochstimmungen) als Folge einer Verleugnung der harten, unlusthaften Realität und als Rückkehr zum uneingeschränkt seligen, gefahrfreien Zustand frühkindlicher Lustbefriedigung an der Mutterbrust.

b) Selbstwertschätzung und die Bereitschaft entwickeln, sich anderen Menschen, Dingen und Wirkmöglichkeiten positiv zuzuwenden

Das Freisein oder Freiwerden von massiven Erlebnisstörungen ist eine notwendige, aber nicht hinreichende Bedingung für ein glückliches und erfülltes Leben. Positiverfahrungen erfordern mehr. Nun bewegen sich Gefühle in Gegensätzen. Erfüllende Erfahrungen und Stimmungen bilden den Gegenpol zur eben beschriebenen Leere und Sinnlosigkeit. So sind die emotionalen Antriebe, Bereitschaften und Muster, die Glücks- und Sinnerleben begünstigen, in der Gegenrichtung zu jenen Entwicklungen zu suchen, die es stören und beeinträchtigen. Psychisches Wohlbefinden ist um so wahrscheinlicher zu erwarten, je mehr jemand in seinem Erleben

1. die eigene Person als »gut« akzeptieren, in Übereinstimmung mit seinen Erwartungen sehen und wertschätzen kann, statt sie abzuwerten und als »schlecht« abzulehnen;

2. sich anderen Menschen positiv, in Freude und Freundschaft, zuwenden kann, statt ihnen feindselig, mißtrauisch oder gleichgültig zu begegnen;

3. sich zu anderen Dingen und Wirkmöglichkeiten interessiert und aktiv hinwenden kann, statt ihnen gelangweilt und passiv gegenüberzustehen und zu verarmen.

Das Wohlbefinden ist also um so wahrscheinlicher, je mehr jemand *Selbstannahme und erfüllende Anderngerichtetheit* (Selbsttranszendenz, Allozentrik), Selbstwert und Wert und dabei Zukunftsoptimismus statt Pessimismus, Sinnerfüllung statt Sinnlosigkeit erfahren kann.

Mit dieser Auffassung werden Annahmen von zwei Autoren zu einer sich gegenseitig ergänzenden Gesamtsicht verbunden, die auf je eigene Weise A. Maslows Ausführungen zum Thema »Selbstverwirklichung« (S. 72 ff.) konkretisiert und modifiziert haben. Das ist einerseits – als Grundlage, die von Maslow und Frankl eher stillschweigend vorausgesetzt als hervorgehoben wurde – die von *C. Rogers* (1959; 1973b, 417–458) betonte bedingungslose Annahme und Wertschätzung des eigenen Selbst, wie sie durch eine ermutigende Beziehung zu den Eltern und zu anderen Bezugspersonen (u. U. auch zum Therapeuten) aufgebaut wird, mit der der Weg zu einer erfüllten, »voll funktionsfähigen Persönlichkeit« beginnen muß. Nur auf dieser Grundlage können sich eine unverzerrte Wahrnehmung seiner selbst und anderer, eine kreative Anpassung an neue Situationen, eine Übereinstimmung von Selbstbild und Idealselbst und eine befriedigende Interaktion mit anderen entwickeln. Das ist andererseits – als notwendige Weiterführung von Rogers und Maslow – *V. E. Frankls* logotherapeutische Erkenntnis, daß Selbstverwirklichung die Ausrichtung auf »schöpferische Werte«, »Erlebniswerte« und »Einstellungswerte« erfordert, daß zu ihr also auch Anderngerichtetheit (Selbsttranszendenz), Wertbezug und Wertüberzeugung sowie Leidensfähigkeit gehören.

(1) SELBSTWERTSCHÄTZUNG ENTWICKELN

Was das bedeutet, mag die Äußerung einer Frau veranschaulichen, die im Laufe einer klientenzentrierten Therapie den Eindruck hatte, sie lerne dort sozusagen ein Lied singen, und die ihren Durchbruch zu einem glücklicheren Leben so erfuhr:

»Eins stört mich ... ein Gefühl, das ich manchmal nicht loswerde. *Ein Gefühl, daß ich ziemlich zufrieden bin mit mir* ... Ich ging hier einmal weg und wählte (bei einem Test zur Ermittlung des Selbstkonzepts) als meine erste Karte ganz impulsiv: ›Ich bin eine attraktive Persönlichkeit‹; schaute sie etwas erschrocken an, aber ließ sie da, ich meine, weil, ehrlich, das heißt, es war mir genau so zumute – eine – nun, das störte mich und ich kapiere das jetzt. Immer wieder mal so ein zufriedenes Gefühl, nichts Überragendes, sondern nur – ich weiß nicht – *irgendwie zufrieden. Sauber hingekriegt* ... Wir lehnen es nicht ab, wenn *Kinder* zufrieden mit sich sind. Es ist – ich meine, es ist wirklich nichts Eitles dabei. Es ist – vielleicht *sollten* die Menschen so empfinden« (C. R. Rogers 1973a, 97). Die Wende bestand darin, daß die Klientin ihre bisherige Selbstwertminderung überwand und lernte, mit sich selbst zufrieden zu sein, sich zu mögen, an sich selbst Freude zu finden.

Selbstwertschätzung (Selbstwertgefühl, Self-Esteem) besagt nicht eitle Selbsteingenommenheit und Kreisen um das eigene Selbst, sondern eher ein Ruhen in sich – eine Einstellung, die auch Selbstkritik und Kritik von anderen offen und gelassen annehmen kann. Selbstwertschätzung läßt sich nach verschiedenen Verfahren messen (L. K. George/L. B. Bearon 1980, 71–102). Sie bedeutet, daß jemand (kognitiv) mehr »gute« als »schlechte« Züge an sich findet, sein reales Selbst in weitgehender Übereinstimmung mit seinen Erwartungen an sich selbst wahrnimmt: »Ich bin weitgehend so, wie ich sein will und soll.« Man kann beispielsweise einen normal erfolgreichen Arbeitstag oder Partybesuch als Bestätigung seiner Fähigkeit und Beliebtheit erleben und fürchtet nicht insgeheim, daß man den (überhöhten)

Anforderungen nicht gewachsen war. Forderungen anderer prüft man auf ihre Berechtigung und traut sich auch, nein zu sagen. Man scheut sich auch nicht, eigene Rechte und Bedürfnisse geltend zu machen. So gleichen (affektiv) die positiven Gefühle, die mit dem Selbstbild verbunden werden, nämlich Zuneigung, Freude und Stolz, die negativen (»gegennarzißtischen«) Gefühle der Ablehnung, des Mißbehagens und der Scham aus. Es kann sich die *Fähigkeit bilden, sich selbst zu mögen, Freude an sich selbst zu haben, sich wertzuschätzen* – ebenso weit entfernt von Selbstverachtung wie von Selbstüberhebung, von Ohnmachts- wie von Allmachtsgefühlen, ein im gesunden Sinn hohes »Narzißmusniveau« (A. Holder/C. Dare 1982).

Solche Selbstwertschätzung entsteht nicht (wie S. Freud vermutete) durch libidinöse Besetzung des Selbst, das nach der Selbstliebe die »Objektliebe« zu lernen hat. Sie entsteht auch nicht (wie man nach H. Kohut annehmen könnte) durch eine eigene, von der Libido verschiedene »narzißtische« Triebart. Vielmehr müssen und können mehrere Faktoren dazu beitragen: die Vermeidung unerträglicher physiologischer, sexueller und aggressiver Spannungen, die Befriedigung höherer Antriebe wie Neugier und Wirkenwollen, vor allem auch das Angenommen- und Bestätigtwerden durch Bezugspersonen sowie befriedigende Interaktionen mit anderen Menschen – in der Wirklichkeit und in der Vorstellungswelt der inneren »Objekte« (C. R. Rogers 1973b, 417–458; A. Holder/C. Dare 1982). Zum Sichangenommenfühlen gehört vermutlich auch die Überzeugung, am Arbeitsplatz und in der Gesamtgesellschaft gerecht und menschenwürdig behandelt zu werden.

Selbstwertschätzung ist auch immer auf die Anerkennung durch andere angewiesen. Insofern sind »narzißtische« Bedürfnisse nach Bestätigung normal und eine Quelle großer Befriedigung. Wo jedoch Sozialprestige, Ehr-geiz, Ehr-sucht und Ehr-verletzung das Erleben und Verhalten beherrschen, bezieht man vermutlich das befriedigende Selbstwertgefühl zu wenig aus der eigenen Selbstbewertung (Selbstverstärkung – nicht nur Fremdverstärkung). In diesem Fall wirkt wohl auch eine unbewältigte narzißtische Fixierung weiter (S. 146).

Es ist das Ziel des sogenannten *Selbstsicherheitstrainings*, wie es beispielsweise R. Ullrich/R. Ullrich de Muynck und W. Wendlandt/ H.-W. Hoefert entwickelt haben, selbstwertmindernde Verhaltens- und Erlebnisweisen abzubauen und befriedigendere Reaktionen einzuüben. Im Vordergrund stand und steht zunächst das Erlernen

»sozialer Kompetenz«, das heißt der Fähigkeit, seine sozialen Bedürfnisse, Interessen und Rechte eigenständig zu erkennen, anzumelden
und auf befriedigende Weise durchzusetzen. So übt man – zuerst im
Rollenspiel mit dem Therapeuten und dann in realen Situationen – in
der Reihenfolge zunehmender Schwierigkeitsstufen, wie man folgende Hemmungen überwinden kann. Die Angst,
– Forderungen zu stellen und Wünsche zu äußern (etwa von anderen
  Mitgliedern der Familie oder der Hausgemeinschaft verlangen, daß
  sie ihren gerechten Anteil an der Sauberhaltung des Hauses übernehmen oder in der entsprechenden Verlegenheit einen Freund um
  Geld bitten);
– zu unberechtigten Forderungen anderer nein zu sagen, eine abwei-
  chende Meinung zu äußern und Kritik am Fehlverhalten anderer zu
  üben;
– mit Menschen Kontakt aufzunehmen, mit denen man es eigentlich
  möchte, denen gegenüber man sich aber unsicher fühlt;
– sich Fehler zu erlauben und sich öffentlicher Beachtung auszusetzen
  (etwa in einem überfüllten Versammlungsraum nach vorn gehen
  und einen freien Platz suchen, statt hinten zu stehen, oder mit einer
  Volkstanzgruppe auftreten, eine Ansprache halten usw.).
  Darüber hinaus versucht man neuerdings auch, durch Gedanken-
training negative Einstellungen gegenüber der eigenen Person (»ich
habe nichts Liebenswertes an mir«, »ich kann nichts«) zu beseitigen
und durch positivere zu ersetzen.
  Selbstwertschätzung ist eine *grundlegende Erfüllung, bedeutet fun-
damentales Wohlbefinden, ist die zentrale Positiverfahrung.* Sie befriedigt das (im gesunden, nichtpathologischen Sinn) narzißtische Grundbedürfnis des Menschen und kann dadurch zu einer überaus starken
»Selbstverstärkung«, zu einem um seiner selbst willen erstrebten Ziel,
zum Selbstzweck werden. Selbstwertschätzung als grundlegende und
starke Erfüllung – dies macht Lebenszufriedenheit und Sinnorientierung zu Positiverfahrungen eigener Art: Im Unterschied zu den in
Maslows Hierarchie »niederen« Bedürfnisbefriedigungen haben sie
nicht nur den Charakter der Erleichterung, sondern der *Erfüllung.*
Anders als sexuelles, orales und ästhetisches Lusterleben sind sie nicht
kurzfristige sinnliche Erregungen, sondern so *andauernd und lustun-
abhängig wie eben nur Selbstbewertungsvorgänge und Übereinstimmung mit sich selbst sein können:* Diese sind auch noch in Anstrengung, Ermüdung und sogar Gefangenschaft wirksam, wo Lusterleb-
nisse nur noch als blasse Erinnerung oder Hoffnung gegenwärtig sind.

Selbstwertschätzung bildet den Kern von »Ich-Stärke« (S. Freud), »Grundvertrauen« und »Identität« (E. H. Erikson) und damit die Grundlage der inneren Einheit, die zwanghafter, schizoider und narzißtischer Zerrissenheit und Isolation und damit dem Gefühl der Leere, Wertlosigkeit und Sinnlosigkeit entgegenwirkt und das Gegenteil ermöglicht: erfüllende positive Zuwendung. Sie ist auch die Grundlage für die Zuversicht, in Zukunft Enttäuschungen und Gefahren überwinden und Erfüllung finden zu können – die Grundlage für Zukunftsoptimismus.

Selbstwertschätzung setzt nun einerseits erste positive Erfahrungen mit akzeptierenden Bezugspersonen (Eltern, Partner, Freunde) voraus und ermöglicht andererseits stärkere Beziehungen zu diesen. Sie wird durch befriedigende Interaktionen mit anderen Menschen und Dingen aufgebaut und bildet andererseits die Grundlage für solche Interaktionen. Denn wer sich selbst mag, kann sich auch ohne Angst, ohne freudlose Zwanghaftigkeit (sofern er zwangfreie Selbstdisziplin gelernt hat), ohne schizoide Kälte oder narzißtische Absorbierung anderen Menschen und Dingen zuwenden und an dieser Zuwendung Freude finden – und dies wirkt wiederum bestätigend, verstärkend auf sein Selbstkonzept zurück und bereichert seine Positiverfahrungen.

Wie ermutigend und beglückend beispielsweise eine Liebesbeziehung zurückwirken kann, hat der Romantiker Friedrich Rückert in seinem Zyklus »Liebesfrühling«, den er vermutlich im Jahr seiner Verlobung (1821) dichtete, so beschrieben:

Daß du mich liebst, macht mich mir wert,
Dein Blick hat mich vor mir verklärt,
Du hebst mich liebend über mich,
Mein guter Geist, mein bessres Ich!

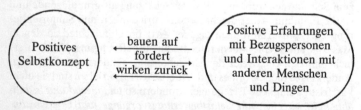

Die Annahme, daß Selbstwertschätzung eine grundlegende Erfüllung und Positiverfahrung bedeutet, wird indirekt durch die oben vorgelegte Untersuchung von Situationsfaktoren bestätigt. Denn dort hat sich gezeigt, daß die Zufriedenheit mit einem Einzelbereich, besonders mit Arbeit und Ehe, immer dann einen wichtigen Beitrag zur Lebenszufriedenheit leistet, wenn in ihr eine starke Selbstwertbestätigung enthalten ist. Sie wird aber auch direkter durch Studien belegt, die auf einen *engen Zusammenhang zwischen Selbstwertschätzung und Lebenszufriedenheit* schließen lassen.

So hat A. Constantinople (1970) in einer Längsschnittuntersuchung über vier Jahre festgestellt, daß die befragten 88 Studentinnen und Studenten sich um so glücklicher fühlten, je geringer ihr Grundmißtrauen und ihre Isolation und je stärker ihr *Grundvertrauen* und ihr *Identitätsgefühl* (im Sinne eines nach Erikson aufgebauten Entwicklungstests) ausgeprägt waren.

A. Campbell (1981) fand bei seiner repräsentativen Umfrage, daß *»Zufriedenheit mit sich selbst«*, das Gefühl, »der Art von Mensch nahezukommen, die man sein möchte«, in hohem Maße, mehr als alle untersuchten Bereichszufriedenheiten, mit allgemeiner Lebenszufriedenheit und positiven Erlebnissen einhergeht. Sie war übrigens so gut wie unabhängig von Einkommen, Schulbildung, Alter und Rasse. Umgekehrt fühlen sich von den (wenigen) Personen, die mit sich selbst unzufrieden sind, außerordentlich viele »nicht allzu glücklich«.

Auf Selbstwertschätzung in dem Sinne, daß man sich Lebenstüchtigkeit zuschreibt und sich wirksam erlebt, läßt auch das sogenannte *»interne Kontrollbewußtsein«* (Internal Locus of Control) schließen. Es bedeutet nach J. B. Rotter (1966) die für bestimmte Personen typische allgemeine Erfolgserwartung, die glaubt, viele Ereignisse durch das eigene Verhalten beeinflussen zu können. Bezeichnend dafür ist die Bejahung von Statements wie: »Jeder hat es selbst in der Hand, wie sein Leben verläuft.« – »Erfolg in Schule und Beruf hängt in erster Linie von eigenen Leistungen ab.« – »Jede enge Beziehung kann glücklich werden, wenn beide Partner sich wirklich bemühen, miteinander auszukommen.« – »Auch der einzelne Bürger kann auf das politische Schicksal seines Landes Einfluß nehmen, wenn er sich nur entsprechend einsetzt.« – »Die meisten Probleme lassen sich lösen, wenn man nur nicht so früh aufgibt.« Umgekehrt meinen Menschen mit ausgeprägtem »externen Kontrollbewußtsein«, ihr Verhalten sei meist wirkungslos, die meisten Ereignisse würden von äußeren Faktoren wie Zufall, Schicksal oder Gesellschaft verursacht.

Nun hat sich gezeigt, daß Personen mit einem hohen Maß an »internem Kontrollbewußtsein« weniger ängstliche, depressive und negative Gefühle und mehr Selbstvertrauen berichten als andere mit geringem oder betont externem Kontrollbewußtsein (D. D. Franks/J. Marolla 1976). Sie fühlen sich sowohl nach der repräsentativen Umfrage von A. Campbell (der allerdings nicht wie die anderen den Rotter-Test, sondern eigene, ähnliche Fragen verwendete) als auch nach mehreren Untersuchungen bei kleineren Gruppen (A. Marcoen/ R. Vanham 1981), besonders bei Älteren (K. E. Gerber 1975; D. W. Reid u. a. 1977; J. A. Mancini 1980), auch viel häufiger glücklich und mit dem Leben zufrieden. Dies gilt auch für jene, die trotz geringen Einkommens, geringer Schulbildung und gesundheitlicher Schwierigkeiten ein starkes internes Kontrollbewußtsein haben.

(2) SICH ANDEREN MENSCHEN POSITIV ZUWENDEN – IN FREUNDSCHAFT, LIEBE UND PROSOZIALEM EMPFINDEN

»Es ist sonderbar, von mir selbst erwarte ich immer so viel und von anderen Menschen so wenig, ich weiß nicht warum ... Wenn man sich bei allem abplagt, neigt man auch dazu, andere auszunützen. Und die grundlegende Selbstachtung, die man haben muß, das ist logisch ... *man kann nicht sich selbst mißachten und andere akzeptieren*. Ich fange gerade an, das zu verstehen. Ich hatte bisher überhaupt keine Selbstachtung. Ich habe mich schrecklich verausgabt und tue es noch, und unbedingt ... ich hielt mich selbst für praktisch wertlos. Und ich sollte nun begreifen, daß ich dies im Grunde auch allen anderen gegenüber getan habe.«

Diese Einsicht äußerte eine Frau spontan beim fünften Gespräch innerhalb einer klientenzentrierten Therapie (E. T. Sheerer 1949). Viele Klienten gehen, wie E. T. Sheerer nachweisen konnte, diesen Weg, der wohl auch der der Normalentwicklung sein wird: Wenn sie durch das Gespräch mit einem verstehenden, ermutigenden Therapeuten in einer ersten Phase genügend Selbstwertschätzung »lernen« konnten, werden sie im Verlauf der weiteren Reifung eher fähig und bereit, ängstliche, verteidigende, aggressive oder bemächtigende Einstellungen gegenüber ihren Mitmenschen abzubauen, die anderen differenzierter mit ihren angenehmen und unangenehmen Eigenschaften zu sehen, sie zu akzeptieren und Beziehungen zu entwickeln, die stärker von *Einfühlung*, Verstehen, Rücksichtnahme und Wertschätzung bestimmt sind und beide Seiten befriedigen. Ein Klient in diesem Stadium: »Ich kann Evelyn akzeptieren und sie mehr lieben. Ich glaube, meine Reaktion ihr gegenüber war wirklich eine heftige

Ablehnung, die mir nicht bewußt war, jetzt aber klar ist – und ich nehme sie an.«

Liebesfähigkeit
Auf der Grundlage von *Einfühlung (Empathie) in Leid und Freude anderer* kann sich eine *Kommunikations- und Liebesfähigkeit* entwikkeln, die von einfacher Kontaktfreude bis zu Freundschaft und Liebe reicht. Sie zeichnet sich dadurch aus, daß man in mitmenschlichen Beziehungen positiv-affektive Zuwendung und Wertschätzung zu empfangen und zu schenken vermag, daß man gefühlsmäßig am Erleben des anderen Anteil nehmen und ihn auch am eigenen Erleben Anteil nehmen lassen kann.

Wer die Bereitschaft zu solchen Beziehungen entwickelt und von seinen Mitmenschen nicht ständig enttäuscht wird, kann darin »sozialen Anschluß« (H. A. Murray) statt Vereinsamung, Geborgenheit statt Angst, Selbstwertbestätigung statt Verachtung, freudige Anteilnahme statt lustloser Apathie, Wärme statt Kälte empfangen und geben. Darum sind solche Beziehungen, wie schon im Abschnitt über Ehe und Familie ausgeführt wurde, für die meisten Menschen die wichtigste Quelle von Glück, Lebenszufriedenheit und Sinn. Um es mit einem Bekenntnis von J. W. Goethe (Gedichte: Willkommen und Abschied. An Friederike Brion) zu sagen:

> Und doch, welch Glück, geliebt zu werden!
> Und lieben, Götter, welch ein Glück!

In der Bilanz einer 48jährigen Sekretärin, verheiratet, zwei Kinder, wird dies in Prosa so umschrieben: »Ich kann nicht behaupten, das Leben sei vollkommen. Ich glaube nicht, daß irgend etwas in dieser Welt je vollkommen ist, aber mein Leben ist sehr, sehr gut. Ich liebe meinen Mann, und er liebt mich. Er ist ein prächtiger Mann, der mich auf tausend Arten sehr glücklich macht. Meine Kinder sind für mich eine ständige Freude. Ich mag meine Arbeit – ich liebe sie nicht, aber sie ist leicht, ich fühle mich wohl bei ihr, die Leute sind nett, und das bedeutet mir viel. Das Leben erscheint mir jetzt und auf Jahre hinaus sehr erfüllt zu sein. Wir machen nicht viel, was andere für sensationell halten mögen, aber wir sind sehr glücklich« (J. L. Freedman 1978, 43).

Liebesfähigkeit als wichtigste Voraussetzung für Glück und Sinnerfüllung – dieser Zusammenhang wird statistisch durch mehrere Stu-

157

dien belegt, nach denen gute Beziehungen zu anderen, vor allem partnerschaftliche gegenseitige Liebe, außerordentlich viel zu Glück und Freude beitragen (J. L. Freedman 1978; C. E. Izard 1981; K. L. De Vogler/P. Ebersole 1981; A. Tolor 1978; G. Sheehy 1981). Für ihn spricht auch die Beobachtung von P. T. Costa/R. R. McCrae (1980) und R. R. McCrae/P. T. Costa (1983), daß Extraversion, das heißt die Neigung zu Kontakten mit anderen, Wärme und Aktivität (Tempo, Kraft), mit Lebenszufriedenheit, positiven Erlebnissen und Optimismus einhergeht.

Eine negative Bestätigung ist die Tatsache, daß Beziehungsprobleme die meisten Menschen außerordentlich belasten. Personen, die verheiratet waren und nun getrennt leben, bezeichnen sich überdurchschnittlich oft als »nicht allzu glücklich« (S. 117). Sie begehen, einer Untersuchung in Südengland zufolge, zwanzigmal so häufig wie Verheiratete und zwölfeinhalbmal so oft wie Nieverheiratete und Verwitwete Selbstmord (FAZ, 7. 4. 1984). Auch bei Selbstmordversuchen von Jugendlichen in der BRD bilden Beziehungsprobleme mit Eltern und Partnern am häufigsten (hingegen Versagen in Schule und Beruf nur am zweithäufigsten) den unmittelbaren Anlaß.

Prosoziales Empfinden und Verhalten
Die in Selbstwertschätzung verwurzelte Einfühlung ermöglicht nicht nur den Austausch von positiv-affektiver Zuwendung in Kontaktfreude, Freundschaft und Liebe, sondern auch *prosoziales Empfinden und Verhalten* in Gerechtigkeit, Rücksichtnahme und Hilfsbereitschaft. Dieses prosoziale Verhalten kann von der Bereitschaft zu gerechter Kooperation über das gelegentliche Zeithaben für andere bis zum beständigen Einsatz für Notleidende reichen – von der Bereitschaft, vorauszusehendes Leid anderer durch Gerechtigkeit und Rücksichtnahme zu vermeiden bis zum Willen, wahrgenommenes Leid anderer zu mindern und ihr Wohlbefinden aktiv zu fördern.

Hier ist hervorzuheben, daß prosoziales Empfinden und Verhalten als Positiverfahrung, *als Sinnerfüllung* (wenn auch seltener als Glück) erlebt werden kann. Gewiß ist prosoziales Verhalten oft nur die freudlose Reaktion eines »Muß-Gewissens« (G. W. Allport), das einen Nachteil (Bestrafung) fürchtet oder unter dem Druck verinnerlichter Man-muß-Normen handelt. Aber daneben gibt es auch Rücksichtnahme und Hilfe aufgrund eines »Sollte-Gewissens«. Der Mensch hat eine zwar oft verkümmerte, aber doch ursprüngliche, nicht erst andressierte Bereitschaft, prosozial statt gleichgültig oder egoistisch und dissozial zu handeln. Weil er sich in das Leid und die Freude anderer einfühlen kann, vermag er sein prosoziales Verhalten als »*altruistische Freude*« (J. Aronfreed 1968, 139) zu empfinden, als *Mitfreude*, die dem tätigen Mitleid folgt, als *Erweiterung und Aufwertung des eigenen Selbst*, als etwas, das sich um seiner selbst willen lohnt und worauf er stolz sein kann, wenn er sich an seinen selbstbejahten Maßstäben von Wert und Unwert mißt – als »Selbstverstärkung« und Sinn. Diese Erfahrung kann in einem nüchternen »Ich finde diese Regelung richtig und bin mit ihr einverstanden« oder auch in einem engagierten »Das hat sich gelohnt; ich freue mich, daß ich hier helfen konnte« bestehen. Eine Kinderkrankenschwester umschrieb sie einmal so: »Und wenn die Kinder nach und nach gesund werden, *freut man sich mit* und denkt: Das war mein kleiner Patient.«

Die Erkenntnis, daß prosoziales Empfinden und Verhalten als Sinnerfüllung erlebt werden kann, hat die in den 60er Jahren begonnene Erforschung helfenden Verhaltens neu entdeckt und plausibel gemacht (E. Staub 1982; H. Heckhausen 1980, Kap. 8; B. Grom 1981, 105–114, 360–366). Als Bestandteil der Arbeitszufriedenheit wurde das Motiv »Dienst am Mitmenschen« bereits (S. 106f.) erwähnt. Daß Dasein für andere, Sich-Engagieren und Helfen Freude bereiten und mit Glück verbunden sein können, hat auch C. E. Izard (1961, 295) gezeigt.

Ein Test im eigenen Bekanntenkreis
Einen aufschlußreichen, wenn auch wissenschaftlichen Maßstäben nicht genügenden Test zu dieser Frage, den B. Rimland (1982) mehrmals mit seinen Studenten durchgeführt hat, können Sie selbst versuchen.

1. Überlegen Sie einmal, welche fünf Menschen Sie *am besten kennen*. Notieren Sie ihre Namen untereinander und beachten Sie: Die Liste soll nicht die Namen der Ihnen sympathischsten, sondern die der Ihnen bekanntesten Personen enthalten.

2. Gehen Sie nun die Namen noch einmal durch und überlegen Sie, ob die angeführten Personen auf Sie einen *glücklichen*, zufriedenen oder aber einen *unglücklichen*, unzufriedenen Eindruck machen. Zeichnen Sie hinter den Namen derer, die Ihnen überwiegend glücklich erscheinen, ein G und hinter den Namen der überwiegend Unglücklichen ein U.

3. Fragen Sie sich nun in einem weiteren Durchgang, ob Sie die angeführten Personen im großen und ganzen eher *selbstbezogen* oder eher *selbstlos* finden. Als selbstbezogen soll hier gelten, wer gewöhnlich dazu neigt, seine Zeit und seine Mittel nur für das eigene Wohlergehen und für eigene Interessen zu verwenden; wer Bitten um eine Gefälligkeit und Hilfe am liebsten mit der Antwort bedenkt: »Ich kann nicht, ich habe keine Zeit.« Als selbstlos gilt, wer in den gleichen Situationen meistens versuchen würde zu helfen. Schreiben Sie in zweiter Reihe hinter den Namen entweder SB (für Selbstbezogen) oder SL (für Selbstlos).

4. Zeichnen Sie nun ein Quadrat, teilen Sie es in vier gleich große Flächen auf und reservieren Sie diese für folgende Kombinationen: »Glücklich und Selbstbezogen« (links oben), »Glücklich und Selbstlos« (links unten), »Unglücklich und Selbstbezogen« (rechts oben), »Unglücklich und Selbstlos« (rechts unten).

G + SB	U + SB
G + SL	U + SL

Tragen Sie die Namen Ihrer Liste in das Quadrat ein, zu dem sie gehören, oder notieren Sie dort einfach die Zahlen, die sich für die einzelnen Kombinationen ergeben.

Es lohnt sich, über die Ergebnisse nachzudenken. Die von Rimlands Studenten eingeschätzten Bekannten, insgesamt fast 2000 Personen, wirkten prozentual so, wie es in der folgenden Übersicht (links) festgehalten ist:

G + SB	U + SB
3,9%	37%
G + SL	U + SL
41,6%	17,5%

G + SB	U + SB
10%	11%
G + SL	U + SL
58%	21%

Die Zahlen variieren von Gruppe zu Gruppe. Bei einem Kreis von 30 Lehrkräften an sozialberuflichen Fachschulen, Menschen, die einen geschärften Blick für das Problem des perfektionistischen und depressiven Helfertyps mitbrachten, ergaben sich einmal die Werte, die oben in der rechten Übersicht angeführt sind. Anders als bei Rimland schienen ihnen die Selbstbezogenen fast ebensooft glücklich wie unglücklich zu sein, und die Unglücklichen sahen sie häufiger bei den Selbstlosen als bei den Selbstbezogenen. Eine Beziehung hält sich jedoch bei allen Stichproben durch: Die Kombination G + SL ist immer stärker als G + SB und U + SL. *Die Glücklichen finden sich häufiger unter den Selbstlosen als unter den Selbstbezogenen, und die Selbstlosen sind eher glücklich als unglücklich.*

»Altruistische Freude« zwischen Egoismus und »Helfer-Syndrom«
Diese Beobachtung bestätigt noch einmal und präzisiert zugleich, daß *eine bestimmte Art von Selbstlosigkeit mit Zufriedenheit, Erfüllung und Selbstverwirklichung einhergeht,* daß es »altruistische Freude« gibt. Dies läßt sich folgern, obwohl Glücklichsein sicher nicht nur Wirkung, sondern auch Ursache oder wenigstens Voraussetzung von Selbstlosigkeit ist. Das spricht für die logotherapeutische Ansicht, daß die positive Zuwendung zu anderen (die soziale Form von Selbsttranszendenz) ein Weg zu psychohygienisch wirksamer Sinnorientierung ist und daß man Glück und Selbstverwirklichung nicht direkt im Umsorgen seiner selbst, sondern in der Ausrichtung auf andere und anderes findet (S. 80ff.). Die Selbstbezogenen (SB) setzen ihre Kraft doch für sich selbst ein, scheinen damit aber seltener glücklich zu werden als jene, die sich für andere verwenden (G + SB ist immer kleiner als G + SL).

Andererseits sind alle Kombinationen vertreten. Es gibt beispielsweise auch – obgleich kaum über 10 Prozent – eine Gruppe von Selbstbezogen-Glücklichen (G + SB). Zu ihnen gehören sicher nicht Personen, die häufig aggressiv gegen andere vorgehen oder sie bewußt ausnützen. Es sind wohl eher die unbekümmerten und weichlichen Egozentriker, die andere nicht schädigen wollen, aber zu wenig für deren Bedürfnisse sensibilisiert sind oder die Ansprüche anderer zwar wahrnehmen, aber nicht gegen die eigene Bequemlichkeit durchsetzen können und weitgehend nur für sich leben. Nicht zu übersehen ist schließlich die Gruppe der *Unglücklich-Selbstlosen* (U + SL). Sie zeigt, daß es *neben der erfüllenden auch eine freudlose Art von Selbstlosigkeit und Anderngerichtetheit gibt*. Diese Kümmerform prosozialen Verhaltens, die die »Nächstenliebe« nicht selten in Verruf gebracht hat, kann auf verschiedenen Ursachen beruhen; sie sind großenteils mit den Begriffen »Helfer-Syndrom« und »Ausbrennen/ Überdruß« zu umschreiben.

Mit einem *»Helfer-Syndrom«* (W. Schmidbauer 1977) ist ein Mensch dann belastet, wenn sein Helfenwollen überwiegend einem zwanghaften, starren Ich-Ideal entspringt, wenn es – psychoanalytisch gesprochen – eher im Dienste des Über-Ichs als des Ichs steht und von einer depressiven Stimmung begleitet wird. Weil es in seiner Entwicklung an einfühlender Zuwendung fehlte, hat er seine Bedürfnisse nach Lust, Zärtlichkeit und Anerkennung verdrängt und nicht geformt, so daß er solche Wünsche nicht äußern kann. Er verleugnet eigene Bedürftigkeit und Schwäche und meidet Beziehungen mit einem gefühlsmäßigen Geben und Nehmen von gleich zu gleich. Die so entstandene Leere überdeckt er durch Beziehungen zu Hilfsbedürftigen und gestaltet auch Privatbeziehungen nach ihrem Vorbild, so daß er dem Ehepartner, den Kindern und Freunden wie ein Arzt, Sozialarbeiter oder Erzieher begegnet. Weil seine Wünsche aber unverarbeitet weiterwirken, neigt er in seinem Helfen zum Überbehüten und Abhängighalten und reagiert auf »Undankbarkeit« mit heftiger Enttäuschung und mit Vorwürfen.

»Ausbrennen/Überdruß« (E. Aronson u. a. 1983) kann Menschen befallen, die zwar ursprünglich Freude an ihrem Beruf hatten, sich als Lehrer, Krankenschwester oder Arzt freiwillig und aus Idealismus für eine schwere Aufgabe entschieden haben, jedoch nach einiger Zeit körperlich und emotional erschöpft sind, ihre Arbeit nicht mehr mögen und sich unglücklich fühlen. Typisch die Junglehrerin, die sich vorgenommen hat, ihren Schülern jede erdenkliche Hilfe zuteil

werden zu lassen und sie ermuntert, sie auch zu Hause jederzeit anzurufen, wenn sie etwas wissen wollen. Sie hielt diese ständige Überbeanspruchung nicht lange aus, ging bald mit Mißbehagen zum Unterricht, kürzte ihre Sprechstunden für Schüler, fürchtete sich vor jeder Begegnung mit ihnen in der Stadt und verlor die Freude am Lehren.

Zum Ausbrennen kommt es dann, wenn jemand in seiner helfenden Tätigkeit kein ausgewogenes Verhältnis zwischen Anteilnahme und Distanz findet, wenn er zu wenig Ausgleich für emotionale Belastungen (etwa bei Schwerkranken oder psychisch Gestörten) schafft, wenn er seine Ohnmacht angesichts von hoffnungslosen Fällen nicht überwinden kann und sich von seiten der Vorgesetzten, der öffentlichen Meinung, der Mitarbeiter oder Bekannten ungenügend unterstützt sieht. Anstatt die »gute Erschöpfung« des Erfolgreichen und Sinnerfüllten zu erleben und nach einer Ruhepause wieder zu neuen Taten aufzubrechen, fühlt man sich – vorübergehend oder chronisch – ausgepumpt und verheizt. Man verliert die Fähigkeit, aus befriedigenden Beziehungen zur Familie oder zu Freunden neue Kraft zu schöpfen. Um dem emotionalen Streß zu entgehen, fühlt man sich auch nicht mehr in die Hilfsbedürftigen ein, sondern behandelt sie distanziert als Fälle, stumpft ab und wird sogar zynisch. Schließlich kann man auch aus seiner ursprünglichen prosozialen Motivation keine Selbstwertbestätigung mehr gewinnen.

Werden das Helfer-Syndrom und das Ausbrennen nicht rechtzeitig erkannt und bearbeitet, so unterdrücken sie persönliche Bedürfnisse, mindern das Selbstwertgefühl und lassen das Erleben verarmen: sie beeinträchtigen Positiverfahrungen.

(3) SICH DINGEN UND WIRKMÖGLICHKEITEN ZUWENDEN – IM GENIESSEN, ERFORSCHEN UND GESTALTEN
Selbstwertschätzung ermöglicht nicht nur Positiverfahrungen in freundschaftlichen und prosozialen Beziehungen mit Menschen, sondern auch in der Hinwendung zu Dingen und Wirkmöglichkeiten: im Wahrnehmen, Genießen, Erforschen und Gestalten. Denn Selbstwertschätzung befreit den Menschen von der ängstlichen Sorge um seine Sicherheit und Anerkennung, ermutigt ihn zum Erkunden und Gestalten der Umwelt und läßt ihn die unvermeidlichen Anstrengungen, Mißerfolge und Frustrationen, die er dabei erfährt, leichter ertragen. Statt intentionaler Hemmung, allgemeiner Angst und Passi-

vität (aus »gelernter Hilflosigkeit« und »externem Kontrollbewußtsein«) kann sich Lust an der Realität der Sachwelt entwickeln.

Ein Beispiel aus der Logotherapie (E. Lukas, 120 ff.): Ein fast 18jähriger Jugendlicher konnte zunächst keine Beziehung zu einer Berufsarbeit finden. Er war der Sohn einer haltlosen Mutter, die ihre zehn Kinder von verschiedenen Vätern hatte und den Jungen bei Verwandten, zumal bei Omas, aufwachsen ließ. Nirgends hatte er die zuverlässige und warme Zuwendung erfahren, die zum Aufbau von Selbstvertrauen und Durchhaltevermögen nötig ist. Der Versuch der Jugendfürsorge, ihn bei Pflegeeltern unterzubringen, scheiterte, da ihn diese zu sehr mit ihren in der Schule erfolgreichen Kindern verglichen.

An jeder Stelle hatte er bisher die Arbeit nach einigen Tagen oder Wochen abgebrochen oder war wegen unbeständiger und unzuverlässiger Arbeit gekündigt worden. Als er beim dritten Arbeitsplatz gescheitert war, sagten sich die Pflegeeltern von ihm los. Danach wurde er noch arbeitsscheuer und nahm nur noch kurzfristige Hilfsarbeiter-Jobs an. Nach 13 vergeblichen Versuchen eines Einstiegs ins Arbeitsleben hielt er sich für unfähig, regelmäßig zu arbeiten, was ihn aber auch sehr bedrückte.

Die Psychotherapeutin machte ihm deutlich, daß ihm wahrscheinlich niemand mehr eine Eingliederung in ein normales Arbeitsleben zutraue und daß er sich selbst wohl auch schon aufgegeben habe. *Sie sei jedoch nicht bereit, ihn aufzugeben. Er solle mit ihr von vorne anfangen und das ihm Mögliche suchen.* Anstatt der verkorksten Erziehung die Schuld an seinen Schwierigkeiten anzulasten und seinen Zustand für unveränderlich zu halten, solle er darauf vertrauen, daß er Arbeitsfreude und Durchhaltevermögen nunmehr selbst lernen könne und müsse. Seine gescheiterten Versuche seien das Lehrgeld dafür. »Andere lernen es durch Erziehung und Vorbild der Eltern, er lerne es eben durch 10 oder 20 mißlungene Selbstversuche.«

Das Vertrauen der Therapeutin gab ihm so viel Selbstvertrauen, daß er neue Versuche wagte. Beim ersten, einer Aushilfe in einem Spielwarengeschäft, scheiterte er, weil er im Verkauf zu unbeholfen war. Die Ermunterung von seiten der Therapeutin gab ihm jedoch die Kraft zu neuen Anläufen. Schließlich übernahm er – es war sein 17. Versuch – Hilfsdienste in einem Blumengeschäft. »Er ist noch dort, und wenn er sich weiter bewährt, hat er sogar die Möglichkeit, noch eine Gärtnerlehre zu beginnen. Dabei ist er so stolz auf seinen

Erfolg, daß er sogar einen Kurs auf der Volkshochschule belegt hat, um seine Rechtschreibkenntnisse aufzufrischen – und sogar den hält er durch.«

Den Mut und die Bereitschaft aufzubringen, um die einem mögliche und einen befriedigende Hinwendung zur Sachwelt zu entwickeln – diese Aufgabe stellt sich grundsätzlich jedem Menschen, der Sinnerfüllung und Glück sucht, auch wenn das ihm mögliche Maß meistens größer sein wird als in diesem Fall eines sehr begrenzten »Wertpotentials«. Jeder Jugendliche muß überlegen, welchen Beruf und welche Freizeitaktivitäten er sich zutraut, wo er einsteigen kann. Und ähnlich müssen der Rentner, die Mutter, deren Kinder erwachsen werden, und jeder, der seinem erlernten Beruf oder seinen bisherigen Hobbys gesundheitlich nicht mehr gewachsen ist, mit Mut und Phantasie neue Möglichkeiten für Arbeit und Freizeit suchen.

Wer auf der Grundlage eines tragenden Selbstwertgefühls die Bereitschaft zu solcher Hinwendung nach außen entwickelt, erfährt gerade nicht eine Verarmung, sondern eine *Erweiterung, Bereicherung und Aufwertung des eigenen Selbst: Werte und (durch sie) Selbstwert*, in der Sprache der Logotherapie: erfüllende Selbsttranszendenz durch »Erlebniswerte« und durch »schöpferische Werte«. Das bedeutet das Gegenteil von Gleichgültigkeit, Langeweile, Passivität und Lebensunlust. Das Gegenteil auch von Flucht in die Betriebsamkeit, Sensation, Konsumwut und in Rauschzustände – Fluchtbewegungen, die nicht innerlich bereichern, sondern nur kurzfristig quälende Leere und Erlebnisarmut überdecken.

Besonders erfüllende Momente der Hinwendung zu Dingen und Menschen hat M. Csikszentmihalyi (1985) als *»flow-Erlebnis«* beschrieben. Schachspieler, Bergsteiger, Rocktänzer, Basketballspieler, Berufskomponisten und Chirurgen schilderten es ihm als sich wiederholenden Augenblick, in dem die Aufmerksamkeit auf eine bestimmte Situation eingegrenzt ist, so daß man alles andere vergißt und derart in seiner Tätigkeit aufgeht, daß man das eigene, lenkende Ich vergißt. Vergangenheit, Gegenwart und Zukunft, Ich und Handlung, Ich und Umwelt – alles »fließt« ineinander. Ein Kletterer: »Man taucht sozusagen in das, was um einen vorgeht, in die Felsen, in die notwendigen Bewegungen... man ist dermaßen absorbiert davon, daß man das Bewußtsein der eigenen Identität verlieren und mit dem Fels verschmelzen könnte.«

Flow ist die Situationsbeherrschung, Kompetenz und Funktionslust, die man auf optimaler Spannungsstufe, im Gleichgewicht zwischen Handlungsanforderung und Fähigkeit erlebt. Er liegt zwischen der Langeweile, die durch Unterforderung – etwa bei Routinearbeiten – entsteht, und der Angst, die eine Überforderung – beispielsweise bei einer kaum zu meisternden Operation oder Bergtour – erzeugt. Flow kann in Freizeit und Spiel, aber auch in beruflicher Tätigkeit erfahren werden. Neben dem intensiven gibt es auch den alltäglichen, nebensächlichen flow (microflow): tagträumen, einen Schwatz halten, spazierengehen, Tennis spielen, summen, pfeifen, zum Vergnügen kochen oder lesen. Wer diese vergnüglich-schöpferischen Pausen unterdrückt und alle Verrichtungen nur noch zweckbewußt ausführt, verliert an Frische und an Kreativität und leidet bald an Müdigkeit und Kopfweh – wie ein Experiment mit 20 Personen gezeigt hat. Offensichtlich braucht man den microflow zur Entspannung und zur Wiederherstellung des Gleichgewichts.

Csikszentmihalyis Betonung des richtigen Anforderungsniveaus vernachlässigt leider den Gesichtspunkt des Ziels und Interesses. Eine Tätigkeit, die wir nach ihrem Vorgehen und Ziel gar nicht wollen, wird uns kaum sehr erfüllen, auch wenn sie genau unserem Können entspricht. Diese Theorie läßt auch zwei praktische Fragen unbeantwortet: Wie lernt man die Fähigkeit zum flow-Erlebnis, die bei Personen aus der sozioökonomischen Unterschicht und mit geringer Schulbildung weniger verbreitet ist, und wie kann man die Berufsarbeit so gestalten, daß sie mehr flow erfahren läßt und sich dem Spiel nähert?

Der Intensität und Ich-Beteiligung nach reicht die erfüllende Hinwendung zur Sachwelt vom einfachen interessierten Aufmerken über das Ergriffenwerden bis zum ekstatischen Hingerissensein, das A. Maslow (1973) als »Höhepunkterfahrungen« (peak experiences) bezeichnet hat. Vom schlichten »Das ist interessant« bis zum Sich-Inspiriertfühlen, wie es F. Nietzsche in seinem »Ecce homo« beschrieb:

... wie ein Blitz leuchtet ein Gedanke auf, mit Notwendigkeit, in der Form ohne Zögern ... Eine Entzückung, deren ungeheure Spannung sich mitunter in einen Tränenstrom auflöst ... ein vollkommenes Außersichsein ... eine Glückstiefe, in der das Schmerzlichste und Düsterste nicht als Gegensatz wirkt ... Alles geschieht im höchsten Grade unfreiwillig, aber wie in einem Sturm von Freiheitsgefühl, von Unbedingtsein, von Macht, von Göttlichkeit ...

Der Richtung, dem Inhalt nach kann die bereichernde Hinwendung zur Sachwelt auf verschiedenen Wegen erlebt werden:

1. *Durch orales und ästhetisches Genießen*, das heißt durch die Befriedigung von höheren Formen von Lust und von Neugier. Wer den Wein einer bestimmten Rebensorte und Lage zu genießen und zu unterscheiden versteht, kann damit ein Vergnügen erleben, das andere, »Geschmacklosere«, nicht kennen. Ähnlich, wer sich eines Aquarells von Nolde oder einer Bachschen Fuge zu erfreuen und diese Werke in ihrer Eigenart zu schätzen weiß.

2. *Durch Entdecken und Erforschen*, das heißt durch Befriedigung des Neugiermotivs. Interessiertsein bedeutet meistens auch Wissenwollen, Zusammenhänge verstehen wollen, Lösungen suchen. Und wer Interesse am Funktionieren von Motoren, am Bestimmen von Pflanzen oder an der Geschichte seiner Heimat entwickelt, kennt Aufgaben, Anregungen und Entdeckungen, die anderen, »Uninteressierten«, verschlossen bleiben.

3. *Durch schöpferisches Gestalten und Bewirken*, das heißt durch Befriedigung der »Wirksamkeitsmotivation«, die dem Menschen ursprünglich ist, die aber je nach der erfahrenen Ermutigung oder Entmutigung verschieden stark entwickelt wurde. Wie wichtig das zwangfreie und erfolgreiche Sich-wirksam-Fühlen in Arbeit, Hobby, Sport, Spiel, Kunst und Zusammenleben für das Selbstwertgefühl und die Lebenszufriedenheit sein kann, wurde im Zusammenhang mit der Arbeitszufriedenheit (S. 107 ff.) und dem internen Kontrollbewußtsein (S. 110, 155) gezeigt.

Drei grundlegende Bedingungen sinnerfüllten Lebens

Bisher wurde dargelegt, welche Persönlichkeitsentwicklung am ehesten Positiverfahrungen ermöglicht. Zwischen diesen Möglichkeiten bestehen nun vermutlich grundlegende Zusammenhänge, die zu berücksichtigen sind. Das wenige, was sich über solche Gesetzmäßigkeiten sagen läßt, soll in drei Thesen zusammengefaßt werden:

1. *Eine »parallele« und flexible Wertorientierung gewährleistet eine reichere und stabilere Sinnerfüllung als eine »pyramidale« und starre.* Wer für eine Vielfalt von Positiverfahrungen aufgeschlossen ist, wer eine »parallele« Wertorientierung (S. 82 ff.) entwickelt, kann eine reichere und stabilere Sinnerfüllung erfahren als jemand, der nur eine einzige Befriedigungsmöglichkeit, eine »pyramidale« Wertorientierung kennt. Er kann, solange ihm alle Möglichkeiten offenstehen, sowohl in der Hinwendung zu Personen wie auch zur Sachwelt, im

aktiven Gestalten wie auch im mehr rezeptiven Erkennen und Genießen Befriedigung finden. Und wenn er infolge einer Erkrankung oder aus Altersgründen eine Behinderung erfährt, kann er von einem Erfüllungsschwerpunkt zu einem anderen überwechseln – sei es durch einen Wechsel des Berufs, der Freizeitaktivität oder des Bekanntenkreises –, was einem, der auf eine einzige Möglichkeit fixiert ist, verwehrt bleibt. Dabei bedeutet Flexibilität nicht einfach Austauschbarkeit und völlige Kompensierbarkeit, sondern nicht fixiert zu sein, einer schwierigen Situation etwas Positives abgewinnen, teilweise verzichten zu können, das heißt *relative* Kompensierbarkeit – und oft genug auch trauern und eine unabänderliche Beschränkung hinnehmen zu können.

So hat schon A. E. Wessman (1956) beobachtet, daß sich Menschen, die mit zwei oder drei Lebensbereichen zufrieden sind, glücklicher fühlen als andere, die nur aus *einem* Befriedigung schöpfen. Und nach G. Sheehy (1981) sagten die Befragten mit optimalem Wohlbefinden sehr häufig, daß sie schwierige Übergangssituationen und Krisen auf kreative Weise meistern konnten, während jene, die starr auf eine bestimmte Zukunftsvorstellung festgelegt waren, eher wenig Lebenszufriedenheit bekundeten.

2. *Jeder muß seine »optimale Spannungsstufe« zwischen einem Mangel und einem Überschuß an Erregung, zwischen einer Unterforderung und einer Überforderung seiner Leistungsfähigkeit suchen.* Wenn das Wahrnehmen, Erleben und Aktivsein zu wenig angeregt und herausgefordert werden, entstehen Langeweile und Unzufriedenheit mit sich selbst. Doch andererseits lassen sich die oben beschriebenen Anreize nicht grenzenlos steigern. Es gibt auch Exzesse im oralen und ästhetischen Genießen, im Pflegen von Kontakten sowie im Forschen, Reisen und Sammeln. Aus ihnen folgt eine Übererregung, die nicht zufrieden, sondern nervös und müde macht. Besonders beeinträchtigend wirken Zielsetzungen, die die Leistungsfähigkeit überfordern. Denn sie führen zu Mißerfolgen, die die wirkliche Selbstwertschätzung beeinträchtigen. So muß jeder seinen Kräften und seinem Entwicklungsstand entsprechend die ihm gemäße »optimale Spannungsstufe« von Anreizen suchen.

3. *Zwischen persönlichen Bedürfnissen und der Hinwendung zu anderen Menschen und zu Sachaufgaben muß sich ein Gleichgewicht einspielen.*

»Altruistische Freude«, Forscherdrang oder Gestaltungswille bieten für entsprechend motivierte und zur Selbstdisziplin gereifte Menschen so viel Befriedigung, daß sie dafür ein hohes Maß an persönlichen Entbehrungen und Anstrengungen in Kauf nehmen können. Doch gibt es auch für diese sich lohnenden »Opfer« eine individuelle Höchstgrenze des Möglichen. Wer sie ständig überschreitet, riskiert eine Verarmung des Erlebens und eine Minderung der Selbstwertschätzung, das heißt eine Blockierung von Positiverfahrungen. Das wurde oben im Zusammenhang mit den Themen »Helfer-Syndrom« und »Ausbrennen/Überdruß« dargelegt.

c) Lernen, über Verlust zu trauern und unabänderliches Leid anzunehmen

Eine Mutter von zwei Kindern versucht vergeblich, das Zerbrechen ihrer Ehe zu verhindern. Bei der Scheidung kann sie nur eines der beiden Kinder, ein 5jähriges Mädchen, behalten; das andere wird vom Vater beansprucht und in eine neue Verbindung mitgenommen. »Ihr« Kind erkrankt bald an einer schweren Krankheit, die die Ärzte irrtümlicherweise für Leukämie halten und mit einer langwierigen Chemotherapie behandeln. Wochenlang besucht die Mutter das Mädchen im Krankenhaus. Sie wird für das von den Gleichaltrigen weitgehend isolierte Kind der einzige Trost und Halt. Es bildet sich ein Vertrauensverhältnis, das stärker nicht sein könnte. Doch die Behandlung hat die Abwehrkräfte des Kindes so geschwächt, daß von nun an jede Erkältung ein lebensgefährliches Problem wird. Mit 12 Jahren muß es wegen einer schweren Grippe längere Zeit im Krankenhaus liegen. Wieder ist die Mutter täglich bei ihm. Nach drei Monaten stirbt das völlig entkräftete Kind an Herzversagen. Die Mutter, die nun die besten Jahre hinter sich hat, kann kaum noch mit einer neuen Heirat rechnen.

Obwohl jeder Mensch Schicksalsschläge auf seine eigene Weise erlebt und bei einer Scheidung oder beim Tod eines Verwandten u. U. auch Erleichterung empfinden kann, ist doch zu vermuten, daß diese Frau ein bedrohliches Maß an Enttäuschung erfährt – vielleicht eine Scheidungsdepression mit Selbstmordimpulsen und danach eine schwere Verlustdepression. Es wäre verwunderlich, wenn sie nicht leiden würde. Wenn ihre Bereitschaft, das Leben noch lebenswert zu finden, zunächst bedroht ist, zeigt dies gerade, daß ihr die zerstörten Positiverfahrungen sehr viel bedeutet haben, daß sie mit ihnen alles verloren hat, was ihr Erfüllung gab.

Wer die affektiven Faktoren eines erfüllten Lebens erforschen will, muß auch auf dessen Bedrohung und Wiederherstellung eingehen.

Wenn man nicht mehr von glückhafter Anerkennung und Liebe getragen wird, wenn das bisher eingespielte Genießen, Entdecken und Wirken mit seinem selbstvergessenen Absorbiertsein vorübergehend oder dauernd ausfallen, wenn der spontane Lebenswille gebrochen ist, stellt sich die Frage, wie man das Gefühl und die Überzeugung erhalten kann, daß sich ein Weiterleben noch lohnt. *Wie kann jemand, der schweres, unabwendbares Leid erfährt*: den Verlust eines geliebten Menschen, das Zerbrechen einer Beziehung, Verkennung, Kränkung durch Unrecht, Schmerz, Behinderung und das Nahen des sicheren Todes, *trotzdem sich und sein Leben als etwas Positives, Wertvolles empfinden*?

Ob jemand angesichts von drohendem Verlust Sinn behaupten kann, dürfte davon abhängen, ob er lernt, Ungewißheit zu ertragen, ohne in Panik zu geraten, in Angst zu erstarren oder zu kapitulieren, ob er Schwierigkeiten sozusagen noch sportlich als Herausforderung nehmen kann (»Jetzt erst recht!«, »Was mich nicht umwirft, macht mich stark.«) und ob er sich emotional und kognitiv noch die Fähigkeit zuschreibt, in Zukunft mit Hindernissen fertig zu werden, und ob er aus diesem Selbstvertrauen heraus Humor und Distanz gegenüber Enttäuschungen, Einschränkungen und Rückschlägen entwickeln kann.

Und wenn einen ein schwerer Verlust nicht nur bedroht, sondern trifft, wie im eingangs geschilderten Beispiel? Wenn das gelassene oder sogar trotzige Sich-nicht-Unterkriegenlassen nicht mehr möglich ist? Wenn der »Triumph des Narzißmus«, der Lustgewinn der »siegreich behaupteten Unverletzlichkeit des Ichs«, den S. Freud (Bd. XIV, 385) für den Kern des Humors hält, nicht mehr gelingt, weil einem das genommen wurde, was bisher Selbstwert und Freude gewährleistet hat?

Dann bleibt einem nur – und das ist nicht wenig – der Weg zu einer Erneuerung der Lebensbejahung durch *Trauerarbeit*. Die Niedergeschlagenheit und Verzweiflung, die einem schweren Verlust folgen, können – wie schon S. Freud in seiner Schrift über »Trauer und Melancholie« (1916) hervorhob – grundsätzlich in zwei Formen erfahren werden. *Normale Trauerarbeit* führt nach einem krisenhaften Desinteresse an der Außenwelt zu einer allmählichen Ablösung von den früheren Bindungen bzw. zu einer nicht mehr schmerzenden Weise der Verbundenheit, so daß wieder neue »Besetzungen« und Befriedigungen möglich werden. Wo dieser Prozeß scheitert, entsteht *krankhafte, chronische Trauer*: Verbitterung, Vereinsamung und

Hoffnungslosigkeit, bei der die Bereitschaft, befriedigende Beziehungen zu anderen aufzunehmen und an irgendwelchen Dingen, Genüssen und Tätigkeiten Freude zu haben, für Jahrzehnte verlorengeht.

DIE PHASEN DER TRAUER

Beim Tod eines Ehepartners, bei einer Scheidung, beim Sterben eines Kindes, beim Scheitern in Ausbildung und Beruf oder bei Erkrankung und Behinderung werden auf eigene Weise Phasen der Trauer erlebt. Auch die Intensität des Schmerzes und die Dauer der Phasen unterscheiden sich von Mensch zu Mensch beträchtlich. Trotzdem kann man, ausgehend von den Untersuchungen J. Bowlbys (1983), C. M. Parkes', I. O. Glicks und anderer über den Verlust des Ehegatten oder Kindes annehmen, daß die normale, gesunde Trauerarbeit vier Phasen durchläuft:

1. *Die Phase der Betäubung*: Viele Menschen können die Nachricht vom Tod eines Nahestehenden (und ähnlich von ihrer eigenen schweren Erkrankung u. ä.) zunächst überhaupt nicht in ihr Bewußtsein eindringen lassen. »Ich war wie vor den Kopf gestoßen«, »Ich konnte es einfach nicht fassen«, »Es erschien unwirklich«, berichten sie später. Sie führen ihr gewöhnliches Leben fast automatisch weiter, bleiben auffallend gefaßt und können u. U. überhaupt nichts fühlen – weil sie ihre Reaktionen noch massiv verdrängen, aus Angst, sie würden von ihnen überwältigt. Doch wird diese Betäubung, die einige Stunden oder auch eine Woche dauern kann, bereits durch Ausbrüche von Angst, Schmerz und Wut unterbrochen.

2. *Die Phase der Suche nach dem Verlorenen oder der Versuche, den Ausgang abzuwenden*: Der Hinterbliebene beginnt nun mehr und mehr, den Verlust wahrzunehmen, schwankt aber noch zwischen der Annahme des Todes und dem Unglauben, daß dieser Tod wirklich eingetreten sei, verbunden mit dem Drang, die verlorene Person zu suchen.

Die Phase beginnt oft mit Anfällen von heftigem Schmerz, mit Weinen und Schluchzen. Gleichzeitig beschäftigt man sich in Gedanken ruhelos und oft schlaflos mit der verlorenen Person. Manche haben gelegentlich das Gefühl, sie sei wieder da, ein Schritt im Gang zeige, daß sie gerade in die Wohnung komme wie früher, oder sie träumen lebhaft von ihr. Viele fühlen sich zum Grab und zu Orten und Gegenständen hingezogen, die sie mit dem Verstorbenen verbinden.

Die ersten Wochen sind auch oft eine Zeit der Wut und der Anklage. Man empfindet Zorn gegen alle, die für den Verlust verantwortlich gemacht werden können: gegen einen Arzt, einen Vorgesetzten oder Geistlichen, der dem Verstorbenen gegenüber nachlässig war, oder auch gegen den Verstorbenen selbst, der zuwenig auf sich aufgepaßt hat, oder auch gegen sich, das Schicksal oder Gott. Diese Vorwürfe wurzeln in dem begreiflichen Wunsch, die Ursachen für die Trennung zu kennen und sie doch noch beseitigen zu können. Ähnlich erheben manche auch nach einem schweren Unfall grundlos Vorwürfe gegen sich und andere, weil sie um jeden Preis das Vertrauen, ihr Schicksal selbst kontrollieren zu können und ihren Glauben an eine »gerechte Welt«, in der es keinen blinden Zufall gibt, aufrechterhalten wollen (R. J. Bulman/C. B. Wortman 1977).

Eltern, die der Arzt über die tödliche Krankheit ihres Kindes aufgeklärt hat, beginnen u. U. hektisch medizinische Informationen zu sammeln, die beweisen sollen, daß ihr Kind eine Ausnahme bildet. Manche klammern sich an das Kind und versorgen es überaus intensiv, als könnten sie dadurch seinen Tod verhindern. Wut auf Ärzte und Krankenschwestern, aber auch Selbstvorwürfe, weil man frühe Anzeichen nicht beachtet habe, sind nicht selten. Erst wenn das Kind monatelang krank war und aufkommende Hoffnungen immer wieder enttäuscht wurden, beginnen sie, die ärztliche Prognose überhaupt zu glauben und vorwegnehmend zu trauern.

3. *Die Phase der Desorganisation und Verzweiflung*: Einen Verlust kann man erst dann als endgültig annehmen, wenn sich die Versuche, ihn rückgängig zu machen, immer wieder als unmöglich erwiesen haben. Alte Muster befriedigenden Fühlens, Denkens und Handelns müssen abgebaut werden, während neue noch nicht gebildet sind. Darum kann ein Trauernder manchmal verzweifeln und keine Zukunft mehr sehen.

Nach dem Tod seiner Frau H. hat der englische Schriftsteller C. S. Lewis (1982, 46) diese Krise in einem Tagebucheintrag so charakterisiert: »Ich glaube, ich fange an zu begreifen, warum das Gefühl der Trauer so sehr dem der Spannung gleicht. Es kommt daher, daß so viele zur Gewohnheit gewordene Impulse vereitelt werden. So viele Gedanken, Gefühle und Handlungen hatten H. zum Gegenstand. Jetzt sind sie ihres Zieles beraubt. Gewohnheitsmäßig setze ich den Pfeil auf die Sehne; dann erinnere ich mich und muß den Bogen niederlegen. So viele Straßen führen die Gedanken zu H. Ich betrete eine. Doch jetzt sperrt sie unausweichlich ein Schlagbaum. Was früher Wege waren, sind jetzt ebenso viele Sackgassen.«

4. *Die Phase der Reorganisation*: Verläuft die Trauerarbeit in gesunder Weise, so geht die dritte Phase bald in eine abschließende vierte über. Der Trauernde gibt nun die Hoffnung auf eine Wiederherstellung der alten Situation endgültig auf, sucht Wege zu einem neuen Selbstverständnis und schmiedet Zukunftspläne, die der Neubestimmung des Selbst und der veränderten Situation gerecht werden. Der Witwer lernt u. U. kochen, die Witwe, für das Einkommen zu sorgen und den Kindern gegenüber auch das zu tun, was bisher der Vater übernommen hatte. Dadurch gewinnt der Trauernde wieder Initiative, Unabhängigkeit, Selbstvertrauen. Er kann wieder neu an Beziehungen, Dingen und Aufgaben Interesse haben und sich und sein Leben als wertvoll empfinden.

WAS HILFT?

Bei der Bewältigung der Trauerarbeit hilft dem Trauernden vor allem die Bereitschaft, seine Gefühle einzugestehen, sie zuzulassen, sie auch auszudrücken (weinend, redend, malend, schreibend) und sich so mit ihnen auseinanderzusetzen. Von seiten anderer hilft ihm vor allem das *verständnisvolle Gespräch*. (Und ähnlich auch das Sprechen mit Gott im Gebet.) Wer trösten will, sollte nicht als »Repräsentant der Realität« (J. Bowlby) auftreten und den Trauernden aus seinen Illusionen reißen wollen. Denn um die Realität weiß dieser im erkenntnisbestimmten Teil seines Selbst längst Bescheid. Was er braucht und was ihm hilft, ist ein Kamerad, dem gegenüber er die Hoffnungen, Wünsche und Vorwürfe, die ihn im rein gefühlsbestimmten Teil seines Wesens bewegen, aussprechen und bei dem er dabei Mitgefühl erfahren kann.

Das hilft dem Trauernden, diese Regungen bewußter zu erleben und klarer zu erfassen. Und es hilft ihm auch, zu erfahren, *daß jemand bei ihm ist*, wenn er Hilfe braucht. Daß er nicht so verlassen und vom Schicksal verfolgt ist, wie es seine größte Angst fürchtet. Im einsamsten Tief läßt einen gerade das Klagenkönnen spüren, daß man sich noch an jemanden wenden kann, daß man nicht allein ist. Das Gespräch mit einem Vertrauten gibt einem darum wieder Vertrauen in sich selbst. Das kann der andere durch seine Zuversicht noch verstärken. Daraus kann einem die Kraft zuwachsen, den Verlust anzunehmen, mit ihm zu leben, wieder eine bessere Zukunft zu sehen.

Nach einem schweren Verlust ist das Leben meistens nie mehr dasselbe wie zuvor, auch wenn sich wieder neue Positiverfahrungen erschließen. Auch schränken Schicksalsschläge wie Erblindung, Lähmung, dauernde Schmerzen, chronische Krankheit und Nachlassen der Kräfte im Alter die Möglichkeiten von früherem wie auch von neu gefundenem Genießen, Forschen und Wirken zum Teil endgültig ein. Ob jemand sein Leben dann trotzdem noch sinnvoll finden, Einstellungswerte entdecken und an seinem Leiden reifen kann, ist für das Verkraften des Schicksalsschlages und das Wohlbefinden des Betroffenen von größter Bedeutung (R. J. Bulman/C. B. Wortman 1977). Diese Um- und Einstellung hängt nicht nur von den affektiven Zuständen und Verhaltensmustern eines Menschen ab, sondern auch von seinen mehr oder weniger bewußten Wertungen und Überzeugungen: von kognitiven Faktoren.

3. Kognitive Faktoren: Ist Glück auch Ansichtssache?

Wenn jemand dank der emotionalen Unterstützung, die er in seiner Kindheit von den Eltern oder später von seiten eines Psychotherapeuten oder anderer Personen erfährt, lernt, sich, die Mitmenschen und die Sachwelt positiv zu erleben, so lernt er dabei immer auch, dies alles positiv wahrzunehmen und zu werten. Der Mensch reagiert nicht einfach auf eine Situation, sondern auf eine Situation, wie er sie wahrnimmt und bewertet. Positiverfahrungen sind immer auch an bestimmte *Wahrnehmungen und Wertungen und damit an kognitive Faktoren* gebunden. Welche dieser Faktoren verhindern Wohlbefinden, welche begünstigen es?

Intelligenz als sprachliches und begriffliches Unterscheidungsvermögen, wie es von den gängigen Tests gemessen wird, hat keinen direkten Einfluß auf das Glücksgefühl (L. Sigelman 1981). Das »glückliche Denken«, das Wohlbefinden fördert, scheint eher eine Art Weisheit zu sein. Worin sie besteht, ist in etwa zu ermitteln, wenn man die erwähnten affektiven Bedingungen von Positiverfahrungen auf ihre kognitive Entsprechung hin untersucht. Dabei schälen sich als Schwerpunkte realistisches Denken und Selbstzutrauen sowie die Überzeugung vom objektiven Wert und Sinn des Lebens heraus.

a) Realistisch denken und sich etwas zutrauen

Betrachten wir zuerst die *Selbstwertschätzung*, die sich als grundlegende zentrale Bedingung erwiesen hat (S. 150 ff.). Sie erfordert »kognitiverseits« ein *Selbstkonzept*, das an sich mehr »gute«, zustimmungswürdige als »schlechte«, abzulehnende, beschämende Züge findet.

Die dazu angeführten Beispiele aus der psychologischen Beratung (S. 151, 156f., 164f.) dürften auch deutlich machen, daß ein solches positives Selbstkonzept nie – wie etwa eine naturwissenschaftliche oder organisatorische Erkenntnis – allein durch Information und Schlußfolgerung aufgebaut wird, sondern immer einer ermutigenden mitmenschlichen Beziehung bedarf.

Zu einem positiven Selbstkonzept gehört auch die Fähigkeit, *sich von Selbstwertminderungen zu distanzieren*, die sich im Gefolge eines normalen Stimmungstiefs oder einer Erlebnisstörung (S. 144ff.) zunächst spontan und weitgehend unbewußt einstellen. Es ist die Fähigkeit, dem dunklen Drang zur Selbstverneinung entgegenzuarbeiten, indem man sich seine besseren Seiten vergegenwärtigt und etwa sagt: »Heute sehe ich mich zu negativ und erinnere mich nur an Kränkungen und Mißerfolge, weil ich müde und gereizt bin«, oder: »Jetzt bin ich in Gefahr, mich wieder so klein zu machen, wie ich es als Kind tat...«

Positives Selbstkonzept und Lebenszufriedenheit setzen aber auch die Fähigkeit voraus, *sich auf erfüllbare Erwartungen an sich und an die Lebensverhältnisse zu beschränken* und das Gelungene und Erreichte auch als Erfolg wahrzunehmen. Man kann sich leicht dadurch minderwertig und unglücklich machen, daß man Zuneigung und Anerkennung, die man tatsächlich erhalten hat (beispielsweise durch Eltern, die fürsorglich, aber autoritär waren) und erhält, übersieht. Ähnlich kann man Erfolge nur als Vermeidung von Schlimmerem betrachten und damit systematisch abwerten.

Die »Rational-emotive Therapie« von Albert Ellis und ähnliche »kognitive« Therapien zielen unter anderem darauf ab, unerfüllbare Forderungen an sich und ans Leben abzubauen. Als »irrationale Ideen«, die bei der Erforschung des eigenen Verhaltens, Fühlens und Denkens als Ursache von Minderwertigkeitsgefühlen, Neid, Haß und Aggression bewußtzumachen und zu überwinden sind, nennt A. Ellis (1978) beispielsweise:

– »Die Meinung, es sei für jeden Erwachsenen absolut notwendig, von praktisch jeder anderen Person in seinem Umfeld geliebt oder anerkannt zu werden.«
– »Die Meinung, daß man sich nur dann als wertvoll empfinden dürfe, wenn man in jeder Hinsicht kompetent, tüchtig und leistungsfähig ist.«
– »Die Vorstellung, daß es schrecklich und katastrophal ist, wenn die Dinge nicht so sind, wie man sie gerne haben möchte.«

Realistisch denken und sich etwas zutrauen – das gehört im kognitiven Bereich auch zu den anderen genannten Erfüllungsmöglichkeiten: zur befriedigenden *Zuwendung zu anderen Menschen, Dingen und Wirkchancen*. Sie erfordern einerseits einfach *Kenntnisse* von solchen Möglichkeiten: Wer nie etwas von Sporttauchen oder Volkstanz erfahren hat, kann darin auch keine Befriedigung finden. Andererseits setzt eine befriedigende Hinwendung zur Außenwelt auch voraus, daß man sich die Fähigkeit zuschreibt, unter den gegebenen Umständen zum Ziel zu kommen (was wiederum Bestandteil eines positiven Selbstkonzepts ist):

– *Die Fähigkeit, die Zuneigung und Anerkennung anderer zu erwerben* (in Freundschaft, Liebe, Achtung) und befriedigende Beziehungen zu ihnen aufbauen zu können. Auch die Fähigkeit, in einer unterstützenden, helfenden Beziehung das Wohl anderer fördern zu können.

– *Die Fähigkeit, bestimmte Formen des Genießens, Erforschens und Wirkens auf befriedigende Weise lernen und praktizieren zu können.*

Diese Überzeugung von der eigenen Beziehungs-, Genuß- und Wirkfähigkeit muß in vielen Fällen neu geweckt bzw. behauptet werden. Neu zu wecken ist sie bei allen, die meinen, ihre Probleme mit dem Aufbauen einer Beziehung, dem Finden von Lebensfreude, dem Ergreifen von Initiativen, dem Erbringen einer Leistung und der Übernahme von Verantwortung seien schlechterdings unabänderlich und unüberwindbar. Nicht selten wird diese fatalistische Einstellung mit einem angelesenen populärwissenschaftlichen *Determinismus* begründet, dem zufolge der Mensch nach ehernen Gesetzmäßigkeiten der bleiben müsse, der er durch eine bestimmte Körperkonstitution, Schichtzugehörigkeit und Erziehung geworden sei. Damit fixiert man die »erfüllbaren Erwartungen« auf ein Minimum, bevor man die Chancen, glücklicher zu werden, gewagt und ausgereizt hat.

Deshalb betont beispielsweise die Logotherapie (S. 82), eine »Einstellungsmodulation« müsse mit dem Versuch beginnen, den entwicklungsblockierenden Determinismus des Klienten aufzulösen und die Zuversicht zu wecken, trotz der mitgebrachten Belastungen und trotz bleibender Grenzen eine positivere Entwicklung zu erproben. Keiner müsse einfach der typische Kleingewachsene, Herzkranke, Überbehütete, Mittelschichtangehörige oder Depressive sein, auch wenn er mit einem solchen Schicksal antrete; es gelte auch die Chance zur Nachreifung und Weiterentwicklung zu nutzen (V. E. Frankl 1983, 96 ff.; E. Lukas 1980, 117 f.).

Zu behaupten und zu erhalten ist die Überzeugung von der eigenen Beziehungs-, Genuß- und Wirkfähigkeit auch dadurch, daß man lernt, *Mißerfolge und Gefahrensignale unverzerrt wahrzunehmen und flexibel darauf zu reagieren.* Das heißt: der Neigung zum *Übergeneralisieren* und *Katastrophisieren* entgegenwirken und diese Ursachen von ständig bedrückender Angst ausschalten (siehe M. Hautzinger/S. Greif 1981). Also aus dem ersten gescheiterten Versuch, mit einem netten Mädchen näher bekannt zu werden, nicht gleich folgern, daß sich nie eine Frau für einen interessieren wird, und Magenschmerzen nicht gleich als sicheres Anzeichen für Krebs deuten.

Schließlich gehört dazu auch die Überzeugung, daß man sogar einer Behinderung etwas Positives abgewinnen kann. Sie ist freilich das Ergebnis einer erfolgreichen Trauerarbeit und Bewältigungsstrategie, deren Eigenart indes noch wenig erforscht ist. So meinten von den Personen, die infolge einer Wirbelsäulenverletzung an zwei Extremitäten teilweise oder ganz gelähmt waren und die durchschnittlich nur geringfügig weniger Lebenszufriedenheit äußerten als ihre nichtbehinderten Altersgenossen, 62 Prozent, die Behinderung habe für sie auch eine positive Bedeutung. Ihre Werte hätten sich verändert; sie hätten mehr Selbstwahrnehmung und mehr Einfühlungsvermögen für die Bedürfnisse anderer gelernt und die Beziehungen zu den Mitmenschen sowie den Einsatz ihrer intellektuellen Fähigkeiten stärker entwickelt (R. Schulz/S. Decker 1985).

b) *Vom objektiven Wert und Sinn des Lebens überzeugt sein*

Der 1909 in Rumänien geborene und in Paris lebende Schriftsteller und Vertreter des »absurden Theaters« Eugène Ionesco bekennt einmal von sich (Tagebuch, Darmstadt 1969, 37 f.): »Was hätte ich alles machen, was hätte ich alles hervorbringen können, wäre nicht diese unvorstellbare, enorme Müdigkeit gewesen, die seit ungefähr fünfzehn Jahren oder vielleicht noch länger auf mir lastet. Eine Müdigkeit, die mir das Arbeiten, aber auch das Ausruhen verwehrt, die mich *das Leben nicht genießen läßt*, die mich hindert, mich zu freuen, mich zu entspannen, und die es mir *unmöglich macht, mich mehr den anderen zuzuwenden*, so wie ich es gern gewollt hätte, statt mein eigener Gefangener zu sein, Gefangener meiner Müdigkeit, dieser Last, dieser Bürde, die die Bürde meiner selbst ist: Wie sich andern zuwenden, überwältigt vom eigenen Ich? Kein Arzt unter den dreißig oder vierzig, die ich konsultiert habe, keiner hat es verstanden oder vermocht, diese unendliche Mattigkeit zu heilen, wahrscheinlich, weil keiner von ihnen dem Übel auf den Grund gegangen ist, seinen Ursprung erforscht hat. Ich begreife von Mal zu Mal besser, was die *Ursache dieser Erschöpfung ist: Es ist der Zweifel, es ist die ewige Frage ›wozu‹,* die von jeher in meinem Geist Wurzeln geschlagen hat und die ich nicht ausreißen kann. Ach, wenn das ›wozu‹ in meiner Seele nicht gekeimt hätte, wenn es später nicht gewachsen wäre, bis es alles andere überwuchert und die anderen Pflanzen erstickt hat, dann wäre ich wohl ein anderer Mensch geworden, wie man so sagt.«

In seiner Kindheit und Jugend, so Ionesco an einer anderen Stelle (S. 166), habe er Erfüllung gekannt, in »seltenen Augenblicken ekstatischer Euphorie« eine »absolute Präsenz« gespürt und alles für gerechtfertigt gehalten. Aber die nicht beantwortete Frage »wozu?«, die besonders der Gedanke an Tod und Vergänglichkeit in ihm aufwerfe, habe eine Leere und Traurigkeit entstehen lassen, die seine privaten und künstlerischen Erfolge – Heirat, Vaterschaft, Ehrungen – und auch ein gelegentlicher Rausch nur flüchtig überdecken konnten. Für dieses Grundproblem habe er damit nur Ablenkungen, keine Lösungen gefunden. »Leben ist Unglück« (S. 29).

Ionescos Selbstanalyse weist auf einen Zusammenhang hin, dem Psychologen und Sozialwissenschaftler nur ungern nachgehen, weil sie dabei auf die Grenzen ihrer Zuständigkeit stoßen: Der Zweifel, die nihilistische Skepsis, ob es ein Wozu gibt, hindert Ionesco und hindert viele andere, sich auf befriedigende Weise anderen Menschen zuzuwenden und das Leben zu genießen. Mit dieser Wozu-Frage ist offensichtlich »Sinn« gemeint, jedoch nicht als Problem, ob das Leben zweckdienlich, sondern ob es zustimmungswürdig ist. Wie entsteht und worin besteht dieses *kognitive Sinnbedürfnis*, das für das Erleben so wichtig sein kann? Beim Versuch einer Antwort gehen wir am besten von den im vorangegangenen Kapitel dargestellten affektiven Erfüllungsmöglichkeiten aus.

Selbstwertschätzung

Gerade dann, wenn ein Mensch auf ausgeglichene Weise, ohne narzißtischen Bestätigungsdrang und ohne manische Erregung (S. 146ff.) lernt, sich wertzuschätzen, kann sich die Frage einer grundsätzlichen Selbstannahme stellen: Welchen Wert habe ich selbst aufgrund der Fähigkeiten, die ich mir zuschreibe und die meine Umgebung für wichtig hält – aber auch unabhängig von diesen Fähigkeiten? Bin ich, ist der Mensch nur wegen der Eigenschaften und Leistungen, die andere von ihm erwarten, wertvoll? Hat er nur die Bedeutung, die ihm von den Bedürfnissen und Wünschen der anderen und von den Wertmaßstäben einer bestimmten Gesellschaft und Kultur zuerkannt wird? Oder hat er einen *Selbstwert, eine Würde, so daß sein Dasein um seiner selbst willen lebenswert* ist, selbst wenn er als ein Pflegefall nur noch Empfänger, nicht mehr Geber von Arbeitsleistungen ist oder wenn er von einem System nur als Arbeitskraft behandelt oder sogar als gefährlich in Haft genommen wird?

Hat der Mensch – ich und der andere – diesen Selbstwert nur, solange er ihn sich in ungebrochenem Lebenswillen zuschreibt? Oder hat er ihn, weil er unabhängig von der Gesellschaft, ja unabhängig von ihm selbst, von einer Instanz bejaht wird, die über jeder Menschenautorität, -willkür und -laune steht? So daß ich mir auch in Momenten der Lebensunlust und der Selbstverachtung (aber natürlich auch, wenn andere mir das Recht auf Leben absprechen) sozusagen gegen mich selbst und zugunsten von mir selbst dieses unbedingte Ja vergegenwärtigen kann?

Zuwendung zu anderen Menschen
Hier wird man sich immer wieder fragen, welche Beziehungen man über- bzw. unterschätzt. Oder: Was ist an meiner Rücksichtnahme und Höflichkeit nur anerzogen, was bejahe ich aus eigener Überzeugung, und worauf stützt sich diese? Sind Lieben und Geliebtwerden nur sublimierte Entladungen einer Triebspannung oder (auch) ein bei vollem Bewußtsein zu bejahendes Angezogenwerden von einem Wert in sich, weil ein Mensch grundsätzlich um seiner selbst willen liebenswert sein kann? Wer letzteres annimmt, kann sich wohl unbefangener, herzhafter anderen zuwenden als jemand, der es verneint.

Das gilt auch für alle Rücksichtnahme, Gerechtigkeit und allen solidarischen oder helfenden »Dienst am Nächsten«. Wer prosoziale Ideale nur auf erziehungsbedingte Über-Ich-Zwänge, sozial angepaßte Sublimierungen oder narzißtisches Überlegenheitsstreben zurückführt (»Alles nur Helfer-Syndrom!«) – so sehr diese Motive mitwirken mögen –, wird darin auch nicht die Anderngerichtetheit und die »altruistische Freude« erleben können, die von der Überzeugung ausgeht: »Das ist (war) gut; hier habe ich einer Verantwortung gerecht zu werden, es ist wichtig.«

S. Freud, dessen Pflichtgefühl als Arzt und Mensch außer Zweifel steht, hat in einem Brief an seinen amerikanischen Freund J. J.

Putnam einmal gestanden, daß er die Frage nach einer ethischen Begründung nicht zu beantworten wisse:

»Wenn ich mich frage, warum ich immer gestrebt habe, ehrlich, für den anderen schonungsbereit und womöglich gütig zu sein, und warum ich es nicht aufgegeben, als ich merkte, daß man dadurch zu Schaden kommt, zum Amboß wird, weil die anderen brutal und unverläßlich sind, dann weiß ich allerdings keine Antwort. Vernünftig war es natürlich nicht.« (Sigmund Freud, Briefe 1873–1939, Frankfurt 1960, 305)

Im gleichen Brief meint Freud, die Bereitschaft mancher Menschen zu Anstand und Humanität werde sich eines Tages wohl als »Triebsublimierung« erklären lassen. Doch dann stellt sich, wie V. E. Frankl (1975, 272) deutlich machte, die Frage: *Wozu* soll ich sublimieren? Und warum reifen, statt zu regredieren? Darauf muß die Psychoanalyse die Antwort schuldig bleiben oder aber erwidern: um der Kultur, um der Menschen willen – was dann doch wieder eine ethische Begründung wäre. Sie muß in jedem Fall anerkennen, daß die kognitiven Vorgänge, zu denen der Mensch fähig ist und die für seine Orientierung wichtig sind, nicht nur auf eine Realitätsprüfung im Sinne einer bloßen Erkenntnis von Hindernissen, Wegen und Umwegen zum Lustgewinn zielen, sondern auch auf eine Wertprüfung (S. 80ff.).

Hinwendung zur Sachwelt

Auch beim Genießen, Entdecken und Gestalten fragen viele Menschen nicht nur nach dem Anregungswert für die eigenen Lust-, Neugier- und Wirksamkeitsbedürfnisse, sondern auch nach dem Wert der Sache selbst. Ein Architekt, der seine Ideen ausführen und erfahren kann, wie er damit Menschen nützt, wird sich über seine Tätigkeit mehr freuen als einer, der nur Pläne für die Schublade entwirft, obwohl er dabei doch auch seine Kreativität erlebt. Ebenso wäre es kaum eine voll befriedigende Erfahrung des Wirksamseins und der Kompetenz, wenn jemand immer neue Muster für Pullover entwerfen, diese stricken, dann aber jeweils wieder auflösen würde.

Sowohl das Genießen als auch das Entdecken und Bewirken werden auch *von der Sache, vom Ziel her bewertet*. So stellt sich immer auch die Frage, nach welchen Maßstäben wir eine *Werthierarchie* aufbauen können, die nicht nur von unserer Erziehung, Umgebung oder unserem Bedürfnis nach Spannung auf »optimaler Stufe« her bestimmt ist. Gibt es einen »*Werthöhensinn*«, wie es der Ethiker N.

Hartmann (1962, 388 f.) nannte, ein vergleichendes Werten, ein reflektierendes Qualitätsbewußtsein, ein Ordnen der Leitwerte, an denen wir unsere Selbstverstärkungen und Selbstbewertungen ausrichten können? Können wir unsere Vorlieben und Pflichten in eine begründete Rangordnung bringen, die uns Richtung und Identität gibt, oder ist von der Sache her, objektiv, alles gleich?

Ein 26jähriger Mann, der in der Werbebranche jährlich über 30000 Dollar verdiente und über keinerlei gesundheitliche oder seelische Schwierigkeiten klagen konnte, hat die Zweifel, die ihn pessimistisch stimmten, einmal so zusammengefaßt: »Mein Leben war in den letzten Jahren toll – eine Menge Geld, Frauen, Freunde und jede Art von Aktivität und Reisen. Mein Job ist gut, und ich fühle mich in ihm wohl. Auch die Zukunft sieht gut aus – ich werde dieses Jahr wahrscheinlich befördert und noch viel mehr Geld verdienen und Freiheit haben, um zu tun, was ich will. Aber all das scheint keinerlei Bedeutung für mich zu haben. *Wohin führt mein Leben, warum tue ich das, was ich tue?* Ich habe den Eindruck, daß ich dahinziehe, ohne mich je wirklich zu entscheiden oder zu wissen, welches meine Ziele sind. Es ist, wie wenn man auf eine Straße kommt und flott dahinfährt, aber nicht weiß, warum man gerade diese Straße wählt oder wohin sie führt« (J. Freedman 1978, 195 f.).

Eine einzelne Positiverfahrung wird schließlich auch von dem Sinn her wahrgenommen und bewertet, den man dem gesamten Lieben, Genießen, Entdecken und Gestalten zuweist, das das ganze Leben ausmacht. Es fragt sich: Ist das *Leben im ganzen* »ein Unglück« (E. Ionesco) und eine »ziemlich unverständliche und nicht immer amüsante Komödie« (so S. Freud in einem Brief an Arthur Schnitzler zu dessen 60. Geburtstag) – oder ist es »trotz allem« ein Geschenk und eine lohnende Aufgabe? Wer ersteres annimmt, wird auch die einzelne Befriedigung, das einzelne »Fluß-Erleben« nur als ein kurzes, rauschhaftes Vergessen der großen Leere und als Äußerung eines blinden Lebensdranges betrachten, während einer mit einer positiveren Gesamtsicht darin die wohlbegründete Hinwendung zu einem Leben und einer Welt sehen kann, die, alles in allem, dankbare Zustimmung verdient. Gewiß haben Menschen wie S. Freud oder E. Ionesco trotz ihrer skeptischen Einstellung ein sehr kreatives und engagiertes Leben geführt. Sicher ist aber auch, daß sie es mit einer positiveren Weltanschauung befriedigender erfahren hätten; es hätte eine andere Bedeutung für sie gehabt.

Ist das Leben in seinen einzelnen Erfahrungen und Phasen sowie im ganzen sinnlos oder sinnvoll? Und wenn es sinnvoll ist, wodurch wird es das? Die Sozialwissenschaften und die Psychologie können mit ihren Mitteln diese Frage nicht entscheiden; sie müssen sie einer philosophischen und theologischen Reflexion überlassen. Sie dürfen aber auch nicht übersehen, daß sie für das Wohlbefinden des Menschen von großer Bedeutung sein kann. Die Sinnfrage entspringt der Wertprüfung. Sie wird von manchen nur intuitiv, von anderen reflektiert gestellt. Sie kann auch unentwickelt bleiben oder ausgeblendet und verdrängt werden: durch einen Kampf ums Überleben, der einem keine Zeit zum Nachdenken mehr läßt, aber auch durch die gewollte Flucht in solches Nicht-Nachdenken, durch die Flucht in eine hektische Form von Arbeit (workaholism), gesellschaftlichem Leben, Konsum, Nervenkitzel, »action« (R. Döbert 1978). Ob Nachdenken gefördert oder verdrängt wird, hängt immer auch vom Lebensstil der Umgebung und Erziehung ab. Von der Psychologie her ist folgendes zu vermuten:

– Eine *Verdrängung* der Sinnfrage erspart einem Menschen zwar belastende Zweifel und die Mühe des kritischen Suchens, verhindert aber auch Neubewertungen und überhaupt eine freie, auf Überzeugungen gestützte Selbststeuerung.

– Eine *skeptische oder nihilistische Beantwortung* der Sinnfrage verweigert der (spontanen oder gebrochenen) Bereitschaft, Glück, Lebenszufriedenheit und Sinn zu erfahren, die Rechtfertigung und die Gewißheit, die nur aus einer reflektierten Wertüberzeugung, aus einer Wertprüfung resultieren können. Sie verweigert die Bestätigung, daß es Ziele gibt, die um ihrer selbst willen, an sich, nicht nur aufgrund gesellschaftlicher Konvention oder persönlicher Willkür zustimmungswürdig sind. Dadurch kann sie die Hingabe an solche Ziele (Selbsttranszendenz) mehr oder weniger stark hemmen. Die einen erleben diese Hemmung ziemlich undramatisch als Zweifel am Sinn ihres sonst gut funktionierenden Lebens (M. Héraud 1977). Andere empfinden eine Leere, wie sie infolge von Erlebnisstörungen erfahren wird (S. 144ff.) – hier jedoch aufgrund eines Mangels an Wertüberzeugungen, also kognitionsbestimmt.

– Eine *positive Sinnüberzeugung* kann die Bereitschaft zu Glück, Lebenszufriedenheit und Sinnerfüllung – sofern sie auch durch affektive Beziehungen und Anreize gefördert und nicht nur begrifflich gelehrt wird – durch die Gewißheit ermutigen und stützen, daß die eigene Person, die Mitmenschen und die Hinwendung zur Sachwelt grundsätzlich um ihrer selbst willen zu bejahen sind. Daß Freude und Einsatz in dieser Ausrichtung gerechtfertigt sind: »Es ist nicht sinnvoll, weil es beglückt, sondern es beglückt, weil es sinnvoll ist« (N. Hartmann 1955, 265).

Eine positive Sinnüberzeugung kann reflektiertere Positiverfahrungen ermöglichen, die in Frustrationen krisenfester sind. Sie kann auch eine gegenüber der Erziehung und der Umgebung eigenständigere und qualitätsbewußtere Selbststeuerung (Autonomie) gewährleisten. Sofern sie nicht zur indoktrinierten Formel erstarrt, bildet sie sich ja gerade durch die kritisch-konstruktive Auseinandersetzung mit vorgefundenen Normen und Erwartungen – als selbstverantwortete Werthierarchie und Identität.

Positive Sinnüberzeugung, beispielsweise Religiosität, als Ressource von Wohlbefinden?

Gibt es statistische Hinweise darauf, daß eine positive Sinnüberzeugung die eben theoretisch vermutete stützende und steuernde Funktion hat, und zwar nicht nur in Einzelfällen, sondern bei einem nennenswerten Teil der Bevölkerung?

Unter dieser Rücksicht liegt es nahe, auch *Religiosität* in die Positivforschung einzubeziehen und nach ihrer Beziehung zu psychischem Wohlbefinden zu fragen. Denn die Grundüberzeugungen der Hochreligionen erkennen dem Leben in herausragender Weise einen positiven Sinn zu – was nicht ausschließt, daß es auch Sinnüberzeugungen ohne religiöse Begründung gibt. Außerdem ist Religiosität trotz des Wandels, dem die Religionsgemeinschaften in den westlichen Gesellschaften unterworfen waren, für die überwiegende Mehrheit der Bevölkerung ein Bestandteil ihres Selbst- und Weltverständnisses. Bei einer breit angelegten Umfrage (1981) erklärten 75 Prozent der Westeuropäer und 95 Prozent der US-Amerikaner, daß sie an »Gott« glauben (wie immer man ihn im einzelnen auffassen mag), und 60 Prozent der Westeuropäer meinten, dieser Glaube sei für sie »wichtig« oder »sehr wichtig« (J. Stoetzel 1983).

Mehrere Untersuchungen berechtigen zu der Annahme, daß *Religiosität*, die freilich von Gruppe zu Gruppe und von Mensch zu Mensch verschieden ist, *tendenziell mit Glücklichsein, Lebenszufriedenheit und Sinnerfüllung einhergeht*. Dieser Zusammenhang ist nur schwach bis mittelstark ausgeprägt, aber überzufällig. Er bestätigt die oben vertretene Ansicht, daß Religiosität nicht direkt, wie ein Antidepressivum oder Stimulans, sondern indirekt, durch ihre kognitive Stützung und Steuerung das Wohlbefinden beeinflußt – und zwar nicht »alleinseligmachend«, sondern als ein wichtiger Faktor unter vielen.

Über diesen allgemeinen Zusammenhang hinaus wäre freilich genauer zu untersuchen, ob bestimmte Merkmale von Religiosität (optimistische Sicht, Integration in die Gemeinschaft Gleichgesinnter, persönliches Gebet) mit bestimmten Merkmalen psychischen Wohlbefindens (Selbstwertschätzung, Zuwendung zu anderen, Halt in Schwierigkeiten) in Beziehung stehen. Dazu wurde bisher folgendes ermittelt:

Nach einer für die erwachsene US-Bevölkerung repräsentativen Untersuchung der Lebensqualität (1971) äußerten Befragte, die Religiosität für wichtig erachteten, mehr *Lebenszufriedenheit und Vertrauen, ihr Leben gestalten zu können* (»persönliche Kompetenz«) als andere, die von Religiosität nichts hielten (C. K. Hadaway 1978). Derselben Befragung zufolge ist vor allem das Empfinden, das eigene Leben sei »*wertvoll*« (im Gegensatz zu »unnütz«), bei religiös eingestellten Menschen häufiger und ausgeprägter als bei Nichtreligiösen (C. K. Hadaway/W. C. Roof 1977/78).

Dieses Plus an Sinnerfüllung beruht sicher auch auf der Integration in eine Glaubensgemeinschaft. Doch Integration und Befriedigung sozialemotionaler Bedürfnisse als solche kann man auch außerhalb von Glaubensgemeinschaften in zahlreichen Vereinen und Gruppen finden. Tatsächlich ist bei den Religiösen die *Zugehörigkeit zur Religionsgemeinschaft* (gemessen nach der Häufigkeit des Gottesdienstbesuches und nach der Aussage, man gehöre zu einer Kirche bzw. Synagoge) für die Wertschätzung des Lebens weniger voraussagekräftig als die *Bedeutung des Glaubens*, das heißt der Rang, den man innerhalb von fünf Stufen zwischen »äußerst bedeutsam« und »überhaupt nicht bedeutsam« dem eigenen Glauben zuerkennt. Zwischen dem Grad der Werthaftigkeit, den das Leben für einen hat, und der Bedeutung des Glaubens bestehen folgende Beziehungen:

| Werthaftigkeit | Bedeutung des Glaubens | | | | |
| des Lebens | äußerst bedeutsam | | | | überhaupt nicht bedeutsam |
	(5)	(4)	(3)	(2)	(1)
(1) Hoch	58,9 %	44,9 %	35,9 %	34,4 %	34,6 %
(2)	18,7 %	25,6 %	30,2 %	25,7 %	22,8 %
(3) Mittel	9,4 %	14,1 %	15,5 %	16,8 %	19,8 %
(4)	7,2 %	10,5 %	12,1 %	13,2 %	11,7 %
(5) Niedrig	5,8 %	4,9 %	6,3 %	9,9 %	11,1 %

Bezeichnenderweise ist die Bereitschaft, das Leben wertvoll zu finden, nur in der Gruppe derer in ausgeprägter Weise stärker, die dem Glauben eine große Bedeutung zumessen. Dies wohl deshalb, weil für sie der Glaube nicht eine an den Rand gerückte Familientradition oder eine vage Möglichkeit, sondern eine lebendige Überzeugung und Praxis ist, die das Erleben beeinflußt. Ein genauer Vergleich (durch eine multiple Regressionsanalyse) zeigt, daß *die Bedeutung, die jemand seinem Glauben zumißt, seine Wertschätzung des Lebens sogar besser voraussagt als die bekannten Faktoren von Lebensqualität:* Einkommen, Rasse, Schulbildung, Gesundheit, Alter, Familienstand und Zahl der Freunde.

Ähnliche Zusammenhänge zeigen Untersuchungen bei einzelnen Bevölkerungsgruppen. So ist *allgemeine Lebenszufriedenheit* bei Senioren (E. Spreitzer/E. Snyder 1974) und bei Erwachsenen verschiedenen Alters (R. F. McClure/M. Loden 1982) häufiger, wenn sie *religiös aktiv* sind; freilich fühlen sich die religiös Aktiven genauso stark gestreßt wie andere. Auch von den 2500 Leserinnen einer Frauenzeitschrift, die P. Shaver u. a. (1980) befragten, äußerten die religiös eingestellten mehr psychisches Wohlbefinden als die anderen.

Auch mit anderen Merkmalen psychischen Wohlbefindens, mit Glück, Selbstwertschätzung und Sinnerfüllung, steht Religiosität in einem positiven Zusammenhang. Nach W. R. Wilson (1965) äußerten Studenten, die nach eigenem Bekunden ihrer Religion stark anhängen, in ausgeprägtem Maß mehr *Glück* als jene, die sie nicht sehr ernst nehmen oder die gar keine anerkennen. Demnach wirkt Religiosität nicht nur als Trost im Leid, nicht nur als Ressource von Kompensation, sondern auch von glückhafter Zustimmung zum Leben, u. U. sogar als ein »zu seinem Höchstmaß gesteigerter Optimismus« (G. Sheehy 1981, 290).

Auch *Selbstwertschätzung* (C. B. Smith u. a. 1979) und Vertrauen in die Menschenfreundlichkeit der anderen – faith in people – zeigte sich bei höheren Schülern, die regelmäßig am Gottesdienst ihrer Denomination teilnehmen, tendenziell häufiger als bei anderen (H. M. Bahr/ T. K. Martin 1983; E. Schoenfeld 1978).

Nach einer repräsentativen Allensbach-Umfrage erklärten sich deutsche Jugendliche, die in einem religiösen Elternhaus aufwuchsen und kirchennah sind, häufiger bereit, das *»Leben als Aufgabe«* zu sehen, während die kirchenfernen eher der Einstellung zuneigten: »Ich möchte mein Leben genießen und mich nicht mehr abmühen als nötig.« Die Kirchennahen bejahten als Lebensaufgabe öfter als die Kirchenfernen das Ziel: *»Ganz für andere dazusein, anderen zu helfen«*, oder : »An meinem Platz mithelfen, eine bessere Gesellschaft zu schaffen« (R. Köcher 1981). Sind die Hilfsbereiten nun unglückliche Opferseelen, deren Über-Ich-Zwänge und Ideale durch die religiöse Motivation zu einem Helfer-Syndrom verstärkt wurden? In ihrer Mehrzahl sind sie das sicher nicht. Denn die Kirchennahen stufen sich nicht nur häufiger als hilfsbereit, sondern auch als *»sehr glücklich«* ein.

Ein ähnliches Bild zeichnet eine Befragung von 318 zufällig ausgewählten Bewohnern der Stadt Memphis: Je mehr jemand seinen religiösen Glauben als für ihn wichtig einstuft und als Grundlage seiner Entscheidungen und seines Lebenssinns erachtet, desto wahrscheinlicher und entschiedener hält er auch *sein Leben für bedeutsam, wertvoll und zielgerichtet.* Persönlich bedeutsamer Glaube läßt solche Sinnerfüllung sogar besser voraussagen als (selbsteingeschätzte) Gesundheit und Verheiratetsein. Die häufige Teilnahme am Gottesdienst zeitigt diese »Wirkung« auch – aber nur wenn sie mit einem persönlich bedeutsamen Glauben verbunden ist. Der bloße Kontakt mit einer Gottesdienstgemeinde scheint die Sinnerfüllung wenig zu fördern. Er wirkt jedoch um so mehr der Lebensangst und der Mutlosigkeit entgegen – erstaunlicherweise viel mehr als persönlich bedeutsamer Glaube für sich allein genommen (L. R. Petersen/A. Roy 1985/1986).

Religiosität trägt demnach wohl am stärksten und auf eine ihr eigene Weise zu Positiverfahrungen bei, wenn die Glaubensgemeinschaft nicht nur sozialemotionale Bedürfnisse befriedigt, sondern dabei und darüber hinaus auch die »Kraft des positiven Denkens« vermittelt: Wenn sie durch das gemeinsame Feiern und Tun sowie durch die Anleitung zur persönlichen Gewissensbesinnung und Meditation die Wertschätzung seiner selbst, seiner Mitmenschen und des Lebens im ganzen einübt und weltanschaulich begründet. Dann mag sie gelegentlich auch »ernst« von Verantwortung und möglicher Schuld sprechen. Sofern dies in der eben umschriebenen positiven Gesamtsicht geschieht – was bei religiösen Gruppen und Familien mit pathologischem Einschlag nicht der Fall ist –, bewirkt sie damit nicht, wie manchmal einseitig behauptet wurde, Selbstwertminderung, Verängstigung, Überforderung und Lebensunlust, sondern das genaue Gegenteil.

Orientierungsfragen

Die folgenden Orientierungsfragen greifen einige Ausführungen zu den Dispositionsfaktoren psychischen Wohlbefindens auf. Sie wollen damit Anstöße zur Erhaltung und Weiterentwicklung der »Lebenszufriedenheitskompetenz« geben.

1. Kann ich regelmäßig, täglich oder wöchentlich, eine *Bestandsaufnahme* durchführen, sozusagen ein klärendes Gespräch mit mir selbst, eine *Meditation meines Alltags*? Je nach Bedarf drei oder auch 30 Minuten Zeit für mich und meine Angelegenheiten nehmen.

– Still werden, und zwar in einer Form, die mir hilft: Sei es, daß ich mich an einen ruhigen Ort zurückziehe oder spazierengehe, zuerst eine Entspannungsübung mache, eine Tagebuchnotiz schreibe oder ...

– Sich vergegenwärtigen: Wie fühle ich mich? (Nicht: Wie sollte ich mich fühlen.) Was bewegt mich, möchte mich bewegen?
Wenn ich in einer Bewegung, einem Laut oder einem Bild ausdrücken wollte, wie ich mich fühle – würde ich eher tanzen oder mit Fäusten schlagen, eher singen oder stöhnen, eher etwas Helles oder etwas Dunkles malen?
Sich so von den Körpersignalen her (fühle ich mich verspannt oder gelöst ...) seines Zustandes bewußt werden und die Gedanken, vor allem aber die Gefühle frei kommen lassen.

– Sich in negativer Hinsicht fragen: Was bedrückt mich? Was hat mich heute (diese Woche) geärgert, enttäuscht? Wovor habe ich Angst? – Die Einfälle frei ins Bewußtsein treten lassen – im Vertrauen, daß ich auch Unangenehmes ertragen kann. – Woher kommen diese Gefühle, und wohin drängen sie? Wie will ich sie bewerten, wie mit ihnen umgehen?

– Sich in positiver Hinsicht fragen: Was hat mich heute (diese Woche) gefreut? Was könnte, sollte mich mehr freuen? Was übersehe ich vielleicht vor lauter Ängsten und Mißerfolgen, was sollte ich nicht so rasch vergessen, sondern noch ein bißchen feiern? Wo könnte ich die Vorfreude und die Nachfreude mehr pflegen – nicht nur um meine Stimmung aufzuhellen, um Verstimmungen leichter zu ertragen, sondern auch weil es wertvolle Positiverfahrungen sind?

2. Kann ich *mich selbst annehmen und mögen* – ohne deswegen zu Selbstkritik und Rücksichtnahme unfähig zu werden? Kann ich *Selbstsicherheit und erfolgreichen Umgang mit anderen* (soziale Kompetenz) miteinander verbinden.

– Mich nicht kleiner machen als ich bin, sondern klar wissen, welche Fähigkeiten und »guten Eigenschaften« ich habe, und bei Schwächen und Grenzen nicht gleich sagen: »Das kann ich nicht«, sondern: »Das fällt mir schwer; da muß ich mich vorsehen...«

– Unwillkürliche allgemeine Verzagtheit und Selbstwertminderung nicht nagen lassen, sondern bekämpfen, sobald sie mir bewußt werden. Vielleicht mit einer Ermutigungs- und Korrekturformel wie: »Mehr Selbstvertrauen – nur Mut!« oder »Ich habe ein Recht zu leben, wie andere auch!«, »Warum so perfektionistisch – ich darf Fehler machen.«

– Eigene Wünsche und Rechte nicht einfach unterdrücken. Vielmehr lernen, dann, wenn es sachlich begründet ist, und so, daß ich damit bei meiner Umgebung Erfolg habe, Wünsche zu äußern und Forderungen zu stellen. (Wie kann ich mein Recht fordern, wenn beispielsweise jemand im gemeinsamen Wohnbereich sich zu wenig an der Putzarbeit beteiligt, wenn sich in der Schlange am Fahrkartenschalter jemand vordrängt...? Wie nein sagen, wenn ich eine Bitte nicht erfüllen will?) Wie Konflikte austragen, ohne mich einseitig zu unterwerfen, aber auch ohne den anderen zu demütigen?

3. Wie kann ich *bereichernde Beziehungen zu anderen* Menschen aufbauen? (Speziell zur Partnerbeziehung siehe S. 128f.).

– Muß ich u. U. meine Scheu vor Kontakten überwinden und mir vornehmen, öfter ein Gespräch mit jemandem einzufädeln?

– Oder sollte ich meinen Bekanntenkreis eher nicht erweitern, sondern häufiger und persönlicher mit denen sprechen, bei denen es Freude macht? Vielleicht im bestehenden Verwandten- und Bekanntenkreis Möglichkeiten eines befriedigenden Gesprächs oder gemeinsamen Tuns beharrlicher ausschöpfen? Andere also mit ihren angenehmen und weniger angenehmen Seiten akzeptieren lernen, aus der Beziehung mit ihnen das Beste machen und nicht gleich nach den ersten Schwierigkeiten von idealen Menschen ohne Grenzen und Schatten träumen? Nicht nur von anderen Aufmerksamkeit erwarten, sondern sie ihnen auch schenken; etwas in die Gemeinschaft investieren, nicht nur etwas aus ihr herausholen?

– »Altruistische Freude« entdecken? Überlegen, ob ich unausgefüllte Freizeit dazu verwenden soll, ein geistig behindertes Kind zu betreuen, damit dessen Eltern einen freien Tag haben? Oder eine alleinstehende Person besuchen, die sich über ein Gespräch freut? Oder in einem gemeinnützigen Werk mitarbeiten? Verantwortung in einer politischen, kirchlichen oder Selbsthilfegruppe übernehmen? Oder...?

4. *Befriedigende Möglichkeiten des Genießens, Erlebens, Erforschens und Gestaltens* suchen, die meiner Veranlagung entsprechen und von deren Wert ich überzeugt bin.

– Nicht konsumbesessen die Quantität des Essens, Trinkens, Musikhörens, Besitzens, Sehens, Lesens oder Reisens steigern, sondern dessen Qualität verfeinern. Herausfinden, wie ich bei all dem wählerischer und intensiver genießen und entdecken kann. Wo und wie ich regelmäßig das Quentchen Freude finden kann, das ich zur Erhaltung der Lebensfreude brauche? (Das ein »Ausbrennen« verhindert.) In Erfahrung bringen, was mir wirklich Spaß macht. Wie ich die Freizeit, vor allem das Wochenende und den Urlaub, als Erholung und als emotionale Bereicherung und nicht nur als Vorzeige-Konsum gestalten kann.

– Die im durchrationalisierten, verzweckten Berufsleben leicht verkümmernde Fähigkeit zum Ausdruck meiner Gefühle und Gedanken (Expressivität) entwickeln. In der Freizeit das gesellige Beisammensein mit anderen pflegen, spielen, singen, musizieren, malen, töpfern, Texte schreiben, tanzen? Ganz ohne bürgerlichen Kulturzwang.

– Sein Aktiv- und Produktivsein nicht auf die Erwerbsarbeit einschränken und im übrigen nur passiv konsumieren – wozu die hochentwickelte Arbeitsteilung und Versorgung unserer Wirtschaft leicht verführt. Vielmehr auch in der Freizeit die Fähigkeit zu schöpferischem Gestalten und die Freude des Selbstherstellens pflegen, soweit es Zeit und Kraft erlauben. Basteln, Handarbeiten ausführen, einen Garten anbauen, einem Hobby nachgehen, eine ehrenamtliche Tätigkeit übernehmen...? Sich nicht auf das Gelernte und Gewohnte beschränken, sondern auch einmal etwas Neues versuchen?

Kontrollfrage zum »Wochenend-Syndrom«: Kann ich mich nach Feierabend, am Wochenende und im Urlaub an einem Gespräch, einer musischen Tätigkeit, einem Hobby, einem Spiel oder einer Lektüre so freuen, daß ich ganz dabei bin und eine echte Abwechslung erfahre – oder quält mich dann immer noch ein Gefühl der Leere (»Arbeitslosigkeitsneurose«) und des Leistungszwangs, aus dem ich nicht herauskomme?

5. Kann ich im heutigen Wertepluralismus, der Überlieferungen, Normen, Ideale, Gruppeninteressen und Modeströmungen auf die gleiche Stufe stellt, so daß alles gleich-gültig und beliebig erscheint, *meine Richtung und Wertüberzeugung* finden? Kann ich der Gefahr eines Orientierungsverlusts entgegenwirken und aus dem chaotischen Angebot von Möglichkeiten – von der Unterhaltungsindustrie über politische Programme bis zur Reisebranche – bewußt auswählen, klare Schwerpunkte und Prioritäten setzen? Kann ich ein Spektrum von Zielen und Gewohnheiten entwickeln, das meinen Fähigkeiten, meinen Interessen und meiner Einschätzung der gesellschaftlichen Situation entspricht und das einen Leitwert enthält, für den sich der Einsatz grundsätzlich immer lohnt?

6. Wie stehe ich zu den Erfahrungen, die zunächst *leidvoll, negativ* erscheinen und die ich nicht selbst gesucht habe, die sich vielmehr als Verpflichtung oder Schicksal aufdrängen? (Etwa die Sorge für ein pflegebedürftiges Familienmitglied oder meine eigene Behinderung.) Kann ich darin eine Aufgabe sehen, die trotz allem meine Zustimmung verdient, sich lohnt, sinnvoll ist? Wäre mein Leben wertvoller, wenn ich mich dieser Aufgabe verweigern würde?

Teil II

Glück, Lebenszufriedenheit und Sinn – kritisch-normativ gesehen

Was werten die Politische Theorie,
die Philosophie und die Theologie
als »gutes Leben« und als Wege zu ihm?

Norbert Brieskorn

Kapitel 2

Positiverfahrungen –
eine Herausforderung an die Politische Theorie
Glück durch Gleichheit?

Das Glück begegnet uns auf dem politischen Gebiet als der Wunsch des Bürgers und der anderen im Staat nach Glück. Jeder will »sein Glück machen« und wünscht, daß ihn die anderen dabei nicht stören; ja, oft begehrt er, daß sie ihn unterstützen. Einen Zustand errungenen Glücks will er festhalten und verlangt auch hier Duldung durch die anderen und Abwehr von Angriffen auf sein Glück. Verlorenes Glück will er wiedererringen und sucht dafür Unterstützung.

Uns wird zuerst beschäftigen, wie dieses Glücksverlangen im Menschen Gestalt annimmt und wie die politische Gemeinschaft mit diesen Wünschen umgegangen ist. Neben diese geschichtliche Betrachtung wird eine normative treten: Wie sollte die Gemeinschaft mit diesem Verlangen umgehen? Steht der erste Teil unter dem Gesichtspunkt der Gleichheit und des Gleichheitsverlangens, so wird der zweite Teil die Freiheit, das Verlangen nach Selbstgestaltung, zum Gegenstand haben: Welche Güter, auf die sich der Wunsch richtet, muß der einzelne erringen, welche hat die Gemeinschaft ihm zur Verfügung zu stellen? Zuletzt ist nach den Erfahrungen der politischen Gemeinschaft zu fragen, die durch glückliche und unglückliche Zeiten geht und zur Resignation oder zur Maßlosigkeit führen kann. Welches Verhalten, welche Einstellung ist hier angebracht?

I. GLEICHHEIT IM GLÜCK?

Wenn dem Menschen auch ein dumpfer, aber starker Wunsch nach Leben und nach gutem Leben auf den Lebensweg mitgegeben ist, so schälen sich doch erst durch den Blick auf andere die Umrisse des Glücksverlangens heraus. Dem Blick auf den anderen liegt ein ichbezogenes Interesse zugrunde. Der andere dient zum Vergleich: Was hat er? Was ist er? Welches sind seine Vorzüge mir gegenüber? So untersucht der Mensch den anderen, um dann den Blick auf sich zu wenden und – gewöhnlich – einen Mangel, ein Gefälle bei sich festzustellen. Schließlich erhebt er die Forderung nach diesem Gut, dieser Haltung, diesen Eigenschaften für sich selbst. Gewöhnlich ist es so, denn es gibt auch andere Blicke, gelassene, bewundernde und interessierte oder solche, die erkennen wollen, wie dem anderen zu helfen ist. Ist nicht aber auch hier – in wie vielen Fällen, kann offenbleiben – ein eigenes Glück gesucht, das der Zufriedenheit beim Helfen vielleicht?

Die Forderung, des gleichen Gutes wie der andere teilhaftig zu werden, ist von unterschiedlicher politischer Brisanz. Wird ein Gut begehrt, das für jeden in ausreichendem Maße vorhanden ist, so wird der Friede nicht gefährdet. Ist es nur einmal vorhanden und teilbar, so stellt sich die Frage, ob beide sich einigen können, notfalls mit Hilfe eines Dritten. Wie ist es aber, wenn der andere sich zu teilen weigert oder, falls das begehrte Gut nicht teilbar ist, nicht darauf verzichten will?

Es zeigt sich, daß eine politische Gemeinschaft mehr Spannungen ausgesetzt ist, wenn in ihr nur wenige, nicht teilbare Güter einigen wenigen vorbehalten sind, als wenn für jeden genügend Güter bereitgestellt oder wenigstens in Aussicht gestellt werden können. Da die Güter »dieser Welt« in der Regel knapp sind, das Begehren jedoch reichlich, wird es zum politischen Problem, ob sich Güter einer anderen als der irdischen Dimension erschließen und einbeziehen lassen und als begehrenswerte »Ausweichmöglichkeiten« zum Frieden in der politischen Gemeinschaft beitragen können.

Wie man Glücksverlangen politisch steuert

Die Politik hat eine Reihe von Mechanismen entwickelt, um das Glücksverlangen zu steuern. Einige sollen hier genannt werden:

1. Eine Methode setzt beim notwendigen Vergleichen der einen mit der anderen Situation an. Die politische Tätigkeit kann sich darauf richten, dem einzelnen den Vergleich zu erschweren oder gar unmöglich zu machen. So können den Bürgern bestimmte Vergleichsmöglichkeiten vorenthalten werden: Gruppen, denen es besser geht, werden abgeschirmt und unsichtbar gemacht, der Reichtum und die

politische Führungsrolle versteckt gehalten, heruntergeredet oder geleugnet. Reiseverbote und Beschränkung der Informationsangebote gehören hierher.

2. Ein weiterer politischer Schritt schließt sich an. Die bloß äußerliche Abschirmung ist zu unsicher; man muß auch auf das Bewußtsein der Bürger einwirken. Dem einzelnen ist eine bestimmte Sicht seines Glückszustandes zu vermitteln. Er darf mit dem Unglück anderer nicht konfrontiert werden und muß außerdem seinen Zustand als gut empfinden. Der Ausgang des Vergleichs, der selbst nicht völlig unterbunden werden kann, ist soweit wie möglich vorherzubestimmen. Die Situation des einzelnen wird nicht geklärt – was nur durch umfangreiche Vergleiche möglich wäre –, sondern »verklärt«. Es wird nicht nachgebessert, sondern etwas »vorgemacht«. Güter, die nicht vorhanden sind, werden abgewertet und verteufelt, vorhandene gelobt und gepriesen. Eine solche Politik entspräche bestimmten Stabilitätsinteressen. Aus anderen Interessen könnte eine gegenteilige Politik erzeugt werden: Unzufriedenheit mit dem Erreichten, künstlich erzeugter Hunger nach noch nicht vorhandenen Gütern.

Der Kampf zwischen den Verteidigern und den Ablehnern einer politischen Ordnung spielt sich vornehmlich in der Arena des Bewußtseins ab, des privaten wie des öffentlichen. Die Ablehnung wird als Undank, Verrat und Unzuverlässigkeit ausgegeben oder zur Minderheitsmeinung erklärt, was für viele allein deshalb schon beunruhigend sein kann. Oder es wird der Vorwurf erhoben, die Opponenten vergingen sich gegen »hohe Werte«, um in ihnen ein Schuldbewußtsein hervorzurufen. Dann wird von der »Unverletzlichkeit des Monarchen«, von der »natürlichen Berufung zum Herrschen« die Rede sein, von der »natürlichen Verteilung des Reichtums« und der »Unantastbarkeit des Privateigentums«. Unterschiede wird man abwiegeln, indem eine – jedenfalls so ausgegebene – tiefere Gemeinsamkeit ins politische Spiel gebracht wird: So wurden im alten Rom Plebs und Patrizier mit der Formel umfaßt, daß sie alle »Cives Romani«, römische Bürger seien. So konnte Kaiser Wilhelm II. ausrufen: »Ich kenne nur noch Deutsche!«

Wo Propaganda nicht reicht, muß die Identität anders herbeigeführt werden, beispielsweise dadurch, daß man Angst vor dem innen- oder außenpolitischen Gegner erzeugt. Diese läßt sich noch vertiefen durch eine Schuld, die sich die Mitglieder der politischen Gemeinschaft zuziehen und die sie verbindet. Der athenische Geschichtsschreiber Thukydides (etwa 460–400 v. Chr.) berichtet über Sparta, das inmitten einer großen und sich schnell vermehrenden Bevölkerung lebte, die »Heloten« genannt wurde, folgendes:

»Wirklich griffen die Spartaner aus Furcht vor der großen Menge einer so frischen Jugend (der Heloten) zu folgendem Mittel. Sie ließen öffentlich bekanntmachen, wer von ihnen Lust hätte, sich im Kriege vorzüglich wohl zu verhalten, der solle sich melden, diese wollten sie dann aussondern, als ob sie ihnen die Freiheit zugedacht hätten. Dieses sollte eine Probe sein, denn sie glaubten, diejenigen, welche vor anderen Anspruch auf die Freiheit machen würden, würden auch am ersten kühn genug sein, sich gegen sie aufzulehnen. Es wurden dann auf solche Weise gegen zweitausend ausgesondert, welche mit Kränzen auf ihren Häuptern einen Tempel nach dem anderen besuchten, wie Leute, die ihre Freiheit bekommen hatten. Allein, es währte nicht lange, so schafften die Lakedaimonier (Spartaner) sie insgesamt beiseite, so daß sie unbemerkt einer nach dem andern um ihr Leben kamen« (Der Peloponnesische Krieg, IV, 80; zitiert in: F. L. Neumann 1978, 449).

Die Angst führte die Spartaner zusammen, die Blutschuld verkittete sie. Vor allem die spartanische Jugend mußte sie auf sich laden, um ihren Zustand als sinnvoll und glücklich zu empfinden. Davon spricht auch Plutarch ganz deutlich:

»Die Spartaner schickten zuweilen die klügsten und verwegensten Jünglinge aufs Land und gaben ihnen nichts weiter mit als einen Dolch und die notwendigen Speisemittel. Diese Jünglinge versteckten sich den Tag über, ... des Nachts aber zogen sie auf die Straßen und schlugen die Heloten tot, die in ihre Hände fielen. Öfters gingen sie auch auf die Felder und brachten den stärksten und ansehnlichsten Heloten um« (zitiert in: F. L. Neumann 1978, 450).

Franz L. Neumann, der beide Stellen in seinem Aufsatz »Angst und Politik« anführt, rundet den Blick auf diesen Zusammenhang ab, indem er aus Dostojewskis Roman »Die Dämonen« den Ratschlag Stawrogins zitiert:

»Das ist doch alles Beamtengeist und Sentimentalität meinetwegen auch ein guter Kleister, aber es gibt noch einen weit besseren: bereden Sie mal vier Mitglieder, dem fünften den Garaus zu machen, unter dem Vorwand, daß er denunziert wird, und Sie binden sie alle mit dem vergossenen Blut wie mit einem Strick zusammen. Dann werden sie zu Ihren Sklaven und werden nie mehr wagen, widerspenstig zu sein oder Abrechnung zu verlangen. Ha – ha – ha« (ebd., 450).

3. Eine dritte Spielart politischen Umgangs mit dem Glücksverlangen ist nüchterner, vielleicht auch ehrlicher: Vergleiche sind zugelassen, dem Begehren wird kein Verbot, kein »Nie und nimmer!« entgegengehalten, sondern nur das Eingeständnis, daß die geäußerten Wünsche jetzt nicht zufriedengestellt werden können. Dieses »Jetzt noch nicht!« kann dabei als Vertröstung aufgefaßt werden – ob als billige, wäre im Einzelfall zu zeigen – oder aber auch als Auftrag, die politische Gemeinschaft weiterzuentwickeln.

4. Auch hier könnte egoistische Machterhaltung im Spiel sein – wenn auch auf eine ungleich raffiniertere Weise als in den Fällen zuvor. Ein solches politisches Verhalten kann aber auch von dem Wissen um die ständig gefährdete Balance des politischen Systems gesteuert sein. Dies hat Alexis de Tocqueville (1805–1859) früh und scharfsinnig erkannt. In seinem Werk »Über die Demokratie in Amerika«, das 1840 veröffentlicht wurde, widmet er dieser Balance ein eigenes Kapitel, in dem er unter anderem schreibt:

»Wie es in den Zeiten der Gleichheit und des Zweifels darauf ankommt, das Ziel der menschlichen Handlungen in die Ferne zu rücken. – Die Religionen gewöhnen allgemein daran, sich auf die Zukunft einzustellen. Darum sind sie dem Glück in diesem Leben nicht weniger nützlich als der Glückseligkeit im jenseitigen Leben ... In dem Grade jedoch, wie das Licht des Glaubens schwindet, verengt sich die Sicht der Menschen, und es ist, als schiene ihnen das Ziel menschlichen Tuns täglich näher gerückt. Haben sie sich einmal daran gewöhnt, sich nicht mehr mit dem Geschehen nach dem Tode zu befassen, so sieht man sie leicht in jene vollständige und rücksichtslose Gleichgültigkeit gegenüber der Zukunft zurückverfallen, die bestimmten Trieben des Menschengeschlechts nur zu sehr entspricht. Sobald sie nicht mehr gewohnt sind, ihre Haupthoffnungen auf weite Sicht zu bauen, treibt es sie natürlich nach sofortiger Verwirklichung ihrer geringsten Wünsche« (2. Teil, 17. Kapitel, Ausgabe 1976, 638).
Den Regierungen fällt die Aufgabe zu, »den Menschen wieder jenen Sinn für die Zukunft zu geben, der nicht mehr durch die Religion und die Gesellschaftsordnung angeregt wird, und ohne es auszusprechen, durch ihr Tun die Bürger zu lehren, daß Reichtum, Ruhm, Macht der Arbeit Lohn sind; daß die großen Erfolge den Abschluß lang dauernder Wünsche bilden und daß man Bleibendes nicht anders als durch Mühe erwirbt« (ebd., 640).

Diese Politik der Verlangsamung der Wünsche und ihrer Erfüllung hat die von Tocqueville gegen Schluß seines Werkes wiederholt ausgesprochene Aufgabe, den Weg in den »Materialismus« zu verlangsamen oder gar abzuwenden, der wieder um des Güterschutzes willen die starke staatliche Ordnung und damit die entmündigende Zentralgewalt begehrt.

Die Religion habe, so Tocqueville, den Ruf nach dem starken Staat, nach dem Wohlfahrtsstaat, unterbunden oder überflüssig gemacht. Erst der Rückgang der Religiosität habe besondere Formen der Herrschaft von Menschen über Menschen auftreten lassen. Die Wunschproduktion überschreite die Fähigkeit des einzelnen, mit seiner Kraft und seinem Vermögen auch die Verwirklichung zu produzieren; so werde der einzelne immer abhängiger vom Staat, immer ohnmächtiger und unselbständiger. Tocqueville geißelt diese Entwicklung – wohl zu Recht. Die Gleichheit, die die Menschen anstreben, gerät zu einer Gleichheit in der Knechtschaft und der Knechte, zu einer Gleichheit in der Unfreiheit.

Eine Veränderung müßte bei der Wunschbasis anfangen. Andere und weniger Wünsche sowie das Wissen, daß ihre Erfüllung Anstrengung voraussetzt, sind notwendige Elemente eines dezentralisierten, freiheitlicheren und selbständigeren Zusammenlebens. Dieser Erkenntnis nähert sich der englische Philosoph Thomas Hobbes (1588 bis 1679), wenn er im 13. Kapitel des »Leviathan« schreibt: »Die Leidenschaften, die die Menschen friedfertig machen, sind Todesfurcht, das Verlangen nach Dingen, die zu einem angenehmen Leben notwendig sind, und die Hoffnung, sie durch Fleiß erlangen zu können« (Ausgabe 1979, 98). Der ständige Neid, die neidische Betrachtung des anderen, das hektische Verlangen nach vielen Dingen und nach schneller Erfüllung erzeugen eine Gesellschaft, die vielleicht – ironischerweise – eines der wenigen beständigen Elemente im Zusammenleben sein dürfte.

Zum politischen Umgang mit Wünschen

Damit fragen wir bereits, wie denn der dem Menschen angemessene politische Umgang mit dem Glück und den Glückswünschen auszusehen habe. Dem Menschen müssen Wahlmöglichkeiten offenstehen, und zwar möglichst viele. In der Erziehung aber ist er darauf vorzubereiten, nach den ihm und seinen sozialen Beziehungen angemessenen

Bedürfnissen Wünsche zu äußern und auf deren Verwirklichung hinzuarbeiten. Dabei ist der Eigenständigkeit Vorrang zu geben; der Ruf nach der Gemeinschaft, nach dem Staat muß die Ausnahme sein. Nur diese Reihenfolge ist der Würde und der dem Menschen mitgegebenen schöpferischen Kraft angemessen, und es ist ihm ein Grundbedürfnis, aus ihr das Leben zu gestalten.

Besonders sei hier darauf hingewiesen, daß jedem Menschen die Möglichkeit gegeben sein sollte, mit jedem anderen in Kontakt zu treten, daß also Ausschließungen und Abtrennungen nicht zu verantworten sind. Denn da der Mensch sich selbst gestalten muß und dies durch Vorbild und Vorbilder geschieht, hat er gleichsam ein ursprüngliches Recht auf dieses »Glück«, einem anderen begegnen zu dürfen, der ihn zu sich selbst befreit. Gerade dort, wo die technischen Mittel es erlauben, sollte das menschliche Leben aus jener Zufälligkeit heraustreten, in die es Familie und Volkszugehörigkeit gestellt haben, wobei die Verwirklichung dieses »Glücks« nicht zu einer politischen Abhängigkeit führen darf, die letztlich Verkümmerung, Unselbständigkeit und nicht Befreiung zu sich selbst bedeuten würde.

Auch darf der Mensch nicht bloßes Mittel zum Zweck, Element im politischen Spiel anderer werden. »Bloß« bedeutet hier, daß er, selbst wenn seine Fähigkeiten von anderen in Anspruch genommen werden, in einem solchen sozialen Verhältnis als Mensch behandelt wird, der Achtung und Anerkennung verdient, daß man respektiert, daß er in keiner dieser »Dienstbeziehungen« völlig aufgehen darf.

Doch vor Naivität ist zu warnen und Wachsamkeit unverzichtbar. Gesellschaften haben sich immer wieder – und nicht nur im Altertum – langsam, fast unmerklich unter eine Zwangsherrschaft begeben. Ja, sie haben diese als alleinigen Betreuer und einzigen Richter begrüßt, wurden so doch die Privilegien der bislang begünstigten Schicht beseitigt. Noch einmal sei Tocqueville angeführt, der nicht ausschließt, daß die Menschen sich zu einer »Herde ängstlicher und arbeitsamer Tiere« zurückbilden, und meint:

»Ich war immer des Glaubens, daß diese Art von geregelter, milder und friedsamer Knechtschaft ... sich mit einigen der äußeren Formen der Freiheit meist besser, als man denkt, verbinden ließe und daß es ihr sogar nicht möglich wäre, sich gerade im Schatten der Volkssouveränität einzunisten« (a.a.O., 815)

Politische Freiheiten – aus der Sicht der Machtinteressierten – können um so unbedenklicher gewährt werden, je fester der einzelne in das politische System eingebunden ist. Wo Menschen- und Grundrechte gewährt werden, muß die Gesellschaft noch nicht notwendigerweise auch frei sein. Die Sucht nach Gleichheit beugt sich eher einem scheinbar fernen despotischen Regime als dem nahen Nachbarn. Dem Wunsch nach Gleichheit darf nie ›bis zum Exzeß‹ nachgegeben werden; dies zu tun, hieße sich die Gleichheit in der Unfreiheit einhandeln. Wo hier die Grenze gezogen werden müßte, soll uns im folgenden beschäftigen.

II. GLÜCK OHNE FREIHEIT?

Die grundlegenden Antworten auf die Frage, was das Glück sei und welche Güter zu ihm gehören, wurden in der Antike entwickelt. Die Überlegungen setzten bei den »äußeren Gütern«, wie sie später genannt wurden, an – bei Reichtum, Ehre, Macht. Hinzu trat dann die Erfahrung, daß diese Güter ständig gefährdet und auch unfähig sind, zufriedenzustellen. Verlangt der Mensch aber »äußere Güter«, so übt er politischen Druck auf das Gemeinwesen aus, ihm diese Güter, zum Beispiel Reichtum und Gesundheit, zu beschaffen. Die Verlagerung nach innen dürfte eine Entlastung der politischen Gemeinschaft von Beschaffung, Gewährung und Schutz solcher Güter herbeigeführt haben. Doch dies wäre eine Folge. Ein Grund für diese Verlagerung könnte darin bestehen, daß der Aufbau der politischen Gemeinschaft, der Kultur vor allem, Entsagungen und Opfer verlangte, eine gewisse Rücksichtslosigkeit gegenüber sich selbst.

Demokrit und Heraklit nannten den Menschen glücklich, der aus verständiger Einsicht und in Heiterkeit des Gemüts handelt und lebt. Diese innere Haltung verlangt zwar nicht mehr eine Vielzahl äußerer Güter, fordert aber – nach Platon – die Übernahme politischer Verantwortung. Der Mensch erkenne durch eine solche innere Haltung die Wahrheit, aus dieser Wahrheit aber müsse die politische Gemeinschaft gestaltet und gelenkt werden. Daß die Philosophen Könige werden sollen, ist nicht nur eine Aufforderung an die bisherigen politischen Lenker, den Platz zu räumen und ihn für die Philosophen freizumachen, sondern auch ein Auftrag für die Philosophen, sich der politischen Geschäfte anzunehmen.

Aristoteles arbeitete als charakteristisches Kennzeichen des »Glücks« heraus, daß es ein »glücklicher Stand« sei, in sich autark, von Dauer und das ganze menschliche Leben umfassend. Deuten wir

»autark« (sich selbst genügend) als Abwesenheit von Fremdbestimmung und Abhängigkeit sowie als Mitbestimmung und Mitverantwortung aus Selbständigkeit, so zeigt sich die politische Dimension. Gemäß seinen Abhandlungen über den Staat, der »Politik«, ist der einzelne auf der Suche nach der Autarkie, aber ebenso auch die Polis, die politische Gemeinschaft, beispielsweise Athen. Die Polis ist in höherem und nicht mehr übertreffbarem Maße zur Autarkie berufen.

Ihre Selbständigkeit erhält sie aber nur, indem kein Fremder über sie bestimmt und mitredet, sondern nur jene – die aber vollzählig –, die Vollbürger, Freie sind. Deren Glück liegt nur und unverzichtbar in der politischen Mitverantwortung für die Gestaltung der einen Polis. Folgerichtig meint darum Aristoteles auch, daß das Glück für jeden Vollbürger das gleiche ist. Das freie Ja des Bürgers geht jedem Gesetzesgehorsam voraus. Auf die freie Zustimmung folgt die Verpflichtung aus den politischen Akten; in der Ordnung begegnet der Bürger sich selbst. Glücklich sein heißt hier, nicht aufgrund von Fremdeinwirkungen ein anderer werden zu müssen. Die politische Mitbestimmung ermöglicht es, eine innere und äußere Einheit zu finden und zu bewahren.

Mit dem Zerfall der Polis, dem Eindringen unkontrollierbarer Kräfte, der Herausbildung von Flächenstaaten mit ihrer Unüberschaubarkeit und Fremdbestimmung änderte sich die politische Mitarbeit. Wenn sie auch nicht ganz zur Farce geriet, so verfälschte sie doch den persönlichen Beitrag der Bürger. Die politische Mitarbeit wurde zum »äußeren Gut«. Politisch arbeiten, um das Glück zu erlangen, hieß jetzt, das Glück erst recht zu verlieren. Die Aufforderung des Epikur, sich nicht mit politischen Dingen zu beschäftigen, traf auf bereitwilliges Gehör. Möglichst zurückgezogen zu leben, die Wünsche einzuschränken und miteinander zu versöhnen – dies galt für Epikur als Weg zum Glück. Auf diese Weise konnte der Anspruch der Selbstbestimmung aufrechterhalten werden. Daß auch dieser Haltung eine politische Dimension innewohnte, zeigt sich schon darin, daß sie anderen das politische Feld zur Gestaltung überläßt.

Mit der jeweiligen Haltung, das Glück entweder mehr außen oder eher innen zu suchen, hängt die Bewertung der Glücksgüter selbst eng zusammen. Wenn diese das angenehme Leben fördern sollen, so stellen sich zwingend Unruhe und Hektik im menschlichen Leben ein, die der anderen Haltung fremd sind, welche die Güter im Inneren sucht und sie als Geschenk betrachtet. Thomas Hobbes betrachtete das »fortwährende und rastlose Verlangen nach immer neuer Macht«

als »allgemeinen Trieb der gesamten Menschheit, der nur mit dem Tode endet«. Als Grund führt er an, daß der Mensch »die gegenwärtige Macht und die Mittel zu einem angenehmen Leben ohne den Erwerb von zusätzlicher Macht nicht sicherstellen kann« (Leviathan, Kap. 11). Auch Tocqueville sprach von dieser Unruhe, die um des wahren Glücks der Menschen willen gebändigt werden müsse (a.a.O., 625 bis 628).

Wo in der Gottesschau das einzige und wahre Glück gesehen wird, dort vermindert sich der Rechtfertigungsdruck auf die politischen Systeme. Ob diese unter Umständen damit aber aus berechtigten Verpflichtungen entlassen wurden? Religion wie auch Tugendlehren gerieten vielleicht nicht grundlos in den Geruch, falsche Entlastung und Begünstigung einiger weniger in der Gesellschaft zu bewirken.

Die Bewertungsfrage stellt sich auch, wenn von wichtigen und unwichtigen, nützlichen und unnützen Gütern die Rede ist – ein Gesichtspunkt, der weiter auf die Unterscheidung zwischen falschen und echten Bedürfnissen verweist. In der römischen Jurisprudenz wurde in den ersten nachchristlichen Jahrhunderten eine Unterscheidung entwickelt, die in diesem Zusammenhang hilfreich ist: Man unterschied notwendige, nützliche und »luxuriöse« Aufwendungen. Aufwendungen, die beispielsweise bei der Ausführung eines Auftrags oder bei einer Verwahrung erbracht wurden, galten ja jeweils der Abhilfe von Bedürfnissen und schufen Güter. Eine unbestrittene Erstattungspflicht bestand nun bei notwendigen Aufwendungen, denn sie hätte der Bereicherte, dem die Aufwendung zu Buch schlug, auch selbst vornehmen müssen. Bei den nützlichen Aufwendungen gab es ein Wegnahmerecht oder, falls dieses nicht unter Erhalt der Sache möglich war, einen Entschädigungsanspruch. Noch einmal anders bei den »luxuriösen« Aufwendungen, den »impensae voluptuosae«: Sie geschahen bereits ganz auf das Risiko dessen, der die Aufwendung erbracht hatte. Vermochte er ohne Beschädigung der besessenen Sache den Bestandteil wegzunehmen, in dem die Aufwendung etwa bestand, so konnte er von Glück reden. Wenn dies nicht möglich war, so verblieb diese »Bereicherung« bei dem Eigentümer, der keinen Ersatz schuldete.

Was vermag dieser Hinweis zu leisten? Zum einen zeigt er die dualistische Einteilung in ›falsch‹ und ›echt‹ als zu grob und die Dreiteilung als feiner und wirklichkeitsnäher auf: Es gibt notwendig zu befriedigende Bedürfnisse, Bedürfnisse, die zu befriedigen nützlich ist, und solche, deren Erfüllung unnütz ist. Oft sind letztere erst künstlich geschaffen worden. Zum anderen ist die Verwiesenheit des einzelnen auf die Gemeinschaft, seine Verpflichtung ihr gegenüber und sein Anspruch auf Schutz und Hilfe verschieden zu sehen, je nach Art des empfangenen oder zu empfangenden Gutes. Werden Grundbedürfnisse von der politischen Gemeinschaft befriedigt, so ist der Empfänger dafür zur Erstattung oder zur Gegenleistung in irgendeiner Form verpflichtet. Anders verhält es sich, wenn es sich um nützliche Güter oder gar nur um »soziale Verschnörkelungen« und »Wahlgeschenke« handelt.

Wichtig ist auch die Erkenntnis, daß »echte« Bedürfnisse oder »Grundbedürfnisse« und »notwendige Bedürfnisse« sich am anderen Menschen, am Empfänger, nicht am Spender messen lassen müssen und daß außerdem nachzuweisen ist, daß der Empfänger dafür auch hätte aufkommen müssen. Über eine Reihe solcher Grundbedürfnisse kann kein Zweifel aufkommen. Das Verlangen nach Essen und Trinken, Kleidung und Wohnung, sozialen Kontakten und einem jeweils näher zu bestimmenden Maß an Sicherheit gehört dazu. Damit ist noch nichts darüber gesagt, wie die Befriedigung dieser Grundbedürfnisse »verkauft« wird, welche Einordnung sie im Warenkorb sonstiger Leistungen erfährt.

Wieviel Wohlfahrtsstaat braucht und verträgt die Freiheit?

Die Staatsordnungen lassen sich danach einteilen, wie sie es mit der Besorgung des Glücks hielten und halten. Am einen Ende der Skala finden sich die Staaten, die sich wie Vormünder gegenüber dem als Mündel gehaltenen Volk aufführen, die bestimmen, was Glück sei, welche Bedürfnisse vorhanden zu sein haben, in welcher Menge bestimmte Güter wem zuteil werden. Die zentral gelenkten Staaten mit Planwirtschaft gehören hierher.

Das andere Ende der Skala nehmen die Staatsordnungen ein, die sich der Glücksbesorgung verweigern, sich aus der Sorge zurückgezogen haben, denn tatsächlich ist dies eine Antwort auf ein – nach ihrer Ansicht – zu weites Vorpreschen. Allenfalls wird für die öffentliche Sicherheit im Innern des Landes, für die Außensicherung des Staates und die Versorgung mit Basisgütern Sorge getragen. Die liberalistisch durchtränkten Staatsordnungen sind hier zu nennen.

Die vermittelnden Positionen mit ihren zahlreichen Schattierungen können hier unmöglich aufgezählt werden. In einem Staat der westlichen Hemisphäre wird die ständige Abwägung zwischen politischer Freiheit und allgemeiner Gleichheit zur Politik gehören. *Möglichst gleiche Startchancen schaffen, aber zugleich der Freiheit des einzelnen einen möglichst hohen Stellenwert belassen* – dies ist die politische Herausforderung. Um der Würde des Menschen willen ist Hilfe nötig, die vor materieller Not bewahren soll, und zugleich ist jede Bevormundung zu vermeiden.

Die Zurückhaltung gegenüber Leistungsgesetzen und gegenüber dem Wohlfahrtsstaat ist auch im Prinzip der »Justitiabilität« begründet, das besagt, daß für alle Ansprüche der Rechtsweg offen sein muß. Die Festlegung der Wirtschafts- und Arbeitspolitik etwa und die Festschreibung von Ansprüchen, die nicht ohne eine Zentralverwaltung und das heißt mit neuer Bevormundung zu erfüllen sind – beispielsweise jedem eine Arbeit zu gewähren –, führen zu einer Herabminderung des öffentlichen Gemeinwesens, das weder rechtzeitig und beweglich auf neue Herausforderungen zu reagieren noch seine Versprechen zu halten vermag.

Die Gefahr ist, daß die Menschen, für die Verantwortung übernommen wird, für unmündiger und hilfebedürftiger gehalten werden, als sie sind, oder für ökonomisch wirkmächtiger und durch Erziehung selbständiger, als sie je zu sein vermögen. Daß Freiheit nur durch Freiheit gelernt wird, ist dabei ebenso zu beherzigen wie das Wissen darum, daß das Gleichheitsgebot mehr Zuwendung zu den ärmeren als zu den saturierten Schichten verlangt und daß Bildung und Erziehung eine entscheidende Bedeutung für die Chancengleichheit haben.

Platon hielt nur die Weisen für regierungsfähig; das Volk finde sein Glück im Regiertwerden und in den kleinen Freiräumen des Alltags. Aristoteles sah es als einen unabtrennbaren und unverzichtbaren Bestandteil des Glücks an, daß der Mensch mitbestimmt und mitverantwortet. Allerdings waren Sklaven – etwa 200000, gegenüber 30000 Freien – nötig, um den Freien, den in der Politik Tätigen, das Vermögen und die Zeit dafür zu sichern. Heute noch wird die Politik sich mit beiden Positionen und deren Voraussetzungen auseinanderzusetzen haben.

Ist dieses Reden von der Gestaltung des Gemeinwesens nicht zu leichtfertig? Sind hier nicht Einflüsse und blinde Gesetzmäßigkeiten am Werk, die das Wirken des Menschen zur Machtlosigkeit verurteilen?

III. RESIGNATION ODER MASSLOSIGKEIT?

Mit dieser Frage nähern wir uns einer letzten Dimension politischer Geschichte, in der uns das Glück in der besonderen Bedeutung der »Fortuna«, der Schicksalsgöttin, begegnet. Unter »Glück« in diesem Sinn versteht N. Machiavelli das »Schicksal«, die Unberechenbarkeit, die zusammen mit Gott die Ereignisse vorherbestimmt.

Nun gehört es zur politischen Erfahrung, »einen Fürsten heute auf dem Gipfel des Glücks und morgen vernichtet zu sehen«. Die Unfähigkeit, sich dies erklären zu können, ist imstande, die Menschen zu einer Passivität zu führen, die sich sagt, »man solle sich nicht viel abmühen, sondern sich der Leitung des Zufalls überlassen«. Dagegen bezieht nun Machiavelli energisch Stellung:

»Aber um unsere Willensfreiheit nicht ganz preiszugeben, halte ich nichtsdestoweniger dafür, daß Fortuna wohl zur Hälfte Herr ist über unsre Taten, aber die andere Hälfte, oder fast soviel, unsrer Leitung überläßt« (*Der Fürst,* 25. Kap., 134).

Auch Tocqueville kommt zum Schluß seines Werkes über die Demokratie in Amerika auf diese Haltung zu sprechen und meint:

»Ich verkenne nicht, daß mehrere meiner Zeitgenossen der Ansicht huldigen, die Völker seien auf Erden nie ihre eigenen Herren, und notwendig gehorchten sie irgendeiner unüberwindbaren und vernunftlosen Kraft, die den früheren Geschehnissen, der Rasse, dem Boden oder dem Klima entspringt. Das sind falsche und feige Lehren, aus denen stets nur schwache Menschen und kleinmütige Nationen hervorgehen können: Die Vorsehung hat das Menschengeschlecht weder ganz unabhängig noch völlig sklavisch geschaffen. Freilich zieht sie um jeden Menschen einen Schicksalskreis, dem er nicht entrinnen kann; aber innerhalb dieser weiten Grenzen ist der Mensch mächtig und frei; so auch die Völker« (a.a.O., 830).

Die Parteinahme für die Freiheit und die Gestaltung entspringt mehr dem Abscheu vor den Folgen dieser »feigen Lehre« der Fremdbestimmung als dem genauen Wissen, wo die Grenze zwischen Willensfreiheit und Fremdbestimmung verläuft. Trotzdem ist diese Haltung schon aufgrund der folgenden Überlegung berechtigt: Wenn eine unabänderliche Vorherbestimmung das menschliche Leben lenkt, trägt der menschliche Einsatz doch das Zeichen der Würde – bei aller Erfolglosigkeit. Wenn es jedoch einen vom Menschen frei gestaltbaren Bereich gibt, würde eine Vorherbestimmungslehre nur denen nützen, die sich nicht an sie halten.

Glück wird dabei mit Selbstbestimmung zusammengedacht; Hindernisse werden nicht weggeredet, doch beharren beide Autoren darauf, daß der Mensch nur glücklich sein könne, wenn er seinen Part an Selbstgestaltung wahrnimmt. Sie kann aber, will sie Politik für den Menschen sein, nicht einem einzigen gleichbleibenden Rezept folgen; sie muß unterscheiden und sich gelenk den Zeitläufen angleichen können, um diese wiederum zu gestalten.

Dem gerechten Regieren sind Glücks- und Unglückserfahrungen nur zuträglich. So zog Montesquieu aus seinem Studium folgende Bilanz:

»Übertrieben glückliche und übertrieben unglückliche Menschen werden gleicherweise zur Strenge verleiten. Das bezeugen Mönche und Eroberer. Nur die mittlere Lage und die Mischung von Glück und Unglück stimmen uns zu Sanftmut und Erbarmen« (Vom Geist der Gesetze, VI, 9. Kap., 173).

Diese Feststellung kann in unserem Zusammenhang so ausgelegt werden. Wer für alle dasein will, muß sich in der Mitte aufhalten. Er muß darum wissen, wie schwankend das Glück ist, wie gefährdet der Friede, wie unsicher die Zukunft. »Die Politiker« müssen ihre Schwäche erfahren, dürfen aber doch auch nicht den Mut zu sich selbst verlieren. Die Erfahrung ihrer eigenen Gefährdetheit muß sie zur Nachsicht mit der der anderen führen, ohne sich jedoch mit Resignation zu verbinden.

Haben politisch Verantwortliche die Unbeständigkeit und Ungesichertheit ihrer Lage erfahren, so kann es – leider muß das nicht daraus folgen – dazu führen, daß ihr Verständnis für die anderen wächst und daß jene wiederum eine solche Haltung als Einladung zur Beteiligung an den politischen Geschäften auffassen. Beide aber sollten verstehen, daß sich ihre Bemühungen um so schneller und radikaler ins Gegenteil verkehren, je unermeßlicher und unersättlicher sie Werten, Glück und Wünschen nachjagen. Glück läßt sich nur erringen, wenn es keiner selbstsüchtigen Leidenschaft unterstellt wird.

Dafür seien beispielhaft zwei Königsgestalten angeführt: Einerseits König Midas aus der griechischen Sagenwelt, in der nach dem glücklichen Zusammenleben gefragt wird, und andererseits König Salomon aus der jüdischen Geschichte, in der ebenfalls unablässig nach dem guten Zusammenleben gesucht wird. Midas wünscht, daß alles, was er berührt, zu Gold werde. Er ist unersättlich und denkt nur an sich, nicht an die politische Gemeinschaft, der er vorsteht. Spätestens als er – weil er Hunger und Durst hat – Brot und Wein berührt und es in Gold verwandelt, wird er seines Irrtums inne. Die Maßlosigkeit des Wünschens in leidenschaftlicher Sorge um sich selbst führt zum Tode. Anders verhält sich König Salomon, als ihm gewährt wird, Wünsche zu äußern (1. Buch der Könige, 3, 5–14). Salomon wünscht sich »ein hörendes Herz« und die Gabe, »das Gute vom Bösen zu unterscheiden«. Seine Wünsche sind auf das Wohlergehen der politischen Gemeinschaft gerichtet. Sie sind geeignet, zum Glück aller zu führen, und damit eben auch zu seinem eigenen Glück.

Zusammenfassung

Am Anfang unserer Untersuchung stand der Hinweis auf das Vergleichen. Der Mensch, und in einer eigenen Weise auch der Staatsbürger, versucht herauszubekommen, ob ein anderer Vorrechte, ein Mehr an Macht oder ein anderes Plus hat. Sein Verlangen mag schon immer darauf gegangen sein, Fremdverfügung abzubauen und die Herren über sich zu stürzen. Daß die Leidenschaft für Gleichheit und Freiheit zu einer Gleichheit in der Knechtschaft führen kann, ist schließlich in der Neuzeit und Moderne deutlicher geworden.

Im zweiten Teil wurde an die aristotelische und auch heutige demokratische Staatstheorie erinnert, in der die politische Mitgestaltung und Mitverantwortung zum Glück gehört. Nur diese Aktivität schützt den Menschen, der über sich selbst bestimmen soll, vor Fremdherrschaft, ist er doch unabstreitbar ein nach außen, auf die anderen gewandtes sozio-politisches Lebewesen. Sich abkapseln hieße, sich unkontrollierbarer Fremdverfügung ausliefern.

Der dritte Teil stellte das Glück als Fortuna, als die vielleicht seltene glückliche Stunde vor. Auch hier zeigte sich eine Einsicht, die im Hintergrund dieser Annäherungen an das Glücksthema das vereinigende Band bildet, daß nämlich Glück – gerade politisches Glück – mit Verzicht, mit Bescheidung und mit Ent-Haltsamkeit verbunden ist. Neben den Verzicht auf die radikale Durchsetzung von Gleichheit trat der Verzicht auf die ausschließliche Beschäftigung mit sich selbst: Beides sind Aufträge an den Staatsbürger. Gleichheit und Freiheit, die Sorge um sich und die Verantwortung für andere haben ihr mit- und untereinander versöhntes Maß zu finden. Dieses Bemühen wird zugleich die unkontrollierbaren Leidenschaften eindämmen, Begehrlichkeiten zügeln und das lebensnotwendige Gespür für die eigene und politische Balance schulen. So aber wird das Gleichgewicht oder die Gleich-Gewichtung nicht die irgendwelcher Werte oder Prinzipien, sondern die der konkreten Menschen.

Gerd Haeffner

Kapitel 3

Positiverfahrungen – ein Problem der Philosophie
Ein Versuch, Glück und Sinn auseinander- und
zusammenzuhalten

Von altersher sahen die Philosophen ihre Aufgabe darin, zwischen
dem Schein und dem Sein zu unterscheiden, das heißt hier: zwischen
dem, was glücklich zu machen nur vorgibt, und dem, was »wahrhaft«
glücklich macht; zwischen tragfähigen und haltlosen Entwürfen des
Daseinssinnes. Der Charakter dieser Fragen ist nun gewiß so, daß
keine statistische Umfrage die Antwort liefern kann; denn diese bringt
es nur bis zu einer gewissen Häufigkeit von Meinungen, nicht bis zur
Wahrheit selbst. Auf der anderen Seite läßt sich über Erfahrungen
nicht streiten: Wer sich glücklich fühlt, *ist* glücklich. Es kann nur sein,
daß einer, unerfahren und voreilig, eine niedere Stufe des Glücks
schon für die höchstmögliche gehalten hat. Daß es diese aber gibt,
kann wiederum nur ein Datum der Erfahrung sein, ist nicht Gegenstand einer grundsätzlichen Überlegung.

Das einzige, was Gegenstand einer einigermaßen allgemeingültigen
Lehre sein kann, sind die Bedingungen, unter denen Glück gefördert
oder behindert wird. Zwar scheint es, als hätten wir es hier wieder mit
einer typisch empirischen Frage zu tun. Jedoch wird unter diesen
Bedingungen nun auch aufgezählt, daß nur der glücklich sein könne,
der sich nicht dauernd die Frage nach dem Sinn seines Lebens stellt
oder gar in dem Gefühl lebt, das Leben sei eine sinnlose Veranstal-
tung. Gewiß ist das nicht die einzige Bedingung; zudem ist sie nur
negativ. Aber sie ist doch zentral. Es scheint, als sei die Frage nach
dem Sinn des Lebens keine empirisch-psychologische, sondern eine
echt philosophische Frage.

1. Glück und Sinn – nicht dasselbe

Es könnte nun einer sagen: Die Frage nach dem Glück und die Frage nach dem Sinn seien gar nicht verschieden, sondern nur verschiedene Formulierungen ein- und desselben Problems. Das Bedingungsverhältnis löste sich dann zu einer Identität auf. Dagegen ist im Prinzip nicht zu argumentieren. Die Worte unserer natürlichen Sprachen sind so vielschichtig, daß es möglich ist, sie je nach Kontext auf die eine oder andere ihrer Bedeutungsdimensionen festzulegen. In unserem Zusammenhang soll durch die Verschiedenheit der Worte auf die Verschiedenheit des jeweiligen subjektiven »Orts« des Glücks und des Sinns hingewiesen werden.

Wenn man nach dem Sinn des Lebens fragt, dann fragt man nicht von einem Standpunkt aus, der oberhalb oder am Ende des Lebens steht. Man fragt nicht im allgemeinen oder für einen anderen, sondern für sich selbst: ob und unter welchen Bedingungen das Leben praktisch zustimmungsfähig ist, ob es sich lohnt, seine Kräfte einzusetzen, und wofür. Worum es in der Sinnfrage geht, ist die Alternative zwischen dem aktiven Engagement und dem passiven Sichtreibenlassen. Man sucht nach etwas, das fähig und es wert ist, Anstrengungen auf sich zu nehmen und auf diese Weise von Stimmungen zu befreien, die Langeweile, Müdigkeit, Überdruß, Vergeblichkeit oder Verzweiflung heißen können.

Die Charakteristika der Sinnfrage sind: Zukunftsbezug, offene Universalität, negativer Ausgangspunkt. Der Zukunftsbezug ist unmittelbar mit der praktischen Eigenart der Sinnfrage gegeben. Die Universalität des Ausgriffs liegt darin, daß ich mich nicht nach der Zweckmäßigkeit dieses oder jenes Tuns frage, sondern nach der Sinnhaftigkeit des Tuns überhaupt; nicht nur: »Soll ich mich für diese Bürgerinitiative einsetzen oder nicht?«, sondern auch: »Lohnt es sich überhaupt, sich für etwas einzusetzen?« Die letzte Frage zeigt eine Bedrohung an: Sinn ist ein Begriff, der erst dann auftaucht, wenn man Sinn vermißt. Über den Sinn eines Wortes oder einer Vorrichtung redet man erst dann, wenn er einem fraglich wird. Solange Sinn erlebt wird – im Reden, im Erleben, im Handeln –, hat man kein Bedürfnis, darüber zu sprechen. »Sinn« ist ein Wort, das immer im Kontext der Suche danach, des Nichtfindens steht, kurz: des Sinnmangels. Es läßt sich deshalb auch viel leichter der Mangel an Sinn als dieser selbst erfahren. Sinn geht zunächst und zuletzt im Gelebtwerden auf. Die Inflation des Redens über Sinn ist darum vielleicht kein gutes Zeichen:

Entweder kommen immer mehr Menschen nicht mehr mit dem Leben zurecht oder diejenigen, die über den Sinn des Lebens reden, überschätzen ihre Möglichkeiten.

Die Überzeugung, daß es Sinn hat zu leben, bezieht sich stets auch auf die Erwartung, daß man darin glücklich werden kann; beides ist jedoch nicht einfach dasselbe. Sinn ist eine objektive Eigenschaft der Lebensmöglichkeiten und gelebten Taten. Glück hingegen ist ein subjektiver Zustand, für den man zwar etwas tun kann, der aber von vielen Faktoren abhängt, die nicht in unserer Hand sind. Ja, es ist sogar so, daß das Glück (im Unterschied zu seinem gröberen Vetter, dem Vergnügen) nicht direkt erstrebt werden darf, will man sein Kommen nicht vereiteln. Auf der anderen Seite aber kann und soll man sich durchaus bemühen, die Normen zu achten, die den Bereich des sinnvollen Lebens vom umgebenden Chaos des Sinnlosen und Widersinnigen abgrenzen.

Glück steht anders zur Zeit als Sinn. Glück ist etwas Präsentisches; man vergißt die Zeit, wenn man glücklich ist, und wenn man ihrer doch bewußt wird, dann als einer Bedrohung: »Zum Augenblicke dürft ich sagen: verweile doch, du bist so schön!« (Goethe, Faust); »Es ist die Lerche. – Nein, die Nachtigall« (Shakespeare, Romeo und Julia).

Die Zeit ist gegen das Glück negativ bestimmt: Sie ist die Zeit, in der man dem vergangenen Glück nachtrauert bzw. den Nachhall des Glücks in der verblassenden Erinnerung genießt; oder sie ist die Zeit der Erwartung neuen Glücks. Erfahrungen des Glücks lassen hoffen; nicht nur, wieder glücklich sein zu dürfen, sondern auch, daß das Leben gut ist und deshalb auch in den Perioden des indifferent gestimmten Alltags oder des Unglücks die Zustimmung der Tat verdient. Zeit und Handeln aber – und damit die Voraussetzung des Handelns: der Sinn – gehören aufs engste zusammen: Man hat Zeit immer *für* etwas. Die Erfahrung des Glücks, die mehr ist als das Fehlen von Unglück, ist immer vorübergehend. Sie ist gelegentliches Aufblitzen einer Qualität des Lebens, die für gewöhnlich in der prosaischen und anonymen Weise des Ja zu den gerade kommenden Möglichkeiten des Arbeitens und Genießens, des Liebens und Sichmühens, des Weitermachens und Nichtaufgebens ergriffen wird.

2. Sinn: gesetzt oder entdeckt?

Wir sagten, Sinn sei eine objektive Eigenschaft der zu ergreifenden oder ergriffenen Möglichkeiten, im Unterschied zum Glück, das einen Zustand des subjektiven Sichfühlens bezeichne. Man kann sich aber fragen, ob es denn überhaupt einen schon vorliegenden Sinn des Lebens gebe oder das Leben nur dadurch einen Sinn habe, daß man ihm einen gibt. Anders ausgedrückt, läßt sich der Sinn finden, oder muß er erfunden werden? Die Wahrheit liegt, so paradox das auf den ersten Blick scheinen mag, in der Mitte.

Eine »Sinngebung des Sinnlosen« (Theodor Lessing) kann es im strengen Sinne nicht geben, wenn mit dem »Sinnlosen« nicht bloß gemeint wird, daß etwas als sinnlos erscheint, sondern daß das Leben, ja alles Sein an sich sinnlos sei, bloßes Material für eine Einbindung in subjektive Sinnentwürfe. Wie man sieht, ist die hier herangezogene Hintergrundsvorstellung die des technischen Verfertigens. Dort ist es in der Tat so, daß etwas – etwa ein zufällig herumliegender Stein – eine sinnvolle Funktion bekommt, indem er Teil eines Mauerwerks wird, dessen Zweck darin liegt, den Menschen Schutz zu bieten, was jedermann für etwas Sinnvolles hält. Sinngebung ist hier soviel wie Einfügung in einen funktionalen Zusammenhang. Im Hinblick auf diesen war der vorher einfach herumliegende Stein sinn-los, aber eben nur im Hinblick darauf. Er hat nur eine *neue* Zweckbestimmung erhalten. Daraus folgt nicht, daß er nicht auch schon vorher, als nur herumliegender Stein, irgendeinen (zunächst verborgenen) Daseinssinn gehabt hat.

Aber sehen wir von jener letzten Annahme ab, die – jedenfalls im Hinblick auf Steine – doch recht dunkel bleibt, und fragen wir, ob die Übertragung der technischen Zwecksetzung auf die Sinngebung des Lebens gerechtfertigt werden kann. Diese Übertragung setzt voraus, daß der Mensch, als frei sich Ziele setzendes Wesen, zur gesamten Wirklichkeit, seine eigene eingeschlossen, das Verhältnis des Bastlers hat, der aus dem Wirrwarr seiner Materialien etwas Ordentliches machen möchte. Der sinngebende Mensch selbst wird so als ein primär weltloses Wesen vorausgesetzt, das in ein Chaos geworfen ist. Die Vorstrukturierung seiner Welt durch die Weisheit der Natur, die Klugheit des Leibes mit seinen Selbstregulationsprozessen, seinen sinngerichteten automatischen Verhaltensweisen, ist ihm nichts. Gewiß ist mit dieser naturhaften Daseinsorientierung noch nicht die vollständige menschliche Sinnbestimmung gegeben. Aber die menschliche Sinnhaftigkeit beginnt doch nicht erst da, wo die Natur-ordnung aufhört, sondern umgreift diese als ein wesentliches Element. Wenn schon der Sinn des Lebens durch »Sinngebung« sich ergeben soll, dann jedenfalls nur *auch* durch freie Sinngebung, sonst wird der ganze Bereich der naturhaft-unschuldigen Befriedigungen und Genüsse, die das Leben zu ihrem Teil auch als sinnvoll erleben lassen, ausgeschlossen.

Kann nun die »Sinngebung« eine Art Schöpfung aus dem Nichts sein, so daß durch sie konkreter Sinn überhaupt erst entsteht? Es scheint, daß auch diese Vorstellung unhaltbar ist. Sinn ist etwas wesentlich Objektives, denn er ist Gegenstand einer Überzeugung, die wahr oder falsch sein kann. Ich bemühe mich um einen Besitz, um ein Können usw., weil ich diese für sinnvoll halte; sie werden nicht durch bloßes Dekret, durch ein noch so kraftvolles »Ich will« sinnvoll oder sinnlos. Trügen sie den Sinn nicht in sich selber, würde das »Ich will« an ihnen abgleiten, könnte die Sinngebung nicht »haften«. Sinn ist also etwas Objektives, dem Wollen Vorausliegendes, oder gar nichts.

Dieser Satz gilt unbedingt. Man kann seine Geltung nicht auf das bloß Subjektive einschränken, daß kein Mensch etwas für sinnvoll halten könne, wovon er weiß, daß es das nur durch seinen Entschluß geworden ist, zumal dieser Entschluß nichts über die wahre Objektivi-tät des Sinns aussage, weil ja bekannt sei, wie groß die Macht des Selbstbetrugs sein kann, wenn Menschen etwas glauben wollen. Die Tatsache des Selbstbetrugs, auf die hier hingewiesen wird, besteht zweifellos. Wir wollen auch keineswegs behaupten, daß alles, was Menschen für objektiv sinnvoll (richtig, wahr, schön etc.) halten, dieses Prädikat wirklich verdient. Aber jeder selbstbetrügerische Versuch, in Zusammenhang einzelner Haltungen und Handlungen unechte Werte zu echten, das heißt objektiven zu erklären, setzt voraus, daß es überhaupt Haltungen, Handlungen usw. gibt, die in sich sinnvoll sind. Es gibt objektive Maßstäbe der Sinnhaftigkeit menschlichen Tuns und Lassens. »Der Begriff des Sinnes involviert Objektivität jenseits alles Machens; als gemachter ist er bereits Fiktion, verdoppelt das... Subjekt und betrügt um das, was er zu gewähren scheint« (Th. W. Adorno, Negative Dialektik, Frankfurt am Main 1973, 369).

Daraus darf nun freilich nicht der Schluß gezogen werden, man könne den Sinn des Lebens so finden, wie man einen Schuh findet, der einem paßt, oder wie man eine Information in einem Lexikon nachschlagen kann. In gewisser Weise – freilich nicht absolut – ist das

Finden des Sinnes eine Art Er-finden. Hat man ihn recht er-funden, wird sich zwar nicht der Stolz des Erfinders, sondern die Demut des Entdeckers einstellen – aber einen Einsatz der Phantasie, ein Probieren und Experimentieren braucht es häufig schon, wenn man den Sinn seines Lebens finden will. Das liegt daran, daß es ja der Sinn sein soll, der mein Handeln und meine praktische Zustimmung motiviert; und dergleichen kann nur durch Probehandeln, Probe-Fühlen usw., nicht durch ein bloßes distanziertes Zuschauen und abstraktes Beurteilen gefunden werden. Und es liegt des weiteren daran, daß der konkrete Sinn meines Lebens nicht schon eindeutig im voraus zu meinen Entscheidungen festgelegt ist, so daß er nur noch durch ein Verfahren von Versuch und Irrtum gefunden werden müßte, sondern daß es innerhalb eines gewissen Rahmens mehrere Möglichkeiten eines erfüllten Lebens geben kann: Maler oder Musiker zu werden, Handwerker oder Beamter, zu heiraten oder allein zu bleiben usw. Die Weite oder Enge dieses Rahmens kennt der Suchende zwar nicht im voraus, aber sie scheint doch etwas zu sein, was im großen und ganzen nicht von seiner Willkür abhängt: Zum einen ist seine jeweilige Ausgangssituation durch genetisches Erbe, bisherige Körper- und Beziehungsschicksale, seine Basiskultur usw. bedingt. Zum anderen wird der Spielraum seiner Willkür durch allgemeinere Rahmenbedingungen beschränkt, die bestimmen, wodurch menschliches Leben überhaupt sinnvoll wird bzw. schon sinnvoll ist.

3. Sinn: im Sein oder im Tun?

Ist der Sinn des menschlichen Lebens etwas – gewiß nach objektiv gültigen Normen, Werten usw. – erst zu Verwirklichendes, oder hat das Leben schon seinen Sinn in sich? Im Hintergrund dieser Fragestellung stehen zwei verschiedene Weisen, das Sinnproblem zu erfahren. Der eine sucht nach etwas, was seinen Einsatz rechtfertigt, wofür es sich zu leben lohnt. Ihm stellt sich die Sinnfrage, weil nichts die Mühe des Lebens zu lohnen scheint. Es ist die Haltung des Nihilisten aus Stärke, eines Menschen, der reich ist an Kräften, aber nichts findet, woran er sie und damit sich verschwenden könnte. Die andere Weise, in der sich der Lebenssinn entziehen kann, ist eher ein Fall von Schwäche: Man fühlt sich überflüssig, als jemand, der eigentlich kein Recht hat dazusein und deshalb darauf hinarbeiten muß, sich für andere erträglich oder unentbehrlich zu machen und so ein Daseinsrecht zugesprochen zu erhalten. Es soll hier nicht näher untersucht werden, inwieweit beide Weisen, am Sinn des Daseins irre zu werden, auf eine gemeinsame Wurzel zurückgehen und ob ihre Verschiedenheit vielleicht nur die unterschiedliche Gewichtung einer in sich einheitlichen, aber vielschichtigen Grundstimmung sei. Vom Erleben her gesehen jedenfalls entzieht sich dem einen die Möglichkeit der Selbstverwirklichung, dem anderen die Wirklichkeit seines Selbst.

Bei der Beantwortung der Frage, ob der Sinn im zu Verwirklichenden oder schon im Wirklichen liege, kommt die oben erwähnte Alternative zwischen Sinngebung und Sinnfindung in gemilderter Form wieder ins Spiel. Und ganz entsprechend zu der oben gegebenen Lösung liegt auch hier die Wahrheit in der Mitte. Wenn Sinn als dasjenige gesucht und affirmiert wird, was ein aktives, handelndes Sicheinlassen ins Spiel des Lebens motiviert, so kann der Sinn des Lebens einerseits nicht schon abgeschlossen und fertig, nur der rückschauenden Betrachtung dargeboten, sein; denn sonst hätte das Handeln keinen Sinn mehr und die Zukunft wäre getilgt.

Auf der anderen Seite lebt das Handeln auf Sinn hin nicht nur von der relativen Sinnarmut dessen, was vorhanden ist. Denn sonst würde das Dasein etwas, was prinzipiell erst aus der für die Zukunft erhofften oder geplanten Vervollkommnung seine Rechtfertigung erhält. Die Folge wäre, daß jeder sein Dasein durch Leistungen rechtfertigen müßte, was nicht nur wegen der unvermeidlichen Mängel scheitern würde, sondern vor allem deswegen, weil Leistungen nie tief genug ansetzen können, um das Dasein selbst zu rechtfertigen. Dieser negativen Abgrenzung nach zwei Seiten könnte die folgende positive Formulierung entsprechen: Das Dasein eines Menschen ist aus sich selbst etwas Sinnvolles; es bekommt diesen Sinn weder durch eigenen Entschluß noch durch Dekret anderer. Er ist allerdings erst dann wirklich, wenn er ergriffen und in den konkreten Umständen und wechselseitigen Beziehungen des Lebens bejaht und schöpferisch ausgelebt wird.

4. Sinn: unbeweisbar vorausgesetzt

Kann man aber sicher sein, daß es einen solchen umgreifenden Sinn des Daseins überhaupt gibt? Oder ist vielleicht unser Verlangen nach Sinn, das – solange wir physisch und psychisch nicht pathologisch vergnügungssüchtig sind – vielleicht noch stärker als unser Glücksverlangen ist, notwendig zum Scheitern verurteilt und so höchstens durch den effizienten Aufbau von Wahnideen zu befriedigen? Kann die Sinnfrage Durchbruch zu größerer Freiheit und Authentizität sein, oder muß sie, einmal aufgebrochen, zur unheilbaren »Krankheit zum Tode« (Kierkegaard) werden?

Die Antwort auf diese Frage ist mit den Mitteln der theoretischen Überlegung allein nicht zu geben. Es ist ja auch keine theoretische Frage, sondern ein geängstigter Ruf, dem zusammenbrechenden Daseinswillen zu Hilfe zu kommen. Wer wird nicht versuchen, erst alle möglichen Wege der Sinnfindung auszuprobieren, bevor er mit dem Seufzer »Es ist nichts drin« aufgibt? Das heißt, jeder glaubt in gewissem Ausmaß schon an den Sinn des Lebens, und zwar durchgängig, nicht nur begrenzt auf partikuläre Situationen und nicht indem er sich solchen Gesamtsinn in Worten verdeutlicht, sondern indem er ihn lebt. Das Problem entsteht durch die Enttäuschungen und Entmutigungen. Dabei dürften bloße Mißerfolge oder schmerzliche Verluste, für sich genommen, eine geringere Brisanz haben als Erfahrungen von Ungerechtigkeit »durch das Schicksal« oder Erfahrungen, die den Verdacht nahelegen, die Menschen könnten in der Welt, so wie sie strukturiert ist und bleibt, nur unter der Bedingung überleben und zu etwas kommen, daß sie alles, was ihnen heilig ist, in kleinen Portionen preisgeben; oder, noch tiefer gehend: die Menschen, so wie sie nun einmal gebaut sind, seien überhaupt unfähig, dem Ideal eines sinnvollen Lebens zu entsprechen. Gibt es ein Heilmittel gegen solche Bedrohungen des Daseinswillens, nicht nur ein Sedativum des kritischen Sinns, sondern ein Mittel zur Aktivierung einer »größeren Gesundheit«?

In Argumenten dürfte diese Medizin wohl umsonst gesucht werden. Denn wenn es eine Glaubensfrage gibt, dann ist es die Frage, ob das Leben sinnvoll sei. Sinn kann nicht bewiesen werden; ein derartiger Aufweis ist nur für untergeordnete Elemente in einem schon als sinnvoll vorausgesetzten Ganzen möglich (z. B. daß es sinnvoll ist, nicht zu viel Fleisch zu essen, um sich keine Gicht zuzuziehen). Sinn kann nur hoffend angenommen werden, in der Doppelbedeutung des Wortes »annehmen«: sich zu eigen machen und »hypothetisch« voraus-setzen. Dieses Annehmen ist kein blinder Dezisionismus, in dem man sich ohne irgendwelche Gründe einfach für die Alternative A statt für die Alternative B entscheidet. Denn, wenn auch die Bedrohung des Glaubens an die Sinnhaftigkeit des Lebens erst mit dessen Ende völlig ausgeschaltet ist, so ist doch der Weg des Menschen, der nicht aufgibt, von Erfahrungen echter Sinnerfüllung gesäumt, die über sich auf ein Ganzes hinausweisen und sich bei manchen – vielleicht gar nicht so wenigen – Menschen zu einer recht konsistenten Gewißheit verdichten können.

Gerade weil der Sinn des Lebens nichts einzelnes, sondern etwas Umgreifendes ist und weil wir ihn, zunächst einmal jedenfalls und der Hoffnung nach eigentlich immer, als das an sich Selbstverständlichste voraussetzen, wird der Weg zu einem neuen »Optimismus« häufig über die Aufrollung des Negativen laufen, indem man sich bewußt-macht, was hinter seinem Sinnproblem steht und welche illegitim verallgemeinernden Schlüsse man vielleicht aus einzelnen Erlebnissen von Absurdität gezogen hat. Gelegentlich kann dafür auch die Hilfe eines psychologisch geschulten Menschen notwendig sein. Mindestens ebenso wichtig wird es sein, Menschen kennenzulernen, die durch ihre Lebensweise – ohne erkennbaren größeren Selbstbetrug, aktiv für das Gute sich einsetzend, genuß- und verzichtfähig – bezeugen, daß es möglich ist, unter allen Umständen am Sinn des Lebens festzuhalten; unter anderem mag das dadurch geschehen, daß sie dem Verzweifel-ten neues Vertrauen zu vermitteln suchen, indem sie seine Probleme ebenso ernst nehmen wie er selbst, seine sittliche Kraft aber höher einschätzen als dieser selbst.

5. Bedingungen sinnvollen Lebens

Mangelnder Sinnerfahrung ist nicht durch Beweise abzuhelfen; geleb-ter Daseinssinn braucht keine Beweise. Darf man jedoch einmal voraussetzen, das Leben sei grundsätzlich sinnvoll – was wir ja anfänglich alle tun, freilich durch Zweifel gebrochen –, dann kann der Verstand doch ein Stück weit klären, worin dieser Sinn besteht und in welcher Richtung seine Vertiefung gesucht werden muß.

In lockerer Anlehnung an die drei Grundbedeutungen des Guten (Sinnvollen), die Aristoteles (Nikomachische Ethik, VIII, 2) gegeben hat, sollen drei Gestalten des erfüllten bzw. mißlungenen Lebens schematisch unterschieden werden. Uns an der negativen Form orientierend, können wir sagen: Ein Leben kann deshalb leer sein, weil es in ihm nichts zu erleben, nichts zu genießen gibt; es kann auch als sinnlos empfunden werden, wenn man niemandem nützlich sein kann; es ist verpfuscht, wenn seine Reichtümer um den Preis sittlicher Selbstpreisgabe erkauft wurden.

Muß das Leben nun in all den drei genannten Dimensionen mit Sinn erfüllt sein, um schlechthin als sinnvoll gelten zu können? Oder hängt der Gesamtsinn an einem der Teilsinne mehr als an den beiden anderen? Gewiß kann der Sinn des Lebens nicht in der Befriedigung der Mangelbedürfnisse (Hunger usw.) liegen. Denn so unangenehm, peinigend oder zerstörend es sein kann, wenn sie nicht befriedigt werden, so bringt doch ihre Befriedigung der menschlichen Sinnerfüllung so wenig, daß gerade dann, wenn sie im wesentlichen erreicht ist, die Suche nach mehr erst auftritt. Auch in der raffinierten Reizung und dosierten Befriedigung hochstufig kultivierter Bedürfnisse (etwa in besonderen Gaumenfreuden) kann der Sinn des Lebens nicht liegen, sosehr auch die sich selbst noch nicht kennende Suche nach Erfüllung diesen Weg zu gehen versucht sein mag. Gegen eine vernünftige Kultur des Genießens ist natürlich ebensowenig einzuwenden wie gegen die notwendige Stillung der Grundbedürfnisse. Aber wenn sich der suchende Mensch darauf verlegt, darin den Sinn des Lebens zu finden, wird er eher die Erfahrung einer wachsenden Leere und Unzufriedenheit machen. Denn so reich und gut die Welt der sinnlichen Reize an sich ist, so überfordert ist sie mit der Erwartung, dem Menschenherzen für sich allein echte Erfüllung zu geben.

Im Unterschied zur relativ fest gefügten tierischen Sinnlichkeit ist das menschliche Genußstreben großer Verfeinerungen und Steigerungen fähig, weit über die biologische Zweckmäßigkeit hinaus. Es hat, um noch genießen zu können, eine solche Steigerung auch nötig; denn der Genuß braucht Abwechslung und, wird er zur Gewohnheit, immer raffiniertere oder auch schärfere Reize. Die Maßlosigkeit des Genußstrebens verweist darauf, daß hier nicht nur eine biologisch sinnvolle Handlungsbereitschaft, sondern ein Verlangen ganz anderer Art am Werke ist, das in den verschiedenen Formen der Genußsucht sein Inkognito hat. Dieses Verlangen geht auf etwas, was vorläufig noch keinen deutlichen Namen hat. Jedenfalls ist es wohl irgendwie identisch mit der Instanz, von der her wir letzten Endes beurteilen, was eine legitime und sinnvolle Kultur der sinnlichen Bedürfnisse und ihrer Befriedigung ist und was nicht.

Um nun vom Standpunkt dessen, der nützlich sein will, auf die gesuchte Instanz zuzugehen, kann man wohl sagen: Gewiß kann der Sinn des einzelnen Lebens nicht allein in diesem selbst liegen; ebenso gewiß aber auch nicht ganz außerhalb seiner. Er kann also nicht in einer solipsistisch verstandenen Selbstverwirklichung beschlossen sein. Denn die Erfahrung ergibt, daß man dadurch letztlich unbefriedigt bleibt; widerspräche doch ein solches Konzept der wesenhaften Sozialnatur des Menschen, der nur in Gemeinschaftsformen und Beziehungen, in die er seine Kräfte und Erwartungen investiert, sich selbst finden kann.

Andererseits kann der Sinn des Lebens auch nicht darin bestehen, daß man sich um jeden Preis für etwas opfert. Sicher entsteht sehr häufig das Gefühl einer Sinnleere, wenn man plötzlich nicht mehr gebraucht wird, für nichts und (vor allem) für niemanden mehr nützlich sein kann. Darin deutet sich jener wesentliche Sachverhalt an, den der Egozentriker übersieht: daß der Sinn des einzelnen Lebens Teil eines großen Gesamtsinns sein muß. Aber der einzelne gewinnt seinen Lebensinhalt nicht schon dadurch, daß er sich irgendwie loswird, in einer »Sache« aufgeht, sondern nur unter der doppelten Voraussetzung, daß es diese Sache auch wert ist und daß es sich um eine freie Hingabe, nicht um etwas Erzwungenes handelt. Letztlich fallen diese beiden Bedingungen zusammen. Denn nur eine Instanz, die die Freiheit achtet, ist es wert, daß man sich ihr ganz zur Verfügung stellt. Jede andersartige Forderung, jede andere Form von Hingabe wäre unsittlich.

So stehen die bisher in den Blick genommenen Teilmomente der Sinnerfüllung – Sättigung der sinnlichen Bedürfnisse, Mitarbeiten an einem größeren Ganzen – hinsichtlich ihres Maßes und der sie leitenden Grundeinstellung unter einer Bedingung: der des Sittlichen. Dieses Wort wird hier verstanden, wie es der klassische deutsche Sprachgebrauch kennt, nicht in der heute oft üblichen Verengung auf den sexuellen Bereich (»Sittenpolizei«, »unsittliche Anträge« usw.). Gemeint ist das Ethische, das Maß des Humanen, die Umgrenzung des Menschenwürdigen. Dieses Maß steht unter keinem anderen Maß mehr. Es ist eine Bedingung, unter der der Sinn menschlichen Lebens schlechthin erreicht oder verfehlt wird, mag der Mensch auch ansonsten an Genüssen und gesellschaftlichen Erfolgen keinen Mangel haben.

Die Eigenart sittlicher Normen ist es ja, wie Kant klar gezeigt hat, »kategorisch« Gehorsam zu fordern (»Du sollst nicht morden!«), nicht bloß »hypothetisch«, das heißt unter Bedingungen (»*Wenn* du nicht Strafe riskieren willst, *dann* morde nicht!«). Die maßgebenden Gesetze des Humanen sind keine Gebrauchsanweisungen zur geschickten Ausnutzung von technischen Möglichkeiten auf ein Ziel hin, das einem schon feststehenden Wunsch entspräche. Sie sind vielmehr

Rahmenbedingungen für das Setzen sinnvoller Handlungsziele (G. Haeffner, 146–169).

Diese Rahmenbedingungen werden oft als lästig empfunden. Man hat den Eindruck, sie wären von außen auferlegt; denn das, was wir gerade wollen, und das, was wir gerade sollen oder dürfen, klafft manchmal schmerzlich auseinander. Insofern ich mich spontan mit meinen Wünschen eins fühle, deren Erfüllung nun gerade in einem bestimmten Fall vom moralischen Gesetz verweigert wird, kommt mir dieses wie die Verhinderung meines Glücks und damit als Ausdruck eines fremden, neidischen Machtwillens vor. Das ist aber ein Irrtum, dessen Auflösung den Weg zu Mündigkeit und Sinnerkenntnis freimacht. Seine *Quellen* können von zweierlei Art sein: Einerseits ist gelegentlich das, was man als »moralische Normen« ansieht, ein Gemisch von echten Normen, interessierten Machtansprüchen von gesellschaftlichen Instanzen und persönlichem Sicherheitsstreben; das gilt um so mehr, je konkreter die moralischen Imperative sind. Andererseits kleben wir Menschen häufig mit so infantiler Hartnäckigkeit an unseren Wünschen, daß wir alles hassen, was sich ihrer Erfüllung entgegenstellt. Die Gründe dafür können sein: schlichte Unreife und/oder tiefgehende frühere Frustrationen heißer Wünsche. Schließlich scheint ein *gewisses* Auseinanderstreben unserer triebhaften und unserer geistigen Komponenten zu unserer Natur zu gehören. Diesen Mißklang zu bewältigen, ist nicht die geringste Aufgabe im Reifungsprozeß; denn aus ihm scheint eine Absurdität zu sprechen, die in die Struktur unseres Seins selbst eingebaut ist. Aber über die offenen Auges positive Bewältigung des Negativen par excellence, der moralischen Schuld, muß der Philosoph dem Theologen ebenso das Wort überlassen wie hinsichtlich der Bedrohung des Lebenssinns durch den Tod.

Daß aber die Deutung des Gewissens als des Sprachrohrs einer fremden, knechtenden Macht ein Irrtum ist, hat Kant in seinem berühmten Nachweis der Autonomie des Sittengesetzes (in der »Kritik der praktischen Vernunft«) gezeigt. Vorausgesetzt ist dabei immer ein gereinigtes Gewissen, also ein Gewissen, das nicht einfach aus Schwäche der Urteilskraft oder aus Flucht vor der eigenen Verantwortung skrupulös und konformistisch verbildet ist. Mag uns auch diese Reinigung nie ganz gelingen, so können wir doch prinzipiell unterscheiden, was wir als gut oder schlecht *einsehen* und was zu tun wir aus *Angst* vor den *Folgen* unterlassen. Für den Gesunden mögen beide Motive sich oft miteinander verschlingen; der Konformist und der

Skrupulant können der Einsicht praktisch kaum Raum geben und reagieren nur aus Angst. Wer aber aus Angst handelt, d. h. um gewisse Leiden zu vermeiden, oder aus Begierde, d. h. um gewisse Genüsse zu erreichen, ist nur für hypothetische Imperative zugänglich. Umgekehrt aber heißt das: Insofern jemand überhaupt einen kategorischen Imperativ verstehen und anerkennen kann, so wie er gemeint ist, hat er in sich das Prinzip eines Urteilens und Handelns entdeckt, das von den Ketten der Angst und der Begierde frei ist. Und in dem Maße, wie er sich mit diesem Prinzip (der Freiheit seines Willens) identifiziert, wird er selbst in seinem Fühlen, Urteilen und Handeln freier, d. h. offener und durchlässiger für das, was wahr, wertvoll usw. ist, während Angst und Begierde als beherrschende Momente wirklichkeits- und wertblind machen. Gewiß gehört, unter normalen Umständen, auch für den Erwachsenen ein ordentliches, im einzelnen sehr variables Maß von Vergnügen und sozialer Anerkennung zu den Bedingungen des Glücklichseins. Nicht darum geht es, diese Erfahrungstatsache zu schmälern, sondern darum, die Bedingung anzudeuten, deren Ausfall das sonst gut gesicherte Glück zerstört und deren Erfüllung eine Form des Glücks genießen läßt, die feiner und reiner und tiefer ist als die anderen.

Von daher wird man sagen müssen: Der Mensch erschließt sich dem Sinn des Lebens in dem Maße, wie er der leisen und wehrlosen Stimme seines Gewissens immer konsequenter und ehrlicher Gehör schenkt. Und dazu gehört, daß er sich, soweit ihm das möglich ist, eine gewisse Souveränität des Urteilens und Wollens über seine Ängste und Begierden erobert, und zwar kraft der Lust am Guten. Sonst bleibt einem ja nur übrig, die Begierden mit Ängsten in Schach zu halten und die Ängste kraft der Begierden zu überspielen. Die Lust am Guten ist möglich, weil in ihr die Freiheit ihr Selbstbewußtsein hat. Sie muß allerdings auch geweckt werden, indem einem die Erfahrung selbstloser Zuwendung geschenkt wird. Das Glück dessen, der weiß, wofür er lebt, hat so seine nächste Ursache in der freien Entscheidung dessen, der sich seinem Gewissen verpflichtet hat, seine entfernte Ursache aber im Glück, das ihm die liebende Zuwendung geschenkt hat (wofür natürlich eine »bloß pflichtgemäße«, d. h. ins Ganze der menschlichen Strebungen noch nicht integrierte Zuwendung nicht reicht). Das Glück, mit allem Drum und Dran ohne Rückhalt wie selbstverständlich geliebt worden zu sein, entbindet die Gewißheit, daß man ein Recht hat, dazusein und daß es einen Sinn hat, dazusein. Gestärkt wird diese Sinn-Affirmation immer wieder durch die Erfahrung, daß es sinnvoll ist, seinerseits solche Bejahung zu vermitteln.

So hat, gegen einen verbissenen moralischen Rigorismus ebenso wie gegen einen platten Hedonismus, doch wohl Max Scheler (1966, 359 f.) das Richtige getroffen, wenn er auf die enge Verbindung von Sittlichkeit und Glück hinweist: »Nur der Gute ist der Glückselige; ... nur der Glückselige handelt gut.« Die beglückende Erfahrung des Sinns ermöglicht, in gewissem Ausmaß frei von Angst und Begierde zu handeln; und dieses Handeln trägt seinen Sinn in sich.

Bernhard Grom

Kapitel 4

Positiverfahrungen –
eine Anfrage an Theologie und Religiosität
Macht der Glaube selig?

Wodurch kann mein (unser) Leben sinnerfüllt, vielleicht sogar glücklich werden? Was verdient daran meine Zustimmung? Was verdient Protest und Änderung – in mir oder in der Gesellschaft? Fragen wie diese sind, wenn alle psychologischen, gesellschaftlichen und philosophischen Zusammenhänge berücksichtigt wurden, immer auch *theologisch* zu bedenken.

Tatsächlich versteht sich auch jede Religion als Antwort auf diese »ewige Frage ›wozu?‹« (E. Ionesco). Und wie die Frage sind auch die Antworten so alt wie die Menschheit. Die Antworten der großen Religionen werden in Erzählungen, Lehren, Gebeten und Übungen überliefert, die uns Heutigen oft wie Zeugen aus alter Zeit erscheinen. Sie stammen aus vorindustriellen Epochen – wie die Tempel, Moscheen und Kathedralen. Doch eine lebendige religiöse Überlieferung ist nie eine zu Stein verfestigte Form: Sie wird von jeder Generation, jeder Gruppe und jedem einzelnen neu auf das eigene Verständnis und die eigene Situation hin ausgelegt, gewichtet, weitergeformt. Auch wenn die meisten religiösen Menschen ihre Einstellung zunächst von ihrer Familie und ihrer Glaubensgemeinschaft übernehmen, gehen sie doch – sofern ihre religiöse Entwicklung nicht erstarrt oder abbricht – ihren persönlichen Weg. Die Verwurzelung in einer Glaubensüberlieferung und Glaubensgemeinschaft sollte dieses persönliche Wachstum nicht abschnüren, sondern nähren.

Zur *persönlichen Klärung und Entwicklung* wollen auch die folgenden Ausführungen beitragen. Sie beschränken sich auf den Versuch, die Antwort des *Christentums* zu deuten. Dies geschieht nicht aus Geringschätzung gegenüber anderen Religionen, sondern um sich auf dem verfügbaren Raum auf die Religion zu konzentrieren, die in den westlichen Ländern immer noch die stärkste Formkraft entfaltet.

Zwei Stufen religiöser Erfahrung und wie sie zu einem positiven Lebensgefühl beitragen

Religiöser Glaube – das sind für viele nur eine Handvoll Sätze und Vorstellungen über eine irgendwie »jenseitige« Welt, über etwas, wovon sie gehört haben, was aber in ihrer Erfahrung nicht vorkommt. *Religiosität*, die Positiverfahrungen stützt und steuert (S. 183 ff.), ist etwas anderes: *eine ganzheitliche, Erleben, Denken und Verhalten umfassende Einstellung* »aus deinem ganzen Herzen, aus deiner ganzen Seele, aus all deinem Sinn und Denken und aus all deiner Kraft«, wie die Bibel (Deuteronomium 6,5; Markus 12,30) die Gottes- und Nächstenliebe umschreibt. Worin besteht dieses Erleben, Denken und Handeln, und wie beeinflußt es die Einstellung zum ganzen Leben? Dies erklärt man am besten aus der Art, wie es sich entwickelt.

»Die Harmonie der Welt«: Sinnerfüllung in kosmischer Religiosität

Beispiel 1
Ein Erwachsener teilte einmal seinem Arzt ein Erlebnis aus seiner Jugendzeit mit, das dieser folgendermaßen berichtet: »Eines Tages, als er in einen besonders schönen und schmackhaften Apfel biß – sozusagen der ideale Apfel, der ›Apfel an sich‹ – durchschoß ihn plötzlich ein tiefes, *unbestreitbares Wissen um die Harmonie der Welt. Eine völlig überzeugende und beglückende Erfahrung von einer unzerstörbaren und sinnhaften kosmischen Ordnung* durchflutete ihn und, wie er als erwachsener Mann berichtete, verließ ihn nie wieder völlig. Selbst in gefährdeten und kritischen Situationen war sie noch immer irgendwie und irgendwo im Hintergrund lebendig« (G. Adler 1963, 389).
Solches »Wissen um die Harmonie der Welt« ist natürlich nicht an den Biß in einen Apfel gebunden; es kann einem auch bei einem Spaziergang, beim Schwimmen, beim Geschlechtsverkehr, beim Hören von Musik oder beim entspannten Atmen aufgehen. Bei einer mündlichen Befragung von 1000 US-Amerikanern über 15 Jahren erklärten 39 Prozent, sie hätten schon einmal eine solche Harmonie mit dem Universum erlebt; mehr als die Hälfte von ihnen meinte, dies habe ihr Leben nachhaltig beeinflußt (R. Wuthnow 1978). Letztere zeigten sich seltener an Besitz und Sicherheit interessiert und waren häufiger selbstbewußt, sinnerfüllt und für Hilfeleistungen und soziale

Fragen aufgeschlossen. Diese Harmonie braucht nicht als ekstatisches Hingerissensein oder plötzlicher Durchbruch erfahren zu werden; sie kann sich auch allmählich im Zusammenhang mit einer Umwandlung der Persönlichkeit entwickeln – bis einem beim Nachdenken, beim Gespräch oder beim Aufwachen bewußt wird, daß man gelöster als früher, zuversichtlicher und sozusagen im Bund mit allen guten Mächten in den Tag und in die Zukunft geht.

Es ist ein *Gefühl der Allverbundenheit, ein »kosmisches Bewußtsein«.* Am treffendsten beschreibt man es wohl als Gegenpol zum Nihilismus, wie er in starken Entfremdungserlebnissen (S. 147 f.) erlebt wird: Statt das eigene Ich und den Körper fremd und unlebendig zu empfinden, kann man beide lusthaft gesteigert und nah fühlen. Und statt die Außenwelt fern, uninteressant und unwirklich und die Zeit leer und quälend lang-weilig zu erfahren, spürt man, wie sich das Wohlbefinden gleichsam über die Grenzen des eigenen Ichs und Körpers hinaus ausdehnt und Raum und Zeit, Natur und Mitmenschen, alles erfüllt. Alles, das All wird einem nahe – und zwar nicht als Chaos, das ängstigt, sondern als Kosmos, der einen trägt und willkommen heißt, als »unzerstörbare und sinnhafte kosmische Ordnung«.

Beispiel 2
Viele Menschen finden dieses Gefühl der Allverbundenheit verhältnismäßig leicht, wenn sie sich in einer Entspannungs- und Meditationsübung dem sich selbst regulierenden Atem überlassen. Sie erleben, daß sie sich nicht willentlich anstrengen und nicht ängstlich überwachen müssen: »Es« atmet ohne ihr Zutun; der Körper, das Leben besorgt dies, sorgt für sie; sie können sich und der Welt vertrauen.
Ein Student: »Zu der Zeit, wenn ich glücklich bin (während der Yoga-Übungen), scheint es, als würde ich auf etwas Ähnliches wie einen emotionalen Zustand einrasten. Ein Gefühl von Glück. Es gibt da ganz eindeutig so etwas wie *eine Macht, die mich zu grüßen und zu umfassen scheint«* (D. Hay 1979).
So wie in Beispiel 1 der Genuß des Apfels wird hier das Versorgt- und Erfrischtwerden durch den sich selbst steuernden Atem in einer *positiven Bedeutung* wahrgenommen, die weit über ein bloß körperliches und einmaliges Wohlbefinden hinausgeht (es transzendiert) und das ganze Leben in ein neues Licht taucht: Die Betroffenen sehen und empfinden ihr Genießen- und Entspannenkönnen, ja ihr Lebenkönnen überhaupt nicht mehr nur als naturwissenschaftliche Tatsachen

und Selbstverständlichkeiten, sondern *als Wirkung und Sinnbild* (Symbol) »einer unzerstörbaren und sinnhaften kosmischen Ordnung« und einer »Macht, die mich zu grüßen und zu umfassen scheint«. Diese weltanschauliche Sicht und Deutung gibt ihrem Leben *eine umfassende positive Bedeutung, einen höheren Wert und Selbstwert.*

Wie kommt es zu dieser Deutung? Die in beiden Beispielen ausgesprochene Weltanschauung wirkt überaus ursprünglich, weil sie noch ganz im Erleben verwurzelt ist, ja aus dem Erleben hervorgeht. Die Betroffenen scheinen zunächst ganz organisch-zuständlich und emotionsbestimmt ein Wohlbehagen erfahren zu haben, wie es durch ähnliche Genüsse, durch Entspannung oder durch Drogen auch gefunden werden kann. Ihr Gefühl der Allverbundenheit macht sie spontan bereit, sich im Leben und vom Leben insgesamt getragen, »begrüßt«, bejaht zu fühlen. (So wie es einem umgekehrt bei Entfremdungserlebnissen gefühlsmäßig schwerfällt, religiös zu glauben.) Gefühlsmäßig neigen sie dazu, die großen Fragen an das Leben (S. 183 ff.) positiv zu beantworten: Ja, es ist ein Willkommensein und kein Zwang; es ist ein Geschenk, kein sinnloser Zufall; es ist ein Verbundensein mit einer übermenschlichen Instanz, kein Alleinsein mit sich und der Welt.

Doch ist diese bejahende Deutung zunächst nur eine erste Intuition. Weiterhin das Lebensgefühl beeinflussen und – wie in Beispiel 1 – »selbst in gefährdeten und kritischen Situationen« Halt geben kann sie nur, wenn sie *von einer weltanschaulichen Realitätsprüfung bestätigt* wird, wenn sie auch kognitionsbestimmtes Erleben wird. Wenn der Betreffende überzeugt ist: Mein Ja zum Leben entspringt nicht nur meinem Harmoniegefühl und -bedürfnis, sondern beruht auch auf guten Gründen; ein Nein wäre nicht nur weniger erhebend, sondern auch falsch.

Der Gegensatz: Absurdität und Ekel

Im Gegensatz dazu weist eine verneinende, nihilistische Weltanschauung schon die erste Intuition einer Allverbundenheit ab und drängt dem Menschen eine Grundstimmung der Absurdität auf. Dies kann folgendes (Gegen-)Beispiel zeigen.

Beispiel 3
In seinem Roman »Der Ekel« (Reinbek 1965) beschreibt Jean-Paul Sartre in Form von Tagebuchaufzeichnungen eines gewissen An-

toine Roquentin sein existentialistisches Lebensgefühl der großen Freiheit und Verlassenheit. Einmal hat Roquentin/Sartre für einen Augenblick den Eindruck, der Garten, auf den er zurückblickt, lächle ihm zu. Doch im Gegensatz zu den für eine solche Deutung offenen Personen in den Beispielen 1 und 2 wehrt er diese positive Intuition ab: »Da lächelte mir der Garten zu. Ich lehnte mich an das Tor und sah lange zurück. Das Lächeln der Bäume, der Gruppe Lorbeerbäume, das *wollte* etwas *besagen*: dies war das wirkliche Geheimnis der Existenz. Ich erinnerte mich, daß ich bereits am Sonntag vor drei Wochen jenen mit-wissenden Ausdruck auf den Dingen wahrgenommen hatte. Galt er mir? Ärgerlich empfand ich, daß ich auf gar keine Weise begreifen konnte. Auf gar keine Weise. Und doch war es da, in der Erwartung, es glich einem Blick . . . Die Dinge . . . mit einem eigenartigen kleinen Sinn, der über sie hinausging. Dieser kleine Sinn brachte mich auf: ich *konnte* ihn *nicht* verstehen, auch wenn ich sieben Jahre an dieses Tor gelehnt stünde« (143).

Roquentin/Sartre lehnt die Botschaft von einem transzendierenden Sinn bewußt ab. Er hat sich für eine andere Deutung des Lebens entschieden, und der entspricht ein anderes Lebensgefühl: der »Ekel«, die »Absurdität«, die er einmal auf einer Parkbank beim Anblick einer Baumwurzel empfand. Existieren, so sagte er sich, heißt für den Stein, den Baum und den Menschen gleichermaßen, nicht notwendig zu sein, zufällig und überflüssig zu sein. »Überflüssig da der Kastanienbaum links von mir, überflüssig auch die Velleda . . . Und auch *ich* – schlaff, träge, schamlos, verdauend, den Kopf voll finsterer Ideen –, auch ich war überflüssig . . . Unbestimmt dachte ich an Selbstmord, um wenigstens eine dieser überflüssigen Existenzen zu vernichten. Aber selbst mein Tod wäre überflüssig gewesen . . . ich war überflüssig für die Ewigkeit« (137). Während für den Jugendlichen in Beispiel 1 schon der Genuß des Apfels beglückender Hinweis auf die »Harmonie der Welt« wurde, hat Roquentin/Sartre den Eindruck, die Bäume im Park seien nicht im Aufstieg, sondern in einem Niedergang begriffen. »Sie hatten keine Lust, zu existieren, sie konnten es aber nicht hindern; das war es . . . Langsam, unwillig stieg der Saft in den Gefäßen zur Höhe, langsam bohrten sich die Wurzeln in die Erde. Aber jeden Augenblick schienen sie bereit, alles stehen und liegen zu lassen und in nichts zu zerfließen . . . Jedes Existierende wird ohne Grund geboren, lebt aus Schwäche weiter und stirbt durch äußere Einwirkung«

(142). Die Welt erscheint ihm als eine »scheußliche Marmelade«, die sich überall verteilt hat und gegen die er Angst und Wut empfindet.

Kehren wir zur bejahenden Deutung der Beispiele 1 und 2 zurück. Was beinhaltet sie? Ihre Allverbundenheit besagt nicht, daß sich der positiv Gestimmte mit dem All gleichsetzt oder allmächtig fühlt. (»Unzerstörbar« ist für ihn nicht er, sondern die Weltharmonie.) Im Unterschied zu anderen Formen der Entgrenzung – etwa im Drogenrausch oder bei narzißtischen Störungen – ist die berichtete Allverbundenheit auch keine Rückkehr (Regression) zum frühkindlichen »partizipativ-magischen Denken« (J. Piaget) und »narzißtischen« Empfinden (S. Freud), das sich noch mit allem eins fühlt, weil es noch nicht gelernt hat, zwischen dem eigenen Selbst und der übrigen Welt zu unterscheiden. Vielmehr hat sie den Charakter einer Neugeburt und Weiterentwicklung der Persönlichkeit aus ihren ursprünglichen Kräften – wie eine künstlerische Inspiration (nach E. Kris eine »Regression im Dienste des Ichs«) oder eine Therapie. Sie verleugnet die eigene Endlichkeit nicht, sondern sieht sich *in einem Umfassenden geborgen*. Mit dem Psychoanalytiker H. Kohut kann man annehmen, daß sich das ursprüngliche Verlangen nach Größe, Vollkommenheit und Unzerstörbarkeit auf gesunde Weise zu einem reifen »kosmischen Narzißmus« weiterentwickelt hat: Das ersehnte Große und Vollkommene wurde »vom Selbst auf die Teilhabe an einer überindividuellen, zeitlosen Existenz« verschoben. Nicht daß man mit dem Phantasiebild eigener Allmacht und Größe verschmelzen würde; vielmehr kann man ein anderes Großes oder einen anderen Großen anerkennen, ihm vertrauen und es/ihn ehren.

Die Eigenart des Umfassenden, von dem sich die Betroffenen in Beispiel 1 und 2 getragen fühlen, ist noch weitgehend *unbestimmt*. Ist das Umfassende einfach das biologische Leben mit seinen unbeschränkt erscheinenden Zukunftsmöglichkeiten oder aber der überbiologische Ursprung, der alles Leben und alle Materie ermöglicht? Ist es einfach das Spontane, Gebieterische, mit dem sich meine eigenen seelischen Regungen manchmal aufdrängen, wenn anscheinend nicht mehr ich bestimme, sondern »es« in mir spricht oder schreibt oder mich inspiriert – oder ist es eine von mir verschiedene Wirklichkeit, auf die sich mein Erleben richtet und von der es ergriffen ist? Ist es ein es-haftes Weltgesetz oder aber eine Wirklichkeit, die man in Vertrauen, Dank, Verehrung und Verantwortungsbereitschaft wie einen Dialogpartner ansprechen kann und die darum du-ähnlich zu denken ist? Dies alles bleibt hier noch offen.

Die kosmische Allverbundenheit und Sinngewißheit sieht und erlebt das Umfassende und Tragende also noch *weitgehend vordialogisch und vorpersonal*. Sie bildet eine grundlegende Form religiöser (man könnte auch sagen: vorreligiöser) Zustimmung zum Leben. Im Hinblick auf eine Weiterentwicklung ist sie die erste Stufe zu einer voll dialogischen Verbundenheit mit einer übermenschlichen Instanz, die dem Leben einen unbedingten Sinn gibt. Solche *Sinnerfüllung in dialogischer Religiosität* suchen alle theistischen Religionen: das Judentum, das Christentum und der Islam. Der christliche Weg soll im folgenden dargestellt werden.

»Er, der mich und alle Kreatur liebt«: Sinnerfüllung in dialogisch-christlicher Religiosität

Für den christlichen Glauben ist »Gott« nicht ein menschlicher Regisseur im Weltraum, sondern das/der Umfassende, »in dem wir leben, uns bewegen und sind« (Apostelgeschichte 17,28). Insofern vertritt das Christentum durchaus eine »kosmische« Religiosität der Allverbundenheit. Es betont aber auch, daß Gott *schlechthin umfassend* zu denken sei: Er ist nicht der grenzenlos scheinende Kosmos mit seinen Kräften und Gesetzen. Er ist auch nicht bloß das Gesamt des pflanzlichen, tierischen und menschlichen Lebens mit seiner faszinierenden Evolution, sondern der *Schöpfer*, der dies alles ständig ermöglicht und insofern umfaßt, trägt: überkosmisch, schlechthin umfassend (transzendent) und nicht es-haft, sondern du-ähnlich, personal. Er umfaßt und trägt den Menschen aber auch dadurch, daß er ihn als »*Vater*« (Mutter) bejaht und zu einer (All-)Verbundenheit einlädt, wie sie Jesus Christus vorgelebt, offenbart hat.

In der Verbundenheit mit diesem Umfassenden, mit Gott, dem Schöpfer und »Vater«, sieht der christliche Glaube den entscheidenden Weg zu einem sinnerfüllten Leben. Dadurch, daß sich die kosmische Allverbundenheit zu einer *dialogischen Religiosität* weiterentwickelt, soll eine gesteigerte Sinnerfüllung erlebt werden. Religiosität auf dieser zweiten, weiterentwickelten Stufe läßt sich freilich leichter in Worten verkünden als aus der ursprünglichen Bereitschaft zu zunächst noch vordialogischer Religiosität anregen und leben. Christliche Erzieher tun nicht selten den zweiten Schritt vor dem ersten und vermitteln damit nur erfahrungsfremde Formeln. Wie die christliche Daseinsdeutung zu einer erlebnisstarken dialogischen Religiosität werden kann und welche Sinnerfüllung sie dann gibt, soll das folgende Beispiel veranschaulichen.

Beispiel 4

Tatjana Goritschewa, eine atheistisch erzogene Technikerin und Philosophiedozentin in Leningrad, die die erste Frauenbewegung in der Sowjetunion mitbegründet und bis zu ihrer Ausweisung 1980 unterstützt hat, fand sozusagen auf dem Weg von Marx über Sartre zum Yoga und schließlich zu einer christlichen Religiosität. Als Heranwachsende hat sie offensichtlich weder zu ihren Eltern noch zum eigenen Leben Liebe entwickeln können. Die Schulbildung und ihr Einsatz als Leiterin einer kommunistischen Jugendgruppe hatten nur ihren intellektuellen Ehrgeiz geweckt.

Als Studentin schöpfte sie aus der Lektüre von Nietzsche, Sartre, Camus und Heidegger Kraft gegen den Anpassungsdruck des staatlich verordneten Marxismus. Wie ihre Freunde in den Diskussionszirkeln der jungen Intelligentsia wollte sie nun ein »starker« Mensch werden, der sein Leben frei bestimmt und dessen Sinnlosigkeit aushält. In Wirklichkeit konnte sie die innere Leere, ihren intellektuellen Hochmut und die »Unfähigkeit, jemanden zu lieben«, nicht ertragen. Sie floh in den Alkohol und in den Aktionismus. »Wir betranken uns in Kellern und auf Dachböden. Manchmal brachen wir eine Wohnung auf, nur um reinzugehen, eine Tasse Kaffee zu trinken und wieder zu verschwinden« (24). Ein ausschweifendes sexuelles Leben, mehrere unglückliche Ehen und Abtreibungen machten sie nur noch ratloser. »Wie Jahresringe wuchsen Wände aus Eis um mein eigentliches ›Ich‹: Ironie, Selbstzufriedenheit, Snobismus, ein Gefühl der Gleichgültigkeit« (52).

Ein erster Schritt zu einem neuen Leben war für sie die Hinwendung zu östlicher Philosophie und vor allem zum Yoga. Die Yoga-Übungen halfen ihr, nicht mehr ausschließlich aus dem bewußten Denken, sondern auch aus bisher verdrängten Kräften des Gefühls zu leben und sich besser kennenzulernen. Sie entdeckte darin auch »religiös gefärbte Gemütszustände« – wahrscheinlich Gefühle der Versunkenheit und Allverbundenheit, wie sie oben beschrieben wurden. Doch suchte sie in ihnen nur einen Weg zur Selbststeigerung, ohne Begegnung, »ohne Liebe«.

Ihre Leere überwand sie, als sie während einer sogenannten Mantra-Übung das christliche Vaterunser entdeckte. Bei Mantra-

Übungen wiederholt man still und in Abstimmung mit dem Ein- und Ausatmen die gleiche Lautverbindung, so daß sich die Aufmerksamkeit von den äußeren Reizen weg auf die innere Wahrnehmung der eigenen Gefühle und Gedanken verlagert. »Man muß wissen, daß ich bis zu diesem Augenblick noch nie ein Gebet gesprochen hatte und auch kein einziges Gebet kannte. Aber da wurde in einem Yogabuch ein christliches Gebet, und zwar das ›Vaterunser‹, als Übung vorgeschlagen. Ich begann, es als Mantra vor mich hinzusagen, ausdruckslos und automatisch. Ich sprach es so etwa sechsmal, und dann wurde ich plötzlich vollständig umgekrempelt. Ich begriff – nicht etwa mit meinem lächerlichen Verstand, sondern mit meinem ganzen Wesen –, daß Er existiert. *Er, der lebendige, persönliche Gott, der mich und alle Kreatur liebt,* der die Welt geschaffen hat, der aus Liebe Mensch wurde, der gekreuzigte und auferstandene Gott! ... Das war die wirkliche, die echte Rettung! In diesem Augenblick *veränderte sich alles in mir*« (26 f.). Noch stärker als die kosmisch Ergriffenen in den Beispielen 1 und 2 und in direktem Gegensatz zu Roquentin/Sartre (Beispiel 3) erlebt sie sich, die Mitmenschen und die Natur in einer für sie neuen, positiven Bedeutung. »*Ich fing an, die Menschen liebzuhaben.* Ich konnte ihr Leiden verstehen und auch ihre hohe Bestimmung, ihre Gottebenbildlichkeit.« Ihr Hochmut schwindet und macht dem Verlangen Platz, »Gutes zu tun und den Menschen und Gott zu dienen« (27).

»Früher lebte ich, wie viele andere auch, aus der Gier: der Gier nach Wissen, Fähigkeiten, Büchern und Freunden. Ich hatte immer Angst, Zeit zu verlieren. Aber sie verging teuflisch schnell, jagte dahin wie eine verrückt gewordene Lokomotive ... Da geschah meine Bekehrung ... Ich fühle mich so wie einst in den schönsten Augenblicken der Kindheit. Die Seele ist rein geworden, *sie wurde arglos und offen, sie konnte wieder staunen* und hat ihren Panzer abgeworfen. *Die Welt blickt mich auf neue Weise an,* ganz unmittelbar, sie verwundet und sie macht froh« (51 f.). »Welche Freude und welch helles Licht war da in meinem Herzen? Aber nicht nur in meinem Inneren, nein, die ganze Welt, jeder Stein, jede Staude waren von einem sanften Leuchten überzogen. Die Welt wurde für mich zum königlichen, hohepriesterlichen Gewand des Herrn. Wie hatte ich das früher nur übersehen können?!« (27).

Die 26jährige läßt sich in die Glaubenslehre und Gebetspraxis der russisch-orthodoxen Kirche einführen, die sie trotz ihrer antiquierten Sprache und ihrer konservativen Art als Oase in der ideologischen Wüste der Sowjetunion empfindet. Sie lernt auch, von der anfänglichen Hochstimmung zu einer nüchterneren, alltagsfähigen Religiosität zu finden. Ungeachtet der Bespitzelung und Verhöre durch den Geheimdienst organisiert sie religiöse Seminare für suchende Intellektuelle und gründet in Leningrad eine Frauengruppe, die in einer Heftreihe »Frau und Rußland« auf die Probleme der Frauen aufmerksam macht.

Die junge Frau hatte bisher den christlichen Glauben nur äußerlich, als Idee und Bekenntnis der anderen, der Christen, gekannt. Bei dem Versuch, das Vaterunser als Mittel zur Versenkung zu benützen, wurde er zu ihrer persönlichen Sinnerfüllung, zum Anfang des »wahren Lebens«. Wie? Sie hat gelernt, zu dem im Mantra genannten »Vater« zu sprechen, zu beten, das heißt, ihn ganzheitlich (»mit meinem ganzen Wesen«) als den anzuerkennen, der *»mich und alle Kreatur liebt«*.

Diese Intuition beantwortet ihre Fragen an das Leben und seinen Wert noch positiver, als es eine bloß vorpersonale Allverbundenheit kann: Nein, das Leben ist kein sinnloser Zufall, sondern ein kostbares Geschenk. In ihm spricht derjenige, der diese Welt und mit ihr uns will und der uns in Jesus ganz nahegekommen ist, sein Ja zu mir und allen. Ich kann und soll mich darum mit dem Umfassenden als Wert bejahen – und die anderen auch. Ich kann auch sie »liebhaben« und weiß einen Grund, »Gutes zu tun und den Menschen und (damit) Gott zu dienen«. Ich kann also die gierig machende Angst, mein Leben sei viel zu kurz, ablegen und mich gelassen den Freuden des Augenblicks hingeben, staunend wie ein Kind: »Die Welt blickt mich auf neue Weise an... und sie macht froh.«

Welchen Weg eröffnet Jesus?

Vieles an T. Goritschewas Bericht erklärt sich aus ihrer ganz persönlichen Lebensgeschichte und Sensibilität, doch ist ihre Entwicklung in ihrem Kern sicher urchristlich. Die folgenden Abschnitte sollen darstellen, daß dieser Weg grundsätzlich der Erfahrung der ersten Christen mit Jesus entspricht, wie sie im Neuen Testament bezeugt wird und wie sie jeder, der sich auf sie einläßt, auf seine Weise neu machen kann. Wie sieht die Bibel, zumal das Neue Testament, den Weg zu einem sinnerfüllten Leben?

Wer das Neue Testament auf seine Sinnüberzeugungen hin untersuchen will, muß mit Sprach- und Verständnisschwierigkeiten rechnen. Der heutige Leser wird beispielsweise die Begriffe »*Sinn*« oder »*Selbstverwirklichung*« darin vergeblich suchen. Das ist kein Wunder, denn beide Ausdrücke gehören sozusagen zum sprachlichen Neuadel. In seiner heutigen Bedeutung wird das Wort »Sinn« erst seit F. Nietzsche (gest. 1900) und W. Dilthey (gest. 1911), der Begriff »Selbstverwirklichung« seit den in den 60er Jahren einflußreich gewordenen Humanistischen Psychologen Ch. Bühler, A. Maslow und E. Fromm verwendet.

Das Anliegen, das diese Positivbegriffe umschreiben, ist der Bibel aber sehr wohl vertraut. Sie spricht davon in Beispielerzählungen, in Gleichnissen und in Ausdrücken wie »*Freude*«, »*Heil*«, »*Glückseligkeit*«, »*Friede*«, »*Hoffnung*«, »*Liebe*«, »*Leben*«, »*Erlösung/Befreiung*«. Wer meint, das Neue Testament befasse sich nur mit Negativerfahrungen und Jesus habe während seines dreijährigen öffentlichen Wirkens immerfort nur geseufzt, könnte schon mit Hilfe eines Stellenregisters (Wortkonkordanz) entdecken, daß die genannten »Hauptwörter« der Frohbotschaft zur Bibel gehören wie das Halleluja zu Ostern.

Andere Begriffe der Bibel sind heute unvermeidlich *Mißverständnissen* ausgesetzt, wenn man nicht sorgfältig auf ihre ursprüngliche Bedeutung achtet und sie nicht dem heutigen Sprachverständnis gemäß »übersetzt«. So spricht das Neue Testament etwa 250mal von Gott als dem, der uns »*Vater*« sein will. Viele heutige Leser werden sich fragen, ob diese Vaterschaft nicht eine die Freiheit des Menschen einschränkende Autorität und außerdem etwas einseitig Männliches bedeutet. Der Bibel liegen solche Vorstellungen fern. Vom »Vatersein«, das sie von Gott aussagt, ist alles wegzudenken, was nur einem menschlichen Vater zukommt – etwa die Versuchung, die Freiheit seiner Kinder durch willkürliche Gebote oder Besitzansprüche einzuschränken. Wegzudenken ist auch alles, was *nur* »Vater« besagt: Gott will sich uns in einem entschiedenen Ja zuwenden und ist in diesem Sinn für uns »Vater«, aber auch »Freund» und »Mutter« geworden. Nur konnte die Bibel nicht vom »Muttersein« Gottes sprechen, weil dieses Bild im Sinne der benachbarten Mutter- und Fruchtbarkeitskulte als magisch-biologische Beziehung mißverstanden worden wäre.

Dementsprechend meint auch Angenommenwerden als »*Kind Gottes*« oder »*Sohn Gottes*« das genaue Gegenteil von Nichterwachsensein, Infantilität, Hilflosigkeit. »Ihr seid alle durch den Glauben *Söhne*

Gottes in Christus Jesus.« Dies sagt der Galaterbrief (3,26) unterschiedslos von Frauen und Männern. Er wendet damit die einst geläufige Vorstellung von einer Adoption auf die neue Beziehung des Gläubigen zu Gott an: Ihr braucht nicht mehr wie rechtlose Sklaven zu leben; vielmehr weil Gott (als »Vater«) ja zu euch sagt, seid ihr ihm *nah* und keines Menschen Sklaven, sondern *frei* (wie erbberechtigte, freie »Söhne«), frei von Angst, von Schuld, vom eigenen Egoismus und Pessimismus, nur Gottes Willen verpflichtet und mit seiner Zukunft vor Augen (»Erben«). Ihr seid zu einer ähnlichen Stellung erhoben, wie Jesus sie hat: »Weil ihr aber Söhne (und Töchter) seid, sandte Gott den Geist seines Sohnes in unser Herz, den Geist, der ruft: Abba, Vater. Daher bist du *nicht mehr Sklave, sondern Sohn* (Tochter); bist du aber Sohn, dann auch Erbe, Erbe durch Gott« (Galaterbrief 4,6 f.).

Um zu zeigen, wie das Christentum den Weg zu einem sinnerfüllten Leben heute sehen kann, gehen die folgenden Abschnitte von den Faktoren aus, die sich im psychologischen Teil als wichtige Voraussetzungen für Glück und Sinn erwiesen haben: Selbstwertschätzung, positive Zuwendung zu anderen Menschen, kreative Hinwendung zur Sachwelt und die Fähigkeit, Trauer und Leid zu verarbeiten. Wer sich darum bemüht, stößt auch auf letzte, theologische Fragen. Wie antwortet der biblische Glaube auf sie?

1. Selbstwertschätzung: Wer und was bestimmt meinen Wert?

Stellen wir uns vor, wir müßten auf einer Liste mit positiven Eigenschaften (Ausdauer, Humor, Mut...) gewichten, in welchem Maße sie uns zukommen. Wir würden unwillkürlich überlegen, wie andere uns einschätzen: Wir betrachten uns eben immer auch mit den Augen anderer. Und uns selbst als wertvoll zu sehen, lernen wir – als Kinder und auch als Erwachsene – zunächst durch das Ansehen, das wir bei unseren Bezugspersonen genießen.

Doch selbst wenn wir nie schwer gekränkt oder durch andere enttäuscht würden, stellt sich die Frage, ob wir nur den Wert haben, den die Mitmenschen uns zuweisen – unsere unmittelbare Umgebung und auch die Gesellschaft, die beide mehr oder weniger menschenfreundlich sein können. Da wir aber auch selber in unserer Selbstwertschätzung schwanken, fragt es sich außerdem, ob wir nur den Wert haben, den *wir* uns gerade zusprechen, oder ob es *eine objektive und über jeder Menschenautorität stehende Instanz gibt, die uns (welches Maß an?) Ansehen, Wert, Sinn zuerkennt.*

Für Jesus und die ersten Christen hieß leben auf doppelte Weise von einem Umfassenden, schlechthin Maßgebenden als Selbstwert bejaht zu sein: einerseits in der Beziehung des Geschöpfes zum *Schöpfer* und andererseits in der Beziehung des »Sohnes« (der Tochter) zum »*Vater*«.

Dasein bedeutet »erschaffen« werden

Diese Überzeugung wird in der Form berichtender Sage in den sogenannten Schöpfungsberichten des Alten Testamentes und als Lobgesang in den Psalmen ausgesprochen. Sie ist auch für Jesus selbstverständlich. Er betrachtet die Welt – ganz ohne sentimentale Verklärung – als Gottes Schöpfung und ihre Lebenschancen, etwa Sonne und Regen, als Zeichen einer Güte, die allen, »Guten und Bösen«, gilt (Matthäus 5,45).

Die Welt als Schöpfung Gottes zu sehen, bedeutet anzunehmen, daß wir unseren *letzten* Ursprung nicht in einem chemischen Zufall oder in einem dumpfen Lebensdrang der Natur haben, sondern daß diese Welt mit ihren Naturgesetzen, ihrer großartigen Evolution und ihren Chancen für den Menschen in jedem Augenblick von einem ermöglicht wird, der zeitlos und notwendig ist und seinen Grund in sich selbst hat. (Schöpfung geschah nicht nur am Anfang der Welt, sondern geschieht ständig.) Er ist der letzte Grund – die »ultima ratio rerum« (Leibniz) –, warum das Potential Welt und mit ihm wir Menschen »eher sind als nicht sind«, wie man mit Leibniz' »Satz vom zureichenden Grund« sagen könnte.

Die Welt und sich selbst als Schöpfung Gottes zu sehen, heißt darum auch anzunehmen, daß wir unser Dasein einem schöpferischen Ursprung (eben dem »Schöpfer«) verdanken, der unser Dasein »will« und grundsätzlich bejaht, indem er es ermöglicht. Es heißt annehmen, daß das Dasein des Menschen nicht erst dadurch sinnvoll wird, daß er einem bestimmten Zweck außerhalb seiner selbst dient, sondern daß es *in sich einen unbedingten Wert (Sinn) hat, weil der Mensch gerade als Adressat des göttlichen Ja gewollt ist.*

Wer dies glaubt, mag sich wie jeder andere auch gelegentlich unfähig, schuldig, niedergeschlagen, von anderen abgelehnt und darum unwert vorkommen. Doch müßte ihn der Glaube daran erinnern, daß er grundsätzlich um seiner selbst willen wertvoll ist – auch wenn ihn sein augenblickliches Stimmungstief anders erscheinen läßt oder wenn er in den Augen der Gesellschaft mißliebig ist. Jeder Mensch hat diesen *unantastbaren Selbstwert* – unabhängig von der Haltung seiner Mitmenschen und der eigenen Stimmung: Er hat ihn *»von Gottes Gnaden«*. Darum darf niemand den Menschen als Werkzeug zum Aufbau einer kapitalistischen, sozialistischen, rassistischen, nationalistischen oder sonstwelchen Gesellschaft verzwecken (instrumentalisieren); niemand den unheilbar Kranken zum »lebensunwerten Leben« erklären. Es wäre auch noch zu wenig, den Menschen nur als eine individuelle Spielart »des« Lebens und Schöpferischseins zu sehen und mit Goethe (in seinem Brief vom 8. 2. 1796 an J. H. Meyer) zu sagen: »Der Zweck des Lebens ist das Leben selbst«, als ob der Mensch »dem Leben« zu dienen hätte. Für den Schöpfungsglauben ist der einzelne Mensch mehr: Adressat von Gottes Ja und Zuwendung und damit unbedingter Selbstzweck.

Etwas von der Selbstwertbestätigung, Verbundenheit und Sinnerfüllung, die diese »dialogische Religiosität« vermitteln kann, mag folgendes Gedicht andeuten. Es stammt von Mascha Kaléko (1907 bis 1975), die in ihrer »Gebrauchslyrik« vor allem ihre Erfahrungen als mittellose und heimatvertriebene Großstädterin aussprach, an einer Stelle aber auch einen überraschenden Einblick in ihren jüdischen Glauben gewährt (In meinen Träumen läutet es Sturm, München 1977, 84). Lebenkönnen bedeutet für sie Gedacht-, Geatmet- und Getragenwerden von einem, der für sie unvorstellbar und unnennbar bleibt (»Irgendwer«, »einer«), ihr aber so nah ist, daß er wie das eigene Ich erscheint: »Ist er ich? Und bin ich Er?«

Irgendwer

Einer ist da, der mich denkt.
Der mich atmet. Der mich lenkt.
Der mich schafft und meine Welt.
Der mich trägt und der mich hält.
Wer ist dieser Irgendwer?
Ist er ich? Und bin ich Er?

Dasein bedeutet vom »Vater« Jesu Christi bejaht werden
Jesus sah sich in einer Beziehung zu Gott, die die Nähe des Geschöpfes zum Schöpfer einschließt, aber auch übersteigt. Darum redete er ihn mit einem eigenen, überaus vertraulichen Wort an, nämlich »Abba« (lieber Vater). Das Gespräch mit diesem »Vater«, zu dem er sich öfter

zurückzog, muß ihm eine Zuversicht gegeben haben, die seine Freunde bewunderten. Darum ihre Bitte: »Herr, lehre uns beten, wie schon Johannes seine Jünger beten gelehrt hat. Da sagte er zu ihnen: Wenn ihr betet, so sprecht: *Vater*, dein Name werde geheiligt. Dein Reich komme . . .« (Lukas 11,1 f.).

Demnach heißt Dasein für den Christen auch, ähnlich wie Jesus zum Letzten und Maßgebendsten »Vater« sagen zu dürfen, Adressat eines Ja und einer Zuwendung zu sein, die innerste (All-)Verbundenheit bedeutet: eine Sohn/Tochter-Vater-Beziehung, eine Nähe »von Angesicht zu Angesicht«. Gott bietet diese Verbundenheit auf ewig (als »neuen und ewigen Bund«) und mit unwiderruflicher Entschiedenheit an, indem er in seinem »Sohn« Mensch wird und alle Menschen beruft, das »Reich« seiner Gerechtigkeit und Güte in der Gesellschaft und Geschichte wachsen zu lassen. Dazu lädt er auch jene ein, die sich ihm bisher durch eigene Schuld verschlossen haben. (Der »Vater« geht dem verlorenen Sohn entgegen; er »sucht, was verloren war«.) Diese Einladung bedeutet ihm so viel, daß er dafür Verfolgung und den Tod am Kreuz auf sich nimmt.

Darum sagt das Johannesevangelium: »Denn Gott hat die Welt (die Menschen) so sehr geliebt, daß er seinen einzigen Sohn hingab, damit jeder, der an ihn glaubt, nicht zugrunde geht, sondern das ewige Leben hat« (3,16). Und wie in einem Echo darauf bekennt Paulus: ». . . ich lebe im Glauben an den Sohn Gottes, der mich geliebt und sich für mich hingegeben hat« (Galaterbrief 2,20).

Für die Selbstwertschätzung macht es einen Unterschied, ob sich jemand auf diese Weise auch »im Namen Gottes« bejahen kann oder nicht, ob er Gott so hinter sich weiß, wie es Jesus erfahren und zugesagt hat oder nicht. Die areligiös erzogene, später aber vom christlichen Glauben durchdrungene jüdische Philosophin Simone Weil (1909–1943) hat es einmal so formuliert: »Nicht weil Gott uns liebt, sollen wir *ihn* lieben. Sondern weil Gott uns liebt, sollen wir *uns* lieben. Wie könnte man sich selbst lieben ohne dieses Motiv? Die Selbstliebe ist dem Menschen unmöglich, außer auf diesem Umweg« (1954, 142). Den gleichen Zusammenhang sprach der englische Theologe und Kardinal John Henry Newman (1801–1890) einmal in dem einfachen, weittragenden Bekenntnis aus: »*Mein Gott, ich glaube, daß du mich mehr liebst als ich mich selbst.*«

Solcher Glaube macht die im psychologischen Teil genannten selbsterzieherischen und therapeutischen Bemühungen um ein tragfähiges Selbstwertgefühl keineswegs überflüssig. Einem Verängstigten oder Depressiven gegenüber kann man nicht sagen: Glaub an die Frohbotschaft, und deine Probleme lösen sich von selbst. Vielmehr erfordert der Glaube solche Bemühungen und motiviert dazu. Sie sind für ihn notwendige Voraussetzungen und Wege, damit der Mensch den Selbstwert, den ihm die biblische Frohbotschaft objektiv, von seiten Gottes zuspricht, auch persönlich, subjektiv und affektiv, leben, »glauben« kann.

Übermenschentum oder »Menschentum von Gottes Gnaden«?

Weil sich der glaubende Mensch als Selbstwert »von Gottes Gnaden« sieht, kann er auch *seine Endlichkeit annehmen* und damit sein Leben als Geschenk und Aufgabe werten. Denn diese Annahme seiner Endlichkeit befreit ihn von dem in der Moderne häufig propagierten Drang, mit titanischer Willensanstrengung Unendlichkeit und Allmacht zu beanspruchen, weil er sich angeblich nur so wertvoll und frei fühlen kann.

Solcher Allmachtanspruch mag zunächst das Selbstbewußtsein und den Leistungswillen steigern und utopische Kräfte freisetzen. Doch macht er auch unfähig, den Bedeutungsschwund des einzelnen in der Massengesellschaft, die Grenzen des Machbaren und des Fortschritts, den Leistungsabfall im Alter sowie den eigenen Tod zu akzeptieren (H. E. Richter 1979). Die Maßlosigkeit und Unrealisierbarkeit des Allmachtanspruchs hindert den Übermenschen schließlich daran, dem Leben überhaupt noch zuzustimmen. Denn wer totale Selbstbestimmung beansprucht, kann das Leben nur annehmbar finden, wenn er über sein Sein oder Nichtsein sowie über die Lebensbedingungen, unter denen er zu leben hat, selbst hätte bestimmen dürfen. Die Warum- und Wozu-Frage wird da von vornherein zum Protest: Warum habe ich nicht über meine Geburt oder Nicht-Geburt entscheiden können? Warum muß ich sterben, ob ich es will oder nicht? Begrenztheit wird als Ohnmacht empfunden; das Leben zu einem Zwang und einer Zumutung abgewertet, zu etwas Sinnlosem.

So erklärt J.-P. Sartre (S. 225) wie in einem Anfall von narzißtischer Wut, er sei nicht notwendig, er verdanke sich sein Dasein nicht selbst, sondern sei »zufällig« und dies bedeute: »Überflüssig für die Ewigkeit«. Ebenso aufgebracht schreibt E. M. Cioran:

»Ich weiß, daß meine Geburt ein Zufall, ein lachhaftes Akzidens ist, und dennoch: Sobald ich mich gehen lasse, führe ich mich auf, als wäre sie ein Ereignis erster Ordnung, unentbehrlich für den Fortgang und das Gleichgewicht der Welt« (1979, 7). »Man kann *nicht nachdenken und bescheiden sein. Sobald der Geist sich in Bewegung setzt, nimmt er den Platz Gottes und alles sonstigen ein«* (91).

Den engen Zusammenhang zwischen dem maßlosen Anspruch und der alles entwertenden Enttäuschung hat August von Platen, Dichter eines tragischen Lebensgefühls, einmal äußerst prägnant in den beiden letzten Versen seines Gedichts »Es liegt an eines Menschen Schmerz« ausgedrückt. Darin wiederholt er das Endwort »nichts« achtmal, zuletzt so:

»Es hoffe jeder, daß die Zeit ihm gebe, was sie keinem gab,
Denn jeder sucht ein *All* zu sein und jeder ist im Grunde *nichts*.«

Im Unterschied dazu kann das »Menschentum von Gottes Gnaden« seine Endlichkeit ungekränkt und unverkrampft, ja dankbar als *geschenkte Größe* annehmen. So geschieht es in den erwähnten Aussagen von T. Goritschewa und M. Kaléko oder auch in dem unbeschreiblichen Jubel, mit dem Heinrich Schütz in seiner Motette »Jauchzet dem Herren alle Welt« ausgerechnet den Psalmvers singen läßt: »Erkennet, daß der Herre Gott ist, er hat uns gemacht und nicht wir selbst . . .« (Psalm 100,3). Menschentum von Gottes Gnaden setzt sich nicht an die Stelle des Letzten, Allmächtigen – um auf diesem Weg in eine letzte Vereinsamung und Verzweiflung zu rennen. Vielmehr entwickelt es eine dialogische Form von »kosmischem Narzißmus« (H. Kohut) oder treffender: eine »Glaubensfunktion«, die am Letzten teilhat, indem sie gleichzeitig mit ihm eins ist, sich führen läßt und zu sich selbst ermächtigt wird (L. Sondi 1956, 512 f.). Wie M. Kaléko sagt: »Ist er ich? Und bin ich Er?«

2. Positive Zuwendung zu anderen Menschen – ein »freudiger Sinn«?

Die Frage, welchen Wert der Mensch hat, stellt sich nicht nur in bezug auf mich, sondern auch in bezug auf meine Mitmenschen. Was bedeutet die positive Zuwendung zu ihnen in Freundschaft, Liebe und prosozialem Empfinden grundsätzlich und letztlich? Für Jesus erkennt der Umfassende und schlechthin Maßgebende, der »Schöpfer« und »Vater«, den unantastbaren Selbstwert, von dem im vorangegangenen Abschnitt die Rede war, *jedem Menschen* zu. Jedem konkreten einzelnen – nicht erst (wie bestimmte Ideologien) einer sozialen Klasse, einer Nation, einer Rasse oder der Menschheit. Jesus zweifelt darum keinen Augenblick, ob es »vernünftig« sei (so S. Freud, vgl.

S. 180), anderen gegenüber fair und gütig zu sein. Vielmehr findet er es unbedingt lohnend, sich für die Kranken, Verachteten und Gott Entfremdeten einzusetzen, sich den »Verlorenen« zuzuwenden (Lukas 19,10; 15,1–7), die »abgequält und erschöpft sind, wie Schafe, die keinen Hirten haben« (Matthäus 9,36). Das war für ihn nicht eben noch sinnvoll, sondern so erfüllend, daß er darin eine »Sendung« sah: »Dazu bin ich gesandt . . . dazu bin ich gekommen.«

Dementsprechend bedeutet Mitmenschlichkeit für den Glauben eine *Quelle unbedingter Sinnerfüllung*: mit Jesus vom »Vater« dazu gesandt zu sein, zu einem Zusammenleben beizutragen, das von »Brüderlichkeit« (Geschwisterlichkeit) bestimmt ist, wo jeder, auch der Schwächste, etwas von der Zuwendung des Schöpfers und Vaters erfährt, sich also als Bruder unter Brüdern (Schwester unter Schwestern) und als Sohn/Tochter des gemeinsamen Vaters bejaht fühlen kann – in den privaten Beziehungen und in den gesellschaftlichen Verhältnissen.

Das besagt: Es lohnt sich, auf das Beherrschen und Ausbeuten anderer zu verzichten und statt dessen einen gerechten Interessenausgleich und Solidarität anzustreben: »Die Könige herrschen über ihre Völker, und die Mächtigen lassen sich Wohltäter nennen. Bei euch aber soll es nicht so sein, sondern der Größte unter euch soll werden wie der Kleinste, und der Führende soll werden wie der Dienende« (Lukas 22,25). Darüber hinaus lohnt es sich aber auch, am Notleidenden, der meine Hilfe braucht, nicht gleichgültig vorüberzugehen, sondern seine Zeit und seine Mittel für ihn einzusetzen (wie der »barmherzige Samariter«). Das ist kein Verlust, auch wenn es der Hilfsbedürftige nicht »auf Gegenseitigkeit« vergelten kann und wenn es keine Anerkennung in der Öffentlichkeit bringt.

Sosehr man die Gefahr einer zwanghaften, unreifen Form von Hilfsbereitschaft (»Helfer-Syndrom«) kennen und einer heroisch-narzißtischen Überhöhung der guten Taten widerstehen muß, kann man grundsätzlich darauf vertrauen, daß situationsgerechtes prosoziales Verhalten nicht auf dummer Sentimentalität und anerzogener Konvention beruht, sondern einen unbedingten Wert hat. Geben heißt nicht verlieren, sondern empfangen: »Gebt – und euch wird gegeben werden« (Lukas 6,38). »Dein Vater, der auch das Verborgene sieht, wird es dir (durch sein zustimmendes Sehen) vergelten« (Matthäus 6,4).

Prosoziales Verhalten schenkt »altruistische Freude« (S. 159ff.) und Sinnerfüllung, weil es Verbundenheit mit den Mitmenschen

(Anderngerichtetheit) ermöglicht *und* weil es darin und darüber hinaus auch (All-)Verbundenheit mit dem eröffnet, der den Mitmenschen um seiner selbst willen bejaht und ihn durch mich unterstützen will. Es ist ein Übereinstimmen und Zusammenwirken mit ihm:

> »Ihr aber sollt eure Feinde lieben und sollt Gutes tun und leihen, auch wo ihr nichts dafür erhoffen könnt. Dann wird euer Lohn (Sinn) groß sein, und ihr werdet Söhne (Töchter) des Höchsten sein; denn auch er ist gütig gegen die Undankbaren und Bösen. Seid barmherzig, wie es auch euer Vater ist!« (Lukas 6,35). »Amen, ich sage euch: Was ihr für einen meiner geringsten Brüder (und Schwestern) getan habt, das habt ihr mir getan« (Matthäus 25,40).

Was dies für einen gesellschaftspolitisch engagierten Christen heute heißen kann, spricht der Theologe Helmut Gollwitzer einmal in folgendem Bekenntnis aus: Auf unsere Bemühungen um das Wohl der Menschen legt sich immer wieder »der Staub einer letzten Sinnlosigkeit. Der Zusammenhang mit Jesu großem Werk gibt (jedoch) auch dem Unscheinbarsten eine ewige Bedeutung; es wird nichts verloren sein. *Ein freudiger Sinn kommt in alles Tun*« (H. Spaemann 1973, 22).

Klarstellungen

1. Wenn hier Mitmenschlichkeit als Mitwirken mit Gott angesehen wird, bedeutet das *nicht, daß Mitmenschlichkeit allein und unmittelbar vom Gottesglauben her begründet werden müßte*. Eine Ethik des menschenwürdigen Zusammenlebens geht nicht – wie es hier scheinen könnte – vom Gottesglauben aus, sondern führt am Ende zu ihm hin (H. Küng 1978, 626, 636; F. Furger 1983). Wenn Menschen über Normen nachdenken, die ihr Zusammenleben bestimmen sollen, erkennen sie – gleich, ob sie religiös oder atheistisch eingestellt sind – zuerst einmal ihre Verantwortung füreinander und leiten daraus Normen ab. Wenn sie nun in einem zweiten Schritt überlegen, wie verbindlich diese Normen in ihrer Kernabsicht sind, werden sie feststellen: Sie gelten unbedingt; die Würde des Menschen ist menschlicher Willkür enthoben. Fragen sie nun weiter, wie diese Unbedingtheit möglich und zu begründen sei, so zeigt sich, daß man dazu eine Instanz annehmen muß, die über den Interessen eines einzelnen Menschen und der Gesellschaft steht. Das hat schon der Philosoph I. Kant in seiner Theorie von den »Postulaten der praktischen Vernunft« ausgeführt. Der Sozialphilosoph Max Horkheimer (1967, 227) brachte es, nachdem er sich vom Marxismus abgewandt hatte, auf die Formel:

»Einen unbedingten Sinn zu retten ohne Gott, ist eitel... Ohne Berufung auf ein Göttliches verliert die gute Handlung, die Rettung des ungerecht Verfolgten ihre Glorie, es sei denn, sie entspräche dem Interesse eines Kollektivs diesseits und jenseits der Landesgrenzen.«

2. Mit Bedacht wurde oben betont, daß der Christ die Verbundenheit mit Gott, die er in der Zuwendung zum Mitmenschen findet, *in und mit* der Verbundenheit mit dem Mitmenschen erfährt. Nächstenliebe wäre keine Nächstenliebe (und auch keine Gottverbundenheit), würde man den Mitmenschen nur Gott zuliebe bejahen. Denn dann wäre der Mitmensch ja nicht mehr um seiner selbst willen wertvoll (wie es Gott will), sondern nur noch als Mittel für meine Beziehung zu Gott. Die Einheit von Nächsten- und Gottesliebe besagt etwas anderes, nämlich: Sich mit Gott dem Menschen zuwenden, ihn mit Gott bejahen.

»Nicht zu dem Nächsten gehen um Gottes willen, sondern *durch Gott zu dem Nächsten hingetrieben werden*. Wie der Pfeil durch den Schützen auf sein Ziel. Ein Werkzeug der Berührung zwischen dem Nächsten und Gott sein, wie der Federhalter zwischen mir und dem Papier« (S. Weil 1976, 200).

3. Der »große Lohn« (Lukas, 6,35), *das Lohnende, Sinnerfüllende, das dem Prosozialen zugesagt ist, liegt in der Verbundenheit mit dem Mitmenschen und mit Gott*, die er in seiner Zuwendung zum Mitmenschen erfährt. Es unterscheidet sich nicht von dieser Verbundenheit, ist ihr nicht äußerlich. Es besteht nicht aus materiellen Vergünstigungen, die uns Gott als gerechter »Belohner« in einem erfolgreichen Leben oder einem Schlaraffenland-Himmel zuteilen würde. Die Hinwendung zum anderen belohnt sich sozusagen selbst; ihr Lohn und Sinn ist die darin erfahrene Verbundenheit mit dem anderen und mit Gott. Ebenso besteht die »Strafe«, die schuldhafte Sinnwidrigkeit der bösen Tat (»Sünde«) darin, daß sich der Dissoziale von der Verbundenheit mit dem Mitmenschen und mit Gott ausschließt und dadurch verengt. So schreibt der Mystiker und Dichter Angelus Silesius (1624 bis 1677) einmal:

»Gott straft die Sünder nicht: die Sünd ist selbst ihr Hohn,
Ihr Angst, Pein, Marter, Tod, wie Tugend selbst ihr Lohn.«

Liebe oder: Ist die Erde wirklich warm?

Der Glaube sieht aber nicht nur – wie eben ausgeführt wurde – in Gerechtigkeit und Hilfsbereitschaft, sondern auch in *Freundschaft und Liebe* mit ihrem mehr gefühlsmäßigen und erotischen Austausch grundsätzlich eine Quelle unbedingter Sinnerfüllung. Die Bibel wertet im Schöpfungsbericht (Genesis 2,19 f.) die Liebes- und Lebensgemeinschaft zwischen Mann und Frau als einzige »Hilfe, die dem Menschen entsprach«. In einer sinnbildlichen Erzählung schildert sie, wie der erste Mensch (Adam) den »Garten« bebauen und die Tiere benennen, das heißt in seine Welt eingliedern, sich aneignen lernt. Doch eine angemessene Erfüllung, eine »Hilfe, die dem Menschen entsprach«, findet er in diesem Besitzen und Verfügen (auch wenn er es, wie wir heute, durch eine hochentwickelte Technik vervielfachen würde) nicht, sondern nur in der Beziehung zur Frau, die ihm gleichartig ist und eine eigene Liebes- und Lebensgemeinschaft ermöglicht (so daß er »Vater und Mutter verlassen« kann).

Auch das »Hohelied«, das zur bedeutendsten Liebeslyrik der Weltliteratur gehört, besingt als begehrenswertesten »Garten« und als »reines Gold« die Liebe zwischen Braut und Bräutigam: Im Vergleich zu ihr ist selbst der reichste und wertvollste Weinberg Salomos nichts (8,11 f.).

Für Jesus ist dieser Vorrang der Liebe selbstverständlich, obwohl er selbst unverheiratet war. Gewiß, eine »Kunst des Liebens« hat er nicht geschrieben. Doch hat er zum Thema »Liebe zwischen Mann und Frau« Entscheidendes gesagt: daß sie nur Liebe ist, wenn der Partner nicht zum austauschbaren Mittel (im Dienste von Lust, Besitz, Nachkommenschaft) verzweckt wird, sondern wenn man eine dauerhafte Bindung mit ihm anstrebt (Markus 10,2–12), wenn Zärtlichkeit, Sexualität und materielle Fürsorge auch eine unbedingte Annahme verkörpern und spüren lassen – die Überzeugung: Es ist gut, daß es dich gibt.

Damit nimmt der christliche Glaube zwar keinem Paar die Bemühungen um ein beide Seiten befriedigendes Zusammenleben ab. Aber er ermutigt dazu, indem er versichert, daß sich diese Mühe unbedingt lohnt. Er widersetzt sich der verbreiteten Skepsis, die in der Liebe nur eine Illusion unseres momentanen Triebhaushalts oder ein raffiniertes Spiel von zwei Egoismen sehen will oder meint: »Es ist lächerlich, verliebt zu sein, denn niemand ist liebenswert« (E. Ionesco). Demgegenüber ermutigt der christliche Glaube zum Glauben an den Sinn der Liebe: Wer – bei aller Zerbrechlichkeit, die emotionalen Beziehungen eigen ist – erfahren kann: ». . . Die Erde ist wirklich warm . . . Seit heute ist alles mein Schutzpatron / und die ganze Welt eine Weidenwiege« (Christine Lavant, oben S. 127), der darf sich diesem Ja zum

Ganzen anvertrauen. Er darf sich als Empfänger und Mittler einer Zuwendung und Verbundenheit sehen, die sowohl vom Partner als auch vom schlechthin Umfassenden, Gott, ausgeht und ihm immer gilt.

In dieser Sicht stellt Marc Chagall Liebe und Erotik mehrmals in einen umfassenden, religiösen Zusammenhang (der beispielsweise den Bildern Picassos zum gleichen Thema fehlt). In dem zwei Jahre nach seiner Hochzeit mit Bella gemalten »Doppelporträt mit Weinglas« (1917) schwebt über der Frau, die ihren Mann auf den Schultern fortträgt, ein Engel – ein Bote des Himmels, der sich beiden auftut, lilafarben wie das Bein der Frau. 1930 und 1939 stellt er ein Liebespaar an einem Fluß dar. Seine Umgebung ist gleichsam ein einziges blaues Meer von Land, Wasser und Luft. In der Mitte eine Uhr, deren golden leuchtender Perpendikel anzudeuten scheint: Das Leben, die Zeit ist voll, erfüllt. Darüber ein Fisch mit Flügeln und einer Hand, die Geige spielt, wie zu einem Fest. Titel des Bildes: »Die Zeit ist ein Fluß ohne Ufer«. Sie ist dies dann, wenn sie durch Liebe erfüllt wird und dadurch an einer ewigen Fülle teilhaben darf. Denn Chagall ist mit dem chassidischen Glauben des osteuropäischen Judentums überzeugt, daß der Mensch auch im irdischsten Glück (wie auch im Leid) etwas von der Gegenwart des Ewigen erfahren kann, daß er sozusagen vom uferlosen Fluß einer umfassenden, ewigen Liebe getragen wird.

3. Hinwendung zur Sachwelt: Gibt der Glaube eine Wertorientierung?

Genießen, erforschen und gestalten – das tun wir nicht nur spielerisch und zweckfrei (worauf der folgende Abschnitt eingehen wird), sondern auch, um uns und andere am Leben zu erhalten. Wer das Dasein im ganzen als »nutzlose Leidenschaft« (J.-P. Sartre) betrachtet, kann das, was wir zur Erhaltung des Lebens tun, nur als Zugeständnis an unseren Selbsterhaltungstrieb werten. Für die Bibel gehört es hingegen zum *Zusammenwirken des Menschen mit dem Schöpfer* zum Wohle des Menschen. Er läßt ja Pflanzen wachsen »für den Menschen, die er anbaut, damit er Brot gewinnt von der Erde und Wein, der das Herz des Menschen erfreut . . . Nun geht der Mensch hinaus an sein Tagwerk, an seine Arbeit bis zum Abend« (Psalm 104).

Für den Glauben, der den Menschen als Selbstwert von Gottes Gnaden sieht, sind *Arbeit, Forschung und Konsum in dem Maße sinnvoll, lohnend, als sie – mich und andere – erfahren lassen, daß wir um unserer selbst willen wertvoll sind. Sinnwidrig und der Veränderung wert ist alles, was diese Erfahrung erschwert oder verhindert.*

Damit gibt der Glaube eine *Grundorientierung* mit eigenem Qualitätsmaßstab und eigener Werthierarchie. Sie weist beispielsweise der körperlichen Arbeit, die die altgriechischen Denker als minderwertig einstuften und den Sklaven überließen, grundsätzlich den gleichen Rang zu wie der geistigen – wenn nur beide zu einem menschenwürdigen Leben beitragen. Damit stellt sie auch die in unserer arbeitsteiligen Leistungsgesellschaft gängige Einteilung der Arbeiten in höhere und niedere in Frage: Diese richtet sich eher an den Statusbedürfnissen menschlicher Eitelkeit als am Wert der Arbeiten für den Menschen aus.

Die Grundorientierung des Glaubens bestätigt und schärft das Qualitätsbewußtsein – das Gewissen, den »Werthöhensinn« (N. Hartmann 1962, 388 f.) –, nach dem Verantwortung den Vorrang vor Vergnügen und menschliche Werte den Vorrang vor Sachgütern haben. Sie erklärt es für sinnwidrig und götzendienerisch, auf Kosten von Menschen Güter, Macht, Prestige oder Wissen anzuhäufen oder diese Reichtümer zu genießen, ohne sie solidarisch mit Leistungsschwachen wie dem kranken Lazarus (Lukas 16,19–31) zu teilen. Anders ausgedrückt, Besitz, Einfluß und Wissen dürfen nie überschätzt und zum Selbstwert werden; denn diesen Rang hat nur der Mensch. Einen Sinn, einen bleibenden Wert erhalten alle Formen von »Mammon« nur, wenn sie einem menschenwürdigen Leben aller dienen, in dem geschwisterliche Solidarität erfahren werden kann (Lukas 16,1–9). Dann und nur dann erarbeiten wir »Schätze im Himmel, wo weder Motte noch Wurm sie zerstören« (Matthäus 6,19 f.).

Welche Aufgaben ergeben sich aus dieser Grundorientierung für das Leben des einzelnen heute und für die Gestaltung einer humanen Industriegesellschaft: ihrer Wissenschaft, Arbeit, Technik, Politik und ihres Lebensstils, ihres Verhältnisses zu den Chancen und Gefahren moderner Forschung und Produktion, zu den nicht oder schwach organisierten Gruppen der Ungeborenen, Kinder, Alten, Behinderten, Verhaltensgestörten, Gastarbeitern, Hausfrauen, der Hungernden in Entwicklungsländern und der ihrer Menschenrechte Beraubten in Diktaturen?

Der Glaube weist hier gewiß mit aller Deutlichkeit auf das Grundziel »Menschenwürde« hin. Er sensibilisiert dafür, er drängt und motiviert dazu, wie er es bei engagierten Christen von der Art eines A. Schweitzer, D. Hammarskjöld, M. L. King, Mutter Teresa, A. Pérez Esquivel oder Lech Wałesa getan hat, um nur diese Friedensnobelpreis-Geehrten zu nennen. Doch jeder Gläubige und jede Gruppe muß aufgrund der eigenen Situationsanalyse und Kreativität die Wege suchen, auf denen dieses Grundziel zu verwirklichen ist. Dabei können sie mit derselben Absicht zu verschiedenen Folgerungen kommen: *Der Glaube ist kein Rezept und keine Ideologie für eine bestimmte Politik, sondern ein Grundimpuls zur Humanisierung.*

Hinwendung zur Sachwelt – ein Spielen und »Genießen in Danksagung«?

Genießen, erforschen und gestalten macht uns gewöhnlich dann am meisten Freude, wenn wir es ohne Not und Druck, wie im zweckfreien Spiel tun können. Wenn wir ein Lieblingsplätzchen aufsuchen, um uns von einer Landschaft bezaubern zu lassen, wenn wir so recht vergnügt mit einem Kind spielen, die behagliche Atmosphäre einer Kaffeerunde genießen, beim Bergsteigen oder Tanzen, beim Skatspiel oder einer Handarbeit Erfolg, freudvolle Aktivität, »Fluß-Erleben« (S. 165 f.) erfahren – welche Bedeutung hat diese zweckfreie Hinwendung zur Sachwelt im ganzen unseres Lebens?

Der christliche Glaube legt niemanden auf eine bestimmte Kultur der Sinnlichkeit und der Freizeit fest. Er ermutigt aber dazu, diese je neu zu entwickeln, indem er sie in ihrem letzten, umfassenden Zusammenhang sieht. Sich seines Lebens freuen und feiern ist für den Schöpfungsbericht und die Psalmen ein *Mitfeiern mit dem Schöpfer*, der am siebten Tag »ruhte und alles ansah, was er gemacht hatte«. Genießen und Feiern können – das gehört auch wesentlich zu Jesu Leben. Seine mehrfach berichtete Teilnahme an gemeinsamen Essen mit Pharisäern und mit Menschen, die aus der Gesellschaft ausgestoßen waren, brachte ihm bei seinen Gegnern sogar den polemischen Vorwurf ein, ein »Fresser und Säufer und ein Kumpan der Zöllner und Sünder« zu sein (Lukas 7,34). Diese gemeinsamen Essen waren einerseits Teil seiner Sendung, allen Menschen im Namen Gottes Tischgemeinschaft anzubieten; sie waren aber auch ein Ausdruck seiner Lebensfreude. In der gleichen Haltung wendet sich später der erste Brief an Timotheus gegen gnostische, leibfeindliche Ansichten, die die Ehe und das Essen bestimmter Speisen ablehnten, und erklärt demgegenüber, alles, was Gott geschaffen habe, sei gut und »*in Danksagung zu genießen*« (4,4).

Der christliche Glaube sieht die kleine Freude, die uns gelingt, in einer eigenen Gesamtperspektive. Der Glaubende mag sie sich nur gelegentlich bewußtmachen, etwa beim Rückblick auf den vergangenen Tag, an seinem Geburtstag oder beim Gottesdienst – sie müßte trotzdem sein Erleben beeinflussen, ihm einen positiven, verstärkenden Hintergrund geben. Eine *Theologie des »Genießens in Danksagung«* könnte ihm etwa folgendes sagen: Vertraue deinen kleinen Freuden und guten Stimmungen. Sie sind nicht nur ein rein animalisches Wohlgefühl, eine Auswahl von Reizen, die dein Nervensystem im allgemeinen und die Lustzentren des unteren Zwischenhirns im besonderen angenehm erregen. Sie ersparen dir nicht nur das Gefühl der Leere und Langeweile, indem sie in der Art einer Beschäftigungs- und Ablenkungstherapie dein unausrottbares, aber törichtes Verlangen nach Lust, Wissen und Betätigung befriedigen – wo es angeblich realistischer wäre, überall »Ekel« (J.-P. Sartre) zu empfinden und zu meinen, »daß keine Geste, die man ausführt, wert ist, daß man ganz zu ihr steht; daß nichts durch irgendeine Spur von Substanz überhöht wird« (E. M. Cioran 1979, 5).

Du kannst darauf vertrauen, daß deine kleinen Freuden und guten Stimmungen recht haben, wenn sie dir die Welt und das Leben als etwas zeigen, das trotz aller Enttäuschungen und Schrecken kostbar ist, als Geschenk, für das du dankbar sein kannst. Sie machen dich sozusagen bis in deine Gehirnchemie hinein bereit und fähig, dein Leben so wahrzunehmen, wie es auch klares Nachdenken sehen kann: als Geschenk und als Recht, dich deiner selbst zu freuen, ohne daß du dieses Recht durch eigene Anstrengung und Leistung hättest erwerben müssen oder jetzt erwerben müßtest. Du darfst Feierabend und Urlaub machen, spielen und feiern – *feiern, daß du bist.*

Du kannst die einzelne Positiverfahrung, die dir gelingt, als Wirkung und Sinnbild einer Zuwendung nehmen, die »mich und alle Kreatur liebt« (T. Goritschewa). Das sind sie. Du brauchst nichts hochzujubeln, nichts zu überhöhen, zu »romantisieren« (Novalis), zum Götzen und zur Religion zu machen, wie es Ideologen mit dem Sport, der Natur, der Kunst und der Technik versucht haben. (J. R. Becher in einem Gedicht zum Start des Sputniks, des ersten Satelliten: »Der menschlichen Allmacht allerhöchster Beweis«.) Nur aufmerksam werden auf die täglichen Wunder, vor allem auf das Wunder, daß wir leben – und nicht überheblich und blind sein. *Feiern, daß du bist.*

Diese Freude braucht das Leid nicht zu verdrängen und zu überblenden, braucht keine Flucht aus dem Elend in den Rausch zu sein, keine Betäubung. Vielmehr kannst du dir darin die Kraft holen, um das Leben auch dann anzunehmen, wenn dich Angst und Enttäuschung überwältigen wollen. Und wenn dich deine Freude in der Überzeugung stärkt, willkommen zu sein, so laß sie dich auch bereit machen, dieses Willkommensein mit anderen zu teilen. Sich aus der Erfüllung, aus der Dankbarkeit heraus für Benachteiligte und Leidende einsetzen – nicht nur aus Wut über menschliche Ohnmacht. So wie Albert Schweitzer an einem strahlenden Sommermorgen in den Pfingstferien aus dem Gefühl, im Leben beschenkt und bevorzugt worden zu sein, beschloß, als Arzt für mittellose Afrikaner zu arbeiten. *Feiern, daß wir sind.*

Verweile bei dem, was dich erfreut. Laß dir diese Fähigkeit nicht zerstören durch die (Frustrations-)Angst, das Leben sei zu kurz, so daß jeder darin zu kurz kommen muß. (Bert Brecht: »Laßt euch nicht betrügen! / Das Leben wenig ist. / Schlürft es in schnellen Zügen! / Es wird euch nicht genügen / Wenn ihr es lassen müßt!«) Gelassen genießen, nicht gierig. Du weißt zwar nicht, wie lange du noch in ungebrochener Intensität »das Vergnügen haben« wirst. Doch ist das ein Grund zur Panik? Eines weißt du: Die umfassende Zuwendung, die du heute erfahren kannst, gilt dir auch morgen und immer, sogar über den Tod hinaus. Das Sinnvolle bleibt (zum »Optimismus der Vergangenheit« siehe S. 83), und eine Er-innerung vergangener Positiverfahrungen ist mehr als ein trauriges »Es war einmal«. Sich heute dem Spiel hingeben – wie der Heilige, der auf die Frage, was er täte, wenn er beim Ballspiel erführe, daß er morgen sterben müsse, geantwortet hat: »Weiterspielen.«

Entwickle, verfeinere die Fähigkeit zu solcher Freude. Sie erhält ihren Wert nicht erst dadurch, daß sie deine Kräfte für die Produktion wiederherstellt (»Kraft durch Freude«) oder den anderen – etwa durch teure Reisen – deine Konsumkraft und deinen sozialen Status zeigt; sie hat ihren Sinn in sich, wie eine Geburtstagsfeier. Mascha Kaléko, die oben zum Thema »Schöpfung« zitiert wurde, hat es einmal (in: In meinen Träumen läutet es Sturm, München 1977, 70) so gereimt:

Ich freu mich, daß der Mond am Himmel steht
Und daß die Sonne täglich neu aufgeht.
Daß Herbst dem Sommer folgt und Lenz dem Winter,
Gefällt mir wohl. Da steckt ein Sinn dahinter,
Wenn auch die Neunmalklugen ihn nicht sehn.
Man kann nicht alles mit dem Kopf verstehn!

Ich freue mich. Das ist des Lebens Sinn.
Ich freue mich vor allem, daß ich bin.

In mir ist alles aufgeräumt und heiter:
Die Diele blitzt. Das Feuer ist geschürt.
An solchem Tag erklettert man die Leiter,
Die von der Erde in den Himmel führt.
Da kann der Mensch, wie es ihm vorgeschrieben,
– Weil er sich selber liebt – den Nächsten lieben.
Ich freue mich, daß ich mich an das Schöne
Und an das Wunder niemals ganz gewöhne.
Daß alles so erstaunlich bleibt, und neu!
Ich freu mich, daß ich ... Daß ich mich freu.

Sinn ist nicht fertig, sondern zu suchen – aber nicht zu machen

Die bisherigen Ausführungen erlauben, einige Mißverständnisse zu klären, die die religiöse Antwort auf die Sinnfrage oft belasten:

1. Der christliche Glaube beantwortet die Frage nach Sinn *nicht mit fertigen Lösungen* und einem detaillierten Lebensprogramm, sondern – wie bereits dargelegt – mit einer *Grundorientierung und Gesamtperspektive*: Jeder Mensch hat einen unbedingten Selbstwert von Gottes Gnaden, und unsere Zuwendung zu uns, zum Mitmenschen und zur Sachwelt ist in dem Maße sinnvoll, als sie zu dieser Erfahrung beitragen muß oder kann.

Diese Grundorientierung sagt zwar verbindlich, worin letztlich und grundsätzlich das Sinngebende unserer Bemühungen besteht, in welcher Richtung es zu suchen ist und daß sich dieses Suchen unbedingt lohnt. Sie motiviert und orientiert unser Suchen, aber sie fixiert es nicht. Sie läßt offen, welche Teilziele, Mittel und Wege zu einem sinnvollen, menschenwürdigen Leben wir aufgrund unserer Einschätzung der Situation und unserer Auseinandersetzung mit der Lagebeurteilung verschiedener gesellschaftlicher Gruppen für vordringlich und erfolgversprechend halten.

Der einzelne Christ und Gruppen von Christen sollen aufgrund ihrer Sensibilität eigene Ziele und Lösungen für ein humanes Leben und Zusammenleben suchen. Sie müssen sie aber kritisch fragenden Mitbürgern gegenüber begründen können und dürfen sich nicht auf Sonderbotschaften vom Himmel berufen.

2. Die Frage nach »dem« Sinn des Lebens birgt die Gefahr in sich, daß man ein Globalziel formuliert und darüber die *Vielfalt der Werte und Ziele* übersieht, die zu einem sinnerfüllten Leben beitragen können und müssen. Die oben vorgeschlagene Grundorientierung sollte den Blick immer auch auf diese Vielfalt öffnen und zeigen: Zu einem sinnvollen Leben gehören nicht nur Arbeit, sondern auch Freizeit, nicht nur der Einsatz für mich, sondern auch für andere, nicht nur Leistung, sondern auch sozial-emotionale Beziehungen, nicht nur Genuß, sondern auch Verantwortung, nicht nur Aktion, sondern auch Meditation. Diese Tätigkeiten und Erfahrungen haben einen unterschiedlichen Rang und Wert – je nachdem, in welchem Maße sie unter Berücksichtigung der Dringlichkeit, der Bedürfnisse, der situativen Möglichkeiten und der persönlichen Fähigkeiten das Grund- und Globalziel »Selbstwert/Menschenwürde« verwirklichen helfen.

3. Die religiöse Sinnfrage und -antwort macht zwar auf Werte einer bestehenden Situation, auch solche, die u. U. unterschätzt wurden, aufmerksam. Sie ist aber nicht nur legitimierend, sondern schließt *immer auch die kritisch-prophetische Frage* ein, ob Erfüllungschancen des Menschen gemindert, gefährdet und zerstört werden, was also sinnlos oder gar sinnwidrig ist. Die christliche Sinnantwort sagt nicht einfach, daß alles zum »Heil« gereichen wird, sondern fordert auch die »Umkehr« zu diesem Heil. Sie gibt nicht nur Zuspruch, sondern verlangt auch Widerspruch. Sie sucht nach der größtmöglichen Sinnchance und fragt dabei nicht nur (wie eine konservative Einstellung), was zu erhalten und aufzuwerten, und auch nicht nur (wie eine utopische Einstellung), was zu verändern und herbeizuführen ist, sondern beides.

4. Untersuchungen wie die oben (S. 183 ff.) zitierten sowie Humanwissenschaftler, die die Religionskritik von Marx und Freud als unhaltbare Verallgemeinerung ablehnen, erkennen einer reifen Religiosität einen wohltuenden und humanisierenden Einfluß zu. Die Theologie kann darin eine Bestätigung dafür sehen, daß die christliche »Frohbotschaft« wirklich froh machen und als Lebenshilfe wirken kann.

Doch wird sie auch betonen müssen, daß es dieser Frohbotschaft in erster Linie um die *Wahrheit* gehen muß. Ihr gerecht und ihrer froh werden kann *nur, wer sich von ihr überzeugen* und auch korrigieren (zur »Umkehr« bewegen) läßt. Was sinnvoll bzw. sinnlos ist, läßt sich nicht als nützliche Fiktion und als Durchhalteparole erfinden – nach dem Erfolgsrezept: »Was man hofft, glaubt man gern.« Es läßt sich nicht erfinden, sondern nur finden. Wir können uns Sinn nicht geben, sondern ihn nur empfangen, ihn nicht machen, sondern nur entdecken.

4. Unabänderliches Leid annehmen – ein »Trotzdem mit Gott«?

Es gibt kein Leben ohne Leid. Leid jedoch erschüttert die spontane Bereitschaft des Menschen, sich und sein Leben als wertvoll zu bejahen. Es fordert andererseits aber auch die Fähigkeit heraus, nach Phasen der Trauer wieder neu zu beginnen, »allen Gewalten zum Trutz sich (zu) erhalten« (Goethe) und sich wie Charlie Chaplin in seinem Film »Moderne Zeiten« immer wieder aufzurappeln, wenn man über eine der Tücken gestolpert ist, mit denen einen das Leben überfordert und schikaniert.

Sollen wir diesen Willen zum Steh-auf-Menschsein in uns mit einem nihilistischen »Nein« lähmen? Oder sollen wir ihn mit einem fortschrittsutopischen »Vorwärts« beflügeln und die Hoffnung verkünden, daß die Generationen nach uns einmal alle Übel, auch den Tod, besiegen werden? Der christliche Glaube tut weder das eine noch das andere. Er lehnt zwar das Nein als Verrat an Gottes Ja und Hoffnung ab, doch verspricht er deswegen kein Vorwärts in eine leidfreie Zukunft auf Erden, sosehr er zur Bekämpfung von Unrecht und Not drängt. »Wir wissen, daß die gesamte Schöpfung bis zum heutigen Tag seufzt und in Geburtswehen liegt« (Römerbrief 8,22). Die christliche Antwort heißt: »Trotzdem.« (Und das ist eine realistische Form von »Vorwärts«.)

»Trotzdem« bedeutet nicht, daß Jesus in einer Theorie erklären würde, »wozu« es Leid gibt, »warum Gott Leid zuläßt« oder welche »Bestimmung« es habe. Diese Frage nach einem Warum und einer Bestimmung verengt – sofern sie nicht einfach Ausdruck des Schmerzes und der Ratlosigkeit ist – den Blick von vornherein auf einen möglichen »Zweck« und verwechselt »Sinn« mit »Zweck«.

Die meisten Menschen neigen unwillkürlich dazu, Ereignisse, die sie besonders schmerzen oder auch beglücken und die sie nicht direkt herbeigeführt haben, nicht als »Zufall« hinzunehmen, sondern auf die belohnenden, bestrafenden oder sonstwie erzieherischen Absichten eines höheren Geschicks zurückzuführen. So wird der Treffer in der Lotterie leicht zur Belohnung und der Unfall auf der Straße zur Bestrafung. Dieser Glaube an eine »gerechte Welt« im Diesseits will uns die Zuversicht erhalten, daß wir durch unsere Anstrengungen alles Unglück verhüten können. Dabei übertragen wir auch unreflektiert unsere zwischenmenschlichen Erwartungen auf das Schicksal oder auf Gott. Man erwartet, daß eine höhere Instanz für Gerechtigkeit sorgen und mit jedem einzelnen Ereignis einen bestimmten Zweck verfolgen müsse und deutet *Leid* als »Strafgericht« oder auch als *Maßnahme im Dienst höherer Zwecke*, die nur Gottes »unerforschlichem Ratschluß« einsichtig sind.

Dieses vulgärreligiöse Verständnis von »Vorsehung« legt Gottes Ermöglichen einer Welt mit eigenständigen Naturkräften und freien Menschen auf ein Weltprogramm mit detaillierten Zwecken und Abläufen fest. Wie unangemessen diese Verzweckung ist, mag eine Bemerkung des Schriftstellers Alfred Andersch in seinem Roman »Efraim« (Zürich 1976, 111) zeigen, mit der er gegen dieses Verständnis von Vorsehung und Sinn protestiert – weil er offensichtlich kein anderes kennt.

»Ich glaube nicht, daß wir für irgend etwas *bestimmt* sind. Wenn ich bedenke, wie absurd es ist, daß ich Deutscher war und danach Engländer wurde, während ich immer noch Jude bin, kommt es mir vor, als könnte ich ebensogut Russe oder Massai-Neger oder ein Wolf oder ein Auto sein. Mein ehrfürchtigster Gruß gilt den Damen und Herren Sinn-Findern! Diese Dummköpfe haben noch keinen Gedanken daran verschwendet, daß, wenn mein Leben einen *Sinn* haben soll, auch der Umstand, daß meine Mutter in einer Gaskammer in Auschwitz getötet wurde, sinnvoll sein müßte. Ich weigere mich jedoch, an den Sinn von Zyklon B zu glauben! Nein, wir sind ein Zufall, weiter nichts.«

Jesus nennt nie einen »Zweck«, dem unser Leid zu dienen hätte. Die Frage der Jünger, wer am Leid des Blindgeborenen schuld sei, er oder seine Eltern, lehnt er ausdrücklich ab (Johannes 9,2 f.). Er sagt nicht: »Das *Leiden* hat einen Sinn«, sondern: »Das *Leben* hat trotz des Leids einen Sinn.« Der Aufklärungsphilosoph G. W. Leibniz mag mit seiner Auffassung recht haben, daß eine bessere Welt als die bestehende nicht möglich ist. (Und wer möchte dann behaupten, es sei besser, wenn es gar keine Welt gäbe?) Dies kann man vermuten, aber nicht beweisen. Ebensowenig läßt sich das Gegenteil belegen: Daß eine Welt ohne Leid oder mit weniger Leid möglich wäre, daß Gott sie nur nicht so habe schaffen wollen, daß er in bezug auf unser Leid gleichgültig, ungerecht oder gar sadistisch sei. Jesus will weder das eine noch das andere beweisen. Nach biblischer Ansicht, wie sie das

Buch Ijob (Hiob) eindringlich dargelegt hat, können wir Menschen uns nicht zum Gutachter über den Schöpfer aufwerfen, weil wir seinen Standpunkt nicht einnehmen und nicht kennen. Doch »an sich redet alles, was ist, das Ja« (F. Nietzsche). Die Erfahrung von Sinn wird durch die Erfahrung von Widersinn nicht hinfällig. So ist es vernünftig, wenn auch nicht beweisbar, anzunehmen, daß diese Welt im ganzen von Gottes Ja getragen ist, auch wenn wir das Leid in ihr unbegreiflich finden.

Jesus versichert, daß Geschaffenwerden Bejahtwerden bedeutet, auch wenn es Beschädigtwerden einschließt, *daß uns trotz des Leids Gottes Ja und Zuwendung gilt* – jetzt und über den Tod hinaus. Es hängt – entgegen unserem gefühlsmäßigen Eindruck – nicht von einem bestimmten Lust- oder Erfolgsbetrag ab. Dieses Ja beinhaltet, daß Gott sozusagen mit uns gegen das Zerstörerische *kämpft* – gegen Hunger, Durst, Obdachlosigkeit, Krankheit und Gefangenschaft bei jedem seiner »geringsten Brüder« (Matthäus 25,35–46). Es beinhaltet auch, daß er im Leid *mit uns leidet*, wie er es in Jesu Mitleid mit den Unglücklichen und in seinem Kreuzestod getan hat. (Dabei ist von diesen Begriffen »kämpfen« und »leiden«, wendet man sie auf den Umfassenden an, alles bloß Menschliche wegzudenken: Sie bilden keinen Gegensatz zu Gottes Schöpfersein und Allmacht, die wir uns freilich nicht als magische Alleskönnerei vorstellen dürfen.)

Auch wenn unser Leben einmal großenteils zu einem Leiden wird und uns die Menschen verlassen, bleibt uns doch diese Verbundenheit im Bejahtsein und im gemeinsamen Kämpfen und Leiden, dieses *»Trotzdem mit Gott«. Damit bleibt uns ein Wert und ein Sinn, den uns niemand nehmen und den nichts zerstören kann.* »Fürchtet euch nicht vor denen, die den Leib töten, die Seele aber nicht töten können« (Matthäus 10,28), sagt Jesus angesichts der Zerstörungswut seiner Gegner. Und am Kreuz: »Vater, in deine Hände lege ich meinen Geist« (Lukas 23,46).

Das ist wohl die Überzeugung und Erfahrung, die ein Überlebender von Auschwitz einmal »*Schützengrabenreligion*« genannt hat (Th. W. Adorno 1973, 360). Die Amsterdamer Jüdin Etty Hillesum, die mit 29 Jahren in Auschwitz umkam, läßt in ihrem Tagebuch etwas vom Weg zu dieser Religiosität erahnen. 1941, drei Jahre vor ihrer Deportation, schrieb sie noch: »Lebensangst auf der ganzen Linie. Mangel an Selbstvertrauen.« Unter dem Einfluß ihres Psychotherapeuten und Geliebten lernt sie, die praktisch areligiös aufgewachsen war, zu beten. Sie liest auch Rilke, Augustinus und die Bibel. Aus Solidarität mit dem jüdischen Proletariat, das sich eine Flucht ins Ausland nicht leisten kann, bleibt sie. Während sie ihre Verschleppung und Vernichtung immer deutlicher kommen sieht, kämpft sie betend gegen die Gefahr, sich selbst aufzugeben, und findet eine Zuversicht, die nach dem Zeugnis von Überlebenden auch den anderen im Lager Halt gab. Nun kann sie schreiben:

»Ich will dir helfen, Gott, daß du mich nicht verläßt, aber ich kann mich von vornherein für nichts verbürgen... Es ist das einzige, auf das es ankommt: ein Stück von dir in uns selbst zu retten, Gott. Und vielleicht können wir mithelfen, dich in den gequälten Herzen der anderen Menschen auferstehen zu lassen... Es gibt Leute, die im letzten Augenblick ihre Staubsauger und ihr silbernes Besteck in Sicherheit bringen, statt dich zu bewahren, mein Gott. Und es gibt Menschen, die nur ihren Körper retten wollen, der ja doch nichts anderes mehr ist als eine Behausung für tausend Ängste und Verbitterung. Und sie sagen: Mich sollen sie (die Nazis) nicht in ihre Klauen bekommen. Und sie vergessen, *daß man in niemandes Klauen ist, wenn man in deinen Armen ist*. Ich werde allmählich wieder ruhiger, mein Gott, durch dieses Gespräch mit dir« (160).

Die Zuversicht, daß uns »weder Tod noch Leben von der Liebe Gottes scheiden können« (Römerbrief 8,38 f.) besitzt der Glaubende nicht wie eine jederzeit abrufbare Rücklage; vielmehr muß er sie in und mit der Trauerarbeit jeweils neu suchen. In der Phase des heftigen Schmerzes, der Wut und der Anklage ist diese Zuversicht meistens schwer erschüttert. Davon zeugen bereits die Klagepsalmen, aber auch die Evangelien, die Jesu Schrei am Kreuz als Klage der Verlassenheit im Sinne von Psalm 22 deuten: »Mein Gott, mein Gott, warum hast du mich *verlassen*?«

Der zuvor zitierte (S. 172) Schriftsteller C. S. Lewis fragte nach dem Tod seiner Frau in seinem Tagebuch der Trauer: »Und wo bleibt Gott? ... Geh zu Ihm in verzweifelter Not, wenn jede andere Hilfe versagt, was findest du? Eine Tür, die man dir vor der Nase zuschlägt, und von drinnen das Geräusch doppelten Riegelns. Danach Stille ... Die Fenster zeigen kein Licht. Das Haus könnte leer stehen« (S. 7).

Trotzdem pocht er klagend an die verschlossene Tür. Nachdem er den schlimmsten Trennungsschmerz überwunden und eine neue Beziehung zur Verstorbenen gefunden hat, kann er notieren: »Allmählich ist in mir das Gefühl gewachsen, daß die Tür nicht mehr verschlossen und verriegelt ist. War es meine eigene verzweifelte Not, die sie mir ins Gesicht zuschlug? Gerade dann, wenn nichts in unserer Seele Platz hat als ein einziger Schrei um Hilfe, kann Gott sie vielleicht nicht gewähren ... Vielleicht machen dich deine eigenen ständig wiederholten Schreie taub für die Stimme, die du zu hören hoffst« (45).

Der Trauernde kann gerade dadurch, daß er seine Verlassenheit Gott klagt, neu erfahren, daß er nicht verlassen ist. Allmählich kann er lernen, sein Bejahtsein wieder anzunehmen. Das gibt ihm Halt und löst auch seine Isolierung gegenüber den Mitmenschen. Der Glaube nimmt einem die Verarbeitung von Verlust und Leid nicht ab, sondern begleitet und stützt sie. Er hilft, trauernd zu glauben und glaubend zu trauern. Er ist ein Kampf gegen das Dunkel.

Als der in reifen Jahren Christ gewordene Schauspieler Ernst Ginsberg unheilbar an multipler Sklerose erkrankt und bereits an Beinen und Armen gelähmt war, diktierte er wenige Wochen vor seinem Tod noch das Gedicht »Beklemmung«, das mit folgenden Zeilen schließt (E. Ginsberg, Abschied, Zürich 1965, 238):

> Ich falte
> die Hände
> die lahmen
> im Geist
> und bete
> ins Dunkel
> daß es
> zerreißt.

Noch einmal: Meditation des Alltags

Dieses Kapitel 4 versucht, eine christliche Antwort auf die Frage nach Glück, Lebenszufriedenheit und Sinn zu formulieren. Diese Antwort will nicht nur gewußt, sondern gelebt werden. Ein solches Leben erfordert sicher die ständige Anregung und Auseinandersetzung in einer Gemeinschaft von ähnlich Gesinnten. Sie verlangt aber auch eine Verarbeitung der täglichen Erfahrungen, wie sie zur Entfaltung der Lebenszufriedenheitskompetenz empfohlen wurde (S. 187). Die tägliche und wöchentliche *Bestandsaufnahme und »Meditation meines Alltags«* könnte die Fragen, wie wir Selbstwertschätzung, bereichernde Beziehungen zu anderen Menschen und ein befriedigendes Genießen, Erleben, Erforschen und Gestalten entwickeln und Negativerfahrungen verarbeiten können, jeweils zu Ende denken: Was bedeutet das in einem letzten, umfassenden Sinn? Wofür kann ich, sollte ich dem Letzten, Umfassenden gegenüber dankbar sein, wo mit ihm etwas von seiner Zuwendung in meiner Umgebung spürbar werden lassen, wie mit ihm den Mut zu einem »Trotzdem« finden? So könnte die hier umrissene »Allverbundenheit« des Glaubens im Alltag bewußt und eine Kraft werden, die die eigene Richtung und Sinnerfüllung finden hilft.

LITERATURVERZEICHNIS

I. Zum erfahrungswissenschaftlichen Teil

Abramson, M. u. a., Pilot analysis of a happiness questionnaire, in: Psychological Reports 48 (1981) 570.

Adams, D. L., Analysis of a Life Satisfaction Index, in: Journal of Gerontology 24 (1969) 470–474.

Adler, A., Der Sinn des Lebens, Frankfurt 1973 (1. Auflage 1933).

Alderfer, C. P., An empirical test of a new theory of human needs, in: Organizational Behavior and Human Performance 4 (1969) 142–175.

Alker, H. A./Gawin, F., On the intrapsychic specificity of happiness, in: Journal of Personality 46 (1978) 311–322.

Allardt, E., About Dimensions of Welfare. Research Group for Comparative Sociology, Research Report Nr. 1, 1973 (University of Helsinki).

Allport, G. W., Werden der Persönlichkeit, München 1974.

Andrews, F. M./Withey, S. B., Developing measures of perceived life quality: Results from several national surveys, in: Social Indicators Research 1 (1974) 1–26.

–, Social Indicators of Well-Being. American's Perceptions of Life Quality, New York 1976.

Angel, A., Einige Bemerkungen über Optimismus, in: Internationale Zeitschrift für Psychoanalyse 20 (1934) 191–199.

Aronfreed, J., Conduct and conscience: The socialization of internalized control over behavior, New York 1968.

Aronson, E./Pines, A. M./Kafry, D., Ausgebrannt. Vom Überdruß zur Selbstentfaltung, Stuttgart 1983.

Atkinson, T. H., Trends in Life Satisfaction among Canadians: 1968–1977, Montreal 1979.

Bahr, H. M./Martin, T. K., »And Thy Neighbor as Thyself«: Self-Esteem and Faith in People as Correlates of Religiosity and Family Solidarity among Middletown High School Students, in: Journal for the Scientific Study of Religion 22 (1983) 132–144.

Bamundo, P. J., The relationship between job satisfaction and life satisfaction: An empirical test of three models on a national sample, in: Dissertation Abstracts International 38 (1977) 6–A, 3594.

Bandura, A., Sozial-kognitive Lerntheorie, Stuttgart 1979.

Barschak, E., A study of happiness and unhappiness in the childhood and adolescence of girls in different cultures, in: Journal of Psychology 32 (1951) 173–215.

Bartelt, M., Wertwandel der Arbeit, Frankfurt 1982.

Beach, L. R. u. a., Wollen Sie ein Kind? in: Psychologie heute 4 (1977) 14–20.

Beck, A. T./Weissman, A./Lester, D./Trexler, L., The measurement of pessimism: The Hopelessness Scale, in: Journal of Consulting and Clinical Psychology 42 (1974) 861–865.

Beckham, A. S., Is the Negro happy? in: Journal of Abnormal and Social Psychology 24 (1929) 186–190.

Bigot, A., The Relevance of American Life Satisfaction Indices for Research on British Subjects Before and After Retirement, in: Age and Aging 5 (1974) 113–121.

Birbaumer, N., Physiologische Psychologie, Berlin 1975.

–, Angst als Forschungsgegenstand der experimentellen Psychologie, in: ders. (Hrsg.), Psychophysiologie der Angst, München 1977, 1–14.

Blankenburg, W., Entfremdungserlebnis, in: Müller, C. (Hrsg.), Lexikon der Psychiatrie, Berlin 1973, 169 f.

–, Nihilismus, in: Müller, C. (Hrsg.), Lexikon der Psychiatrie, Berlin 1973, 354 f.

Bleistein, R., Wertwandel oder Wertzerfall? in: Stimmen der Zeit 200 (1982) 363–372.

Bojanowski, J. J., Psychische Probleme bei Geschiedenen, Stuttgart 1983.

Bollnow, O. F., Das Wesen der Stimmungen, Frankfurt 1956.

Bowlby, J., Das Glück und die Trauer, Stuttgart, o. J.

–, Verlust, Trauer und Depression, Frankfurt 1983.

Bradburn, N. M., The structure of psychological well-being, Chicago 1969.

Bradburn, N. M./Caplovitz, D., Reports on Happiness, Chicago 1965.

Brenner, B., Enjoyment as a preventive of depressive affect, in: Journal of Community Psychology 3 (1975) 346–457.

Břicháček, V./Mikšik, O., Relationship between the structure of actual psychological states and general life satisfaction, in: Studia Psychologica 23 (1981) 29–35.

Brickman, P./Campbell, D. T., Hedonic relativism and planning the good society, in: Appley, M. H. (Hrsg.), Adaptation level theory: A symposium, New York 1971.

Brickman, P./Coates, D./Janoff-Bulman, R., Lottery winners and accident victims: Is happiness relative? in: Journal of Personality and Social Psychology 36 (1978) 917–927.

Bruggemann, A./Groskurth, P./Ulich, E., Arbeitszufriedenheit, Bern 1975.

Bühler, Ch., Werte in der Psychotherapie, in: Handbuch der Neurosenlehre Bd. 5, München 1960, 588–604.

–, Vorstellungen vom Glück in unterschiedlichen Altersgruppen in den Vereinigten Staaten, in: Kundler, H. 1971, 99–117.

–, Die Rolle der Werte in der Entwicklung der Persönlichkeit und in der Psychotherapie, Stuttgart 1975.

Bulman, R. J./Wortman, C. B., Attributions of blame and coping in the »real word«: Severe accident victims react to their lot, in: Journal of Personality and Social Psychology 35 (1977) 351–363.

Bundesministerium für Arbeit und Sozialordnung (Hrsg.), Indikatoren der Arbeitszufriedenheit 1972/73 und 1980/81, Bonn 1982.

Busch, D. W., Berufliche Wertorientierung und berufliche Mobilität, Stgt. 1973.

Campbell, A., The Sense of Well-Being in America, New York 1981.

Campbell, A./Converse, P. E. (Hrsg.), The Human Meaning of Social Change, New York 1972.

Campbell, A./Converse, P. E./Rodgers, W. L., The Quality of American Life: Perceptions, Evaluations and Satisfaction, New York 1976.

Cantril, H., The Pattern of Human Concerns, New Brunswick 1965.

Carlson, E. R., The affective tone of psychology, in: The Journal of General Psychology 75 (1966) 65–78.

Cassel, R. N., Psychological aspects of happiness, in: Peabody Journal of Education 32 (1954) 73–82.

Chacko, T. I., Job and life satisfactions: A causal analysis of their relationships, in: Academy of Management Journal 26 (1983) 163–169.

Coleman, L. M./Antonucci, T. C., Impact of work on women at midlife, in: Developmental Psychology 19 (1983) 290–294.

Constantinople, A., Some correlates of average level of happiness among college students, in: Developmental Psychology 2 (1970) 447.

Conte, V. A./Salamon, M. J., An objective approach to the measurement and use of life satisfaction with older persons, in: Measurement and Evaluation in Guidance 15 (1982) 194–200.

Costa, P. T./McCrae, R. R., Influence of Extraversion and Neuroticism on Subjective Well-Being: Happy and Unhappy People, in: Journal of Personality and Social Psychology 38 (1980) 668–678.

Crumbaugh, J. C., Cross-validation of Purpose in Life Test based on Frankl's concepts, in: Journal of Individual Psychology 24 (1968) 74–81.

–, The Seeking of Noetic Goals test (SONG): A complementary scale to the Purpose in Life Test (PIL), in: Journal of Clinical Psychology 33 (1977a) 900–907.

–, Manual of Instructions for the Seeking of Noetic Goals Test, Munster (Ill.) 1977b.

Crumbaugh, J. C./Maholick, L. T., An experimental Study in Existentialism, in: Journal of Clinical Psychology 20 (1964) 200–207.

–, Manual of Instructions for the Purpose-in-Life Test, Munster (Ill.) 1969.

Crumbaugh, J. C./Raphael, M./Shrader, R., Frankl's will to meaning in a religious order, in: Journal of Clinical Psychology 26 (1970) 206 f.

Csikszentmihalyi, M., Das flow-Erlebnis, Stuttgart 1985.

Csikszentmihalyi, M./Rochberg-Halton, E., The meaning of things and the self, New York 1981.

Deutsch, H., Über Zufriedenheit, Glück und Ekstase, in: Internationale Zeitschrift für Psychoanalyse 13 (1927) 410–419.

–, Zur Psychologie der manisch-depressiven Zustände, insbesondere der chronischen Hypomanie, in: Internationale Zeitschrift für Psychoanalyse 19 (1933) 358–371.

De Vogler, K. L./Ebersole, P., Adult's meaning in life, in: Psychological Reports 49 (1981) 87–90.

Diener, E., Subjective Well-Being, in: Psychological Bulletin 95 (1984) 542 bis 575.

Döbert, R., Sinnstiftung ohne Sinnsystem, in: Fischer, W./Marhold, W. (Hrsg.), Religionssoziologie als Wissenssoziologie, Stuttgart 1978, 52–72.

Dusolt, H., Suizidversuche von Schülern – und welche Rolle die Schule dabei spielt, in: Psychologie in Erziehung und Unterricht 27 (1980) 366–369.

Easterlin, R. A., Does Money Buy Happiness? in: Public Interest 30 (1973) 3–10.

–, Does economic growth improve the human lot? Some empirical evidence, in: David, P. A./Reder, M. W. (Hrsg.), Nations and households in economic growth: Essays in honor of M. Abramovitz, Palo Alto 1975, 89–125.

Ellis, A., Die rational-emotive Therapie, München 1978.

Evans, P./Bartolomé, F., Erfolg muß nicht so teuer sein. Erfüllung in Privatleben und Karriere, Düsseldorf 1982.

Fabry, J. B./Bulka, R. P./Sahakian, W. S., Logotherapy in action, New York 1980.

Fellows, E. W., Happiness: A survey of research, in: The Journal of Humanistic Psychology 6 (1966) 17–30.

Ferree, M. M., Class, housework, and happiness: Women's work and life satisfaction, in: Sex Roles 11 (1984) 1057–1074.

Festinger, L., A theory of social comparison processes, in: Human Relations 7 (1954), 117–140.

–, A theory of cognitive dissonance, Evanston 1957.

Flanagan, J., A research approach to improving our quality of life, in: American Psychologist 33 (1973) 138–147.

Flügel, J. C., A quantitative study of feeling and emotion in every-day life, in: British Journal of Psychology 15 (1925) 318–355.

Fordyce, M. W., Development of a Program to Increase Personal Happiness, in: Journal of Counseling Psychology 24 (1977) 511–521.

Frankl, V. E., Zur geistigen Problematik der Psychotherapie, in: Zentralblatt für Psychotherapie 10 (1938) 33 ff.

–, Aphoristische Bemerkungen zur Sinnproblematik, in: Archiv für die gesamte Psychologie 116 (1964) 336–345.

–, Self-Transcendance as a human phenomenon, in: Journal of Humanistic Psychology 6 (1966) 107–112.

–, Theorie und Therapie der Neurosen, München 1968 (Erstauflage 1956).

–, Der Wille zum Sinn, Bern 1972.

–, (Selbstdarstellung), in: Pongratz, L. J. (Hrsg.), Psychotherapie in Selbstdarstellungen, Bern 1973, 177–204.

–, Anthropologische Grundlagen der Psychotherapie, Bern 1975.

–, . . . trotzdem Ja zum Leben sagen. Ein Psychologe erlebt das Konzentrationslager, München 1977.

–, Ärztliche Seelsorge. Grundlagen derLogotherapie und Existenzanalyse, Frankfurt 1983 (Erstauflage 1946).

Franks, D. D./Marella, J., Efficacious action and social approval as interacting dimensions of self-esteem: A tentative formulation through construct validation, in: Sociometry 39 (1976) 324–341.

Freedman, J. L., Happy people. What happiness is, who has it, and why, New York 1978.

Freedman, J. L./Shaver, P., Happiness survey, in: Psychology Today, Okt. 1975.

Freud, S., Aus den Anfängen der Psychoanalyse, London 1950.

–, Gesammelte Werke, 18 Bde., Frankfurt am Main 1964–1968.

Freudiger, P., Life satisfaction among three categories of married women, in: Journal of Marriage and the Family 45 (1983) 213–219.

Freund, M., Toward a critical theory of happiness: Philosophical background and methodological significance, in: New Ideas in Psychology 3 (1985) 3–12.

Fröhlich, D., Was ist human? Menschenbilder in der Organisationssoziologie und ihre Bedeutung für die »Humanisierung der Arbeitswelt«, in: Kölner Zeitschrift für Soziologie und Sozialpsychologie 34 (1982) 278–298.

Fürstenberg, F., Soziale Muster der Realisierung von Glückserwartungen, in: Kundler, H. 1971, 58–70.

Gallup, G. H., Human Needs and Satisfactions: A Global Survey, in: Public Opinion Quarterly 40 (1976), 459–467.

Gastil, R., Social Indicators and Quality of Life, in: Public Administration Review 30 (1970) 596–601.

George, L. K./Bearon, L. B., Quality of life in older persons, New York 1980.

Gerber, K. E., Life satisfaction, locus of control and demographic variables in a diverse group of retired, in: Gerontologist 15 (1975) 62.

Glatzer, W., Wohnungsversorgung im Wohlfahrtsstaat, Frankfurt 1979.

Glatzer, W./Zapf, W. (Hrsg.), Lebensqualität in der Bundesrepublik. Objektive Lebensbedingungen und subjektives Wohlbefinden, Frankfurt 1984.

Glenn, N. D./McLanahan, S., Children and marital happiness: A further specification of the relationship, in: Journal of Marriage and the Family 44 (1982) 63–72.

Glenn, N. D./Weaver, C. N., A multivariate, multisurvey study of marital happiness, in: Journal of Marriage and the Familiy 40 (1978) 269–282.

–, The contribution of marital happiness to global happiness, in: Journal of Marriage and the Family 43 (1981a) 161–168.

–, Education's Effect on Psychological Well-Being, in: The Public Opinion Quarterly 45 (1981b) 22–39.

Goldings, H. J., On the avowal and projection of Happiness, in: Journal of Personality 23 (1954) 30–47.

Gottschaldt, K., Das Problem der Phänogenetik der Persönlichkeit, in: Lersch, P./Thomae, H. (Hrsg.), Persönlichkeitsforschung und Persönlichkeitstheorie, Göttingen 1960, 222–280.

Grom, B., Religionspädagogische Psychologie des Kleinkind-, Schul- und Jugendalters, Düsseldorf 1981.

259

Grom, B./Schmidt, J., Auf der Suche nach dem Sinn des Lebens, Freiburg 1980.

Gurin, G./Veroff, J./Feld, S., Americans view their mental health, Ann Arbor 1960.

Hadaway, C. K., Life Satisfaction and Religion: A Reanalysis, in: Social Forces 57 (1978) 636–643.

Hadaway, C. K./Roof, W. C., Religious commitment and the quality of life in American society, in: Review of Religious Research 19 (1977/1978) 295 bis 307.

Häfner, H., Psychische Gesundheit im Alter, Stuttgart 1986.

Hahn, A., Religion und der Verlust der Sinngebung, Frankfurt 1974.

Halisch, F./Butzkamm, J./Posse, N., Selbstbekräftigung. I. Theorieansätze und experimentelle Erfordernisse, in: Zeitschrift für Entwicklungspsychologie und Pädagogische Psychologie 8 (1976) 145–164.

Hall, J., Subjective Measures of Quality of Life in Britain: 1971 to 1975, in: Thompson, E. J. (Hrsg.), Social Trends Nr. 7/1976 London.

Harding, S. D., Psychological Well-Being in Great-Britain: An evaluation of the Bradburn Affect-Balance-Scale, in: Personality and individual differences 3 (1982) 167–175.

Harris, L., The Myth and Reality of Aging in America, Washington 1975.

Hartmann, G. W., Personality traits associated with variations in happiness, in: Journal of Abnormal and Social Psychology 29 (1934), 202–212.

Hartmann, N., Kleinere Schriften, Bd. 1, Berlin 1955.

–, Ethik, Berlin 1962.

Hautzinger, M./Greif, S. (Hrsg.), Kognitionspsychologie der Depression, Stuttgart 1981.

Heckhausen, H., Hoffnung und Furcht in der Leistungsmotivation, Meisenheim 1953.

–, Motivation und Handeln, Berlin 1980.

Heinemann, K., Arbeitslosigkeit und Zeitbewußtsein, in: Soziale Welt 33 (1982) 87–101.

Helson, H., Adaptation-level theory, New York 1964.

Héraud, M., Croyances d'incroyants en France, aujourd'hui, Paris 1977.

Hobrücker, B./Rambow, V./Schmitz, G., Problemanalyse bei weiblichen Jugendlichen nach Suizidversuchen, in: Praxis der Kinderpsychologie und Kinderpsychiatrie 29 (1980) 218–225.

Hoffmann, N./Weiß, E., Ein Zwang. Geschichte und Kommentar, Bern 1983.

Hoffmann, R., Zur Psychologie des Glücks, München 1981 (Dissertation).

Holder, A./Dare, C., Narzißmus, Selbstwertgefühl und Objektbeziehungen, in: Psyche 36 (1982) 788–812.

Hulin, C. L., Sources of variation in job and life satisfaction: The role of community and job related variables, in: Journal of Applied Psychology 53 (1969) 279–291.

Inglehart, R., The Silent Revolution. Changing Values and Political Styles among Western Publics, Princeton 1977.

Iris, B./Barrett, G. V., Some relations between job and life satisfaction and job importance, in: Journal of Applied Psychology 56 (1972) 301–304.

Izard, C. E., Die Emotionen des Menschen, Weinheim 1981.

Jacobson, G. R./Ritter, D. P./Mueller, L., Purpose in Life and Personal Values among Adult Alcoholics, in: Journal of Clinical Psychology 33 (1977) 314–316.

Jaeggi, E./Hollstein, W., Wenn Ehen älter werden. Liebe, Krise, Neubeginn, München 1985.

Jaffé, A., Der Mythus vom Sinn im Werk von C. G. Jung, Zürich 1967.

Jaide, W., Die Berufswahl, München 1966.

–, Junge Arbeiterinnen, München 1969.

Jaspers, K., Allgemeine Psychopathologie, Berlin 1953.

Kaiser, P. (Hrsg.), Glück und Gesundheit durch Psychologie? Weinheim 1986.

Kammann, R./Flett, R., Affectometer 2: A Scale to Measure Current Level of General Happiness, in: Australian Journal of Psychology 35 (1983) 259 bis 265.

Keon, T. L./McDonald, B., Job Satisfaction and Life Satisfaction: An Empirical Evaluation of their Interrelationship, in: Human Relations 35 (1982) 167–180.

Kernberg, O. F., Borderline-Störungen und pathologischer Narzißmus, Frankfurt am Main 1979.

Kirchler, E., Arbeitslosigkeit und Alltagsbefinden, Linz 1984.

Klages, H., Wertorientierungen im Wandel, Frankfurt am Main 1985.

Klages, H./Kmieciak, P. (Hrsg.), Wertwandel und gesellschaftlicher Wandel, Frankfurt am Main 1979.

Knupfer, G./Clark, W./Room, R., The mental health of the unmarried, in: American Journal of Psychiatry 122 (1966) 841–851.

Kochuba, K. F., Substance abuse: Its relationship to self-concept and happiness, in: Dissertation Abstracts International 39 (1978) A–2, 743.

Köcher, R., Abwendung von der Kirche, in: Herder Korrespondenz 35 (1981) 443–446.

Kohut, H., Narzißmus, Frankfurt am Main 1973a.

–, Überlegungen zum Narzißmus, in: Psyche 27 (1973b) 513–555.

–, Die Heilung des Selbst, Frankfurt am Main 1979.

Krueger, F., Die Tiefendimension und die Gegensätzlichkeit des Gefühlslebens, in: Festschrift Johannes Volkelt zum 70. Geburtstag, München 1918 (Wiederabgedruckt in: Krueger, F., Über das Gefühl, Darmstadt 1967).

–, Das Wesen der Gefühle, Leipzig 1928.

Kundler, H. (Hrsg.), Anatomie des Glücks, Köln 1971.

Ladewig, D./Hole, G./Weidmann, M., Vergleichende sozial-psychiatrische Untersuchungen bei depressiven und drogenabhängigen Patienten, in: Battegay, R. u. a. (Hrsg.), Aspekte der Sozialpsychiatrie und Psychohygiene, Bern 1975, 84–94.

Larson, R., Thirty years of research on the subjective well-being of older Americans, in: Journal of Gerontology 33 (1978) 109–125.

261

Laski, M., Ecstasy: A study of some secular and religious experiences, London 1961.

Lawler, E. E./Suttle, J. L., Expectancy theory and job behavior, in: Organizational Behavior and Human Performance 9 (1973) 482–503.

Laxer, R. M., Relation of real self-rating to mood and blame, and their interaction in depression, in: Journal of Consulting Psychology 28 (1964) 538–546.

Lehr, U., Vorstellungen vom Glück in verschiedenen Lebensaltern, in: Kundler, H. 1971, 86–98.

Lersch, P., Aufbau der Person, München 1970 (Erstauflage: Der Aufbau des Charakters, 1938).

Lewin, B. D., Das Hochgefühl. Zur Psychoanalyse der gehobenen, hypomanischen Stimmung, Frankfurt am Main 1982.

Lewinsky-Aurbach, B., Suizidale Jugendliche, Stuttgart 1980.

Lewis, C. S., Über die Trauer, Zürich 1982.

Luhmann, N., Sinn als Grundbegriff der Soziologie, in: Habermas, J./Luhmann, N., Theorie der Gesellschaft oder Sozialtechnologie – was leistet die Systemforschung? Frankfurt am Main 1971, 25–100.

–, Die Funktion von Religion, Frankfurt 1977.

Lukas, E., Zur Validierung der Logotherapie, in: Frankl, V. E. 1972, 233–266.

–, Auch dein Leben hat Sinn, Freiburg 1980.

–, Auch dein Leiden hat Sinn, Freiburg 1981.

–, Von der Tiefen- zur Höhenpsychologie. Logotherapie in der Beratungspraxis, Freiburg 1983.

McClure, R. F./Loden, M., Religious activtiy, denomination membership and life satisfaction, in: Psychology: A Quarterly Journal of Human Behavior 19 (1982) 12–17.

McCrae, R. R./Costa, P. T., Psychological maturity and subjective well-being: Toward a new synthesis, in: Developmental Psychology 19 (1983) 243–248.

Madsen, K. B., Theories of Motivation, in: Wolman, B. B. (Hrsg.), Handbook of General Psychology, Englewood Cliffs 1973, 673–706.

–, Modern theories of motivation, Kopenhagen 1974.

Magnusson, D./Endler, N. S. (Hrsg.), Personality at the crossroads: Current issues in interactional psychology, Hillsdale (N.Y.) 1977.

Majer, H. (Hrsg.), Qualitatives Wachstum. Einführung in Konzeptionen der Lebensqualität, Frankfurt 1984.

Mancini, J. A., Effects of health and income on control orientation and life satisfaction among aged public housing residents, in: International Journal of Aging and Human Development 12 (1980) 215–220.

Marcoen, A./Vanham, R., Levenstevredenheit, Geloof in interne Beheersing, Self-disclosure, in: Psychologica Belgica 21 (1981) 65–81.

Marplan/Stern (Hrsg.), Lebensziele. Potentiale und Trends alternativen Verhaltens, Hamburg 1981.

Maslow, A. H., A philosophy of psychology, in: Fairchild, J. (Hrsg.), Personal problems and psychological frontiers, New York 1957.

–, Religions, Values and Peak-Experiences, Columbus 1964.

–, Comments on Dr. Frankl's paper, in: Journal of Humanistic Psychology 6 (1966) 107–112.

–, Psychologie des Seins, München 1973.

–, Motivation und Persönlichkeit, Olten 1977.

Meadows, C. M., The phenomenology of joy, in: Psychological Reports 37 (1975) 39–54.

Meyer, J.-E. (Hrsg.), Depersonalisation, Darmstadt 1968.

Meyer-Abich, K./Birnbacher, D. (Hrsg.), Was braucht der Mensch, um glücklich zu sein? München 1979.

Michalos, A. C., Satisfaction and Happiness, in: Social Indicators Research 8 (1980) 385–422.

Mittag, O./Jagenow, A., Motive zu Schwangerschaft, Geburt und Elternschaft, in: Psychotherapie, Psychosomatik, Medizinische Psychologie 34 (1984) 20–24.

Mischel, W., Toward a cognitive social learning reconceptualization of personality, in: Psychological Review 80 (1973) 252–283.

Mörth, I., Religiöse Sinnstiftung und gesellschaftliches Bewußtsein, in: Österreichische Zeitschrift für Soziologie 4 (1979) 1:16–30.

Morse, N. C./Weiss, R. S., The function and meaning of work and the job, in: American Sociological Review 20 (1955) 191–198.

Near, J. P. u. a., Job satisfaction and nonwork satisfaction as components of life satisfaction, in: Journal of Applied Social Psychology 13 (1983) 126–144.

Neuberger, O., Theorien der Arbeitszufriedenheit, Stuttgart 1974.

Neuberger, O./Allerbeck, M., Messung von Arbeitszufriedenheit, Bern 1978.

Neugarten, B. L./Havighurst, R. J./Tobin, S. S., The Measurement of Life Satisfaction, in: Journal of Gerontology 16 (1961) 134–143.

Neumann, E., Die Sinnfrage und das Individuum, in: Eranos-Jahrbuch 26 (1957) 11–55.

Noelle-Neumann, E., Politik und Glück, in: Baier, H. (Hrsg.), Freiheit und Sachzwang, Opladen 1977a, 208–262.

–, Allensbacher Jahrbuch der Demoskopie 1976–1977, München 1977b.

–, Werden wir alle Proletarier? Wertewandel in unserer Gesellschaft, Zürich 1978.

–, Das Nationale – ein verwahrloster Garten, in: FAZ 16. 10. 1981, S. 10 f.

Noelle-Neumann, E./Piel, E., Eine Generation später. Bundesrepublik Deutschland 1953–1979, München 1982.

–, Allensbacher Jahrbuch der Demoskopie 1978–1983, München 1983.

Noelle-Neumann, E./Strümpel, B., Macht Arbeit krank? Macht Arbeit glücklich? München 1984.

Nord-Rüdiger, D./Kraak, B., Der Fragebogen zu Lebenszielen und zur Lebenszufriedenheit (FLL) als Instrument der Wertforschung, in: Klages, H./Kmieciak, P. 1979, 480–484.

Nunner-Winkler, G., Berufsfindung und Sinnstiftung, in: Kölner Zeitschrift für Soziologie und Sozialpsychologie 33 (1981) 115–131.

Opaschowski, H. W., Arbeit. Freizeit. Lebenssinn? Leverkusen 1983a.

–, Jenseits der Arbeit: Die neue Freizeit? Opladen 1983b.

–, Freizeit – wann, wieviel, wozu? in: 7. Bertelsmann Medien-Seminar, Bertelsmann Briefe Heft 111/112 April 1983c, 36–45.

Orden, S. R./Bradburn, N. M., Working wives and marriage happiness, in: American Journal of Sociology 74 (1969) 392–407.

Osgood, C. E./Suci, G. J./Tannenbaum, P. H., The measurement of meaning, Urbana 1957.

Ottomeyer, O., Ökonomische Zwänge und menschliche Beziehungen, Reinbek 1977.

Padelford, B. L., Relationship between drug involvement and Purpose in Life, in: Journal of Clinical Psychology 30 (1974) 303–305.

Palmore, E./Kivett, V., Change in life satisfaction. A longitudinal study of persons aged 46–70, in: Journal of Gerontology 32 (1977) 311–316.

Parsons, T., The Social System, Glencoe 1951.

–, Sociological Theory and Modern Society, New York 1967.

Parsons, T./Shils, E. A. (Hrsg.), Toward a General Theory of Action, Cambridge (Mass.) 1951.

Paul, G./Wacker, A., Arbeitslose in der Krise, in: Politikon (1975) 9–19.

Pawlowsky, P./Flodell, C., Die Arbeitsmoral der Deutschen: Schwitzen – nur noch in der Freizeit? in: Psychologie heute 11 (1984) 38–45.

Peplau, L./Perlman, D. (Hrsg.), Loneliness: A sourcebook of current theory, research and therapy, New York 1982.

Peseschkian, N., Auf der Suche nach Sinn. Psychotherapie der kleinen Schritte, Frankfurt am Main 1983.

Petersen, L. R./Roy, A., Religiosity, Anxiety, and Meaning and Purpose: Religion's Consequences for psychological Well-Being, in: Review of Religious Research 27 (1985/86) 49–62.

Petrilowitsch, N. (Hrsg.), Die Sinnfrage in der Psychotherapie, Darmstadt 1972.

Phillips, D. L., Social participation and happiness, in: American Journal of Sociology 72 (1967) 479–488.

Plügge, H., Wohlbefinden und Mißbefinden, Tübingen 1962.

Prodöhl, D., Gelingen und Scheitern ehelicher Partnerschaft, Göttingen 1979.

Pross, H., Wandlungen kollektiver Mentalitäten in der Bundesrepublik, in: Kreuzer, H./Bonfig, W. (Hrsg.), Entwicklungen der siebziger Jahre, Gerabronn 1978, 13–20.

Quinn, R./Baldi de Mandilovitch, M., Education and Job Satisfaction: A Questionable Payoff, Ann Arbor 1975.

Rao, V. N./Rao, V. P., Life satisfaction in the Black elderly: An exploratory study, in: International Journal of Aging and Human Development 14 (1981/82) 55–65.

Rappaport, J., Community psychology: Values, research and action, New York 1977.

Reffruschinni, J. O., Some multi-dimensional and value aspects of happiness, in: Dissertation Abstracts International 39 (1978) 5–B 2479.

Reid, D. W. u. a., Locus of desired control and positive self-concept of the elderly, in: Journal of Gerontology 32 (1977) 441–450.

Reker, G. T., The Purpose-in-Life Test in an Inmate Population: An Empirical Investigation, in: Journal of Clinical Psychology 33 (1977) 688–693.

Reker, G./Cousins, J. B., Factor structure, construct validity and reliability of the Seeking of Noetic Goals (SONG) and Purpose in Life (PIL) Tests, in: Journal of Clinical Psychology 35 (1979) 85–91.

Revers, W. J., Über die Hoffnung, in: Jahrbuch für Psychologie, Psychiatrie und medizin. Anthropologie 14 (1966) 175–185.

Rhoads, D. L./Raymond, J. S., Quality of life and the competent community, in: American Journal of Community Psychology 9 (1981) 293–301.

Rimland, B., The Altruism Paradox, in: Psychological Reports 51 (1982) 521 bis 522.

Roer, D. (Hrsg.), Persönlichkeitstheoretische Aspekte von Frauenarbeit und Frauenarbeitslosigkeit, Köln 1980.

Rogers, C. R., A theory of therapy, personality, and interpersonal relationships as developed in the client-centered framework, in: Koch, S. (Hrsg.), Psychology: A study of a science, Bd. 3, New York 1959, 184–256.

–, Entwicklung der Persönlichkeit, Stuttgart 1973a.

–, Die klient-bezogene Gesprächstherapie, München 1973b.

Rokeach, M., The Nature of Human Values, New York 1973.

Rotter, J. B., Generalized Expectancies for Internal versus External Control of Reinforcement, in: Psychological Monographs: General and Applied 80 (1966) Nr. 609, 1–28.

Rümke, H. C., Zur Phänomenologie und Klinik des Glücksgefühls, Berlin 1924.

Sailer, R. C., Happiness self-estimates of young men. Teachers College Contribution to Education, Nr. 467, 1931.

Schachtel, E. G., Metamorphosis. On the Development of Affect, Perception, Attention and Memory, London 1963.

Schein, E. H., Career Dynamics: Matching individual on organizational Needs, Reading 1978.

Scheler, M., Der Formalismus in der Ethik und die materiale Wertethik. Gesammelte Werke Bd. 2, Bern 1966.

Scheuch, E. K., Vorstellungen von Glück in unterschiedlichen Sozialschichten, in: Kundler, H. 1971, 71–85.

Schmidbauer, W., Die hilflosen Helfer. Über die seelische Problematik der helfenden Berufe, Reinbek 1977.

Schmidtchen, G., Betriebsklima und Arbeitszufriedenheit, in: Stoll, F. (Hrsg.), Die Psychologie des 20. Jahrhunderts. Bd. 13: Anwendungen im Berufsleben, Zürich 1981, 218–257.

Schmitt, N./Mellon, P. M., Life and job satisfaction: Is the job central? in: Journal of Vocational Behavior 16 (1980) 51–58.

Schoenfeld, E., Image of man: The effect of religion on trust, in: Review of Religious Research 27 (1978) 61–67.

Schülein, J., Zur Konzeptualisierung des Sinnbegriffs, in: Kölner Zeitschrift für Soziologie und Sozialpsychologie 34 (1982) 649–664.

Schulz, R./Decker, S., Long-Term Adjustment to Physical Disability: The Role of Social Support, Perceived Control, and Self-Blame, in: Journal of Personality and Social Psychology 48 (1985) 1162–1172.

Schwarz, N./Strack, F., Cognitive and affective processes in judgments of subjective well-being: A preliminary model, in: Brandstätter, H./Kirchler, E. (Hrsg.), Economic Psychology, Linz 1985, 439–447.

Schwarzenauer, W., Was macht eine Ehe glücklich? Ergebnisse einer repräsentativen Bevölkerungsumfrage, in: Partnerberatung 17 (1980) 49–66.

Scitovsky, T., Psychologie des Wohlstands, Frankfurt 1976.

Scott, E. M., Happiness: A Comparison between Delinquent and Non-Delinquent Girls, in: Psychotherapy 4 (1967) 78–80.

Seibel, H. D./Lühring, H., Arbeit und psychische Gesundheit, Göttingen 1984.

Seifert, K. H. (Hrsg.), Handbuch der Berufspsychologie, Göttingen 1977.

Sharpe, D./Viney, L. L., Weltanschauung and the Purpose-in-Life Test, in: Journal of Clinical Psychology 29 (1973) 489–491.

Shaver, P./Freedman, J. L., Your Pursuit of Happiness, in: Psychology Today, August 1976.

Shaver, P./Lenauer, M./Sadd, S., Religiousness, Conversion, and Subjective Well-Being: The »Healthy-Minded« Religion of Modern American Women, in: American Journal of Psychiatry 137 (1980) 1563–1568.

Sheehy, G., Pathfinders, New York 1981.

Sheerer, E. T., An analysis of the relationship between acceptance of and respect for self and acceptance of and respect for others in ten counseling cases, in: Journal of Consulting Psychology 13 (1949) 169–175.

Sigelman, L., Is ignorance bliss? in: Human Relations 34 (1981) 965–974.

Skinner, B. F., Wissenschaft und menschliches Verhalten, München 1973.

Smith, C. B./Weigert, A. J./Thomas, D. L., Self-esteem and religiosity: An analysis of Catholic adolescents from five cultures, in: Journal for the Scientific Study of Religion 18 (1979) 51–60.

Smith, H. C., Personality adjustment, New York 1961.

Smith, T. W., Happiness, in: Social Psychology Quarterly 42 (1979) 18–30.

Soderstrom, D./Wright, E. W., Religious orientation and meaning in life, in: Journal of Clinical Psychology 33 (1977) 65–68.

Spoerri, T. (Hrsg.), Beiträge zur Ekstase, Basel 1968.

Spreitzer, E./Snyder, E., Correlates of Life Satisfaction among the Aged, in: Journal of Gerontolgy 29 (1974) 454–458.

Spreitzer, E. u. a., The relative effects of health and income on life satisfaction, in: International Journal of Aging and Human Development 10 (1980) 283 bis 288.

Starck, P. L., Rehabilitative nursing and logotherapy: A study of spinal cord injured clients, in: Inernational Forum for Logotherapy 4 (1981) 101–109.

Staub, E., Entwicklung prosozialen Verhaltens, München 1982.

Stoetzel, J., Les valeurs du temps présent: une enquête, Paris 1983.

Strube, M. J. u. a., Type A Behavior, Age, and Psychological Well-Being, in: Journal of Personality and Social Psychology 49 (1985) 203–218.

Strümpel, B., Veränderung der Arbeitsdisziplin – Fehlverhalten oder Strukturproblem? in: Baier, H. u. a. (Hrsg.), Öffentliche Meinung und sozialer Wandel, Opladen 1981, 381–386.

Super, D. E., Career development, in: Davitz, J. R./Ball, S. (Hrsg.), Psychology of the educational process, New York 1970.

Super, D. E. u. a., Career development: self-concept theory, Princeton 1963.

Szalai, A./Andrews, F. M. (Hrsg.), The quality of life. Comparative studies, London 1980.

Tcheng-Laroche, F./Prince, R., Separated and divorced women compared with married controls: Selected life satisfaction, stress and health indices from a community survey, in: Social Science and Medicine 17 (1983) 95–105.

Terman, L. M., Psychological Factors in Marital Happiness, New York 1938.

Thomae, H. (Hrsg.), Theorien und Formen der Motivation, Göttingen 1983.

Tiger, L., Optimism: The Biology of Hope, New York 1979.

Tolor, A., Personality correlates of the joy of life, in: Journal of Clinical Psychology 34 (1978) 671–676.

Tomkins, S. S., Affect, imagery, consciousness. Bd. 1: The positive affects, New York 1962; Bd. 2: The negative affects, ebd. 1963.

Tunner, W., Lust und Glück – Überlegungen zur Gefühlspsychologie, in: Psychologische Rundschau 29 (1978) 287–298.

Ullrich, R./Ullrich de Muynck, R., Das Assertiveness-Training-Programm (ATP), 4 Bde., München 1978–1982.

Veenhoven, R., Conditions of Happiness, Dordrecht 1984.

–, Databook of Happiness, Dordrecht 1984.

Veroff, J./Feld, S./Gurin, G., Dimensions of subjective adjustment, in: Journal of Abnormal and Social Psychology 64 (1962) 192–205.

Veroff, J./Kulka, R. A./Douvan, E., Mental Health in America. Patterns of Help-seeking from 1957 to 1976, New York 1981.

Volmerg, B./Senghaas-Knobloch, E./Leithäuser, T., Erlebnisperspektiven und Humanisierungsbarrieren im Industriebetrieb, Frankfurt am Main 1985.

Voss, H.-G.,/Keller, H. (Hrsg.), Neugierforschung, Weinheim 1981.

Wacker, A., Arbeitslosigkeit. Soziale und psychische Folgen, Stuttgart 1983.

Wahl, K. u. a., Familien sind anders! Reinbek 1980.

Walsh, R. N./Shapiro, D. H. (Hrsg.), Beyond health and normality: Explorations of exceptional psychological well-beeing, New York 1983.

Watson, G., Happiness among adult students of education, in: Journal of educational Psychology 21 (1930) 79–109.

Watzlawick, P., Anleitung zum Unglücklichsein, München 1983.

Weaver, C. N., Job satisfaction as a component of happiness among males and females, in: Personnel Psychology 31 (1978) 831–840.

Weber, A., Über nihilistischen Wahn und Depersonalisation, Basel 1938.

Weitbrecht, H. J., Depressive und manisch-endogene Psychosen, in: Gruhle, H. W. (Hrsg.), Psychiatrie der Gegenwart, Bd. 2: Klinische Psychiatrie, Berlin 1960.

Wendlandt, W./Hoefert, H.-W., Selbstsicherheitstraining, Salzburg 1976.

Wessman, A. E., A psychological inquiry into satisfaction and happiness (Dissertation), Princeton University 1956.

Wessman, A. E./Ricks, D. F.,/Tyl, M. M., Characteristics and concomitans of mood fluctuation in college women, in: Journal of Abnormal and Social Psychology 60 (1960) 117–126.

Wessman, A. E./Ricks, D. F., Mood and Personality, New York 1966.

Westbrook, M. T., Positive Affect: A Method of Content Analysis for Verbal Samples, in: Journal of Consulting and Clinical Psychology 44 (1976) 715 bis 719.

White, R. W., Competence and the psychosexual stages of development, in: Jones, M. R. (Hrsg.), Nebraska Symposium on Motivation, 1960, Lincoln 1960, 97–140.

Wilson, W. R., An attempt to determine some correlates and dimensions of hedonic tone (Dissertation), Northwestern University 1960.

–, Relation of sexual behaviors, values, and conflicts to avowed happiness, in: Psychological Reports 17 (1965) 371–378.

–, Correlates of avowed happiness, in: Psychological Bulletin 67 (1967) 294 bis 306.

Wittkowski, J./Zobel, M., Korrelate von Lebenszufriedenheit im mittleren Erwachsenenalter, in: Zeitschrift für Gerontologie 15 (1982) 259–264.

Wood, V./Wylie, M. L./Sheafer, B., An Analysis of a Short Self-Report Measure of Life Satisfaction: Correlation with Rater Judgments, in: Journal of Gerontology 24 (1969) 465–469.

Wright, J. D., Are working women really more satisfied? in: Journal of Marriage and the Family 40 (1978) 301–313.

Young, P. T., Motivation and emotion, New York 1961.

–, The role of hedonic processes in the organisation of behavior, in: Psychological Review 59 (1952) 249–262; 73 (1966) 59–86.

Zapf, W., Lebensbedingungen und wahrgenommene Lebensqualität, in: Matthes, J. (Hrsg.), Sozialer Wandel in Westeuropa, Frankfurt am Main 1979, 767–790.

–, Wohlfahrtsstaat und Wohlfahrtsproduktion, in: Albertin, L./Link, W. (Hrsg.), Politische Parteien, Düsseldorf 1981.

Zautra, A. J./Reich, J. W., Life events and perceptions of life quality: Developments in a two-factor approach, in: Journal of Community Psychology 11 (1983) 121–132.

II. Zum kritisch-normativen Teil

Adler, G., Die Sinnfrage in der Psychotherapie, in: Psyche 17 (1963) 379–400.

Adorno, Th. W., Negative Dialektik. Gesammelte Schriften Bd. 6, Frankfurt am Main 1973.

Böhr, C., Liberalismus und Minimalismus, Heidelberg 1985.

Böschemeyer, U., Die Sinnfrage in Psychotherapie und Theologie. Die Existenzanalyse und Logotherapie Viktor E. Frankls aus theologischer Sicht, Berlin 1977.

Camus, A., Der Mensch in der Revolte, Reinbek 1969.

–, Der Mythos von Sisyphos, Reinbek 1969.

Cioran, E. M., Vom Nachteil, geboren zu sein, Frankfurt 1979.

Döring, H./Kaufmann, F.-X., Kontingenzerfahrung und Sinnfrage, in: Böckle, F. u. a. (Hrsg.), Christlicher Glaube in moderner Gesellschaft, Bd. 9, Freiburg 1981, 5–67.

Ebeling, H., Die ideale Sinndimension. Kants Faktum der Vernunft und die Basis-Fiktionen des Handelns, Freiburg 1982.

Engelhardt, P. (Hrsg.), Glück und geglücktes Leben, Mainz 1985.

Fritz, G., Menschliches Glück als Anliegen marxistischer und christlicher Ethik, Frankfurt 1984.

Furger, F., Gibt es eine Ethik ohne Gott? – Oder: Wie stellt Ethik die Gottesfrage? in: Theologische Berichte XII: Gott – eine unausweichliche Frage, Zürich 1983, 63–93.

Gollwitzer, H., Krummes Holz – aufrechter Gang. Zur Frage nach dem Sinn des Lebens, München 1970.

Goritschewa, T., Von Gott zu reden ist gefährlich, Freiburg 1984.

Greshake, G., Gottes Heil – Glück des Menschen, Freiburg 1983.

Grom, B./Schmidt, J., Auf der Suche nach dem Sinn des Lebens, Freiburg 1980.

Haeffner, G., Philosophische Anthropologie, Stuttgart 1982.

Hartmann, N., Ethik, Berlin 1962.

–, Sinngebung und Sinnerfüllung, in: Kleinere Schriften, Bd. 1, Berlin 1955, 245–279.

Hay, D., Religious Experience Amongst a Group of Post-Graduate Students – A Qualitative Study, in: Journal for the Scientific Study of Religion 18 (1979) 164–182.

Hillesum, E., Das denkende Herz der Baracke. Die Tagebücher von Etty Hillesum 1941–1943, Heidelberg 1983.

Hobbes, Th., Leviathan oder Stoff, Form und Gewalt eines bürgerlichen und kirchlichen Staates, Frankfurt am Main 1979.

Horkheimer, M., Theismus–Atheismus, in: ders., Zur Kritik der instrumentellen Vernunft, Frankfurt am Main 1967, 216–228.

Jünger, F. G./Gehlen, A., u. a., Was ist Glück? Ein Symposion, München 1976.

Kohut, H., Formen und Umformungen des Narzißmus, in: Psyche 20 (1966) 561–587.

Kolakowski, L., Falls es keinen Gott gibt, München 1982.

Küng, H., Existiert Gott? München 1978.

–, Kunst und Sinnfrage, Köln 1980.

Lauble, M., Sinnverlangen und Welterfahrung. Albert Camus' Philosophie der Endlichkeit, Düsseldorf 1984.

Lessing, Th., Geschichte als Sinngebung des Sinnlosen, München 1983.

Löw, R./Koslowski, P./Kreuzer, P. (Hrsg.), Fortschritt ohne Maß? Eine Ortsbestimmung der wissenschaftlich-technischen Zivilisation, München 1981.

Machiavelli, N., Der Fürst, Stuttgart 1961.

Machoveč, M., Vom Sinn des menschlichen Lebens, Freiburg 1971.

Magris, C./Kaempfer, W. (Hrsg.), Problemi del nichilismo, Brescia 1981.

Müller, M., Der Kompromiß oder Vom Unsinn und Sinn menschlichen Lebens, Freiburg 1980.

–, Sinn-Deutungen der Geschichte, Zürich 1976.

Müller-Lauter, W./Goerdt, W., Nihilismus, in: Ritter, J./Gründer, K. (Hrsg.), Historisches Wörterbuch der Philosophie, Bd. 6, Darmstadt 1984, 846–854.

Montesquieu, Ch.-L., Vom Geist der Gesetze, Stuttgart 1965.

Mostert, W., Sinn oder Gewißheit? Tübingen 1976.

Neumann, F. L., Wirtschaft, Staat, Demokratie: Aufsätze 1930–1954, Frankfurt am Main 1978.

Nietzsche, F., Werke in drei Bänden, herausgegeben von K. Schlechta, Darmstadt 1960, mit Nietzsche-Index (1965).

Pannenberg, W., Eschatologie und Sinnerfahrung, in: ders., Grundfragen systematischer Theologie, Bd. 2, Göttingen 1980, 66–79.

–, Sinnerfahrung, Religion und Gottesfrage, in: Theologie und Philosophie 59 (1984) 178–190.

Päus, A. (Hrsg.), Suche nach Sinn – Suche nach Gott, Köln 1978.

Pieper, J., Glück und Kontemplation, München 1957.

Rahner, K., Die Sinnfrage als Gottesfrage, in: ders., Schriften zur Theologie, Bd. 15, Zürich 1983, 195–205.

–, Jesus Christus – Sinn des Lebens, ebd. 206–216.

–, Die menschliche Sinnfrage vor dem absoluten Geheimnis Gottes, in: ders., Schriften zur Theologie, Bd. 13, Zürich 1978, 111–128.

Richter, H. E., Der Gotteskomplex. Die Geburt und die Krise des Glaubens an die Allmacht des Menschen, Reinbek 1979.

Röhrbein, H., Der Himmel auf Erden. Plädoyer für eine Theologie des Glücks, Frankfurt am Main 1978.

Rolfes, H., Der Sinn des Lebens im marxistischen Denken, Düsseldorf 1971.

Sartre, J.-P., Das Sein und das Nichts, Hamburg 1962.

–, Der Ekel, Reinbek 1965.

Sauter, G., Was heißt nach Sinn fragen? München 1982.

Schaeffler, R., Sinn, in: Krings, H. u. a. (Hrsg.), Handbuch philosophischer Grundbegriffe, Bd. 3, München 1974, 1325–1341.

–, Fähigkeit zum Glück, Zürich 1977.

Scheler, M., Der Formalismus in der Ethik und die materiale Wertethik. Gesammelte Werke Bd. 2, Bern 1966.

Scherer, G., Verlust des Subjekts – Transzendentalphilosophie – Sinnbegriff, in: Czapiewski, W. (Hrsg.), Verlust des Subjekts? Kevelaer 1975, 177–231.

Schild, W., Die Menschenrechte als Sinnräume der Freiheit und ihre Sicherung im Recht, in: Schwartländer, J. (Hrsg.), Modernes Freiheitsethos und christlicher Glaube, München 1981, 246–265.

Schlette, H. R., Albert Camus – Welt und Revolte, Freiburg 1980.

Schmidt, A., Zum Begriff des Glücks in der materialistischen Philosophie, in: ders., Drei Studien über Materialismus, München 1977.

Schneider, U., Grundzüge einer Philosophie des Glücks bei Nietzsche, Berlin 1983.

Seneca, L. A., De vita beata (hrsg. von H.-H. Studnik), Paderborn 1983.

Severino, E., Das Wesen des Nihilismus, Stuttgart 1983.

Sloterdijk, P., Kritik der zynischen Vernunft, 2 Bde., Frankfurt 1983.

Spaemann, H. (Hrsg.), Wer ist Jesus von Nazareth – für mich? 100 zeitgenössische Zeugnisse, München 1973.

Spaemann, R./Löw, R., Die Frage Wozu? Geschichte und Wiederentdeckung des teleologischen Denkens, München 1981.

Splett, J., Sinn, in: Rahner, K./Darlapp, A. (Hrsg.), Sacramentum Mundi, Bd. 4, Freiburg 1969, 546–557.

Steiner, H. F., Marxisten-Leninisten über den Sinn des Lebens, Essen 1970.

Szondi, L., Ich-Analyse. Die Grundlage zur Vereinigung der Tiefenpsychologie, Bern 1956.

Theunissen, M., Selbstverwirklichung und Allgemeinheit, Berlin 1981.

Tocqueville, A. de, Über die Demokratie in Amerika, München 1976.

Vossler, O., Geschichte als Sinn, Frankfurt 1983.

Weier, W., Die existentielle Verwandlung des Nichts in den Sinn, in: Wiener Jahrbuch für Philosophie 6 (1973) 59–90.

–, Nihilismus. Geschichte, System, Kritik, Paderborn 1980.

Weil, S., Schwerkraft und Gnade, München 1954.

–, Zeugnis für das Gute, Olten 1976.

Welte, B., Religionsphilosophie, Freiburg 1978.

Wisser, R. (Hrsg.), Sinn und Sein, Tübingen 1960.

Wuthnow, R., Peak experiences: Some empirical tests, in: Journal of Humanistic Psychology 18 (1978) 3:59–75.

Sachregister

Absurdität 215, 224 ff.
Affectometer 42
Affekt-Balance-Skala 40 ff., 47, 58, 87, 89, 97, 99, 108, 118, 121 f., 138, 143
Aggressivität 145, 175
Alkoholsucht 79, 116, 119, 147
Allmachtsanspruch 226, 236 f.
Allozentrik 18, 80, 150
Allport-Vernon-Test 29
Allverbundenheit 222 ff., 226 ff., 235, 239, 254
Alter 47, 83, 137 ff., 155 f., 185
Angst 17 f., 30 ff., 72, 118, 143 f., 153, 219 f., 246
− als politisches Mittel 194 f.
Ankerreiz 67, 93
Anpassung 21 f., 53, 64, 150
−sniveau 22, 67 f., 70, 138
Anreiz-Modell 69 ff., 77
Arbeit
− als Job 103 ff., 111
−slosigkeit 96 ff.
−szufriedenheit 34 f., 43, 86, 94, 96 ff., 120, 127, 131 f., 135, 155
Ausbrennen 162 f., 169
Autonomie 66, 73, 110, 183, 199 f.
Autosuggestion 81

Bedürfnis 70, 72 f., 202, 216
−befriedigung 64 f., 72 f., 153
−ebenen 72 ff., 201 f.
Befriedigungs-Progressions-Hypothese 72 ff.
Begeisterung 42, 47, 75
Behaviorismus 60, 63 ff., 76, 78, 145 f.
Bereichszufriedenheiten 34 f., 38 f., 43, 102 f., 120, 130 ff., 154 f.
Berufszufriedenheit 24, 30, 52, 95 ff., 99, 111 ff.
Betriebsklima 107

Bildung 30, 86, 93 ff., 97, 99, 104, 113, 131 f., 135, 137, 155 f., 185

Cantril-Stufenleiter 44 f., 109

Demokratie 95, 196
Depersonalisation 147
Depression 23, 31 f., 57, 63, 76, 79, 118 f., 126, 142 ff.
Derealisation 147
Dereflexion 81
Determinismus 176
Dienst am Mitmenschen 104, 106 f., 111, 159, 179, 186, 217, 237 ff.
Dissonanz 67
Dortmunder Programm der SPD 33
Drei-Stufen-Skala 36 f., 40, 42, 58, 87, 143
Drogensucht 79, 116, 119, 147
D-T-Skala 37 ff.

Egozentrierung 81, 83
Ehezufriedenheit 30, 34, 43, 68, 91, 94, 99 f., 102 f., 116 ff., 131 ff., 135, 137, 155, 157
Einfühlung 125, 156 ff.
Einkommen 34 f., 43, 86 ff., 94 f., 102, 104 ff., 113, 120, 125, 131 f., 135, 155 f., 185
Einsamkeit 42, 97, 126
Einstellungs-
−modulation 81 f., 176
−werte 53, 57, 81, 84, 151
Ekel 79, 224 ff., 245
Ekstase 26, 75
Elternschaft 101, 121 ff.
Emotionale Stabilität 126 f., 144
Emotionen 126 ff., 142 ff.
Encounter-Bewegung 84
Endorphine 141 f.
Entdecken / Erforschen 107 f., 167, 176 f., 180, 242 ff.

Entfremdung 23, 145, 147, 223 f.
Erfolg 42, 53, 57, 91, 116, 178
–serwartung 155
Erkundungstrieb 65, 70
Erlebnis-
–störungen 144 ff., 175
–werte 52, 81, 123, 151, 165
Erwartungsbestätigung 67 ff., 70,
    175 f.
Es 60, 66
Euphorie 148 f., 178
Existentielle Dynamik 78
Existentielles Vakuum 57, 79
Extraversion 140, 158
Extrinische Arbeitsmotivation 101 f.

Familienzufriedenheit 34, 91, 96,
    102 f., 120, 131 ff., 135, 137, 157
Flow-Erlebnis 165 f., 181, 244
Frau, Lage der 99 ff.
Freiheit(en) 67, 198 f., 203 f., 211,
    214, 217, 219
–sempfinden am Arbeitsplatz
    108 ff.
Freizeit 98, 102 ff., 111 ff.
–pädagogik 112 f.
Fremdbestimmung 200, 204
Fremdsozialisation 133
Freude 26, 81
–, altruistische 159 ff., 168, 179, 238
Freundschaft 75, 81, 96, 112, 127,
    131, 150, 157 f., 185, 240 f.
Frustration 74, 79, 85, 116, 246
Frustrations-Progressions-
Hypothese 76

Ganzheitspsychologie 27
Geltungsstreben 65 f., 72, 77
Gemeinschaftsgefühl 75
Genießen 81, 111 f., 167 f., 176 f.,
    180, 216, 242, 244 ff.
Gesundheit 24, 30, 98, 102, 120,
    131, 138 ff., 185
Gewissen 78, 158, 218 f.

Gewöhnung 68, 70 f.
Gott
–als Schöpfer 227, 233 f., 242,
    244
– als Vater 227, 229 ff., 237 ff.
Grundstimmung, erblich-konstitu-
    tionelle 140 ff.
Grundvertrauen 154 f.

Handlungstheorie 25
Hausfrau 99 ff.
Helfer-Syndrom 161 ff., 169, 179,
    186, 238
Heloten 195
Heterostase 66
Hinwendung zur Sachwelt 111, 150,
    163 ff., 167, 180 f., 217, 242 ff.
Hoffnung 24, 26
–slosigkeits-Fragebogen 143
Höhepunkterfahrung 26, 75, 85,
    166
Homöostase 28, 59 ff., 79
Humanisierung der Arbeitswelt 103
Humanistische Psychologie 29, 67,
    71 ff.
Humor 75, 170, 232
Hyperreflexion 31, 81, 83 f.

Ich 60
–stärke 31, 127, 154
Identität 23, 73, 110, 154 f., 183
Individualpsychologie 28
Integrität 47, 84
Internes Kontrollbewußtsein 110,
    143, 155
Intrinsische Arbeitsmotivation
    102 ff., 114, 116
Introversion 140

Justitiabilität 203

Katastrophisieren 177
Kognition 17 f., 23 f., 80, 84, 174 ff.,
    224

Kommunikationsfähigkeit 94, 125 f., 157 f., 176
Kompensation 77, 85, 115 f., 185
Kompetenz 106, 108 ff., 114, 116
–, soziale 153
Konditionierung 63
Konkurrenzdruck 110
Konsonanz 67
Konsum 91, 112, 182, 242 f.
Kontaktwunsch 106 f., 111 f., 144
Kontrasterlebnis 70 f.
Körperbehinderung 177
Kosmisches Bewußtsein 222 ff.
Kreativität 75 f., 85, 108, 110
Kriminalität 79

Langeweile 42, 97, 145
Lebens-
–qualität 11, 22, 26, 32 ff., 86 ff., 134
–sinn 123
–ziel-Test (PIL) 53 ff.
Lebenszufriedenheit 14, 21 f., 25 f., 31, 33 ff., 43 ff., 86 ff.
–sindex (LSIA) 45 ff., 49, 57 f.
–kompetenz 34, 133 ff.,
Leid 53, 58, 85, 169 ff., 185, 249 ff.
–ensfähigkeit 151, 169 ff.
Leistung 48, 72, 91, 111 f.
–sdruck 110
Lernen 63 f.
Libido 60 ff., 65, 152
–ökonomie 62
Liebe 60 f., 72 f., 75, 80 f,, 96, 126 f., 179, 240 ff., 252
–sfähigkeit 81, 94, 126, 157 f., 176
Logo-Test 49 ff., 58, 80
Logotherapie 23, 25, 28, 31, 77 ff., 161, 165, 176
–Methoden 81 f.
Lust 17, 28, 60 f., 65, 69, 153
–prinzip 28, 60 f., 70, 77

Machterhaltung 193 ff.

Macht, Wille zur 77, 200 f.
Mangelmotive 72 ff.
Manipulation 194
Manische Erregung 31, 149, 178
Meditation des Alltags 187, 253 f.
Menschenwürde 179, 198, 203 f., 217
Minderwertigkeitsgefühl 77, 79, 175
Mißerfolg 42, 53, 58, 116, 144, 177, 214
Mitbestimmung 104
–, politische 199
MMPI-Test 32, 143
Motivation 17, 20, 59 f., 77 ff.
Mutterrolle 100 f.

Narzißmus 75, 146 ff., 152 f., 170, 226
–, kosmischer 237
Negativierung 81, 177
Neugier 17, 65 f., 108, 133
Neurotizismus 140, 145
Nihilismus 145, 147 f., 212, 223 ff.
Nirwanaprinzip 62
Noodynamik 79, 84

Objektliebe 152
Optimale Spannungsstufe 72, 168
Optimismus 24, 47, 142, 144, 150, 154, 158, 185, 215
– der Vergangenheit 83, 246

Paradoxe Intention 81
Parallele Wertorientierung 82 f., 167 f.
Polis 200
Politische Steuerung 193 ff.
Politische Zufriedenheit 95 f., 99, 131 f., 135
Probieren 63
Propaganda 194
Prosoziales Verhalten 158 ff., 179, 237 ff.
Psychoanalyse 60 ff., 65, 75, 78, 145, 180

Pyramidale Wertorientierung 82 f.

Rational-emotive Therapie 175
Realistisches Denken 174 ff.
Realitäts-
–prinzip 60
–prüfung 180, 224
Regression 226
Religion 196 f., 201
Religiosität 183 ff., 196 f.
–, dialogische 227 ff.
Resignation 47
Rorschach-Test 80
Rosenzweig-P.-F.-Test 145
Rotter-Test 156

Scheidung 119, 121
Schichtzugehörigkeit 37, 87 ff., 91,
   93
Schizoide Verflüchtigung 146, 148
Sechzehn-PF-Guilt-prone-Skala 143
Seeking of Noetic Goals Test
   (SONG) 57
Selbst 66, 75 f.
–annahme 76, 82, 150, 152
–attribution 111
–beschuldigung 140, 143 ff.
–bestimmung 110, 183, 198, 200,
   205
–bezogenheit 81, 83, 160 ff.
–bewertung 18, 66, 76
–festlegungsskala 44 f.
–konzept 110, 154, 174 f.
–liebe 152, 235
–mord 23, 79, 147 f., 158
–sicherheitstraining 152 f.
–sozialisation 133 f.
–transzendenz 80 ff., 111, 127, 150 f.,
   161, 182
–verstärkung 66, 110, 152 f., 159
–verwirklichung 24, 72 ff., 83 ff.,
   102, 110, 150 f., 161, 216 f., 231
–wertminderung 175
–wertschätzung 23, 47, 66, 69, 72 f.,

91, 95, 106, 108, 111, 127, 131 ff.,
   150 ff., 158, 163, 174, 178 f., 185 f.,
   224, 232 ff.
Sexualität 60 f., 65, 72, 79, 127,
   145, 241
Sicherheitsbedürfnisse 72 f.
Sieben-Stufen-Skala 43
Sinn 22 f., 25 f., 78, 231
–, Wille zum 31, 67, 77 ff.
–erfüllung 23 ff., 48 ff., 76, 79 f.,
   83 ff., 110 f., 123, 135, 150, 157 ff.
   185 f., 215 ff., 227, 240
–findung 211 ff., 247 f.
–frage 34, 48, 177 f., 182, 207 ff.
–gebung 210 f., 213
–leere 52 f., 57, 78 ff.
–losigkeitsgefühl 24, 31, 47 f., 64,
   78 f., 98, 114, 145 ff., 208 ff., 213,
   228
–orientierung 31, 79, 161
–überzeugung 183 ff.
Sittliches 217 f.
Sozialprestige 91, 95, 105 f., 152
Streß 126 f.
Sublimierung 60 f., 64, 66, 75, 179 f.
Systemtheorie 26

Todestrieb 62
Trauer 63, 144
–arbeit 65, 170 ff.
Trieb 28, 59 ff., 66, 71 f., 77 ff., 241
–konflikt 77, 79, 84, 145 f.

Überdruß 162 f., 169
Übergeneralisieren 177
Unglücklichsein 19 f., 144
Unlust 60, 114, 119
Unternehmungslust 47
Unzufriedenheit 21 f., 43, 64, 144 f.

Verantwortung 47, 78, 198, 243
Vergleich 68, 94, 192 ff.
Verlust 65, 81, 144, 169 ff., 214
Verstärkung 63 ff., 70

Vier-Stufen-Skala 36 f.

Wachstumsmotive 29, 67, 72 ff.
Wert(e) 77 f.
–erfüllung 31
–hierarchie 180 f., 183, 243
–höhensinn 180 f., 243
–kategorien 80 f.
–orientierung 31, 71, 79, 101, 103, 114, 133, 151, 242 ff., 247
–potential 31
–prüfung 24, 180, 182
–, schöpferische 52, 80, 110, 123, 151, 165
–überzeugung 151, 182
Wirksamkeitsmotivation 65 f., 70, 80, 107 ff., 123, 133, 150, 163 ff., 167 f., 176, 180, 242 ff.

Wohlbefinden 11, 22, 26, 31 ff., 41, 48, 65, 79, 86 ff., 223
Wohlfahrts-
–forschung 11, 32
–staat 202 f.
Wohlstand 30, 34, 86 ff., 131 f.
Wohnen 34, 92 ff., 97, 99, 103, 120, 123, 125, 131, 135
Workaholism 107 f., 182

Zeit 209
–dehnung 148
Ziellosigkeit 79
Zukunftsbezug 196, 208
Zuwendung zu anderen 150, 156 ff., 167, 176, 179 f., 237 ff.
Zwanghafte Gehemmtheit 140, 144 ff., 148

Personenregister

Abramson, M. 118
Adams, D. L. 47
Adler, A. 28 f., 75, 77
Adler, G. 222
Adorno, Th. W. 211, 251
Alderfer, C. P. 76
Alker, H. A. 20
Allport, G. W. 32, 71, 73, 78, 158
Andersch, A. 250
Andrews, F. M. 32 ff., 36 ff., 44, 70, 130 f., 137
Angelus Silesius 240
Antonucci, T. C. 100
Aristoteles 11 f., 199 f., 203, 215
Aronfreed, J. 159
Aronson, E. 162
Augustinus 12, 51

Bahr, H. M. 186
Baldi de Mandilovitch, M. 94
Bamundo, P. J. 99, 101
Bandura, A. 66, 76
Barrett, G. V. 99
Bartelt, M. 111
Bartolomé, F. 106
Baur, D. 126
Beach, L. R. 124
Bearon, L. B. 27, 42, 151
Becher, J. R. 245
Beck, A. T. 143
Beckham, A. S. 30
Berlyne, D. E. 65
Bernreuter 29
Bigot, A. 47
Birbaumer, N. 16
Blankenburg, W. 145
Bowlby, J. 171, 173
Bradburn, N. M. 32 f., 40 ff., 47, 87 f., 97, 99 f., 108, 117 f., 120, 130, 143 f.
Brecht, B. 246
Brentano, F. 80

Brickman, P. 70
Bruggemann, A. 103
Bühler, Ch. 31, 71, 78, 110, 231
Bulman, R. J. 172, 174
Busch, D. W. 103
Buss 144

Campbell, A. 21, 32 ff., 36, 43, 87 ff., 91 ff., 97 ff., 102, 104, 106, 117 f., 120 ff., 130, 134, 137 f., 156
Campbell, D. T. 70
Camus, A. 228
Cantril, H. 44 f.
Caplovitz, D. 32, 144
Carlson, E. R. 11
Cattell 143 f.
Chagall, B. 242
Chagall, M. 242
Chaplin, Ch. 249
Cioran, E. M. 236 f., 245
Coleman, L. M. 100
Constantinople, A. 155
Converse, P. E. 33, 43
Costa, P. T. 41, 70, 140, 144, 158
Cousins, J. B. 57
Crumbaugh, J. C. 53 ff.
Csikszentmihalyi, M. 93, 165 f.

Dare, C. 76, 152
Decker, S. 177
Demokrit 11, 199
De Vogler, K. L. 158
Dilthey, W. 231
Döbert, R. 182
Dostojewski, F. 195
Dubin, R. 101

Easterlin, R. A. 68
Ebersole, P. 158
Ellis, A. 175
Epikur 200
Erikson, E. H. 23, 47, 73, 154 f.

Evans, P. 106
Eysenck, H. J. 144

Feld, S. 36
Fellows, E. W. 27
Festinger, L. 67 f.
Flett, R. 42
Flodell, C. 104
Flügel, J. C. 29
Frankl, V. E. 23, 28 f., 31, 52, 58, 67, 71, 77 ff., 102, 110, 150 f., 176, 180
Franks, D. D. 156
Freedman, J. L. 20, 88, 99, 118, 157 f., 181
Freud, S. 24, 28, 60 ff., 64, 66, 70, 76 f., 152, 154, 170, 179 ff., 226, 237, 248
Fröhlich, D. 103
Fromm, E. 71, 231
Furger, F. 239
Fürstenberg, F. 92

Galbraith, J. K. 33
Gallup, G. H. 37
Gastil, R. 33
Gawin, F. 20
George, L. K. 27, 42, 151
Gerber, K. E. 156
Ginsberg, E. 253
Glatzer, W. 22, 34, 36, 92, 96, 100, 126, 130 f.
Glenn, N. D. 93 f., 118, 120, 130
Glicks, I. C. 171
Gogh, V. van 76
Gollwitzer, H. 239
Goritschewa, T. 228 ff., 237, 245
Goethe, J. W. von 157, 209, 234, 249
Gottschaldt, K. 140 f.
Greif, S. 177
Gurin, G. 31 f., 34, 36, 40, 42, 143

Hadaway, C. K. 184
Halisch, F. 66

Hammarskjöld, D. 244
Harris, L. 47
Hartmann, G. W. 29
Hartmann, N. 180 f., 183, 243
Hautzinger, M. 177
Havighurst, R. J. 45
Hay, D. 223
Heckhausen, H. 26, 159
Heidegger, M. 228
Heinemann, K. 98
Helson, H. 67
Heraklit 199
Héraud, M. 182
Hillesum, E. 251 f.
Hobbes, Th. 197, 200 f.
Hoefert, H.-W. 152
Hoffmann, N. 146
Hoffmann, R. 19 f.
Holder, A. 75 f., 152
Horkheimer, M. 239 f.
Hulin, C. L. 99
Hull, C. L. 63 f.
Husserl, E. 80
Huxley, A. 75

Ionesco, E. 177 f., 181, 221, 241
Iris, B. 99
Izard, C. E. 16, 160 f.

Jacobson, G. R. 57, 75
Jagenow, A. 123 f.
Jaide, W. 103, 105 f.
Jaspers, K. 78, 149

Kaléko, M. 234, 237, 246 f.
Kammann, R. 42
Kanfer, F. H. 66
Kant, I. 217 f., 239
Kästner, E. 11
Keller, H. 65
Keon, T. 99, 108
Kernberg, O. F. 75, 145 f.
Kierkegaard, S. 214
King, M. L. 244

Kivett, V. 70
Knupfer, G. 118 f.
Köcher, R. 186
Kohut, H. 66, 75, 152, 226, 237
Kratochvil, S. 82
Kris, E. 226
Krueger, F. 27 f., 38
Küng, H. 239

Ladewig, D. 119
La Mettrie, J. de 12
Larson, R. 27
Laski, M. 26
Lavant, Ch. 127, 241
Laxer, R. M. 144
Leibniz, G. W. von 233, 250
Lersch, Ph. 27
Lessing, Th. 210
Lewin, K. 70
Lewis, C. S. 172, 252 f.
Loden, M. 185
Luhmann, N. 26
Lukas, E. 24, 49 ff., 58, 79 ff., 164,
   176

Machiavelli, N. 204
Madsen, K. B. 59
Maholick, L. T. 53 ff.
Mahoney, M. J. 66, 76
Mancini, J. A. 156
Marcoen, A. 156
Marolla, J. 156
Marplan 88
Martin, T. K. 186
Marx, K. 228, 248
Maslow, A. H. 26, 29 f., 67, 71 ff.,
   77 f., 83 ff., 90, 102, 109, 150 f.,
   153, 166, 231
McClure, R. F. 185
McCrae, R. R. 41, 70, 140, 144, 158
McDonald, B. 99, 108
Meadows, C. M. 26
Mellon, P. M. 99, 101
Meyer, J. E. 145

Meyer, J. H. 234
Mittag, O. 123 f.
Montesquieu, Ch.-L. de Secondant,
   Baron de la Brède et de 205
More (Morus), Th. 75
Morse, N. C. 105
Murray, H. A. 32, 157

Neuberger, O. 59, 103
Neugarten, B. L. 31, 45
Neumann, F. L. 195
Newman, J. H. 235
Nietzsche, F. 166, 228, 231, 251
Noelle-Neumann, E. 21, 32, 34, 41,
   48, 88 f., 99, 109, 111, 121
Novalis 133
Nunner-Winkler, G. 103 f., 106 ff.,
   113

Opaschowski, H. W. 111, 113
Orden, S. R. 100
Osgood, C. E. 16

Padelford, B. L. 57
Palmore, E. 70
Parkes, C. M. 171
Parsons, T. 25
Paul, G. 98
Pawlow, I. P. 63
Pawlowsky, P. 104
Pérez Esquivel, A. 244
Petersen, L. R. 186
Piaget, J. 226
Piel, E. 89, 121
Platen, A. von 237
Platon 199, 203
Plomin 144
Plutarch 195
Prodöhl, D. 126
Pross, H. 111
Putnam, J. J. 179 f.

Quinn, R. 94

280

Rao, V. N. 48
Rao, V. P. 48
Raymond, J. S. 88, 130
Reid, D. W. 156
Reker, G. T. 57
Revers, W. 26
Rhoads, D. L. 88, 130
Richter, H. E. 236
Ricks, J. H. 32, 144
Rilke, R. M. 251
Rimland, B. 159 ff.
Rochberg-Halton, E. 93
Rogers, C. R. 71, 75, 84, 150 ff.
Roof, W. C. 184
Rotter, J. B. 155
Rousseau, J.-J. 11
Roy, A. 186
Rückert, F. 154
Rümke, H. C. 149

Sailer, R. C. 29
Sartre, J.-P. 224 ff., 228 f., 236, 242, 245
Schachtel, E. G. 17 f.
Scheler, M. 17 f., 78, 80, 220
Schmidbauer, W. 162
Schmidtchen, G. 99, 102, 107
Schmitt, N. 99, 101
Schnitzler, A. 181
Schoenfeld, E. 186
Schopenhauer, A. 62, 138
Schülein, J. 25
Schulz, R. 177
Schütz, H. 237
Schwarz, N. 35
Schwarzenauer, W. 121, 124 ff.
Schweitzer, A. 244, 246
Seifert, K. H. 103
Shakespeare, W. 118, 209
Shaver, P. 185
Sheehy, G. 140, 158, 168, 185
Sheerer, E. T. 156
Sigelman, L. 174
Skinner, B. F. 63 f.

Smith, C. B. 186
Smith, H. C. 144
Smith, T. W. 35
Snyder, E. 185
Soderstrom, D. 57
Sondi, L. 237
Spaemann, H. 239
Spoerri, T. 26
Spreitzer, E. 139, 185
Starck, P. L. 57
Staub, E. 159
Stern 88
Stoetzel, J. 183
Strack, F. 35
Strümpel, B. 111 f.
Super, D. E. 110

Teresa, Mutter T. 244
Terman, L. M. 124, 126
Thukydides 194
Tiger, L. 142
Tobin, S. S. 45
Tocqueville, A. de 196 ff., 201, 204
Tolor, A. 158
Tomkins, S. S. 16

Ullrich, R. 152
Ullrich de Muynck, R. 152

Vanham, R. 156
Veroff, J. 32, 36, 120 f., 144
Voss, H.-G. 65

Wacker, A. 98
Wahl, K. 123
Walesa, Ł. 244
Watson, G. 30
Watson, J. 63
Weaver, C. N. 93 f., 102, 118, 120, 130
Weber, M. 25
Weil, S. 235, 240
Weiß, E. 146
Weiss, R. S. 105

Weitbrecht H. J. 149
Wendlandt, W. 152
Wessman, A. E. 30, 32, 142, 144, 168
White, R. R. 110
Wilhelm II. 194
Wilson, W. R. 11, 27, 30, 32, 185
Winnicott, D. W. 75
Withey, S. B. 32 ff., 36 ff., 44, 70, 130 f., 137

Wortman, C. B. 172, 174
Wright, J. D. 57, 100
Wuthenow, R. 222

Young, P. T. 69

Zapf,, W. 22, 34, 36, 96, 100, 126, 130 f.

Bitte beachten Sie
die folgenden Seiten:

Gert von Natzmer

Auf der Suche nach dem Sinn

Religionen und
Weltanschauungen

Ullstein Buch 34273

Gert von Natzmer, Autor des philosophischen Standardwerks »Weisheit der Welt«, schuf mit dem vorliegenden Buch eine weitgespannte Darstellung der großen Glaubenssysteme der Weltgeschichte – wertvoll als Anregung, Orientierung und Diskussionsgrundlage für alle, die dem Sinn der menschlichen Existenz nachspüren.

»Sympathisch ist die klare Sprache, die, ohne Verstehenshindernisse aufzubauen, ihre Sache sagen kann. Überraschend ist, wie souverän der Verfasser die Autoren überblickt ... und das Wesentliche herausholt.« Prof. Dr. E. Leibfried (Universität Gießen)

Ullstein Sachbuch

Joseph Chilton Pearce

Die Heilende Kraft

Östliche Meditation
in westlicher Deutung

Ullstein Buch 34280

Umfangreiche psychologi-
sche, philosophische, kul-
turanthropologische und
naturwissenschaftliche Studien sowie persönliche Erfahrungen des Autors mit
dem »Siddha-Yoga« sind in
diesem Buch zu einem bril-
lanten Plädoyer für die
»heilende Kraft« des medita-
tiven Lebensweges verar-
beitet. Pearce geht davon
aus, daß jeder Mensch von
Natur aus die Fähigkeit zu
vollkommener Selbstver-
wirklichung in sich trägt.

Ullstein Sachbuch

Hartmut von Hentig

Aufgeräumte Erfahrung

Texte zur eigenen Person

Ullstein Buch 34306

Beiträge in eigener Sache von dem bekannten Pädagogik-Professor und Leiter der Bielefelder Laborschule Hartmut von Hentig.
»Es zeigt sich stets, wie Hentig kein System, keine geschlossene Lehre vertritt, sondern ein pädagogisch-dialogisches Ethos und eine handwerklich-elementar geleitete Praxis . . . Hentig denkt bildungstheoretisch, kasuistisch, handlungsbezogen. Es drückt sich darin Liebe zu den Kindern aus und Sinn für Ordnungen und Form — er ist ›aufgeräumt‹, und er räumt gern auf.«
DIE ZEIT

Ullstein Sachbuch

Claus Ruda

Der gefesselte Mensch

Neurose und Gesellschaft

Ullstein Buch 34336

Eine Gesamtanalyse der seelischen Situation unserer Gesellschaft. Sie gibt Aufschluß über die Entstehung von Neurosen und ihre Erscheinungsformen. Sie hilft dem Menschen, sich in seiner Innen- und Außenwelt zu orientieren und Maßstäbe für eine neue Gestaltung individuellen und sozialen Lebens zu finden. »Der Versuch einer ›Beschreibung der Neurose als Phänomen bewußten Erlebens‹ ist in bemerkenswerter Weise gelungen...«
Peter R. Hofstätter, *Die Welt*

Ullstein Sachbuch